高等职业教育铁道机车运用与维护专业系列教材

# 内燃机车总体

（第二版）

吴书锋◎主　编
陈友伟　罗　建◎副主编
李晓村◎主　审

中国铁道出版社有限公司

2024年·北　京

## 内 容 简 介

本书为高等职业教育铁道机车运用与维护专业系列教材之一，从内燃机车发展概况出发，选择典型直流传动 $DF_{4B}$ 型内燃机车作为主要的学习对象，重点介绍车体及车钩、转向架、机车辅助传动装置，对于目前使用较多的 $DF_{11}$ 型、$DF_{8B}$ 型、$HXN_3$ 型、$HXN_5$ 型内燃机车总体布置及主要技术参数也进行了讲解。另外，通过对机车曲线通过、轴重转移的讲解，使读者掌握机车设计相关知识。书中拓展提高栏目介绍了部分电力机车、动车组等内容，供读者参考。

本书可作为高等职业院校铁道机车运用与维护专业及中等职业院校内燃机车运用与检修专业的教材，也可作为铁路相关专业工程技术人员的参考书。

**图书在版编目(CIP)数据**

内燃机车总体/吴书锋主编．—2 版．—北京：中国铁道出版社有限公司，2024.3

高等职业教育铁道机车运用与维护专业系列教材

ISBN 978-7-113-30791-2

Ⅰ.①内…　Ⅱ.①吴…　Ⅲ.①内燃机车-车体-高等职业教育-教材　Ⅳ.①U262

中国国家版本馆 CIP 数据核字(2023)第 240432 号

**书　　名**：内燃机车总体

**作　　者**：吴书锋

---

**责任编辑**：亢丽君　　**编辑部电话**：(010)51873205　　**电子邮箱**：67204751@qq.com

**封面设计**：郑春鹏

**责任校对**：安海燕

**责任印制**：赵星辰

---

**出版发行**：中国铁道出版社有限公司(100054，北京市西城区右安门西街 8 号)

**印　　刷**：三河市宏盛印务有限公司

**版　　次**：2017 年 6 月第 1 版　2024 年 3 月第 2 版　2024 年 3 月第 1 次印刷

**开　　本**：787 mm×1 092 mm 1/16　**印张**：14.25　**字数**：365 千

**书　　号**：ISBN 978-7-113-30791-2

**定　　价**：45.00 元

---

# 第二版前言

随着中国铁路的飞速发展和铁路牵引动力的更新变化，机车车型不断升级换代，为了能更好地反映新型机车的先进技术，使读者及时了解、熟悉各种新型机车的特点，本书在第一版内容基础上进行了修订再版。

全书按照专业培养要求，贯彻职业教育改革精神，从铁路机务运用现场出发，结合现阶段内燃机车实际情况和需要，删除相对落后和不必要的部分内容，适当增补 $DF_{8B}$ 型内燃机车知识内容，新增和谐型内燃机车的相关内容，同时更新了有关国家标准和铁道行业标准及其内容，并在体例格式上作了适当调整，使之呈现出一定的继承性和广泛性，并能够与铁道机车运用与维护专业其他课程相辅相成，全面构建适应岗位要求的知识体系。

本书由山东职业学院吴书锋任主编，辽宁铁道职业技术学院陈友伟、柳州铁道职业技术学院罗建任副主编，苏州大学李晓村任主审。全书在编写过程中得到了各兄弟院校有关老师和企业技术人员的大力支持和帮助，在此表示感谢。

由于编者水平有限，书中难免有遗漏和不妥之处，恳请广大读者和同行批评指正。

编　者

2023 年 10 月

# 第一版前言

本书为适应项目教学模式的需要，在结构上主要设有“知识要点”“项目任务”“项目准备”“知识链接”“项目实施”“拓展提高”“复习思考”等部分。其中，“知识要点”阐述本项目中涉及的重点核心内容；“项目任务”说明通过熟悉和掌握本项目的主要知识点应该达到的基本能力或完成的主要任务；“项目准备”表明为完成本项目需要做的一些前期准备工作；“知识链接”主要介绍完成本项目需要了解、熟悉和掌握的相关理论知识；“项目实施”主要介绍本项目的实施步骤和方法；“拓展提高”部分则是对本项目所涉及主要内容的知识拓展与能力提高；“复习思考”是让学生或学员复习巩固本项目的主要知识点。

在内容安排上，本书以 $DF_{4B}$ 型内燃机车为基础，结合 $DF_{4D}$、$DF_{11}$ 型及 $HXN_3$、$HXN_5$ 型等型内燃机车，介绍了内燃机车的现状与发展、车体及车钩、转向架、机车辅助传动装置、曲线通过、轴重转移等内容。拓展提高部分介绍了部分电力机车、CRH 系列动车组和摆式列车等相关新技术，供读者参考，也可结合所在地区使用的具体车型合理选用。

本书由山东职业学院吴书锋任主编，辽宁铁道职业技术学院陈友伟和柳州铁道职业技术学院罗建任副主编；苏州大学李晓村主审。具体编写分工如下：吴书锋、陈友伟编写项目 1；陈友伟编写项目 2、3；吴书锋编写项目 4；吴书锋、郑州铁路局安全监督管理办公室机辆验收室王华军编写项目 5；罗建编写项目 6；吴书锋、罗建编写项目 7。在编写过程中得到了各兄弟院校老师和部分企业技术人员的大力支持和帮助，在此一并表示感谢。

由于时间仓促，加之编者水平有限，书中错漏之处在所难免，恳请广大读者提出宝贵意见和建议。

编　者

2017 年 2 月

# 目　录

# 1 概　　述

**【知识要点】**

1. 国内外内燃机车的发展历程与趋势。
2. 内燃机车的特点、分类、型号和轴列式。
3. 内燃机车的基本结构。
4. 内燃机车功率及理想牵引特性。
5. 内燃机车的特征速度及特征牵引力。

**【学习目标】**

1. 了解内燃机车的发展历程与趋势。
2. 熟悉内燃机车的特点及理想牵引特性。
3. 熟悉内燃机车的特征参数(特征速度及特征牵引力)。
4. 熟悉内燃机车的基本结构及 $DF_{4B}$ 型内燃机车的总体布置。
5. 掌握内燃机车的分类、型号和轴列式。
6. 掌握内燃机车的各种功率参数及相互关系。

**【知识链接】**

## 1.1　内燃机车发展概况

### 1.1.1　国外内燃机车发展概况

纵观国外内燃机车的发展历史,大致经历了六个时期。

1. 萌芽时期(1894—1922 年)

从 19 世纪后期开始,西方工业国家的一些科技工作者即着手研制内燃机车。但由于当时缺乏合适的传动装置,这些尝试都宣告失败。

1905 年,世界上第一台电传动内燃机车问世。它是由通用电气(GE)公司采用一台英制 103 kW 的汽油机,驱动一台直流发电机,发出的电供给车轴上的直流电动机,牵引车辆运行,这辆 68 t 重的汽油动车是世界上现代内燃机车的鼻祖,也是世界内燃机车电传动原理的开端。

1910 年世界上第一台用柴油机作动力的内燃机车问世,它是由 GE 公司制造的。

2. 早期发展时期(1923—1945 年)

1924 年世界上第一台干线内燃机车在苏联问世,这台装有 736 kW 柴油机的电传动内燃机车,最高速度为 50 km/h。

1925 年,世界上第一次正式在铁路上使用的调车内燃机车问世,功率为 220 kW。

1904 年,德国人海尔曼·费廷格尔发明了液力传动装置。1932 年他和克鲁肯贝格制造了一台液力传动装置并用于机车,这是世界上第一台液力传动内燃机车,功率为 58.9 kW。

3. 战后恢复和大发展时期(1946—1960 年)

在此期间各国先后宣布停止制造蒸汽机车,转而大量生产内燃机车,这是内燃机车数量急剧增加的时期。当时机车功率一般在1 470 kW以下,较大功率的也不超过 2 205 kW(3 000 马力)。

4. 持续稳定发展时期(1961—1976 年)

20 世纪 60 年代到 70 年代,内燃机车数量继续增加,功率迅速提高。在此期间,各国除大量生产并投入运用的 1 470～2 205 kW 中等功率内燃机车外,还生产了一些 2 940～4 410 kW 的大功率内燃机车。20 世纪 70 年代后期,许多国家最终淘汰了蒸汽机车,实现了铁路牵引动力的现代化。

内燃机车交流电传动始于 1971 年制造的 DE2500 型内燃机车。但是以后一直处于试验、改进和推广阶段,订货量少且基本局限于欧洲铁路。

5. 机车水平显著提高的发展时期(1977—1992 年)

微机用于内燃机车是从 1976 年 DD53 型除雪车开始的。1984 年在 GM60 系列和 GE 公司的 DaSh8 系列内燃机车上开始大批量应用微机控制技术,开启了内燃机车的微机时代,机车技术水平显著提高。

6. 内燃机车交流传动大发展时期(1993 年至今)

1993 年以后,以 SD70MAC 为代表的内燃机车交流传动技术的应用获得了突破,从而使内燃机车进入交流传动的大发展时期。

### 1.1.2 我国内燃机车发展概况

1958 年北京长辛店机车车辆厂试制出中国第一台内燃机车——“建设”型直流传动调车内燃机车,之后戚墅堰机车车辆厂、大连机车车辆厂、四方机车车辆厂分别开始试制“巨龙”“先行”“卫星”等内燃机车,掀开了中国内燃机车发展的新篇章。经过多年来的发展,总共设计、制造了四代产品,大体上分为六个阶段。

1. 前期准备阶段(1955—1957 年)

自 1955 年开始,上至国务院及其部委单位,下至铁道科学研究院、各机车研究所、各机车工厂以及相关大专院校,先后组织编制科技发展规划、成立科研机构,积极培养内燃机车专业技术人才,探索研究我国内燃机车的发展方向,为发展中国内燃机车进行了大量前期准备工作。

2. 早期内燃机车样车的试制试验(1958—1963 年)

我国内燃机车的设计起始于 1958 年 2 月。从 1958 年 6 月至 1959 年 4 月,有 4 家工厂在相关科研院所及高等院校的协助下,利用现有军用发动机和仿制的国外柴油机,克服了柴油机和传动装置匹配方面的技术难题,在很短时间内,先后试制出了建设型电传动调车内燃机车、巨龙型电传动货运内燃机车、先行型电传动客货运通用内燃机车、卫星型液力传动客运内燃机车等内燃机车和 DF 型液力传动内燃动车组(当时称摩托列车组)。

早期试制内燃机车的主要特点是:柴油机基本上是仿制国外的;采用直流电传动和液力传动;技术性能和可靠性较差。

3. 第一代内燃机车(1964—1968 年)

1964 年,大连机车车辆厂在巨龙型内燃机车的基础上,试制了属于第一代产品的 DF 型电传动货运内燃机车,并投入了批量生产。其柴油机经过改进,装车功率调整为 1 323 kW (1 800马力)。至 1984 年停产时,该型内燃机车共生产了 706 台。

1965 年,四方机车车辆厂在对卫星型内燃机车的大量试验改进基础上,试制了比较成熟的 $DFH_1$ 型液力传动客运内燃机车,并投入了批量生产。该机车装用四方机车车辆厂自制的 12V175Z 型高速柴油机。到 1972 年,该机车共生产了 106 台。

作为第一代内燃机车,还有相关工厂批量生产的电传动 $DF_2$ 型调车内燃机车、$DF_3$ 型客运内燃机车、液力传动红星型调车内燃机车,以及试制的液力传动飞龙型货运内燃机车。

第一代内燃机车的特点是:采用自主设计的电传动装置或液力传动装置;技术性能和可靠性有一定提高,可以有效地投入铁路牵引作业。

4. 第二代内燃机车(1969—1991 年)

(1)$DF_4$ 型交直流电传动货运内燃机车。1969 年 9 月,大连机车车辆厂开发出完全自主设计的2 940 kW的 $DF_4$ 型交直流电传动内燃机车。该机车装用了自主开发的"新中速"柴油机——16V240ZJ 型中速柴油机。随着实践经验的积累,柴油机的装车功率从最初的 2 940 kW,先后调整为 2 650 kW 和 2 430 kW。从此,国产内燃机车开始进入第二代产品的开发和生产时期。$DF_4$ 型内燃机车及随后开发出的 $DF_{4B}$、$DF_{4C}$ 和 $DF_{4E}$ 型内燃机车逐渐成为铁路内燃牵引的主型机车。到 1999 年,$DF_{4B}$ 型内燃机车累计生产了 4 303 台。

(2)北京型液力传动客运内燃机车。1971 年 8 月,在双机组 4 410 kW 北京型 6001 号机车基础上,经过改进设计,二七机车车辆厂开发出装用 12V240ZJ 型中速柴油机的 2 210 kW 北京型液力传动客运内燃机车。柴油机装车功率后调整为 1 985 kW。到 1994 年停产,北京型机车共生产了 372 台。

(3)$DFH_3$ 型客运内燃机车。1971 年 11 月,在多种 DFH 系列援外机车基础上,四方机车车辆厂开发出双机组 1 985 kW 的 $DFH_3$ 型客运内燃机车。该机车装用两台 12V180ZL 型高速柴油机。到 1988 年停产,共生产了 268 台。

(4)$DF_8$ 型交直流电传动货运内燃机车。1984 年 10 月,戚墅堰机车车辆厂在自己开发的 16V280ZJ 型柴油机基础上,成功开发出 3 310 kW 的 $DF_8$ 型交直流电传动货运内燃机车。该型机车逐渐成为重载牵引运输中的生力军,并逐步将其升级换代为 $DF_{8B}$、$DF_{8BJ}$、$DF_{8C}$、$DF_{8CJ}$、$DF_{8D}$、$DF_{8DJ}$ 等系列产品。

作为第二代内燃机车,还有多种用于窄轨铁路和工矿铁路的内燃机车,主要有 $DF_5$ 系列、$DF_7$ 系列、$DFH_5$ 系列及 GKD 系列内燃机车。

第二代内燃机车的特点是:柴油机完全是自主开发的产品,采用自主设计的交直流电传动装置或改进的液力传动装置;技术性能和可靠性有较大提高,在我国铁路内燃化和完成铁路运输任务中起到了主要作用。

5. 第三代内燃机车(1992—1998 年)

自 1989 年起,在我国自主开发和与国外技术合作生产的 16V240ZJD、16V280ZJA 型柴油机基础上,开始应用微机控制技术,开发出国产第三代内燃机车。

(1)$DF_6$ 型交直流电传动内燃机车。1989 年 1 月,大连机车车辆厂与里卡多公司合作开发新一代的 16V240ZJD 型柴油机,并消化吸收了 $ND_5$ 型机车的技术,采用了与 GE 公司合作设计制造的微机控制系统,开发出新一代 2 940 kW 的 $DF_6$ 型交直流电传动内燃机车。该型机车宣告了我国第三代内燃机车的诞生。

(2)$DF_{11}$ 型准高速客运内燃机车。1992 年 12 月，在 $DF_9$ 型内燃机车基础上，进一步开发出功率为 3 680 kW、最高速度达 170 km/h 的 $DF_{11}$ 型准高速客运内燃机车。随着我国铁路提速的逐步实施，先后又开发出 $DF_{11D}$、$DF_{11Z}$、$DF_{11G}$ 系列产品，为我国铁路六次大提速做出了重大贡献。

(3)$DF_{4D}$ 型提速客运内燃机车。1996 年 12 月，大连机车车辆厂开发出 $DF_{4D}$ 型提速客运内燃机车。该型机车最高速度开始为 132 km/h，后来提高到 145 km/h 和 170 km/h，并且根据铁路运输需要，利用不同缸数的 D 型柴油机，其后又开发出多种不同用途的改进版本，$DF_{4D}$ 提速型、$DF_{4D}$ 准高速型、$DF_{4D}$ 机车供电型、$DF_{4D}$ 货运型、$DF_{4D}$ 调车型、$DF_{4D}$ 径向转向架型、$DF_{4DJ}$ 交流电传动型等，形成了 $DF_{4D}$ 型内燃机车系列。

第三代内燃机车的特点是：柴油机主要是与国外合作开发的新型产品，采用自主设计的交直流电传动装置（工矿机车用液力换向的液力传动装置）；开始采用微机控制系统；技术性能可与国外先进的同类产品相媲美，可靠性有很大提高，在我国铁路六次大提速中起到了重要作用。

6. 第四代内燃机车（1999 年至今）

1999 年，我国成功研制出第一台 $NJ_1$ 型交流电传动的调车内燃机车，从此，我国内燃机车发展开始进入第四代。至今，各工厂利用国内外最新水平的柴油机，先后生产制造了 10 余种型号的交流电传动内燃机车。

(1)$NJ_1$ 型调车内燃机车。1999 年 9 月，四方机车车辆厂利用三菱公司的 IPM 功率模块，研制成功我国第一台交流电传动内燃机车——1 320 kW 的 $NJ_1$ 型（捷力号）调车内燃机车。该机车装用新型 8240ZJ 型柴油机。

(2)$DF_{4DJ}$ 型客货运内燃机车。2000 年 6 月，大连机车车辆厂利用西门子公司的 IGBT 功率模块，研制成功 2 台 2 940 kW 的 $DF_{4DJ}$ 型客货运交流电传动内燃机车。该机车装用新型 16V240ZJD 型柴油机。

(3)$DF_{8BJ}$ 型货运内燃机车。2001 年 11 月，资阳机车厂利用株洲电力机车研究所（以下简称株洲所）的 GTO 功率模块，研制成功 4 000 kW 的 $DF_{8BJ}$ 型交流电传动内燃机车。机车装用进一步开发的 16V280/285ZJG 型柴油机。

(4)秦皇岛号工矿内燃机车。2002 年起，在 $NJ_1$ 型机车基础上，四方机车车辆厂为秦皇岛港提供了 9 台 2 100 kW 的秦皇岛号交流电传动内燃机车（其中有 2 台为双节机车）。该机车装用了 Ruston 12RK215T 型中速柴油机。

(5)$DF_{8CJ}$ 型货运内燃机车。2003 年 2 月，戚墅堰机车车辆厂利用庞巴迪公司的 IGBT 功率模块，研制成功 4 410 kW 的 $DF_{8CJ}$ 型货运交流电传动内燃机车。该机车上装用了与李斯特公司合作开发的 R16V280ZJ 型柴油机。

(6)$DF_{7J}$ 型调车内燃机车。2003 年 10 月，二七机车车辆厂利用株洲所的 IGBT 功率模块，研制成功 2 200 kW 的 $DF_{7J}$ 型交流电传动调车内燃机车。该机车上装用了 12V240ZJE 型柴油机。

(7)$CKD_{8E}$ 型内燃机车。2005 年，大连机车车辆厂为马来西亚提供了 20 台 2 580 kW 的 $CKD_{8E}$ 型交流电传动内燃机车。该机车装用了 MAN 16RK215T 型中速柴油机和东芝 IGBT 模块。这是我国首批出口的交流电传动内燃机车。

(8)$DF_{8DJ}$ 型交流电传动内燃机车。2006 年，资阳机车厂研制成功 4 780 kW 的 $DF_{8DJ}$ 型交流电传动内燃机车，这是当时世界上功率最大的交流电传动内燃机车。

(9) $HXN_3$ 型内燃机车。2008 年 7 月大连机车车辆有限公司与 EMD(Electro-Motive Diesel) 公司联合研制出 4 660 kW 大功率交流传动货运内燃机车，该机车装有一台 4 413 kW (6 000 马力)的 16V265H 型柴油机及 6 台交流牵引电动机，是国内外同类产品中技术最先进、功率最大的节能环保型内燃机车，具有持续牵引力大、低油耗、低排放以及运行速度快、耐久可靠性高等一系列优点，在平直线路上牵引 5 000 t，最高速度可达到 120 km/h。

(10) $HXN_5$ 型内燃机车。2008 年 11 月戚墅堰机车有限公司与 GE 公司合作研制成功 4 460 kW的 $HXN_5$ 型大功率交流传动货运内燃机车，该机车装用 GEVO16 型柴油机。

(11) $SDA_1$ 型内燃机车。$SDA_1$ 型内燃机车是 2011 年资阳机车有限公司为澳大利亚准轨铁路研制的交流电传动干线货运内燃机车。该机车装用 20V4000 R43L 型柴油机，装车功率 3 000 kW，是我国第一台具有自主知识产权并销售到国外的交流传动内燃机车，达到欧盟ⅢA 排放要求，代表了世界先进水平。

第四代内燃机车的特点是：柴油机主要是与国外合作开发的新型产品(或国外柴油机)，大多采用电子喷射技术；采用交—直—交电传动(直接使用第三代逆变器 IGBT)；采用微机控制系统；客运机车牵引电动机架悬，货运机车径向转向架；技术性能接近国外同类产品的先进水平。

### 1.1.3　内燃机车技术发展方向

我国轨道交通的发展步伐不断加快，对相关绿色节能技术要求越来越高，机车如何实现绿色、节能、减排、降耗、降噪已经成为当前轨道交通装备研究的热点领域。要实现上述目标，传统的单一柴油机动力源已经越来越不能满足或适应行业发展要求。基于以上原因，目前以混合动力为主的新能源机车正逐步发展起来。混合动力技术可以有效提高内燃机车的节能环保性，契合了绿色环保发展理念，以混合动力为主的新能源机车将会是未来内燃机车重点的发展方向。随着大数据、智能化技术的发展，故障诊断、智能运维、安全监测等方面也将是内燃机车未来重要的发展方向。通过先进的技术手段，在满足节能、减排、降噪的同时，全面提升内燃机车的可维护性及可靠性。

### 1.1.4　内燃机车的主要特点

内燃机车与蒸汽机车相比有显著的优点，而与电力机车相比则各有所长。

内燃机车的优点是：

1. 热效率高、能耗低

内燃机车的热效率可达 30%～35.5%。$DF_{4B}$ 型内燃机车的热效率为 33.9%。而向电力机车供电的火力发电站的热效率在我国则只有 18.4%～19.3%。内燃机车柴油机的耗油占全国内燃机耗油总量的 4%左右。汽车的单位能耗比内燃机车高出 20 倍，内燃机车经济地利用了石油资源。

2. 水的消耗量少

水是人类的宝贵资源。内燃机车的用水量仅为蒸汽机车的 0.05%，冷却水是循环使用的，消耗亦很少，内燃牵引的线路不需要设置机车的上水设备，所以特别适用于缺水地区。

3. 投资少

电力牵引必须修建牵引供电系统，使得电力牵引总的投资比内燃牵引高 1.45～2.55 倍，而内燃牵引投资少，适应能力强，机动灵活性好。

4. 乘务条件好

内燃机车操纵自动化程度较高，司机室宽敞明亮，视野广阔，瞭望方便。司机室为乘务人员设置了良好的工作条件，如电炉、热风机、侧壁暖气和电风扇（或空调机）等，无繁重的体力劳动。

5. 具有可靠的电阻制动或液力制动

内燃机车可以采用电阻制动（电传动内燃机车）或液力制动（液力传动内燃机车）进行减速，不仅有利于提高列车的下坡速度，而且还由于使用电阻制动或液力制动，车辆轮对踏面及闸瓦减少了磨耗，延长了轮对踏面的运行公里，减少闸瓦更换的工作量和消耗量。

6. 牵引性能好

内燃机车的牵引特性曲线较接近于等功率曲线，低速时的牵引力较大。例如 $DF_{4B}$ 型内燃机车在6‰的坡道上能牵引 4 100 t。

7. 起动加速快，运输成本低

内燃机车起动加速快，整备时间短，便于多机牵引，运行里程长，为延长机车交路，减少运用机车台数，降低运输成本，提高线路通过能力创造了条件。

8. 内燃机车新技术运用前景广阔

内燃机车在新技术运用方面有着广阔的前景，如机车交流传动、径向转向架、柴油机节能与强化、代用燃料、微机控制、运行安全保障系统、检测与维修技术等。

内燃机车的缺点是结构复杂，制造修理工艺水平高和运用保养要求较高，对高温、高海拔和长大隧道的适应能力较差，排出的废气对环境污染等。

## 1.2 内燃机车的分类、型号和轴列式

### 1.2.1 内燃机车分类

内燃机车种类较多，一般按用途和传动方式分类。

1. 按用途分类

(1)货运机车——机车具有较大的牵引力，用以牵引吨位较大的货物列车。

(2)客运机车——机车具有较高的运用速度和起动加速度，用以牵引速度较高的旅客列车。

(3)调车机车——用于列车的解体、编组和牵出、转线、车辆的取送、转场、整理、出入段等工作。其特点是频繁地起动和停车。因此这种机车要求瞭望方便，具有足够的黏着重量和必要的功率。调车机车可分为站内调车和编组站调车两种，前者适用于客运站、货运站进行部分列车的摘挂与牵引作业，所需功率较小；后者适用于编组站进行全列车的解体与编组作业，所需功率较大，因此这种机车还可以兼任短途运输（小运转）。

(4)内燃动车组——由两辆以内燃机为动力的轨道车辆或至少一辆这样的动车和一辆或一辆以上的拖车（非动车组）组成的列车组。内燃动车组用于牵引近郊旅客列车和中、短途高速旅客列车。

(5)工矿机车——厂矿内部运输或地方铁路、森林铁路等牵引用。

2. 按传动方式分类

按传动方式的不同，内燃机车分为机械传动、电力传动和液力传动三种。

(1)机械传动内燃机车

在柴油机与轮对之间设离合器和变速箱,利用变速箱改变柴油机曲轴与轮对间的传动比,以调节机车的牵引力和运行速度。这种传动结构简单、效率高,但功率利用系数低,换挡时有功率中断,易引起冲动,所以干线机车一般不采用机械传动,只用于小型机车上。

(2)电力传动内燃机车

按牵引发电机(也称主发电机)和牵引电动机电流制的不同,电力传动又可分为直—直流、交—直流、交—直—交流和交—交流几种。

①直—直流电传动

直—直流电传动(以下简称直—直传动)系统是由直流电源向直流牵引电动机供电的传动系统(图 1-1),在我国电气化铁路中并未采用过这种供电方式。而在内燃机车中,直—直传动曾是主要的传动形式,如 $DF_1$、$DF_2$、$DF_3$、$ND_1$、$ND_2$ 型内燃机车,采用直流牵引发电机和电动机。这种传动方式简单,但是缺点也很突出,主要表现在直流牵引发电机因受换向条件、机车限界尺寸及轴重等因素,单机功率被限制在 2 200 kW 以下(3 000 马力),致使机车功率受到限制。

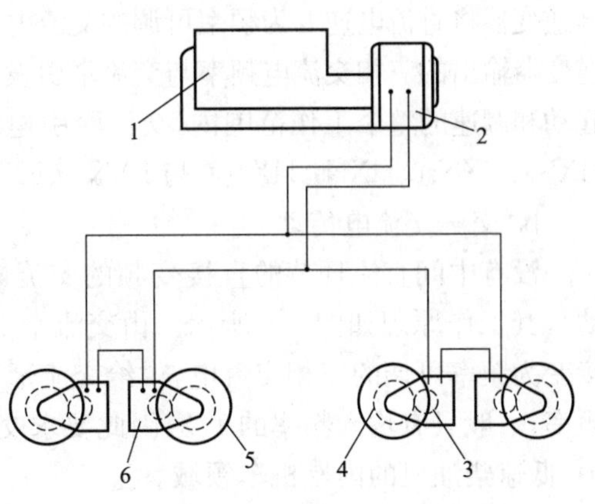


图 1-1 直—直流电传动工作原理示意

1—柴油机;2—直流牵引发电机;3—小齿轮;4—大齿轮;5—轮对;6—直流牵引电动机

②交—直流电传动

随着柴油机功率和转速的不断提高,内燃机车向大功率发展,到了 20 世纪 60 年代,随着大功率硅整流技术的成熟,交流—直流电力传动(以下简称交—直传动)系统出现。

交—直传动和直—直传动原理相似,同属于直流调速系统,所不同的是采用交流牵引发电机,由交流牵引发电机发出的三相交流电通过整流器整流成直流电再通过直流牵引电动机驱动机车动轮(图 1-2)。与直流牵引发电机相比,交流牵引发电机具有无换向器、结构简单、运行可靠、维护简单等优点,因此在相同的重量和尺寸下其功率远远大于直流牵引发电机的功率。国内外生产的如 $DF_4$、$DF_5$、$DF_6$、$DF_7$、$DF_8$、$DF_9$、$DF_{10}$、$DF_{11}$、$DF_{12}$ 以及 $ND_4$、$ND_5$ 型内燃机车都采用此种传动方式。

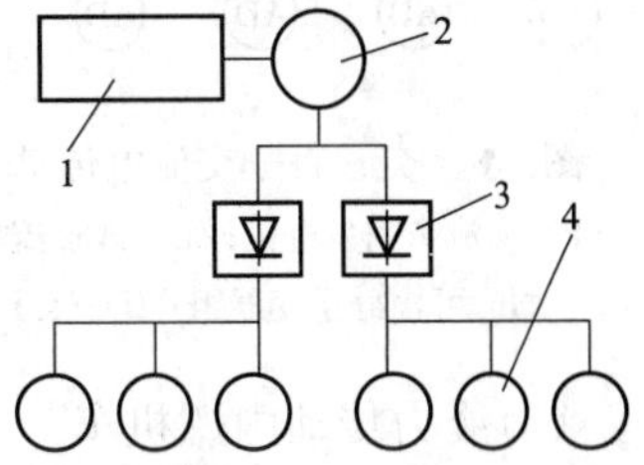


图 1-2 交—直流电传动工作原理示意

1—柴油机;2—交流牵引发电机;3—硅整流器;4—直流牵引电动机

尽管直流传动系统具有理想的牵引性能,但不可否认,直流牵引电动机由于电枢结构复杂、惯量较大,存在接触式的机械换向器,换向过程复杂,运行中不可避免地产生换向火花,很容易发生环火故障,这在一定程度上降低了牵引电动机运行的可靠性。同时,直流牵引电动机又受电枢机械强度的限制,其输出功率和最高转速都基本达到了极限值,使直流传动系统遇到了不可逾越的障碍,制约了直流传动机车功率的进一步提高。

③交—交流电传动

随着大功率静止逆变器的研制和生产,解决了交流牵引电动机调速困难的问题,内燃机车开始采用交流电动机作为牵引电动机。根据对内燃机车牵引电动机使用的调速方法不同,交—交流电传动又可以分为交—直—交流和交—交流电传动。

a. 交—直—交流电传动

具有中间直流环节的间接变频的交流电传动，称为交—直—交流电传动（以下简称交—直—交传动），其工作原理如图 1-3 所示。

由交流牵引发电机发出的三相交流电经过硅整流器整流为直流电，再经过一个或数个可控硅逆变器将直流电逆变为频率可调的交流电，供给交流牵引电动机。经过这样的间接变频，使得逆变器输出的三相交流电频率与交流牵引发电机发出的三相交流电频率没有任何关系，在机车起动和调速的整个工作范围内，交流牵引电动机的三相电源都可以平滑的调节。我国生产的 HXN$_{3}$、HXN$_{3B}$、HXN$_{5}$、HXN$_{5B}$ 与 FXN$_{3C}$、FXN$_{5C}$ 等大功率内燃机车均采用交—直—交传动。

b. 交—交流电传动

没有中间直流环节的直接变频的交流电传动，称为交—交流电传动（以下简称交—交传动），其工作原理如图 1-4 所示。由交流牵引发电机发出的三相交流电经变频装置变频后，直接变为频率可调的三相交流电，供给交流牵引电动机。由于交—交传动输出频率要低于输入频率，一般只有输入频率的 1/3，因此要求交流牵引发电机有较高的频率，目前还不适于装备中、低速柴油机的内燃机车领域。

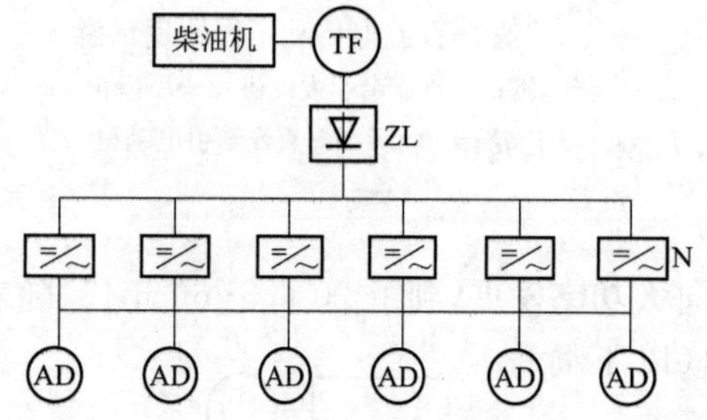


图 1-3　交—直—交流电传动工作原理示意

TF—交流牵引发电机；ZL—硅整流器组（或半控桥）；
N—可控硅逆变器组；AD—交流牵引电动机

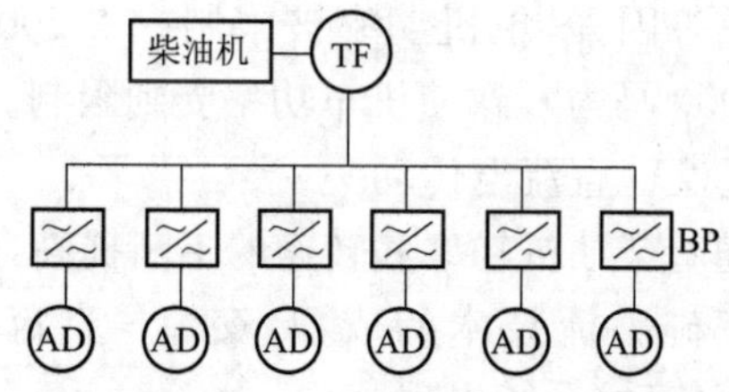


图 1-4　交—交流电传动工作原理示意

TF—交流牵引发电机；BP—可控硅降频变换器；
AD—交流牵引电动机

(3)液力传动内燃机车

柴油机输出的功率通过液力传动装置，经万向轴分别传至每根动轴上的车轴齿轮箱（图 1-5）。机车功率的传递路线为柴油机功率通过万向轴，从液力传动装置的上部输入，从下部输出，然后通过一根万向轴进入中间齿轮箱。由中间齿轮箱出来，再经过万向轴才传至动轴上的车轴齿轮箱，以驱动动轮转动。至此，柴油机的功率才变为机车的轮周牵引功率。

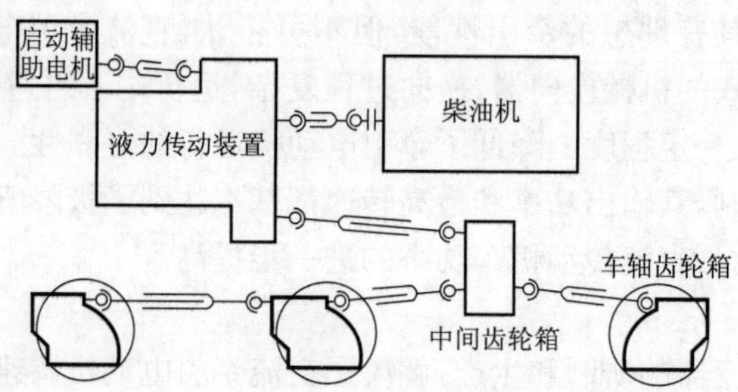


图 1-5　液力传动系统示意

传动系统中的中间齿轮箱是根据机车传动系统的总体布置的需要与否来设置的。

液力传动装置的主要部件是一台离心式液力泵和一台液力涡轮机(图 1-6)。当柴油机工作时,带动液力泵的叶轮高速旋转,由于离心力的作用,油箱里的工作油被液力泵吸起并加速,因而具有很高的压力和流速,然后通过输油管输送到涡轮机中去。当高压油冲向涡轮机的叶轮时,叶片受到很大的冲击压力,于是叶轮也跟着旋转起来,再通过齿轮的传动,使轮对也转动起来。工作油把能量传给涡轮机后,就从回油管流回油箱。

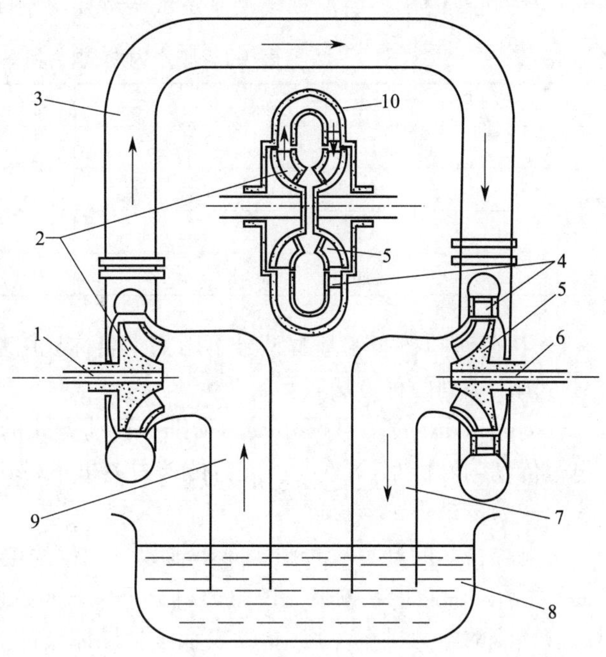

图 1-6　液力传动示意

1—输入轴;2—泵轮(离心泵);3、7、9—管道;4—导向轮;5—涡轮;6—输出轴;8—油槽;10—变扭器

为了减少功率的损失,把液力泵和涡轮机做成两个工作轮,并把它们装在一起,连同导向轮称为液力变扭器。

液力变扭器由泵轮、涡轮和导向轮组成。泵轮(相当于液力泵)通过泵轮轴(空心轴)、齿轮与柴油机的曲轴相连;涡轮(相当于涡轮机)通过涡轮轴(实心轴)及齿轮与机车的动轮轴相连;导向轮是固定在变扭器壳体上不能转动的。

工作油把从泵轮上得到的能量传给涡轮,从涡轮叶片流出后,经导向轮叶片的引导,又重新返回泵轮。工作油就是这样从泵轮→涡轮→导向轮→泵轮,不断地循环往复,把柴油机的功率传给动轮。

当机车起动或低速运行时,涡轮的转速很低,这时工作油对涡轮叶片的压力就很大,因而满足了机车牵引力大的要求;当涡轮转速随着机车运行速度提高而加快时,工作油对涡轮叶片的压力也逐渐减小,涡轮的转速越是接近泵轮的转速,则工作油对涡轮叶片的压力也就越小,正好满足高速行车时对牵引力要求较小的条件。可见,柴油机发出的大小基本不变的扭矩,经过变扭器后变成为满足列车牵引要求的机车牵引力,其大小能随机车理想牵引性能曲线而变化,从而使机车具有良好的牵引性能。

### 1.2.2　机车型号

《铁路技术管理规程(普速铁路部分)》规定机车应有识别的标记:路徽、配属局段简称、车型、车号、最高运行速度、制造厂名及日期。

根据原标准《内燃、电力机车车型及车号编制规则》(TB/T 1736—1996),国产和进口的机车型号都由基本型号和辅助型号两部分组成。

1. 基本型号

(1)本国制造机车的基本型号采用基本名称或基本代号表示,也可同时使用。

①基本名称——用汉字表示。

②基本代号——用车型名称每个汉字的第一个大写汉语拼音字母表示。现已批量生产的内燃、电力机车的车型名称和车型基本代号规定见表 1-1。

表 1-1 国产内燃、电力机车的基本型号

| 基本名称 | 基本代号 |
|---|---|
| 东风 | DF |
| 东方红 | DFH |
| 北京 | BJ |
| 韶山 | SS |

(2)国外进口机车的基本型号不用基本名称只用基本代号来表示,内燃和电力机车的基本代号分别用下列两种方法表示:

①内燃机车的基本代号由动力类别和传动方式的两个大写汉语拼音字母组成,如 ND 表示电力传动内燃机车,NY 表示液力传动内燃机车。其中,N 表示内燃机车,D 表示电力传动,Y 表示液力传动。

②电力机车的基本代号由机车车轴数量和代表电源整流方式的大写汉语拼音字母组成,如 6G 表示六轴硅半导体整流的电力机车,8K 表示八轴可控硅整流的电力机车,6Y 表示六轴引燃管整流的电力机车。其中,G 表示硅半导体整流方式,K 表示可控硅整流方式,Y 表示引燃管整流方式,J 表示交—直—交传动方式。

2. 辅助型号

(1)机车的辅助型号由车型顺序号和车型变型号组成。

(2)车型顺序号用阿拉伯数字表示,车型变型号用大写的拉丁字母表示。车型变型号位于车型顺序号之后,两者均写在基本型号的右下角。

(3)车型顺序号按该型机车设计或从国外进口的顺序依次排列。

(4)车型变型号按该型机车变型的顺序排列,如 $DF_{4B}$、$DF_{8B}$。

3. 机车车号

(1)我国制造的机车用五位阿拉伯数字表示(原标准 TB/T 1736—1986 规定我国制造的机车车号用四位阿拉伯数字表示),第一位表示机车制造厂代号[《机车车辆工业企业技术标准编号方法》(TB/T 9—1996)另行规定],后四位表示机车制造顺序号,国外进口的机车车号用四位阿拉伯数字表示,按进口顺序依次排列。机车车号由原铁道部编排给定。

(2)按一台机车编订车号的双节机车,应分别在两节机车车号后缀以节号,节号分别用大写拉丁字母 A 或 B 表示,如 $SS_4$X0096A,$SS_4$X0096B。

如大连机车车辆厂制造的第 0001 号东风 4B 型电力传动内燃机车,其车型与车号为:

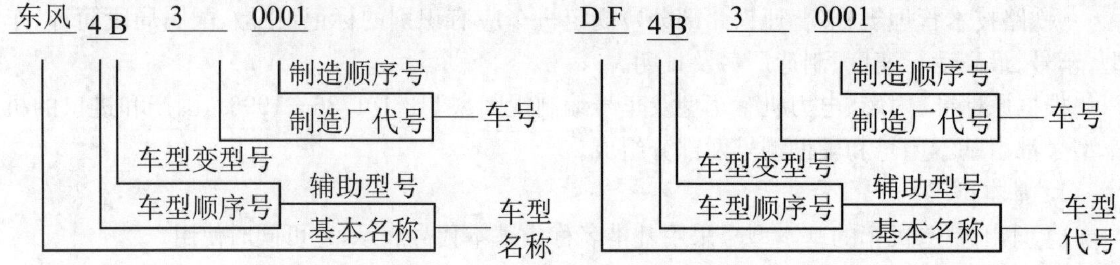

2016 年国家铁路局发布的《机车车辆车种、车型和车号编码规则　第 1 部分:机车》(TB/T 3443.1—2016)重新规定了机车的车种、车型和车号的编码规则。

机车车种:是指按机车的动力类别和传动方式特征对机车进行的分类。如内燃机车、电力机车。

机车车型:按照同一车种内机车产品定型或局部改进的时间顺序赋予具有同一技术特征的机车的分类。

机车车号:对每一台机车赋予的序列编号。

机车车型编码:由基本型号、基本变型、辅助变型代码三部分构成,如下:

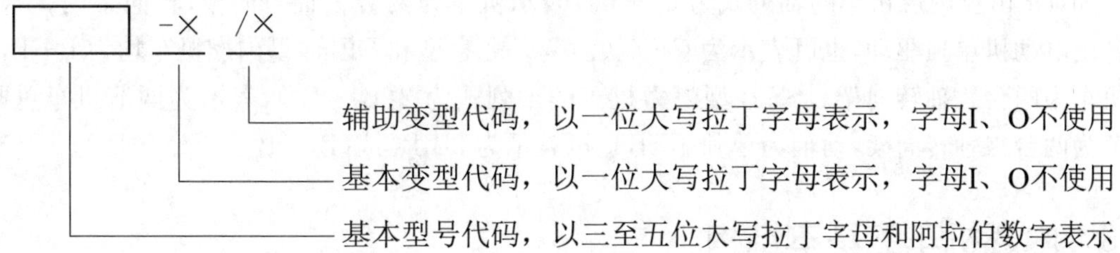


示例 1:交流电传动电力机车,基本型号为 $HXD_1$,进行了首次重大改进,则基本变型代码为 A,无一般改进,其型号为 $HXD_{1-A}$。

示例 2:交流电传动电力机车,基本型号为 $HXD_1$,未进行重大改进,仅进行了 2 次一般改进,其型号为 $HXD_{1/B}$。

示例 3:交流电传动电力机车,基本型号为 HXD1,进行了第 2 次重大改进,又进行了 1 次一般改进,其型号为 $HXD_{1-B/A}$。

①不同的机车车型应采用不同的基本型号代码。

②经过重大改进型的机车,应赋予新的基本变型代码。

基本变型代码按照同一技术平台的机车产品进行重大改进的时间确定,以大写拉丁字母表示,由 A 起顺序排列,字母 I、O 不使用。每一技术平台机车产品的基本型无基本变型代码。

基本型号代码与基本变型代码之间以"-"连接。

③经过一般改进型的机车,应赋予新的辅助变型代码。

辅助变型代码按照同一技术平台的机车产品进行一般改进的时间先后顺序确定,以大写拉丁字母表示,由 A 起顺序排列,字母 I、O 不使用。每一技术平台机车产品的基本型无辅助变型代码。

基本型号代码或基本变型代码与辅助变型代码之间以"/"连接。

机车车号的编定:机车的车号编码采用数字码,用四位阿拉伯数字表示。按一台机车编定车号的多节机车,应分别在每节机车车号后缀以节号,节号分别用大写拉丁字母表示,由 A 起顺序排列。如:$HXD_2$0096A,$HXD_2$0096B。

机车的车号与机车的基本型号代码组合构成,实现机车车型车号的唯一性。

### 1.2.3 机车轴列式

所谓轴列式就是用数字或字母表示机车走行部结构特点的一种简单方法。我国原来习惯用数字表示,现已改用字母表示。国外有用数字表示的,也有用字母表示的。用数字表示的叫数字表示法;用英文字母表示的叫字母表示法。

1. 车架式机车的轴列式表示法

用数字表示轴数，其顺序为导轴数—动轴数—从轴数。例如前进型蒸汽机车的轴列式为1—5—1，表示有1根导轴、5根动轴、1根从轴。

2. 转向架式机车的轴列式表示法

(1)字母(或数字)个数表示机车转向架数。

(2)字母(或数字)本身表示转向架轴数，A即1，B即2，C即3，D即4等；注脚0表示每一动轴为单独驱动，无注脚表示动轴为成组驱动。

(3)“—”表示两转向架之间相互独立；“+”表示两转向架之间有活节相连。

如：$DF_{4B}$型内燃机车的轴列式为$C_0—C_0$，表示机车为两台三轴转向架，转向架内3根动轴各由电动机单独驱动，也可表示为$C_0C_0$、$C_0/C_0$。北京型和$DFH_5$型内燃机车均为B—B，表示机车为两台二轴转向架。$SS_{4G}$型电力机车的轴列式为$2(B_0—B_0)$，表示为两节机车重联，每节为两台二轴转向架，动轴为单独驱动，也可表示为$2B_0B_0$或$(B_0—B_0)+(B_0—B_0)$。

## 1.3 内燃机车的基本结构

### 1.3.1 内燃机车基本组成

内燃机车一般由柴油机、传动装置、车体、转向架及辅助装置等部分组成。

1. 柴油机

柴油机是内燃机车的动力装置。机车柴油机有二冲程与四冲程、增压与非增压、高速与中速、立式与V形等类型。

2. 传动装置

传动装置是一种能把柴油机的动力传递到轮对上的装置，并使机车获得所要求的牵引性能以及能改变机车前进或后退的方向。内燃机车传动装置有机械传动、液力传动和电传动三种。

3. 车体

车体是内燃机车的骨架，是安装柴油机及辅助设备的基础，并起着保护这些设备的作用。现代大功率机车将车体侧壁、司机室等与底架焊在一起，成为一个整体承载结构的车体，以增强刚度，减轻重量。

4. 转向架

转向架是内燃机车走行部分，它承受着机车上部结构重量，产生牵引力和制动力，还有利于通过曲线。转向架有着不同型式。

5. 辅助装置

辅助装置是保证柴油机、传动装置和走行部正常工作和可靠运行的辅助设备，包括以下部分：

(1)燃油系统。将储存在机车燃油箱内的燃油经过滤清后供给柴油机，冬季还可以对燃油进行预热。燃油系统由燃油箱、燃油输送泵、燃油粗滤器、精滤器、燃油预热器等部件组成。

(2)机油系统。把清洁的、具有一定压力和温度适当的机油输送到柴油机、增压器以及各摩擦面进行润滑，并使之循环使用。机油系统由主机油泵、启动机油泵、辅助机油泵、机油滤清器、离心精滤器、热交换器和管路等部件组成。

(3)冷却系统。利用冷却水对柴油机、增压器、增压空气及机油进行冷却。冷却系统由离心式水泵、膨胀水箱、散热器组、管路和风扇等部件组成。

(4)预热系统。在柴油机启动前，通过预热锅炉对水进行预热，使其达到柴油机所要求的启动最低温度。在严寒季节机车停留时，预热系统可保持柴油机的油、水温度，以便能随时启动。预热系统由预热锅炉和管路等部件组成。

(5)制动机及空气系统。空气制动机对机车或列车施行制动，以实现停车或减速；自动控制系统将总风缸引来的压缩空气压力降至 0.55～0.6 MPa 后，经由低压空气管路通往各电空阀，风喇叭和刮雨器所使用的压缩空气也直接由总风缸供给；撒砂系统为了增大轮轨间的黏着系数，防止车轮空转及非常制动时滑行，当司机脚踏撒砂阀时，总风缸的压缩空气经电空阀进入撒砂器，向机车前进的第 1、4 或第 3、6 车轮下的轨面撒砂。

(6)辅助传动装置。为驱动内燃机车的部分辅助装置而设置，如驱动机械传动系统和静液压传动系统。机械传动系统包括启动变速箱、静液压变速箱、传动轴和联轴节等部件；静液压传动系统包括静液压泵和静液压马达、温度控制阀、安全阀等部件。

### 1.3.2 总体布置原则

1. 必须保证合理的重量分配

为保证合理的重量分配，就要进行重量分配计算，保证两转向架载荷相等以及各转向架左右两侧弹簧承受的载荷相等，各轴的载荷应在规定的轴重偏差之内。有的机车在重量偏轻的部分还专门装设一定重量的配重铁(在机车重量不够的情况下)，以满足重量分配的要求，不影响机车牵引力的发挥。

2. 保证所有的电气设备安全正常工作

各种电气设备的布置距离必须保证足够的绝缘距离，要防止电磁的相互干扰而影响正常工作，并要特别注意各电机、电器连线的相互影响。

3. 要尽量保证各种设备的拆装方便

机车的设备布置要尽量减少在车内组装工作量。尽可能使有些工作在上车之前进行。另外，机车的各种设备中，装拆的概率不同，在设备布置时，必须首先保证各种设备装拆的可能性。需经常更换或修理的易损设备一定要容易拆装。

4. 要保证乘务人员工作的最大方便和车内的整洁美观

司机室的设备布置在保证操纵、瞭望、检查故障、通过、维修保养方便的前提下，还应尽可能使各电气设备布置整齐、美观、注意规律性，这样便于乘务人员熟记各设备的位置。另外，走廊通道要尽量宽敞，照明采光要好，操纵件应尽量集中。

5. 合理规划管路路线

尽量缩短燃油、机油、水及空气等管路长度，不能有过多的或曲率半径过小的弯道，以免增加流动的阻力。

总之要综合考虑上述原则，选择最佳方案。

### 1.3.3 $DF_{4B}$ 型内燃机车总体布置

$DF_{4B}$ 型内燃机车是交—直流电传动，干线客、货两用内燃机车(图 1-7)。机车的标称功率为 1 985 kW，柴油机的最大运用(装车)功率为 2 430 kW。客运和货运两种车型最主要的区别是牵引齿轮传动比不同，客运机车为 $i=71/21=3.38$，货运机车为 $i=63/14=4.5$。

机车采用框架式侧壁承载车体，内走廊式。4 组内部隔墙将车体分为第Ⅰ司机室、电气室、动力室、冷却室和第Ⅱ司机室五个部分。为便于乘务人员和检修人员工作，除了司机室有侧门外，在动力室的两侧也设有侧门，各室间隔墙均设有内门。为便于装拆部件，电气室、动力

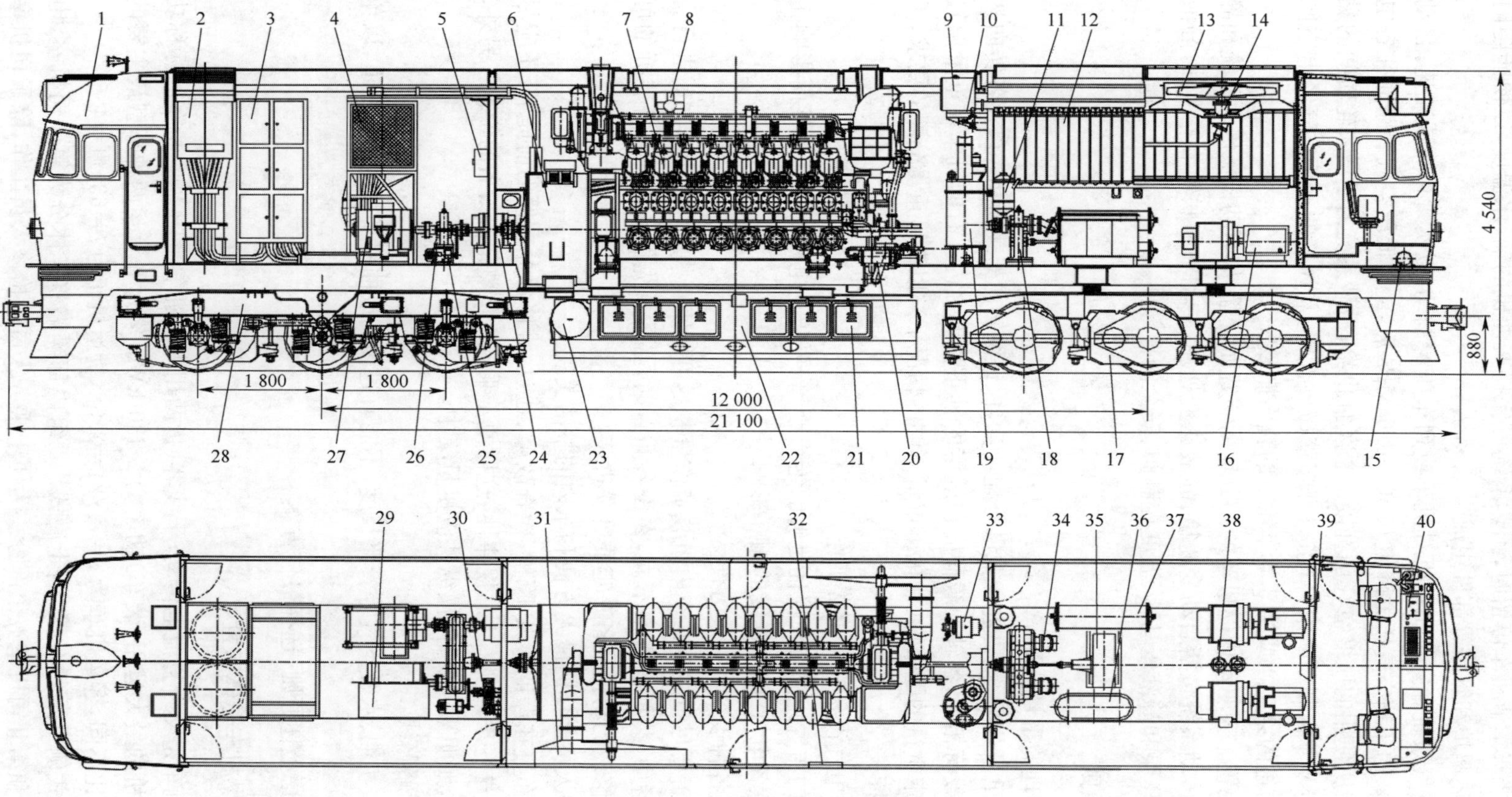


图 1-7 DF4B 型内燃机车设备布置(单位：mm)

1—司机室；2—制动电阻；3—电气柜；4—硅整流柜；5—励磁整流柜；6—主发电机；7—柴油机；8—车体通风机；9—膨胀水箱；10—预热锅炉油箱；11—静液压系统油箱；12—散热器；13—冷却风扇；14—静液压马达；15—自动控制系统；16—空气压缩机；17—车体通风机；18—静液压变速箱；19—预热锅炉；20—燃油预热器；21—蓄电池箱；22—燃油箱；23—总风缸；24—励磁机；25—测速发电机；26—启动变速箱；27—启动（辅助）发电机；28—转向架；29—三项设备及工具柜；30—传动机构；31—空气滤清器；32—测量仪表；33—启动机油泵；34—静液压泵；35—牵引电机通风机；36—机油滤清器；37—机油热交换器；38—静液压油热交换器；39—人力制动手柄；40—正副操纵台

室和冷却室的顶棚均有活动顶盖。车体结构中还设置了防寒、灭火、通风以及良好的采光和照明设施。

两端司机室具有同等操纵功能。司机室内设有操纵台，操纵台上安装有司机控制器、制动装置的自动制动阀和单独制动阀、各种操纵按钮、仪表等。司机室内还设有司机和副司机座椅、暖风机、电风扇、电炉等设备。司机室前方和两侧均有玻璃窗，视野宽阔、瞭望方便。前窗玻璃外设有刮雨器，侧窗可以手动升降。司机室后壁中部安装有人力制动装置手柄，上部设有行李架。在第Ⅱ司机室后壁人力制动装置手柄上方还设有圆形玻璃窗，供观察冷却风扇工作状态用。在司机室操纵台上还设有保证行车安全的信号显示装置、列车运行监控装置、无线调度电话等。

电气室内安装有制动电阻柜、电气柜、硅整流柜及工具箱。辅助传动装置的启动变速箱与启动发电机、励磁机、测速发电机和前转向架牵引电动机通风机相连，坐落在电气室后端。励磁整流柜、电阻制动控制箱和直流变换器以及空气制动系统的分配阀、中继阀和空气制动与电阻制动联锁的电磁阀等均设在电气室后隔墙上。电气室还设有通往车体顶部的人孔和梯子，在电气化线路区段，人孔盖应加锁，并在墙上刷有严禁攀登字样，以防在电气化区段发生触电伤亡事故。

动力室内主要安装柴油发电机组及为它工作服务的空气滤清器、燃油滤清器、燃油输送泵、启动机油泵、冷却水系统的管路和阀类、膨胀水箱等。动力室的后部安装有预热锅炉及其控制柜、预热系统循环水泵、辅助机油泵等。动力室的侧墙上装有车体通风机，可以及时排出动力室内的烟气并散发热量。

冷却室内装有散热器组、冷却风扇、静液压马达等。散热器组下部安装有静液压变速箱、后转向架牵引电动机通风机、机油滤清器、机油热交换器、空气压缩机组等。

机车走行部为两台可以互换的三轴转向架，机车整个上部结构通过 8 个弹性摩擦旁承坐落在两个转向架上。每个转向架与车体间由一组低位牵引杆机构相连，以传递牵引力和制动力。转向架轴箱采用弹性拉杆定位，轴箱内装有滚动轴承。转向架具有二系弹簧悬挂，一系是轴箱弹簧，由大挠度圆弹簧配有油压减振器构成，以吸收低频振动；二系由橡胶垫串联组成，位于旁承上方，以吸收高频振动。每个车轴上均悬挂一个牵引电动机，为减少轴重转移，以满足货运牵引要求，牵引电动机顺置排列。在车体与转向架之间设有弹性侧挡，当机车在曲线上运行时，弹性侧挡可与牵引杆杆件系统一起形成一个假想的中心区域，以便转向架绕此中心区域相对车体作回转运动。每个动轮均设有一个闸缸和单侧单闸瓦，并带有闸瓦间隙自动调节器。

机车两端装有车钩缓冲装置，用于机车和车辆的自动连接和分解，同时传递机车牵引力和承受来自车辆的冲击力。采用的二号缓冲器为全钢摩擦式。车钩原采用改进型的 3 号下作用式车钩，现改用下作用式标准内燃、电力机车车钩。

车架下部中央吊装着燃油箱，燃油箱两侧每侧有 6 个蓄电池箱，前后端装有总风缸。

$DF_{4B}$ 型内燃机车装用 16V240ZJB 型柴油机。它为 V 形、四冲程、直接喷射开式燃烧室、废气涡轮定压增压并经中间冷却的中速柴油机。采用铸焊组合机体、并列连杆、组合式锻铝活塞或薄壁球铁活塞、单体式喷油泵、转速功率联合调节器、45GP802-1A 型或 ZN290 型增压器等。柴油机有 16 个气缸，V 形夹角为 50°，气缸直径为 240 mm，活塞行程为 275 mm。标定转速为 1 000 r/min，最低空载稳定转速为 430 r/min，标定功率为 2 650 kW，最大运用功率为 2 430kW，在标定功率下，燃油消耗率为 210 g/(kW · h)。

柴油发电机组的功率输出端经弹性法兰通过万向轴与启动变速箱连接。启动变速箱通过两个输出轴带动启动发电机、励磁机、前转向架牵引电动机通风机及测速发电机。在柴油机的自由端，经传动轴带动静液压变速箱，静液压变速箱驱动两个静液压泵，泵打出的高压油输送给静液压马达。静液压变速箱中间轴的下方输出轴经锦纶细丝绳联轴节带动后转向架牵引电动机通风机。

DF4B 型内燃机车采用交—直流电传动装置，由柴油机驱动的主发电机是一台 TQFR-3000 型三相交流同步牵引发电机。发电机产生的三相交流电经硅整流柜三相桥式全波整流后，输送给 6 台并联的 ZQDR-410 型牵引电动机，再由牵引电动机通过传动齿轮驱动车轮旋转。在硅整流柜与牵引电动机之间，设有 6 个主接触器分别控制 6 台牵引电动机电流的通断。另外还设有两个转换开关，用它转换牵引电动机励磁绕组电流的方向，从而改变牵引电动机转向，控制机车的前进或后退。

主发电机的励磁机是一台 GQL-45 型感应子励磁机，它也是一台三相交流发电机，由柴油机通过启动变速箱带动，发出的交流电经励磁整流柜三相桥式全波整流后，给主发电机转子上励磁绕组励磁。励磁机的励磁是通过联合调节器的功率调整电阻器自动改变励磁测速发电机的励磁电流来控制的，使柴油机在规定的主发电机调压范围实现恒功率控制。

在主发电机最高恒功率电压限制下，为扩大机车的恒功率速度范围，对机车的牵引电动机进行两级磁场削弱，由一套过渡控制电子装置根据机车轮对的速度信号自动进行磁场削弱的转换。

从 1989 年开始，DF4B 型内燃机车正式加装电阻制动装置，每台机车设有结构完全相同的制动电阻柜两个。在电阻制动工况，牵引电动机被改接成他励直流发电机工作，6 台牵引电动机的励磁绕组被串联在一起，由主发电机经硅整流柜及制动接触器给电动机励磁。电动机通过传动齿轮由轮对驱动，产生的电能输送到制动电阻上，把列车运行的动能最终转化成热能，使轮对产生制动力，电阻制动具有速度不同的两个动力峰值，一级到二级电阻制动的转换由电阻制动控制箱控制。制动电流也受控制箱调控，实现恒励磁电流控制、恒制动电流控制和高速限流控制。

具有电阻制动的机车还具有自负载试验功能。机车在静止状态时，通过操纵自负载开关使机车进入自负载工况，把柴油机功率通过主发电机消耗在制动电阻上，可以方便地检测柴油机各转速下的牵引功率。

柴油机采用电动机启动，96 V 蓄电池供电给 ZQF-80 型启动发电机，使之成为串励电动机带动柴油机启动。启动完毕后，启动发电机接成他励发电机工况，由柴油机带动它旋转，并通过电压调整器使其输出电压恒定在 110 V，用来向控制、辅助电路供电。

柴油机转速的控制是通过一套无级调速驱动器装置，根据司机控制器发出的指令控制联合调节器配速机构上的步进电机，实现对柴油机的无级调速控制。

机车设有蓄电池外充电插座和预热锅炉外电源插座。

DF4B 型内燃机车的燃油系统由燃油箱、燃油粗滤器、燃油输送泵、燃油预热器及阀门、管路组成。通过设在柴油机上的燃油精滤器，向柴油机各喷油泵供应足够数量具有一定压力的清洁燃油。

机车的整个机油系统包括柴油机油底壳、机油泵、机油热交换器、机油滤清器、柴油机内部机油系统、机油离心精滤器、启动机油泵、油压继电器及仪表和阀类、管路等。以机油泵为动力迫使机油循环流动，经过滤清和冷却，向柴油机供给一定压力和温度的洁净机油。机油带出摩擦及部分燃烧的热量后经冷却流回柴油机油底壳。启动柴油机时，启动机油泵从油底壳吸油加压后送入机油主循环管路中，注入柴油机各摩擦表面润滑。柴油机工作时，占总循环机油量 5%～15%的机油直接进入离心精滤器滤清后流回油底壳，以提高机油的清洁度。

机车的冷却水系统分高温（柴油机水系统）、低温（增压空气冷却器、机油热交换器）两个循环系统，主要部件有膨胀水箱、冷却水泵、空气冷却器、机油热交换器、散热器、静液压油热交换器及阀类、管路等。

56 组散热器(高温 24 组，低温 32 组)呈 V 形安装在冷却室的钢骨架上。钢架上部装有用静液压马达驱动的两台冷却风扇，两台风扇各自有一套独立的静液压系统。每个静液压系统内均设有带感温元件的温度控制阀，随着机车工况的变化控制风扇的开关和无级变速，实现油、水温度的自动控制。

机车的预热系统主要由预热锅炉、循环水泵、阀类及管路组成。预热锅炉为水管立式锅炉，由预热锅炉控制柜(手动控制)控制其工作过程，保证柴油机在规定的油、水温度下启动。

机车采用 JZ-7 型空气制动机，它由两台 NPT5 型空气压缩机供风。空压机由 110 V 直流电动机驱动，在 1 000 r/min 额定转速下供风量为 2 400 L/min，最大排气压力为 900 kPa，除向空气制动系统供风外，它还向自动控制系统和撒砂系统供风。

机车设有下列主要保护和显示装置，其作用及显示方式如下：

(1)柴油机超速保护——超速时停机。

(2)柴油机曲轴箱压力保护——超压时停机，信号灯显示。

(3)柴油机水温保护——超温时卸载，信号灯显示。

(4)柴油机机油压力保护——油压继电器动作时卸载或停机，信号灯显示。

(5)牵引电动机总电流过流保护——过流卸载，信号灯显示。

(6)主电路接地保护——接地时卸载，信号灯显示。

(7)机车空转显示——空转时继电器动作，信号灯显示。

(8)电阻制动过流保护——降低制动功率，信号灯显示。

(9)制动电阻失风保护——电阻制动停止，信号灯显示。

## 1.4 内燃机车功率及机车理想牵引特性

### 1.4.1 内燃机车功率

内燃机车的功率一般是指柴油机的功率。柴油机的功率有标定功率(持续功率)及最大运用功率(装车功率)之分。另外根据实际运用需要还有轮周功率、车钩功率和标称功率。

1. 标定功率(持续功率)

标定功率(持续功率)是指在指定的环境状况下(按国际标准，气压 100 kPa 和气温 300 K)，在正常修理周期内，柴油机能够持续发出的最大功率。此时柴油机的活塞、活塞环、气缸的温度均不超过允许范围，各运动部件的机械疲劳应力也不超过允许值。

$DF_{4B}$ 型内燃机车的标定功率(持续功率)为 2 650 kW。

2. 最大运用功率(装车功率)

最大运用功率(装车功率)是指在正常修理周期内，在特定使用条件(环境温度、大气压力、工况等)下，柴油机在运用中所能达到的最大有效功率。最大运用功率(装车功率)通常比标定功率(持续功率)稍小，因为标定功率(持续功率)是在标准环境条件下试验所得的结果，而机车的实际运用环境条件较差，所以考虑柴油机可靠性和延长柴油机使用寿命，减少修理，在使用柴油机时有意使其功率留有余地，不用到标定功率(持续功率)。

一般最大运用功率(装车功率)比标定功率(持续功率)约低 10%左右。

DF4B 型内燃机车的最大运用功率(装车功率)为 2 430 kW。

3. 轮周功率

轮周牵引力在单位时间内所做的功称为轮周功率,即

$$N_k=\frac{F_k \cdot v}{60\times 60}=\frac{F_k \cdot v}{3\ 600} \quad (\text{kW}) \tag{1-1}$$

式中 $N_k$——轮周功率(kW);

$F_k$——轮周牵引力(N);

$v$——机车速度(km/h)。

柴油机一方面带动牵引发电机旋转,使机械能变成电能,另一方面还要直接或间接驱动许多辅助装置(如空气压缩机、冷却风扇等)。驱动辅助装置大约消耗柴油机功率的 8%～10%,这样,驱动牵引发电机的功率约为 90%～92%。牵引发电机把机械能变成电能,牵引电动机又将电能变成机械能驱动动轮,在这些过程中约损失 12%～18%,即电传动的效率约为 82%～88%。因此柴油机的功率传到轮周上要有所损失,而机车的做功能力是以轮周功率来衡量的,即

$$N_k=N_e \cdot \eta_{辅} \cdot \eta_{传} \tag{1-2}$$

式中 $N_k$——轮周功率;

$N_e$——柴油机有效功率;

$\eta_{辅}$——驱动辅助装置消耗的功率,DF4B 型内燃机车约为 0.9;

$\eta_{传}$——电力传动装置效率,DF4B 型内燃机车约为 0.88。

DF4B 型内燃机车轮周功率 $N_k=N_e\times 0.9\times 0.88\approx 0.79N_e$。

4. 车钩功率

轮周功率在扣除机车为克服自身运行阻力所消耗的部分功率后,剩下牵引车列的那部分功率称为车钩功率。

车钩功率 $N_g$、轮周功率 $N_k$、牵引发电机输出功率 $N_F$(整流后),牵引发电机输入功率 $N_T$ 与柴油机有效功率 $N_e$之间有如图 1-8 所示的关系曲线,该曲线称为功率分配曲线。

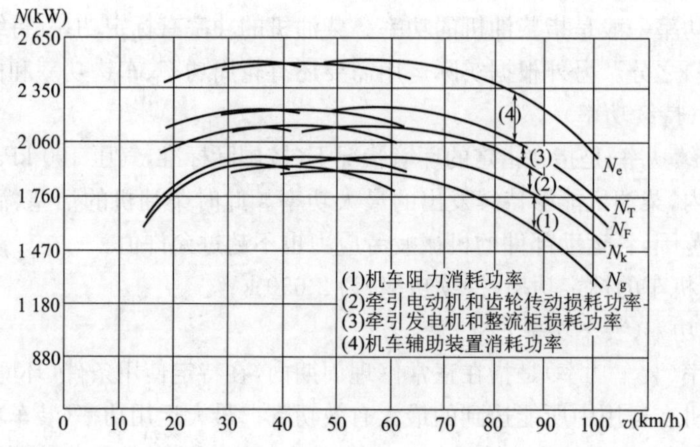


图 1-8 DF4B 型内燃机车功率分配曲线(柴油机最高转速位)

5. 标称功率

内燃机车的功率习惯上是指柴油机功率,但实际换算到轮周上时却有较大减少,这对提高

内燃机车的可靠性是不利的，为避免运用中不便，我们还定义了内燃机车的标称功率。

内燃机车的标称功率是指从电力传动内燃机车的各牵引电动机输出轴处，或从液力传动内燃机车的各车轴齿轮箱输入轴处，取得的最大功率总和(图 1-9)。如 $DF_{4B}$ 型内燃机车的标称功率为 1 985 kW。

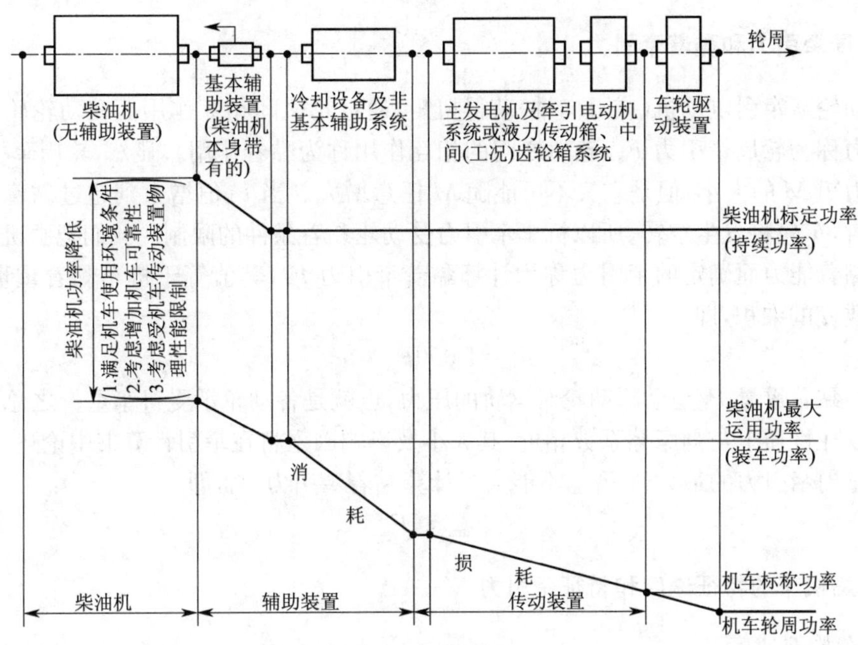


图 1-9　内燃机车标称功率确定方法示意

内燃机车的功率按标称功率来标定有以下优点：

(1)确定的机车功率与线路状况和机车速度无关。

(2)制造厂可以对机车功率进行标定。

(3)与电力机车功率确定方法相一致。

(4)机车功率的标称，比较符合机车实际运用功率。

(5)我国为国际铁路联盟(IRCA/UIC)的成员国，与国际铁路联盟标准一致。

### 1.4.2　机车理想牵引特性

从式(1-1)、式(1-2)可得

$$F_k v = 3\,600\eta_{辅} \cdot \eta_{传} \cdot N_e \tag{1-3}$$

当 $N_e$ 等一定时，$F_k v$＝常数，亦即轮周牵引力 $F_k$ 与机车速度 $v$ 成反比关系，该关系曲线为一双曲线，这个曲线称为机车理想牵引曲线(图 1-10)。低速时牵引力大，随着速度的增加，牵引力逐渐降低，我们称这种性能为机车理想牵引特性。我们设置传动装置就是为使轮周牵引力与速度的关系接近理想牵引特性，从而使柴油机功率得到充分发挥。

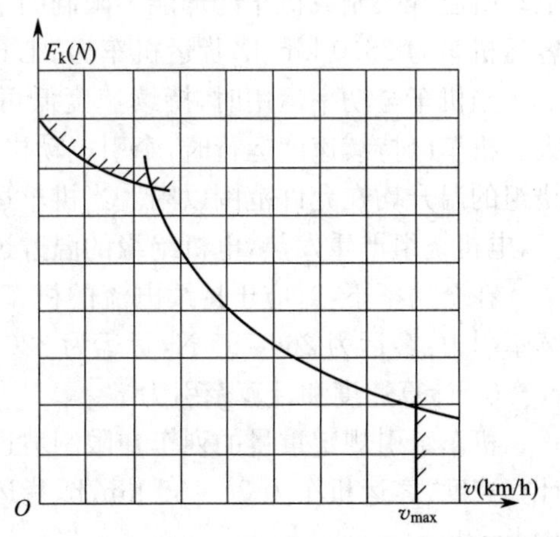


图 1-10　机车理想牵引曲线

从图 1-10 中可以看出，该双曲线不可能无限制地向两端延伸。在高速工况下，速度受到最大运用速度 $v_{max}$ 的限制；在低速工况下，牵引力受到机车黏着条件(轮轨间不发生空转打滑)的限制。

## 1.5 内燃机车的特征速度及特征牵引力

### 1.5.1 轮周牵引力和黏着牵引力

机车动轮从牵引电动机(或万向轴)获得扭矩，通过轮轨间相互作用而在动轮轮周上产生的切向反力称为轮周牵引力 $F_k$；轮轨之间的相互作用称为黏着作用。显然，轮周牵引力 $F_k$ 取决于回转力矩 $M$ 的大小，但是它又不可能随 $M$ 任意增大。当 $F_k$ 值增大到超过黏着作用允许的最大值时，车轮将发生空转，所以机车牵引力受动轮黏着条件的限制。我们把由机车动轮与钢轨间的黏着能力而确定的牵引力称为计算黏着牵引力 $F_\mu$，其值等于机车黏着重量 $P_\mu$ 与计算黏着系数 $\mu_j$ 的乘积，即

$$F_\mu = 1\,000 P_\mu \cdot \mu_j \tag{1-4}$$

机车的黏着重量 $P_\mu$ 是全部动轮对钢轨的压力，也就是各动轮承受机车重量之总和。计算黏着系数 $\mu_j$ 在性质上与静摩擦系数相近，其大小及影响因素将在牵引计算书中论述。

机车轮周牵引力的最大值 $F_{kmax}$ 不能大于计算黏着牵引力 $F_\mu$，即

$$F_{kmax} \leqslant F_\mu \tag{1-5}$$

### 1.5.2 内燃机车的特征速度和特征牵引力

1. 机车构造速度

机车结构(如零部件的强度、走行部的动力性能以及机车效率等)所允许的机车最高安全运行速度称为机车的构造速度，又称机车最高速度。DF4B 型内燃机车最高速度：客运为 120 km/h，货运为 100 km/h。机车构造速度必须与列车的最高允许速度及制动能力相适应。目前我国机车的构造速度：客运为 120～160 km/h，货运为 80～100 km/h，通用机车为 100～120 km/h，调车机车为 50～90 km/h。

2. 持续速度和持续牵引力

机车主控制器(长时间)在最高手把位(全功率持续运行)，车轮轮箍半磨耗条件下，受牵引电动机温升限制或机车冷却能力限制的最低速度称为持续速度。DF4B 型内燃机车持续速度：客运机车为 26.0 km/h，货运机车为 21.6 km/h。

当机车全功率运用时，持续速度低可获得大牵引力，但将引起牵引电动机电枢电流的增大。机车以持续速度运行时，牵引电动机的电枢电流称为持续电流，这时牵引电动机和发电机绕组的温升均在允许范围以内。当机车运行速度低于持续速度时，电机的电流超过了持续电流，电机绕组严重发热，电机绝缘的温升过高，这会影响使用期限，严重时会烧毁电机。

在全功率下，对应于持续电流的机车牵引力称为持续牵引力 $F_c$。DF4B 型内燃机车的持续牵引力：客运为 266 750 N，货运为 320 690 N。

3. 计算速度和计算牵引力

机车牵引规定重量的列车在限制坡道上运行的最低速度称为计算速度。目前我国机车的计算速度：客运机车为 25～30 km/h，货运机车为 20～30 km/h，调车机车及小运转机车为8～10 km/h。

机车以计算速度通过限制坡道时，所能发挥的最大轮周牵引力称为计算牵引力。

计算速度如规定得过高，对于一定功率的机车，其计算牵引力就显得不足，而且据此计算的牵引重量也势必减少，从而使区间的列车对数增多。相反，如规定得过低，牵引重量虽可提高，但机车在坡道上容易发生空转，可能造成坡停或倒退等事故。同时，列车速度过低，占用区间的时间过长，也会影响线路的通过能力。因此，机车的计算速度需要综合运输经济、运输任务、线路状况、机车用途等各方面的因素加以确定。

对于电传动内燃机车，通常取持续速度作为它的计算速度。

4. 起动牵引力

机车牵引列车起动时，在一定的黏着条件下所能发挥的最大轮周牵引力称为机车起动牵引力 $F_q$。电传动内燃机车的起动牵引力要受到牵引电动机起动电流的限制，因为起动电流不允许过大。DF4B 型内燃机车起动电流限制为 6 000 A，相应的起动牵引力：客运机车为 362 370 N，货运机车为 434 940 N。

起动牵引力低于起动时的黏着牵引力，才能防止动轮发生空转。此外，起动牵引力还应保证所牵引的列车能在限制坡道上起动。

5. 车钩牵引力

机车轮周牵引力克服机车本身的运行阻力以后，传到车钩处用于牵引列车运行的那部分牵引力称为车钩牵引力。

$$F_g = F_k w_0' \cdot P_\mu \tag{1-6}$$

式中 $F_g$——机车车钩牵引力；

$F_k$——机车轮周牵引力；

$w_0'$——机车运行单位阻力；

$P_\mu$——机车黏着重量。

进行机车试验时，机车车钩处装有测力计，从测力计中可直接读出车钩牵引力的数值。

## 【拓展提高】

### 我国内燃机车主要技术参数

我国内燃机车主要技术参数见表 1-2～表 1-7。

表 1-2 我国第一代内燃机车的主要技术参数

| 机车型号 | DF | DF2 | DF3 | DF增 | DF2增 | 红星 | 东方红1 |
|---|---|---|---|---|---|---|---|
| 装车功率(公制马力) | 1 800 | 1 080 | 1 800 | 3 000 | 1 800 | 600 | 1 820 |
| 装车功率(kW) | 1 324 | 794 | 1 324 | 2 206 | 1 324 | 441 | 1 338 |
| 用途 | 货运 | 调车 | 客运 | 货运 | 客货 | 调小 | 客运 |
| 轴式 | $C_0$—$C_0$ | $C_0$—$C_0$ | $C_0$—$C_0$ | $C_0$—$C_0$ | $C_0$—$C_0$ | B—B | B—B |
| 传动方式 | 直一直 | 直一直 | 直一直 | 直一直 | 直一直 | 液力 | 液力 |
| 机车质量(t) | 126 | 113 | 126 | 126 | 117 | 64 | 84 |
| 轴重(t) | 21 | 18.8 | 21 | 21 | 19.5 | 16 | 21 |
| 最高速度(km/h) | 100 | 95.3 | 120 | 100 | 95 | 35/73 | 140：120 |
| 柴油机型号 | 10L207E | 6L207E | 10L207E | 10L207E | 6L207EZ | 2×DV12A | 2×12V175ZL |

表 1-3　我国第二代(电力传动)内燃机车主要技术参数

| 机车型号 | DF$_{4B}$ | DF$_{4C}$ | DF$_{4E}$ | DF$_5$ | DF$_7$ | DF$_{7B}$ | DF$_{7B}$双机 | DF$_{7C}$ | DF$_{7D}$ | DF$_8$ | DF$_{10A}$ | DF$_{12}$ |
|---|---|---|---|---|---|---|---|---|---|---|---|---|
| 标称功率(kW) | 1 985 | 2 165 | 2×2 000 | 950<br>1 040<br>(改型) | 1 180 | 1 470 | 2×1 470 | 1 180 | 1 500 | 2 720 | 2×1 500 | 1 985 |
| 装车功率(kW) | 2 426 | 2 647 | 2×2 430 | 1 213 | 1 470 | 1 840 | 2×1 840 | 1 470 | 1 840 | 3 309 | 2×1 986 | 2 426 |
| 用途 | 货/客 | 货运 | 货运 | 调车 | 调车 | 调车 | 货运 | 调车 | 货运 | 货运 | 货运 | 调车 |
| 轴式 | $C_0$—$C_0$ | $C_0$—$C_0$ | 2($C_0$—$C_0$) | $C_0$—$C_0$ | $C_0$—$C_0$ | $C_0$—$C_0$ | 2($C_0$—$C_0$) | $C_0$—$C_0$ | $C_0$—$C_0$ | $C_0$—$C_0$ | 2($B_0$—$B_0$) | $C_0$—$C_0$ |
| 整备质量(t) | 138 | 138 | 2×138 | 135 | 135 | 135 | 2×138 | 135 | 138 | 138 | 2×92 | 138～135 |
| 轴重(t) | 23 | 23 | 23 | 22.5 | 22.5 | 22.5 | 23 | 22.5 | 23 | 23 | 23 | 23～25 |
| 最高速度(km/h) | 100/120 | 100 | 100 | 80 | 100 | 100 | 100 | 100 | 100 | 100 | 100 | 100 |
| 传动方式 | 交—直 | 交—直 | 交—直 | 交—直 | 交—直 | 交—直 | 交—直 | 交—直 | 交—直 | 交—直 | 交—直 | 交—直 |
| 柴油机型号 | 16V240ZJB | 16V240ZJC | 16V240ZJB | 8V240ZJ | 12V240ZJ-1 | 12V240ZJ7 | 12V240ZJ7 | 12V240ZJ6 | 12V240ZJ6A | 16V280ZJ | 12V240ZJ | 16V240ZJB |
| 缸径(mm) | 240 | 240 | 240 | 240 | 240 | 240 | 240 | 240 | 240 | 280 | 240 | 240 |
| 行程(mm) | 275 | 275 | 275 | 275 | 260 | 260 | 260 | 275 | 275 | 285 | 275 | 275 |
| 转速(r/min) | 1 000 | 1 000 | 1 000 | 1 000 | 1 000 | 1 000 | 1 000 | 1 000 | 1 000 | 1 000 | 1 000 | 1 000 |

表 1-4　我国第二代（液力传动）内燃机车主要技术参数

| 机车型号 | 东方红$_1$ | 东方红$_2$ | 东方红$_3$ | 东方红$_4$ | 东方红$_4$ | 东方红$_4$ | 东方红$_5$ | 东方红$_{21}$ | 北京 | 北京货/客(八轴) | 北京(口岸) |
|---|---|---|---|---|---|---|---|---|---|---|---|
| 标称功率(kW) | 1 060<br>1 200 | 650 | 2×730<br>2×820 | 暂缺 | 暂缺 | 暂缺 | 590 | 640 | 1 500 | 2×1 500<br>2×1 350 | 1 350 |
| 装车功率(kW) | 2×700 | 790 | 2×990 | 2×1 640 | 2×1 654 | 2×1 654 | 790 | 809 | 1 985 | 3 676/3 970 | 1 838 |
| 用途 | 客运 | 调小 | 客运 | 客运 | 客运 | 货运 | 调小 | 调、窄轨 | 客运 | 货/客 | 调小 |
| 轴式 | B—B | B—B | B—B | C—C | C—C | C—C | B—B | B—B | B—B | 2(B—B) | B—B |
| 机车质量(t) | 84 | 60 | 92 | 131 | 134 | 138 | 86/72 | 60 | 92 | 2×92 | 92 |
| 轴重(t) | 21 | 15 | 23 | 21.8 | 22.4 | 23 | 21.5/18 | 15 | 23 | 22 | 23 |
| 最高速度(km/h) | 140/120 | 62 | 120 | 160 | 140 | 100 | 40/80 | 50 | 120 | 90/120 | 90 |
| 柴油机型号 | 12V175Z及180Z/12V175ZL | 12V180ZL | 2×12V180ZJA | 2×16V200ZL | 2×16V200ZL-1,-2 | 2×16V200ZL | 12V180ZL | 12V180ZJB | 12V240ZJ | 12V240ZJ | 12V240ZJ |

表 1-5 我国第三代（电力传动）内燃机车主要技术参数

| 机车型号 | $DF_6$ | $DF_{10D}$ | $DF_{10C}$ | $DF_9$ | $DF_{11}$ | $DF_{10F}$ | $DF_{4D}$ |
|---|---|---|---|---|---|---|---|
| 标称功率(kW) | 2 425 | 2×1 600 | 2×1 600 | 3 040 | 3 040 | 2×1 800 | 2 425 |
| 装车功率(kW) | 2 941 | 2×2 130 | 2×2 130 | 3 610 | 3 610 | 2×2 200 | 2 940 |
| 用途 | 货运 | 货运 | 客运 | 客运 | 客运 | 客运 | 客运 |
| 轴式 | $C_0—C_0$ | $2(B_0—B_0)$ | $2(C_0—C_0)$ | $C_0—C_0$ | $C_0—C_0$ | $2(C_0—C_0)$ | $C_0—C_0$ |
| 整备质量(t) | 138 | 2×92 | 2×(114～138) | 138 | 138 | 2×120×(1±3%) | 138 |
| 轴重(t) | 23 | 23 | 19～23 | 23 | 23 | 20±3 | 23 |
| 最高速度(km/h) | 118 | 100 | 140 | 140 | 160 | 160 | 140 |
| 传动方式 | 交—直 | 交—直 | 交—直 | 交—直 | 交—直 | 交—直 | 交—直 |
| 柴油机型号 | 16V240ZJD | 12V240ZJD | 12V240ZJD | 16V280ZJA | 16V280ZJA | 16V240ZJD | 16V240ZJD |
| 缸径(mm) | 240 | 240 | 240 | 280 | 280 | 240 | 240 |
| 行程(mm) | 275 | 275 | 275 | 285 | 285 | 275 | 275 |
| 转速(r/min) | 1 000 | 1 000 | 1 000 | 1 000 | 1 000 | 1 000 | 1 000 |
| 微机控制系统 | Intel 80C186 | Intel 80C186 | | | 微机控制 | 微机控制 | |

表 1-6 我国第四代（电力传动）内燃机车主要技术参数

| 机车型号 | $DF_{8B}$ | $DF_{8BJ}$ | $DF_{8CJ}$ | $HXN_3$ | $HXN_{3B}$ | $HXN_5$ | $HXN_{5B}$ | $HXN_6$ |
|---|---|---|---|---|---|---|---|---|
| 装车功率(kW) | 3 680 | 4 000 | 4 410 | 4 660 | 3 500 | 4 660 | 3 530 | 1 250 |
| 标称功率(kW) | 3 100 | 3 350 | 3 650 | 4 410 | 2 800 | 4 400 | 2 830 | 暂缺 |
| 用途 | 货运 | 货运 | 货运 | 货运 | 调车 | 货运 | 调车 | 调车兼小运转 |
| 轴式 | $C_0—C_0$ | $C_0—C_0$ | $C_0—C_0$ | $C_0—C_0$ | $C_0—C_0$ | $C_0—C_0$ | $C_0—C_0$ | $C_0—C_0$ |
| 整备质量(t) | 138 | 138/150 | 138 | 150 | 150 | 150 | 150 | 150 |
| 轴重(t) | 23+2 | 23/25 | 23/25 | 25 | 25 | 25 | 25 | 25 |
| 最高速度(km/h) | 100 | 120 | 120 | 120 | 100 | 120 | 100 | 100 |
| 传动方式 | 交—直 | 交—直—交 | 交—直—交 | 交—直—交 | 交—直—交 | 交—直—交 | 交—直—交 | 交—直—交混合动力 |
| 柴油机型号 | 16V280ZJA | 16V280ZJG | 16V280ZJB (R16V280ZJ) | 16V265H | 12V265 | GEVO16 | R12V280 | NY6240ZJA |
| 缸径(mm) | 280 | 280 | 280 | 265 | 265 | 250 | 280 | 240 |
| 行程(mm) | 285 | 285 | 300 | 300 | 300 | 320 | 300 | 275 |
| 转速(r/min) | 1 000 | 1 000 | 1 000 | 1 000 | 1 000 | 1 000 | 1 050 | 1 000 |

表 1-7　我国进口内燃机车主要技术参数

| 机车型号 | $ND_1$ | $ND_2$ | $ND_3$ | $ND_4$ | $ND_5$ | $NY_5$ | $NY_6$ | $NY_7$ |
|---|---|---|---|---|---|---|---|---|
| 标称功率(kW) | 柴油机功率 440 | 1 280 | 1 280 | 2 150 | 2 550 | 2 020 | 2 380 | 2 740 |
| 用途 | 调车 | 客货 | 调车 | 货 | 货 | 客货 | 客货 | 客货 |
| 轴式 | $B_0—B_0$ | $C_0—C_0$ | $C_0—C_0$ | $C_0—C_0$ | $C_0—C_0$ | C—C | C—C | C—C |
| 传动方式 | 直—直 | 直—直 | 直—直 | 直—直 | 直—直 | 液力 | 液力 | 液力 |
| 机车质量(t) | 63.43 | 120 | 126 | 138 | 138 | 130 | 138 | 138 |
| 轴重(t) | 15.8 | 20 | 21 | 23 | 23 | 21.7 | 23 | 23 |
| 最高速度(km/h) | 80 | 120 | 100 | 100 | 100 | 120/160 | 108.2 | 113.4 |
| 柴油机型号 | XVIJV 170/240 | 12LDS 28B | 12LDS 28B | AGO240 V16ESHR | 7FDL-16 | 2× MB839B6 | 2×MB16V 652TB10 | 2×MB12V 956SB10 |
| 进口台数 | 14 | 284 | 5 | 50 | 421 | 4 | 10 | 20 |

注:表 1-2～表 1-7 中主要机型在运用中不断改进,参数也有所调整,列表中参数仅供参考。

1. 内燃机车有哪些基本组成？它们的主要作用是什么？

2. 内燃机车有哪几种传动装置？交—直流电传动较直—直流电传动有何不同？传动装置的发展趋势是怎样的？

3. 内燃机车型号和轴列式是怎样表示的？

4. 内燃机车的功率有哪几种表示法？

5. 内燃机车的牵引力和速度受什么条件限制？为什么？

6. 内燃机车能否长时间低于持续速度运行？为什么？

# 2 车体及车钩

## 【知识要点】

1. 车体的基本结构形式。
2. $DF_{4B}$型内燃机车车体的结构特点。
3. $DF_{4B}$型内燃机车钩缓装置的结构原理。
4. $DF_{4B}$型内燃机车车体的隔热、通风及采光。

## 【学习目标】

1. 熟悉$DF_{4B}$型内燃机车车体的结构特点。
2. 掌握车体的基本结构形式。
3. 掌握车钩的结构、动作原理、三态作用及检查方法。
4. 掌握钩缓装置的基本组成及作用,了解其检查和维修方法。
5. 熟悉车体的隔热、通风及采光方式。

## 【知识链接】

## 2.1 车　　体

### 2.1.1 车体的作用和要求

机车车体既为机车的外罩,也是动力装置、传动装置和辅助装置的重要安装定位基础,并且能够保护这些机器设备免遭雨、雪、风、沙的侵袭。另外,还具有隔声、隔热、通风和采光作用,使乘务员的劳动条件得到改善。车体除上述作用外还是重要的传力部件,机车的垂向力、纵向力和横向力都经过车体传递。

现代化铁路运输对机车的要求愈来愈高,由于车体受力复杂,因此,要求车体应有足够的强度和刚度,以确保机车安全可靠地运行。随着机车功率的不断提高,机车重量也相应增加,而机车轴重受到线路强度的限制,为了使轴重在允许的范围内,应尽量减小车体的重量。

对于高速内燃机车,车体头部需具有较好的流线型外形。通过大量的实验和研究表明,当机车速度达到 200 km/h 时,将有 80%的牵引动力消耗于克服空气的阻力上。当速度达到 300 km/h 时,其阻力则消耗牵引动力的 90%～95%。因此,国外一些高速机车均采用头部为抛物线的流线型外形,以降低空气阻力。目前,我国内燃机车的速度由于受线路限制,大多数低于 120 km/h。由于运行速度较低,因此上述问题还显得不突出,但随着机车速度的提高,就不得不考虑车体头部的流线型设计了。

除以上几点外，对车体的要求还有很多，如车体的工艺性，加工、拆装、修理方便，司机室宽敞明亮、瞭望方便等。

### 2.1.2 车体的结构形式

内燃机车的用途、功率不同，车体的结构形式也就有所不同。根据机车车体承载方式的不同，车体的结构形式有非承载车体和承载车体两种。

1. 非承载车体

非承载车体是由侧壁、顶盖和车架等组成，其特点是侧壁和车架相互独立，各自起着不同的作用。车体侧壁不承受载荷，仅起保护罩的作用。而车架承受车体的全部载荷，因此车架要求高，尺寸及重量均较大。

按车体外形的不同，非承载式车体又可分为棚式车体和罩式车体，如图 2-1 和图 2-2 所示。

棚式车体的特点是外形高大，内部走道宽阔，乘务人员检查机器间方便。棚式车体的司机室可布置在机车的一端或两端，如 DF 型内燃机车只设一端司机室。

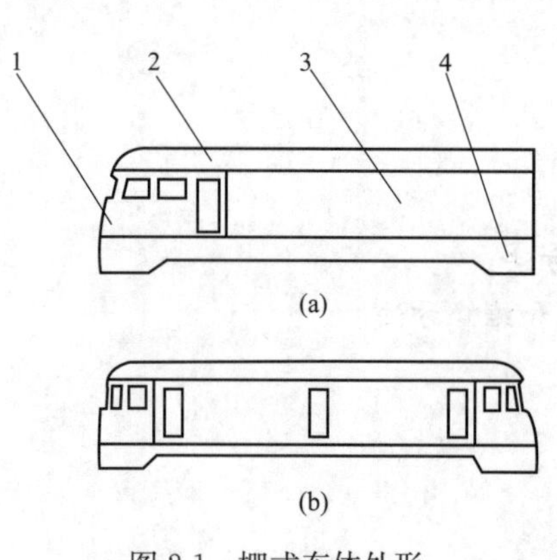


图 2-1 棚式车体外形

1—司机室；2—车顶；3—侧壁；4—车架

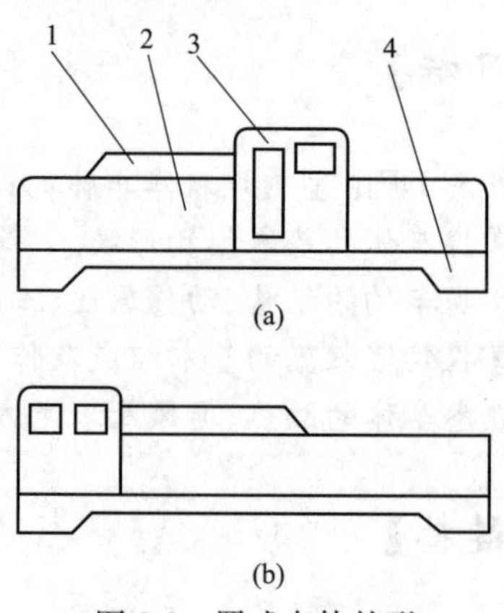


图 2-2 罩式车体外形

1—车顶；2—侧壁；3—司机室；4—车架

罩式车体外形矮小，车体罩壳外部两侧设有走廊，车体的司机室、动力室及冷却室内部不通行，可通过开启车体两侧的侧壁门来检查机器间的情况。罩式车体的司机室设在中部或一端，并且高出或宽于其他部分，便于瞭望。罩式车体结构简单、紧凑，造价低，易于拆装，便于机组的修理和安装。一般用于调车机车或小运转机车，如 $DF_5$ 型、$DF_7$ 型内燃机车。

由于非承载车体的载荷全部由车架承受，并且绝大部分由车架中梁承受，因此，中梁比较粗大、笨重，使机车重心提高，机车的动力性能有所下降。

2. 承载车体

承载车体是将机车车体与底架设计成一体，侧壁参与承载。与非承载车体相比，在保证原来强度和刚度的前提下，可以减小底架各梁的截面尺寸，从而使机车重量降低。

根据车体侧壁结构形式的不同，承载车体一般分为桁架式侧壁承载车体和框架式侧壁承载车体两种。

(1)桁架式侧壁承载车体

桁架式侧壁承载车体(图 2-3)由桁架、侧壁、外敷钢板、底架、司机室和车顶等部分组成。桁架由上弦梁、下弦梁、立柱和斜杆连接而成。侧壁的下弦梁就是底架的侧梁，因而，侧壁与底架连接成一体，共同承受载荷。侧壁外敷钢板罩在侧壁桁架上，不承受载荷。

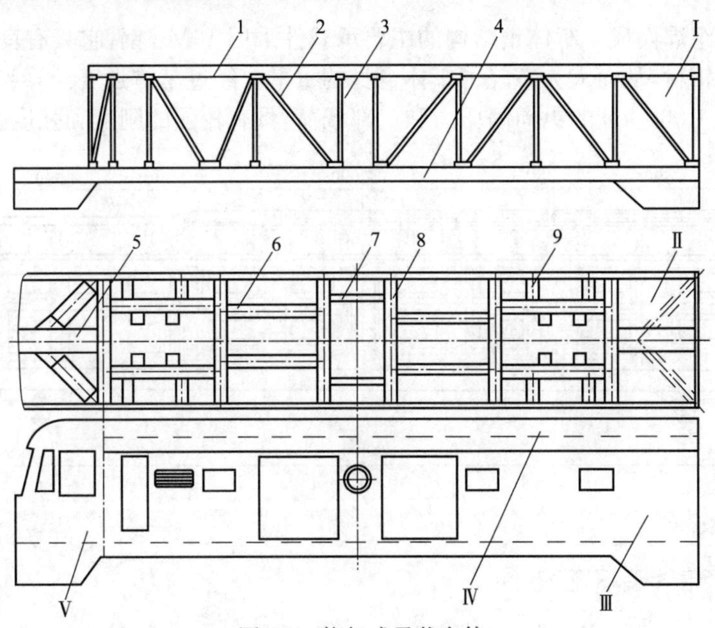


图 2-3　桁架式承载车体

Ⅰ—侧壁桁架；Ⅱ—底架；Ⅲ—侧壁；Ⅳ—车顶；Ⅴ—司机室；
1—上弦梁；2—斜杆；3—立柱；4—下弦梁；5—牵引梁；6、7—纵梁；8、9—横梁

采用这种结构的特点是：由于外敷钢板不承受载荷，对焊接工艺的要求低；外敷材料可用轻金属板或塑料板来代替钢板，使车体重量减轻；可在侧壁上开孔，不影响车体的强度和刚度。

(2)框架式侧壁承载车体

框架式侧壁承载车体(图 2-4)由车顶、侧壁骨架、外敷钢板、底架和司机室组成。侧壁骨架是由立柱、中间杆和上、下弦杆组成的框架式结构。外侧表面敷设一层 2 mm 以上厚度的钢板与骨架共同承受载荷。侧壁骨架的下弦杆就是底架的侧梁，因此，车体与底架形成一个统一体。

这种承载式车体的优点是：车体有较大的强度和刚度；由于没有桁架式承载车体的斜杆，因而对侧壁开孔的位置限制少；由于车体外敷钢板参与承载，因此能最大限度地减轻机车重量，但对机车外敷钢板的焊接工艺要求较高。

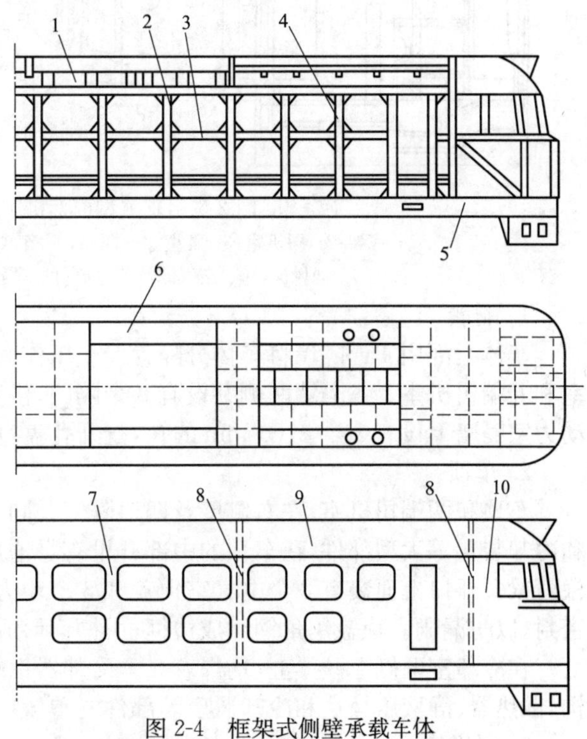


图 2-4　框架式侧壁承载车体

1—车顶骨架；2—上弦杆；3—中间杆；4—立柱；5—下弦杆；
6—底架；7—侧壁骨架；8—车体隔板；9—车顶外壁；10—司机室

## 2.2　DF4B 型内燃机车车体

DF4B 型内燃机车的车体为框架式侧壁承载车体(图 2-5)，它由左、右侧壁，隔墙，车顶，前、

后司机室及底架组焊而成。车体钢结构的主要承载件采用16Mn钢,它具有良好的可焊性,机械强度优于一般钢材,从而大大减轻了车体自身的重量。经过车体强度计算和静强度试验,证明车体能够承受1 960 kN的纵向静压力和上部载荷,具有较强的刚度和强度。

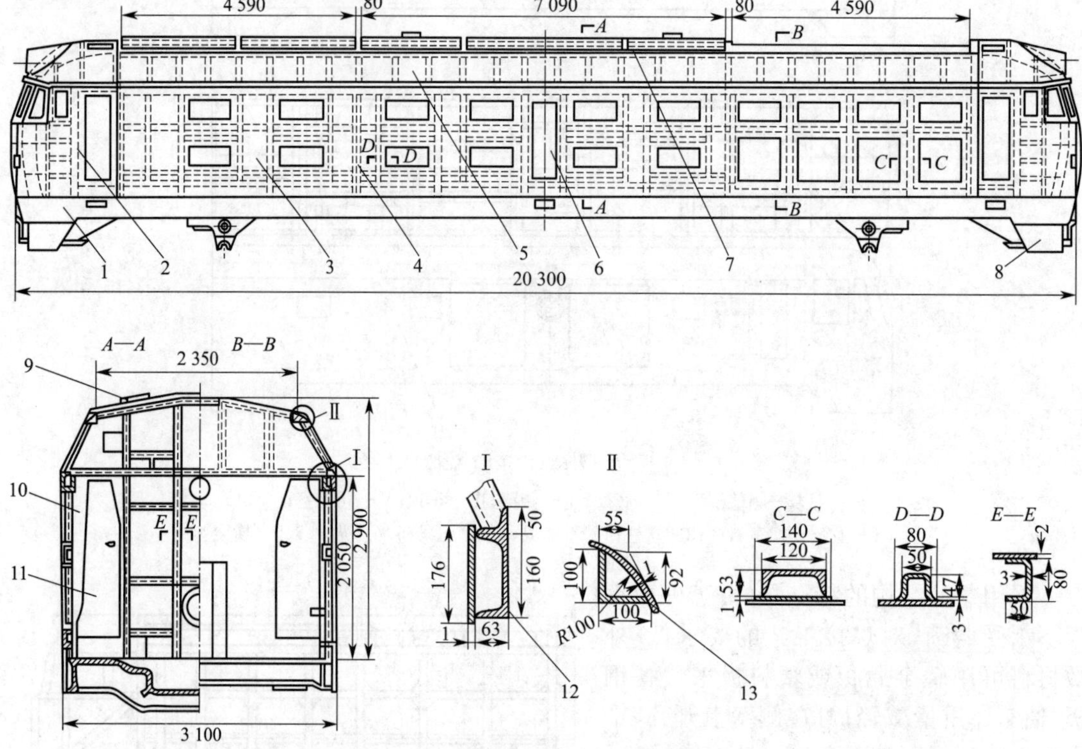

图 2-5 DF4B 型内燃机车车体(单位:mm)

1—底架;2—司机室;3—侧壁;4—隔墙;5—车顶;6—中门;7—顶盖;8—端部下骨架;9—通风窗;10—空气滤清器通道;11—隔墙门;12—上弦梁;13—上口梁

1. 隔墙

车体上部用4道隔墙将车体分隔为5个工作间,依次为Ⅰ端司机室、电气室、动力室、冷却室和Ⅱ端司机室。各隔墙两侧共设有8个隔门,沿车内两侧走廊可接近各设备。在冷却室和动力室隔墙上设有2个 $\phi$160 mm的孔,打开孔盖,可供抽换凸轮轴。

2. 车顶

车顶和两端司机室、左右侧壁及四道隔墙共同组焊在一起。为了装拆动力机组、电气设备和冷却装置等大型部件,在车顶的中部开设有贯通的宽为2 350 mm的开口,开口中间设有3根弯梁。开口上面装有2个电气室顶盖和3个动力室顶盖,顶盖四周用树脂胶黏结橡胶海绵密封,以防漏雨。顶盖用角钢组成边框,用槽钢形成肋梁,外敷2.5 mm厚的钢板。

在冷却室两侧上弦梁上,均焊有5个冷却器钢结构的安装座,通过安装座可将冷却器钢结构、散热器、静液压马达和冷却风扇等部件的重量均匀地传给整个车体。

3. 司机室

司机室两端设有两个侧门,前部设有宽大的玻璃窗,瞭望方便。

司机室的骨架采用角钢和扁钢制成,并焊在底架上,起部分承载作用。外表面则敷设2.5 mm厚的钢板。

4. 侧壁

车体侧壁由上弦梁、立柱、横梁、辅助杆件和地板梁组焊而成。

在电气室、动力室的左右侧壁上，各设有上、下两排窗口和中门。柴油机的空气滤清通道分别焊接在左右两个中门的一侧。在冷却室的侧壁上，设有较大的开口，以便安装侧百叶窗。

5. 底架

底架由 2 根斜撑式牵引梁、4 根旁承梁、2 根柴油机横梁、2 根侧梁及底架盖板等组焊而成，如图 2-6 所示。

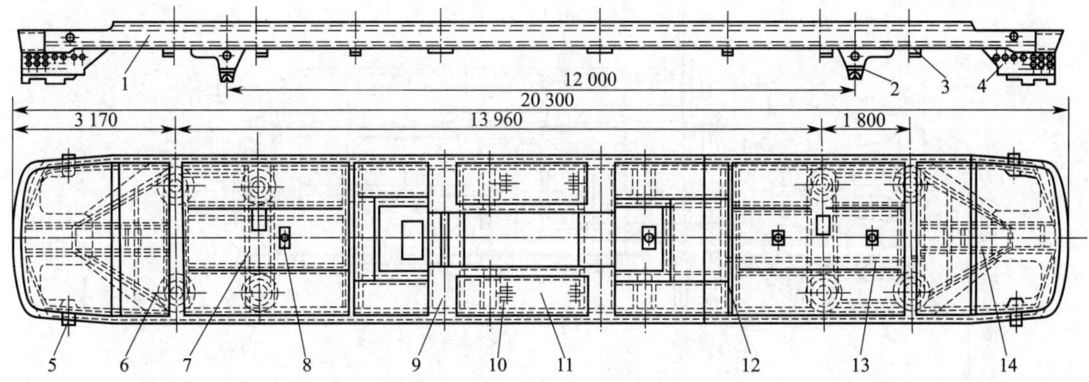


图 2-6 车体底架(单位:mm)

1—侧梁;2—牵引拉杆座;3—牵引电动机通风口;4—牵引缓冲座;5—救援装置;6—上旁承座;7—旁承梁;8—排污槽;9—柴油机横梁;10—燃油箱吊座;11—柴油机纵梁;12—横梁;13—风道梁;14—牵引梁

底架侧梁为 360 mm×10 mm×8.5 mm 的槽钢与 10 mm 厚的 16Mn 钢板组焊成箱形结构。侧壁与端梁焊在一起，形成了底架的边框。在侧梁的前后下端面上均焊有牵引杆座。机车纵向力通过牵引杆座传至侧梁，再传向整个车体，因此，侧梁是车体的主要承载体。

在每根旁承梁的下侧均焊有凹入的 2 个上旁承座，用来安装二系橡胶弹簧，这样既可以充分利用空间，又可避免机车高度的过量增加。

风道梁与旁承梁结合起来形成了牵引电动机的冷却风道。

柴油机安装梁为箱形结构，以便于安装柴油机。

相应于每道隔墙位置的底架处均设有横梁，4 道横梁加强了底架的横向刚度。

车体底架组焊后，在整个底架上敷设 6 mm 厚的钢板作为安装各种设备的基础，同时，也使车体下方得到密封，并加强了底架的刚度。

## 2.3 车钩缓冲装置

### 2.3.1 车钩缓冲装置的作用与要求

车钩缓冲装置设在车体底架的牵引箱内，是机车的重要部件之一，用于机车和车辆的自动连接或分解，并且传递机车牵引力和机车车辆之间的压缩力；缓和及衰减机车运行中由于牵引力变化和制动力前后不一致而引起的冲击和振动；保证列车的运行安全。为此，车钩应满足以下要求：

(1)具有足够的拉伸强度，并能缓和纵向冲击。

(2)连接可靠，不因冲击振动而自动分解。

(3)车钩各部件不因稍有磨耗而失效。

(4)车钩相对于底架上下、左右须稍有移动，以适应机车、车辆通过曲线和坡道。

$DF_{4B}$型内燃机车的车钩缓冲装置由车钩、钩尾框、钩尾销、前从板、后从板、尾框托板、车钩提杆和缓冲器等组成，如图2-7所示。车钩缓冲装置安装在车体底架两端的牵引箱内。

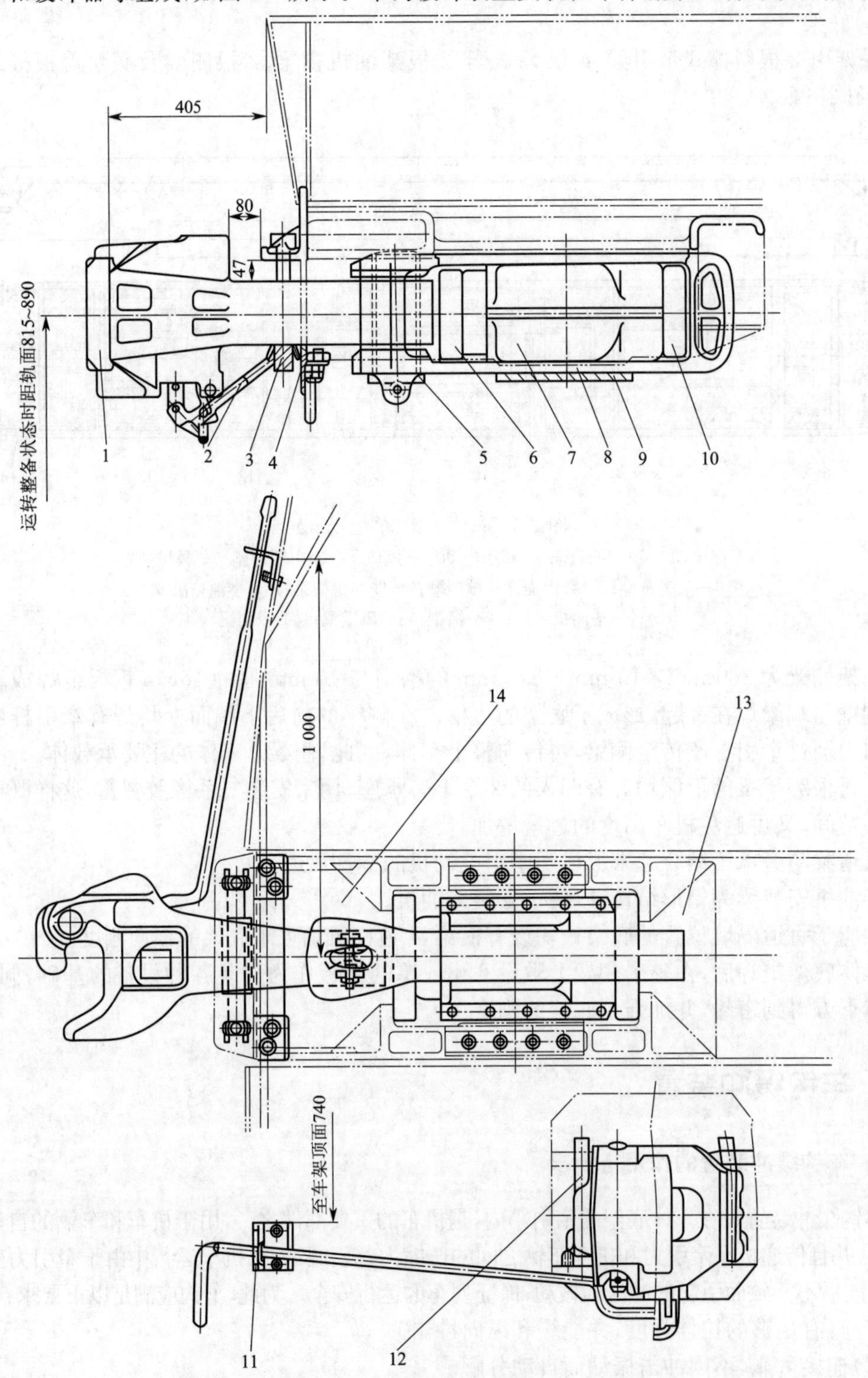


图2-7　车钩缓冲装置(单位:mm)

1—车钩;2—提杆;3—均衡梁;4—车钩托板;5—钩尾销;6—前从板;7—缓冲器;8—钩尾框;9—钩尾托板;10—后从板;11—提杆座;12—吊杆;13—后从板座;14—前从板座

车钩的尾端通过钩尾销与钩尾框相连接，在钩尾框内安装有前从板、缓冲器和后从板，它们一起被装入车体底架的牵引箱内。前、后从板及缓冲器卡装在板座之间，下部靠尾框托板及钩体托板托住。

当机车牵引时，牵引力的传递途径为：车钩→钩尾销→钩尾框→后从板→缓冲器→前从板→前从板座→牵引箱及底架。

当车钩受压缩时，压缩力的传递途径为：车钩→前从板→缓冲器→后从板→后从板座→牵引箱及底架。这样，车钩缓冲装置无论承受牵引力或压缩力都始终使缓冲器受压而弹性传递给机车底架的牵引箱，使纵向冲击得到缓和，改善了机车车辆的运行品质。

车钩中心线距轨面高度为 815～890 mm，可在车钩托板及尾框托板处增减垫板来调整车钩的高度。车钩尾端与前从板之间有 2～9 mm 的间隙，使车钩能左右摆动，满足机车在弯道上挂钩。

### 2.3.2　DF4B 型内燃机车车钩及缓冲器

1. 车钩

DF4B 型内燃机车初期采用“改进下开式 3 号车钩”，自 1990 年以后生产的 DF4B 型内燃机车改用按《内燃、电力机车车钩(下作用式)》(TB 1595—1985)为标准的车钩(现执行 TB/T 456.1—2019 及 TB/T 456.2—2019 标准)，此型车钩为原铁道部部颁通用件，如图 2-8 所示，车钩的结构和尺寸与货车 13 号下作用式车钩相同，只在其钩体尾部制成圆弧形，可适应钩头在水平方向左右摆动。

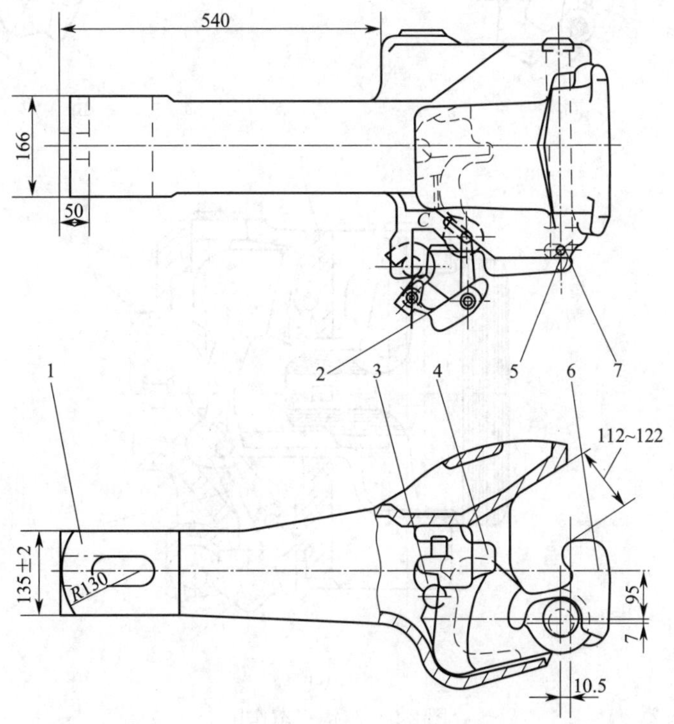


图 2-8　内燃、电力机车车钩(下作用式)(单位：mm)

1—钩体；2—下锁销装配；3—钩舌推铁；4—钩锁铁；5—销；6—钩舌；7—钩舌销

内燃、电力机车车钩(下作用式)由钩体、钩舌、钩锁铁、钩舌推铁、钩舌销、下锁销组成。

钩体分为钩头和钩尾两部分。钩头内有不规则的空槽,用以组装车钩的其他零件;钩尾用钩尾销和钩尾框连接。钩舌通过钩舌销装入钩头,合并为钩状,钩舌可绕钩舌销旋转一定角度,以改变车钩的状态。钩锁铁置于钩头空槽的背后,其下部伸入钩头底部的方孔中,能自由上下移动。下锁销用销轴与钩锁铁斜向长孔相连,销轴可在该孔中滑动。钩舌推铁水平放置在空槽的左后方,其一端贴靠钩舌尾部左侧,并可绕自身的短轴转动。下锁销杆与车钩提杆相连,它受车钩提杆的操纵带动钩锁铁上下移动,以改变车钩的状态。

车钩有锁闭、锁开和全开三个位置,一般称作车钩的三态作用。

(1)锁闭位置

锁闭位置是机车和车辆连接后的状态,如图 2-9(a)所示。

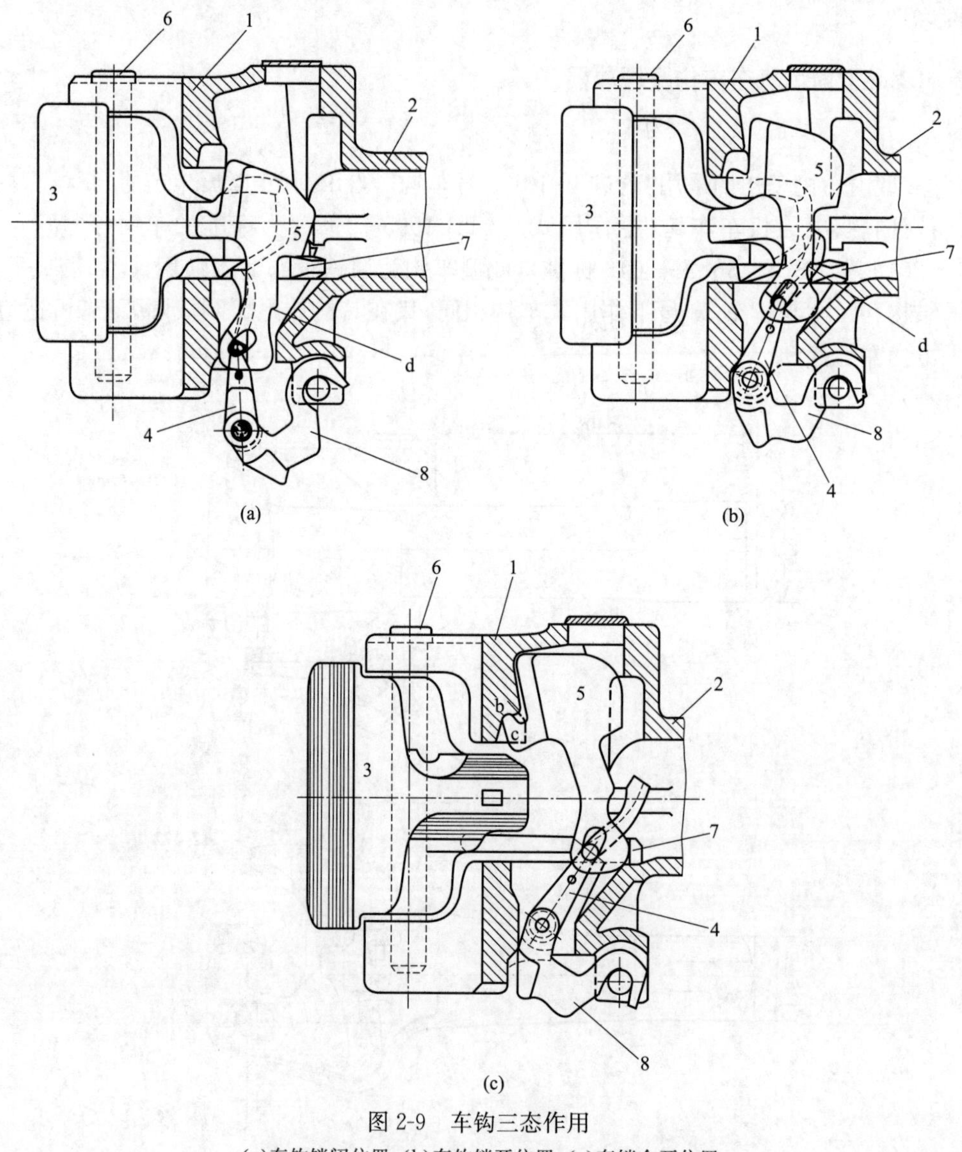


图 2-9　车钩三态作用

(a)车钩锁闭位置;(b)车钩锁开位置;(c)车锁全开位置

1—钩头;2—钩尾;3—钩舌;4—下锁销;

5—钩锁铁;6—钩舌销;7—钩舌推铁;8—下锁销杆

当机车、车辆相互连接时，两车钩互相推动，使钩舌绕钩舌销逆时针转动，实现两钩互相抱合；同时，原来坐落在钩舌尾部上的钩锁铁失去支持，靠自重下落在钩舌推铁上，并被卡在钩舌尾部和钩头体壁之间，挡住钩舌使之不能转动。此时，下锁销上的小孔应露出体外。这就是车钩锁闭位置的重要特征，据此可以辨别车钩是否完全连接。

(2)锁开位置

锁开位置是摘车时的车钩状态，如图 2-9(b)所示。从锁闭位置将下锁销顶起，使其推动钩锁铁上移离开钩舌尾部。由于锁铁偏重，其上部向前倾斜，下部向后摆动，并使止锁凸台 d 坐落在钩舌推铁上，因而钩锁铁不再阻止钩舌转动，形成锁开状态。这时，机车稍稍移动，钩舌就会转开，使机车、车辆分离。

(3)全开位置

全开位置是挂车时的车钩状态，如图 2-9(c)所示。由锁闭位置或锁开位置用力提起下锁销，钩锁铁被充分顶起达到最高位置。由于钩锁铁偏重，使其上部向前移，这时钩锁铁前部凸起处 c 与钩头顶壁 b 接触，并以此为支点向钩腔后方摆动，使其下端向后猛击钩舌推铁的一端。此时钩舌推铁以其支撑销为中心逆时针转动，钩舌推铁的另一端推动钩舌外转，钩锁铁便坐落在钩舌尾部上方，形成全开状态。

内燃、电力机车车钩(下作用式)具有良好的防跳性能，当某种外力促使钩锁铁向上跳动时，便带动下锁销一起向上移动(移动量不超过 13 mm)。此时下锁销顶部抵到钩舌尾部扇形面平台上，从而阻止钩锁铁继续上升，这样就可起到防跳脱钩的作用。

2. 牵引缓冲装置

缓冲器是一种能缓和机车车辆纵向冲击的部件。当机车车辆受到冲击时，可减少冲击力，缓和并衰减机车与列车间的冲击与振动。$DF_{4B}$ 型、$DF_{4D}$ 型内燃机车牵引缓冲装置均采用的是全钢摩擦式二号缓冲器。

全钢摩擦式二号缓冲器由盒体，盒盖，内、外环弹簧，底板等零件组成(图 2-10)。该缓冲器额定容量为 30 kJ，额定阻抗力为 1 275 kN，额定行程为 67.7 mm。缓冲器能部分地吸收机车车辆间的冲击能量，可有效地缓和其间的冲击。

牵引缓冲装置的车钩中心线距轨面高度为 815～890 mm，如因轮缘偏磨等原因使车钩高度超过限度，可在磨耗板下和尾框托板内加调整垫，以恢复车钩的使用高度。

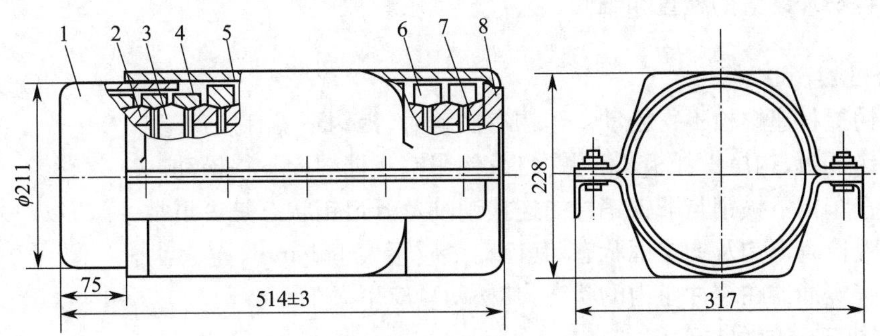


图 2-10　全钢摩擦式二号缓冲器(单位：mm)

1—盒盖；2—内环弹簧；3—开口内环弹簧；4—外环弹簧(小)；
5—盒体；6—外环弹簧(大)；7—半环弹簧；8—底板

## 2.3.3 车钩的受力和磨耗

车钩在牵引或推进时,分别承受拉力和压力,这些力均作用在钩舌和钩体上(图 2-11)。

当机车牵引运行时,车钩处于锁闭状态,载荷经钩舌尾端凸起处 m 及 n 分别作用于钩头的内缘 o 及 p 处。当机车推进运行时,载荷经钩头的 g 及 r 分别作用于钩舌的 s 及 t 处,以传递推进力或冲击力。所以在正常状态下,钩舌销不受牵引力、推进力或冲击力的作用,它仅作为钩舌的旋转轴。

但在列车运行时,所产生的纵向冲击和垂直振动使得相互连接的两车钩发生相对位移,导致磨损。在牵引运行时,钩舌内侧受到磨损[图 2-12(a)];在推进运行中,钩舌外侧受到磨损[图 2-12(b)]。因此车钩在使用过程中,钩舌会逐渐磨损变薄,使车钩的强度减弱。同时,由于钩舌磨薄连接松旷,将增加列车的冲动量,使钩舌容易互相脱离。因此,应按车钩的磨耗限度随时注意检查,以确保行车安全。

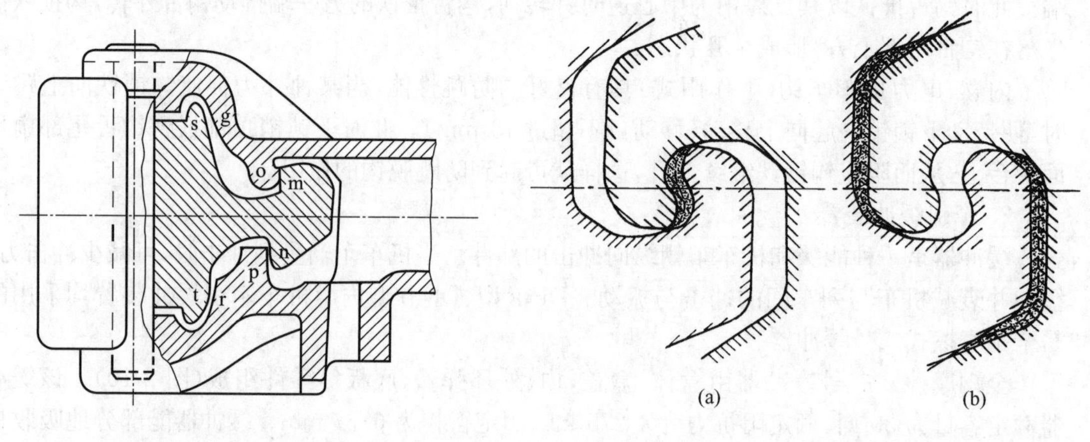


图 2-11 车钩受力状态

图 2-12 车钩磨耗情况
(a)钩舌内侧磨损;(b)钩舌外侧磨损

## 2.3.4 车钩缓冲装置的检查和维修

1. 日常检查和维修

(1)车钩提杆座螺栓不得松动。车钩有摆动时,提钩不得有抗劲。

(2)车钩托板、钩尾框托板、紧固螺钉及钩尾销止挡螺栓不得松动。

(3)检查车钩下锁销与下锁销杆的连接销轴及开口销状态是否正常。

(4)外观检查车钩及钩尾框状态,其松动量应不大于 1 mm。

(5)检查缓冲器在缓冲座内的状态,其松动量应不大于 1 mm。

(6)车钩三态作用良好。

(7)检查车钩水平中心线距轨面高度(机车停在水平道上),应保持在 815～890 mm 范围内。

(8)车钩缓冲装置各活动部位应定期涂以润滑脂。

2. 定期检查和维修

(1)车钩及钩尾框应定期清洗,按有关检修制度和标准进行检查、探伤和焊补。

(2)当车钩处在全开状态时，从车钩前抬动钩锁铁，使其向上移动，其活动量不应大于 13 mm，超过时允许在下锁销顶焊补或更换销轴。

(3)检查钩耳销套是否松动，它与钩舌销的间隙不大于 5 mm。

(4)检查钩舌销套是否松动，它与钩舌销的间隙不大于 4 mm。

(5)钩舌与钩体上下承力面应接触良好，钩舌与钩锁铁侧面间隙不大于 5 mm。

(6)组装后车钩三态作用良好，钩舌开度：闭锁位时为 112～122 mm，全开位时为 220～235 mm。

(7)车钩检修完后表面涂以清油，车钩内部及活动部位涂以润滑脂。

## 2.4 车体隔热、通风及采光

### 2.4.1 车体隔热

内燃机车车体自身的保温防寒能力对于机车冬季运用是必要的，这关系到劳动保护、性能发挥和使用寿命。由于机车内部温度容易受到外界气温的影响，因此应在机车车体上敷设隔热层，以增加车体的抗热保温能力。对于在高寒地区使用的内燃机车，更应采取专门的保温防寒措施。

$DF_{4B}$ 型内燃机车车体内壁上喷涂有一定厚度的隔热阻尼层，司机室内另敷设有软质泡沫塑料作为隔热阻尼层。这些阻尼层还具有一定的吸声能力，对降低机车噪声有一定效果。

### 2.4.2 车体通风

在内燃机车的机器间内，由于柴油机、传动装置及某些辅助装置连续工作，若无通风设施，温度就会越来越高。因此，在车体侧壁和底架上设有各种通风口和通道，以满足车内各机组、设备的通风。在设置通风设施时，应使进入车体内部的空气保持足够的清洁，因此，$DF_{4B}$ 型内燃机车各进风口设有带滤网的自动或手动百叶窗。机车在运用中，应将各门关闭，动力室顶部 4 个天窗也应关闭，促使大量空气由侧壁百叶窗经过滤网进入车体内部。为排除动力室内的油气烟雾，动力室顶部装有 2 台车体通风机。

$DF_{4B}$ 型内燃机车各室的空气分配如下：

1. 电气室。空气由侧壁的 4 个手动百叶窗经过滤网进入室内，部分空气经硅整流柜冷却硅元件后，由前转向架牵引电动机通风机吸入，经过底架风道进入前转向架，分别冷却 3 台牵引电动机后排入大气。装有电阻制动的机车，空气又经底架下部过滤网，被制动电阻的风机吸入，冷却制动电阻后，吹开顶部活动百叶窗排出车外。

2. 动力室。一部分空气经侧壁上的旋风除尘器及空气滤清器进入柴油机增压器。另一部分空气经动力室侧壁的手动百叶窗进入动力室内，由底架下部过滤网被主发电机吸入。冷却主发电机后，一部分空气由主发电机下排风口排至车外，另一部分空气由主发电机上排风口排入动力室内，促使动力室内有一定的正压。动力室内的气体由车体通风机排至车外。

3. 冷却室。空气由侧壁上、下百叶窗进入室内，大部分空气冷却散热器后，经车顶活动百叶窗排至大气。另一部分空气被后转向架牵引电动机通风机吸入，经底架风道冷却后转向架的三台牵引电动机后排入大气；还有一部分空气供空气压缩机使用。

为改善司机的工作条件，提高舒适性，$DF_{11}$ 型内燃机车两端司机室内各装有一台 ZK4.5 型空调器组，可使司机室温度保持在 20～29 ℃范围内。

### 2.4.3 车内采光

$DF_{4B}$ 型内燃机车车内采光靠自然采光与照明灯具共同解决。动力室与电气室两边侧墙上各设置两个玻璃窗。在电气室两侧通道上，各设两个照明灯；动力室两侧通道上，各设一个照明灯；动力机组两端各设一个照明灯；冷却室两侧通道上，各设一个照明灯；冷却室散热器 V 形夹角中间隔板的两侧，各设一个照明灯。

## 【拓展提高】

### 动车组发展概况及我国主要动车组介绍

我们通常看到的电力机车和内燃机车，其动力装置都集中安装在机车上，在机车后面挂着许多没有动力装置的客车车厢。而动车组技术源于地铁，是一种带有可操纵动力的固定编组的列车组，就是把带动力的车辆（动车）与不带动力的车辆（拖车），按照预定的参数组合在一起，配备现代化服务设施的旅客列车的单元。动车组列车其结构特征可概括为，自带动力；固定编组，运用时不能解编；列车两端分别设有司机室进行驾驶操作；往返运行不需换头，只需改变操纵端；某些动车组允许重联运行。高速动车组是按照速度的划分，通常指设计及运行时速达 200 km 以上的动车组列车。

动车组按照牵引动力的分布方式分为动力分散式和动力集中式动车组。动力分散式动车组又可以分为独立式和铰接式两种，同样动力集中式动车组也可以分为独立式和铰接式两种，它们的具体结构示意如图 2-13 所示。

动力分散式是将列车的动力分散置于各节车辆或大部分车辆上，由若干动车和拖车组成一个单元，再由若干单元组成列车。整车的主要电气和机械设备几乎全部吊挂在车底架的下部，列车所有车辆均可以载客。牵引动力分散在各动车上，不再配有单独牵引的机车。动力分散式的最基本特点是动轴数量多且轴重轻。

其主要优点是：

(1)载客量大。可以充分利用所有车厢载客。

(2)轮轨黏着状态易保证。牵引黏着重量大，需要黏着系数较小，易于发挥牵引力以适应高速需要。

(3)运用灵活。动力车组易于加长或缩短，运用较灵活。

(4)易实现轻量化和低轴重。每台转向架的牵引装置功率小，体积重量较小，有利于实现转向架轻量化和低轴重。

(5)制动性能明显改善。能充分发挥动车的再生制动能力，改善制动性能，大大减少制动闸瓦的消耗。

其主要缺点是：

(1)制造成本和维修费用较大。每辆动车都装有全套牵引用电器和电机，增加了动车组的制造成本和维修费用。

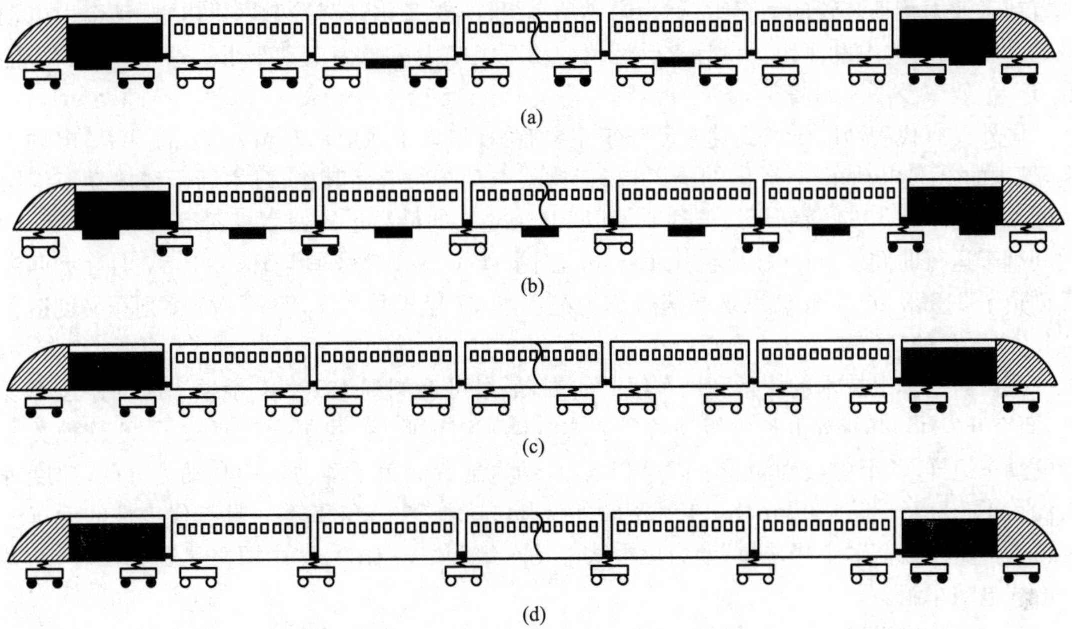


图 2-13 动力分散式和动力集中式动车组具体结构示意

(a)独立式动力分散型;(b)铰接式动力分散型;

(c)独立式动力集中型;(d)铰接式动力集中型

(2)车内噪声和振动较大。每辆动车底架下面吊装有动力设备,对车内乘客的舒适性有一定影响。

动力集中式是将列车的动力集中在列车两端的头车和与头车邻近的车辆上,动力车之间为数量不等的拖车,也就是无动力的客车,形成推挽式牵引。与常规意义上的机车牵引若干车辆的列车相似。

其主要优点是:

(1)制造和成本费用低。牵引动力集中在两台动车上,牵引电机和电器数量少,列车制造和维护费用低。

(2)客室内舒适性较好。由于拖车不设置牵引电器、动力机械设备,故客室内的噪声和振动小。

(3)适应不同路况能力强。容易变更动车车型以适应不同路况的需要。

其主要缺点是:

(1)运用灵活性较差。列车编组调整较困难,不易适应运量变化。

(2)载客量相对较少。由于动力车不载客,所以使整列车相对载客量较少。

(3)轮轨动作用力大。由于动力集中布置使动车轴重较大,高速运行时的轮轨动作用力明显增大。

(4)黏着利用差。黏着利用等指标不如动力分散式。

(5)制动性能欠佳。动力制动只能由头部的动车实施,制动能力受限,机械制动使用比率很高,闸瓦或闸片磨耗严重,需频繁更换。

动车组按动力类型分为内燃动车组和电动车组。内燃动车组按传动方式,又分为电力传动和液力传动两种;电动车组按电流制又分为直流和交流两种。用内燃机作动力通过电传动装置或者液力传动装置的动车组,称为内燃动车组;由电气化铁路接触网供电,驱动牵引电动机的动车组,称为电动车组。世界上已运营的动车组绝大多数为电动车组。这主要是由于能源、环保、效率及高速的需要。

国外具有代表性的干线高速电动车组主要有:日本新干线电动车组,法国的 TGV 电动车组,德国的 ICE 电动车组,英国的 APT 高速摆式电动车组等。其中,日本新干线电动车组第一列 0 系列车在 1964 年新干线开通时就以 210 km/h 的最高运行速度投入运用,使东京—大阪间列车运行时间由 7 h 缩短至 3 h 10 min;法国 TGV-A 325 号车组于 1990 年 5 月在大西洋线创造了 515.3 km/h 轮轨系统高速行车的纪录,2007 年 4 月 3 日,TGV-V150 列车又创造了 574.8 km/h 的新纪录。

我国对动车组技术的探索和动车组的研制,最早可追溯到 1979 年,根据当时的铁道部规划,研究开发了 140 km/h 速度级动力分散式电动车组。此后,我国先后研发了 26 款种类各异的动车组样车,牵引类别涵盖了内燃和电力,动力配置涵盖了动力集中和动力分散,速度等级涵盖了 100 km/h、120 km/h、140 km/h、180 km/h 和 200 km/h 等。具有代表性的动车组有:“大白鲨”“蓝箭”“中华之星”动力集中式电动车组和“长白山号”“中原之星”“先锋号”动力分散式电动车组。

为进一步增强设计、制造能力,从 2004 年起,我国通过技术引进、消化吸收再创新形成了和谐号 CRH 系列动车组,主要包括 CRH1、CRH2、CRH3、CRH5 四大技术平台。

1. CRH1 动车组技术平台

CRH1 动车组技术平台是由中车青岛四方机车车辆股份有限公司与加拿大庞巴迪公司的合资公司青岛四方阿尔斯通铁路运输设备有限公司研制生产的,目前有 CRH1A、CRH1B、CRH1E、CRH380D、CRH1A-A 等型号。

CRH1A 型动车组的原型车是加拿大庞巴迪公司为瑞典国铁(SJ)设计的 Regina C2008 型电动车组。它采用动力分散式设计,持续运营速度 200 km/h,最高运营速度 250 km/h,但实际运用中 CRH1A 的最大运营速度受动车组微机控制系统软件锁定(软件限速),初期最高运营速度 205 km/h,至后期大部分均放宽至 220 km/h。列车采用 8 辆编组,5M3T 动力配置,轴重不大于 16.5 t,牵引功率 5 300 kW,车体为不锈钢焊接结构。列车在 02 号、07 号车厢设有受电弓及附属装置,动车组正常运行时,采用单弓受流,另一台备用。车端连接装置采用全自动车钩,内置机械、空气、电气连接机构和通路,中间车采用半永久性车钩装置。列车网络控制系统采用符合 IEC 61375 标准的 TCN 分布式智能网络系统,通过网络对列车及各设备实施控制、监视和诊断。

CRH1A 型动车组采用交—直—交传动,牵引变流器在再生制动过程中,也负责将牵引电动机产生的电能反馈至电网上。动车组的牵引电动机采用了三相鼠笼异步交流电动机,架悬式安装在转向架上,冷却方式为强迫风冷,电动机控制方式为矢量控制。电动机通过联轴节驱动齿轮,最后带动轮对输出力矩。

2007 年,在 CRH1A 型动车组基础上扩编成 16 辆编组座车,形成 CRH1B 型动车组,采用 10M6T 动力配置。同时,以新研发的 ZEFIRO 250 系列为基础,生产 16 节车厢的大编组卧铺动车组,2009 年 10 月首列 CRH1E 型动车组下线,最高运营速度 250 km/h。与 CRH1A 型动车组相比,CRH1E 型动车组采用了新头型设计。

CRH380D 型动车组是 2012 年基于 ZEFIRO 380 平台研发的高速动车组,采用 4M4T 动力配置，牵引功率 10 000 kW，可重联增至 16 辆，最高运营速度 350 km/h。CRH380D 型动车组车体采用通长的铝合金型材，车内振动小，噪声低，温度、湿度可自动调节，总定员为 556 人。

2015 年，研制了 CRH1A-A 型动车组，最高运营速度 250 km/h，采用铝合金车体减轻质量并改善列车气密性，设计流线型新头型降低气动阻力，优化转向架悬挂参数提高稳定性，同时对部分列车设备进行重新布置，主要是 04 车和 05 车的座席布置。

2. CRH2 动车组技术平台

CRH2 动车组技术平台是由中车青岛四方机车车辆有限公司消化吸收日本川崎重工 E2-1000 系动车组技术研制生产的，目前有 CRH2A、CRH2B、CRH2E、CRH2C、CRH380A、CRH380AL、CRH6A、CRH6F、CRH2G 等型号。

首批 CRH2A 型动车组于 2007 年 1 月投入运营，最高运营速度 250 km/h，采用 8 辆编组、4M4T 动力配置，由 2 个动力单元组成，每个动力单元由 2 辆动车和 2 辆拖车(T＋M＋M＋T)组成。动车组轴重不大于 15 t，牵引总功率 4 560 kW，车体材质为铝合金。2013 年，在 CRH2A 型动车组基础上对定员、旅客服务、司机操作等方面进行了变更，如取消一等包厢等，最终形成统型 CRH2A 型动车组。

2007 年，先后在 CRH2A 型动车组基础上扩编研制形成 CRH2B 型、CRH2E 型 16 辆编组座车/卧铺动车组，加装了半主动减振器、车端耦合减振器(车端阻尼器)、头车两侧车灯，对空调通风系统也进行了改进。

CRH2C 型动车组在 CRH2A 型动车组基础上通过技术升级提升运行速度，共分为两个阶段。首列 CRH2C 第一阶段动车组于 2007 年 12 月下线，在 CRH2A 型动车组的基础上进行了调整，动力配置由 4M4T 调整为 6M2T、转向架悬挂参数进行了优化等，最高运营速度 310 km/h。首列 CRH2C 第二阶段动车组于 2010 年下线，在第一阶段的基础上进行提升，采用 365 kW 电机，降低传动比，增大 IGBT 元件的额定电流等级，最高运营速度 350 km/h。

CRH380A 型、CRH380AL 型动车组是 2010 年在 CRH2C 型动车组基础上自主研制的高速动车组，最高运营速度 350 km/h。其中 CRH380A 型动车组采用 6M2T 动力配置，牵引功率为 9 360 kW，采用长大铝合金型材的车体和低气动阻力的流线型车头。CRH380AL 型动车组为 CRH380A 型的长编组形式，采用 14M2T 动力配置，牵引功率 21 021 kW。CRH380A/AL 统型动车组定员分别为 556 人和 1 061 人。

除上述动车组外，2013 年研制了 CRH6A 型和 CRH6F 型城际动车组，2015 年研制了 CRH2G 型高寒动车组。CRH6A 型城际动车组最高运营速度 200 km/h，CRH6F 型城际动车组最高运营速度 160 km/h。CRH2G 型高寒动车组可在－40～＋40 ℃极端气候条件下正常运行，最高运营速度 250 km/h，转向架采用高寒适应性设计，车下设备舱采用密封结构，空调系统采用防风沙和空气过滤设计等。

3. CRH3 动车组技术平台

CRH3 动车组技术平台是由中车唐山机车车辆有限公司和中车长春轨道客车股份有限公司消化吸收西门子 Velaro-E 动车组技术研制生产的，目前有 CRH3C、CRH380B、CRH380BG、CRH380BL、CRH380CL、CRH3A 等型号。

CRH3C 型动车组，最高运营速度 350 km/h，8 辆编组，4M4T 动力配置，牵引功率 8 800 kW，轴重不大于 17 t，2008 年 8 月正式投入运营。

CRH380BL 型动车组是在 CRH3C 型动车组基础上自主研制的新一代高速动车组，2010 年 5 月底首列样车完成试制。与 CRH3C 型动车组相比，CRH380BL 型动车组采用 16 辆编组，8M8T 动力配置，牵引功率 18 400 kW，最高运营速度 350 km/h，通过提升牵引功率、降低传动比、气动外形减阻等方式优化了列车性能，通过车厢降噪、加强车内气压控制提高了列车舒适度。

CRH380B 型和 CRH380BG 型动车组以 CRH380BL 型动车组为基础，各系统结构及功能基本保持不变，牵引功率 9 200 kW。CRH380B 型动车组为 CRH380BL 型的短编型式；CRH380BG 型动车组为高寒型，针对哈大线的高寒运用环境进行了适应性优化，在材料低温特性、密封防雪及防结冰、空调采暖、水系统防冰、转向架系统低温适应性等方面进行了改进，可适应－40～＋40 ℃环境运营要求。

CRH380CL 型动车组是在 CRH3C 型和 CRH380BL 型动车组基础上于 2011 年研发的高速动车组，为 16 辆编组，8M8T 动力配置，采用了新头型以降低列车高速运行时的气动阻力，采用基于日立技术的牵引及网络控制系统，牵引功率 19 200 kW，最高运营速度 350 km/h。

2016 年，研制了时速 250 km 的 CRH3A 型动车组，为 8 辆编组，4M4T 动力配置，牵引功率 5 500 kW，最高运营速度 250 km/h，采用了国产化网络控制系统。

4. CRH5 动车组技术平台

CRH5 动车组技术平台是由中车长春轨道客车股份有限公司消化吸收阿尔斯通 SM3 型动车组技术研制生产的，目前有 CRH5A、CRH5G、CRH5E 等型号。

CRH5A 型动车组为 8 辆编组，5M3T 动力配置。第一列国产 CRH5A 型动车组于 2007 年下线，最高运营速度 250 km/h，轴重不大于 17 t，牵引功率 5 500 kW，车体材质为铝合金。

2014 年研制了 CRH5G 型耐高寒抗风沙动车组，该型动车组在 CRH5A 型动车组基础上，主要系统的设计原理、主体结构和主要技术参数保持不变，根据兰新、哈大线等典型高寒风沙地区的运用条件，从系统匹配、结构设计、材料选择等方面进行了优化设计，在动车组定员、平面布置、旅客界面、司机操作界面、运用界面等方面进行了改进，最高运营速度 250 km/h。

2015 年研制了 CRH5E 型动车组，为耐寒型卧铺动车组，可以在－40 ℃的环境下长时间运营，具备简洁实用的“座卧转换”功能，可实现夜间卧、白天坐两种运营模式。

为解决我国动车组技术引进后带来的自主化、简统化及运用适应性问题，按照国家创新驱动发展战略，2013 年起，我国研制了 CR400 平台和 CR300 平台复兴号系列动车组。8 辆编组相同速度等级的复兴号动车组可互联互通，实现重联运营。2017 年以后，为满足我国智能高铁发展需求，研制了京张和京雄智能动车组。

复兴号动车组是在充分吸收我国多年来动车组运用检修经验的基础上，以市场需求为目标、坚持问题导向、坚持自主创新、开展正向设计、全面提高自主化水平研制的具有完全自主知识产权的标准化、系列化、简统化动车组，达到国际领先水平，满足未来发展需求。

1. CR400 平台动车组

CR400 平台动车组为时速 350 km 的复兴号动车组，有 CR400AF 和 CR400BF 两种技术平台，包括 8 辆编组(CR400AF、CR400BF)、16 辆编组(CR400AF-A、CR400BF-A)、17 辆编组(CR400AF-B、CR400BF-B)、8 辆编组高寒型(CR400AF-G、CR400BF-G)等不同技术配置动车组。

CR400 平台 8 辆编组复兴号动车组为时速 350 km 的动力分散式电动车组，采用 4M4T 动力配置。为满足大客流干线客运需求，2017 年研制了时速 350 km 的 16 辆编组复兴号动车组，即 CR400AF-A 和 CR400BF-A，采用 8M8T 动力配置，总长度超过 410 m，可满足时速 350 km运营要求；继承了 8 辆编组复兴号动车组自主化、统型、互联互通创新成果，车体、转向架、牵引、制动等主要系统方案与8辆编组复兴号动车组相同,对平面布置进行了适应性调整,对网络系统、旅客信息系统、辅助供电系统按照16辆编组进行了扩展设计。与8辆编组复兴号动车组重联相比,16辆编组复兴号动车组将中间车头部分换为正常车厢,可方便旅客在全列车内通行,每列定员达到了1 193人。

2018年,为进一步提升京沪高铁等繁忙干线动车组列车的载客能力,研制了17辆编组复兴号动车组,全长约为440 m,载客定员1 283人,载客能力较16辆编组提升了7.5%。

2. CR300平台动车组

为满足不同速度等级线路使用需求,2018年在CR400平台动车组基础上研制了时速250 km的CR300平台动车组。与CR400平台动车组相比,CR300平台动车组具有以下特点。

(1)旅客界面、操作界面、运用维护界面深化统型,提高了不同厂家同速度等级复兴号动车组互联互通性能,方便运营管理;实现不同型号动车组轮对、齿轮箱、车钩、空调、座椅等100余项零部件统型,提高了互换性,减少了备件种类。

(2)首次采用以太网控车技术,应用实时以太网总线构建百兆级列车控制网络,数据传输速率高,由1.5 Mbit/s提高到100 Mbit/s。以太网的应用探索为高智能化、多网融合、大数据应用、智能化运用及维修提供平台支持,代表了下一代动车组发展技术的趋势。

(3)进一步规范了功能逻辑、故障代码及故障显示,在充分借鉴CR400平台动车组统型经验的基础上,针对高压、牵引、制动等主要系统的功能逻辑、故障代码及故障显示进行了统型。

3. 智能动车组

京张高铁复兴号智能型动车组CR400BF-C是复兴号动车组的家族产品,定位于复兴号的智能型,由中车长春轨道客车股份有限公司研制。动车组采用了低阻力新型流线型车头,运行阻力较CR400BF型动车组减少了约10%,能耗降低约7%;首次实现有人值守的自动驾驶;首次应用应急自走行技术,可在京张线任意点自走行至邻近站;首次采用智能列车安全监控系统,实现多系统、整车级交互监测。2019年底2列智能动车组在京张高铁投入运营。

京雄高铁复兴号智能型动车组CR400AF-C是复兴号动车组的家族产品,定位于复兴号的智能型,由中车青岛四方机车车辆股份有限公司研制。动车组聚焦智能、舒适、绿色及新形象,较CR400AF型动车组新增ATO、PHM、5G、以太网、抬头显示等系统,多场景提升智能行车、智能运维、智能服务水平;增设司机登乘门、优化商务及一等客室,提升噪声、空气质量、压力控制水平,设盲文标识,全面提升乘坐及环境舒适性;采用灰水回收、变频空调等节能技术,选用环保材料践行环保理念;开发新头型,新头型较CR400AF型动车组可降低气动阻力2%。

此后,在京张、京雄智能动车组优化技术方案的基础上,结合运用检修需求和不同线路开通的运营线路条件,提出了在既有成熟的时速350 km短编组、长编组复兴号动车组上增加智能配置的总体技术方案,研制了智能配置动车组,包括8辆编组智能型CR400AF-Z、CR400BF-Z和17辆编组智能型CR400AF-BZ、CR400BF-BZ,短编、长编整列均增加2个商务定员,其中8辆编组定员由576人增至578人,17辆编组定员由1 283人增至1 285人;动车组采用以太网控车;二等座椅增加USB和手机卡槽,PIS系统增设卫生间禁烟语音提示和无线局域网组网功能,增设超员视频联动功能,统一融合监控室智能监控屏、旅客服务智能显示屏显示功能及主要操作界面,统一手持移动终端接口,统一受电弓视频监控接口及异常诊断模型。

1. 侧壁承载式车体有何优越性?
2. 内燃、电力机车车钩(下作用式)由哪几部分组成? 其工作原理如何?
3. 全钢摩擦式二号缓冲器的工作原理如何?
4. 车钩在牵引或推进状态时,分别承受哪些力? 车钩哪些部位易受磨损,其后果如何?

# 3 转 向 架

**【知识要点】**

1. 转向架的主要组成部分及作用。
2. DF4B 型内燃机车转向架的结构原理。

**【学习目标】**

1. 熟悉机车转向架的任务及分类。
2. 掌握 DF4B 型内燃机车转向架的主要组成部分及作用。
3. 掌握构架、弹簧装置、连接装置、轮对、轴箱、驱动装置和基础制动装置的具体结构与原理。
4. 熟悉 DF4B 型内燃机车转向架的主要技术参数。

**【知识链接】**

## 3.1 转向架的作用及组成

### 3.1.1 转向架的作用

(1)承受机车上部结构的重量,包括车体、车架、动力装置以及辅助装置等,并经轮对支承在钢轨上。

(2)把牵引电动机的力矩变成牵引力,并把牵引力传递到车钩,牵引列车前进。

(3)缓和线路不平顺对机车的冲击,保持机车有良好的运行平稳性。

(4)保证机车顺利通过曲线。

(5)产生必要的制动力,以便使机车在规定的制动距离内停车或使机车减速。

### 3.1.2 转向架的组成

内燃机车转向架由构架、弹簧装置、连接装置、轮对、轴箱、驱动装置、基础制动装置等组成。

(1)构架——转向架的骨架,承受和传递垂直力和水平力。

(2)弹簧装置——用来保证一定的轴重分配,缓和线路不平顺对机车的冲击并保证机车的垂向平稳性。

(3)连接装置——用以传递纵向力(如牵引力或制动力)和横向力(如通过曲线时的车体未平衡离心力等),使转向架在机车通过曲线时能相对于车体回转。在高速机车上,车体与转向架间还设置横动装置，使车体在水平横向成为相对于转向架的簧上质量，以提高机车在水平方向的运行平稳性。

(4)轮对和轴箱——轮对直接向钢轨传递机车重量，通过轮轨间的黏着产生牵引力或制动力，并通过轮对的回转实现机车在钢轨上的运行。轴箱是联系构架和轮对的活动关节，它除了保证轮对进行回转运动外，还能使轮对为适应线路条件，相对于构架上下、左右和前后活动。

(5)驱动装置——将机车动力装置的功率最后传递给轮对。电传动内燃机车的驱动装置由减速齿轮等组成。

(6)基础制动装置——由制动缸传来的力，经杠杆系统增大若干倍后传给闸瓦，使其压紧车轮，对机车进行制动。

内燃机车转向架的受力是十分复杂的，不仅承担着机车上部结构的全部重量，承受牵引力、制动力和横向力，而且还经常受到各个方向的冲击载荷。铁路运输的发展对内燃机车的牵引重量及运行速度提出了越来越高的要求，为此，内燃机车转向架应满足如下要求：

(1)在满足强度的条件下，尽可能减轻重量。

(2)具有良好的动力学性能。

(3)结构简单，制造维修方便。

### 3.1.3 机车转向架分类

1. 按轴数分类

按轴数分类，有两轴转向架和三轴转向架。北京型液力传动内燃机车采用两轴转向架，$DF_{4B}$型、$DF_{4D}$型、$DF_{11}$型等电传动内燃机车则采用三轴转向架。

2. 按机车速度分类

按机车速度分类，有高速转向架(机车速度在 200 km/h 以上)与普通转向架(机车速度在 120 km/h 左右)。

3. 按弹簧装置形式分类

按弹簧装置形式分类，有一系弹簧悬挂转向架和二系弹簧悬挂转向架。前者适用于低速机车，后者适用于中高速机车。

4. 按轴箱定位形式分类

按轴箱定位形式分类，有导框定位转向架和无导框定位转向架。我国除 DF 型、$DF_2$型、$DF_3$型、$ND_2$型、$ND_3$型和$ND_5$型内燃机车转向架采用导框定位以外，其他机车均采用无导框式转向架。

5. 按车体与转向架的连接装置形式分类

按车体与转向架的连接装置形式分类，可分为有心盘转向架和无心盘转向架。

## 3.2 $DF_{4B}$型内燃机车转向架

### 3.2.1 概　　述

$DF_{4B}$型内燃机车是客、货运两用机车，要求转向架通用，因此在转向架的设计上应同时满足客运和货运的牵引要求。该转向架属于无心盘、无导框、无均衡梁、二系弹簧悬挂的三轴转向架，如图 3-1 所示。

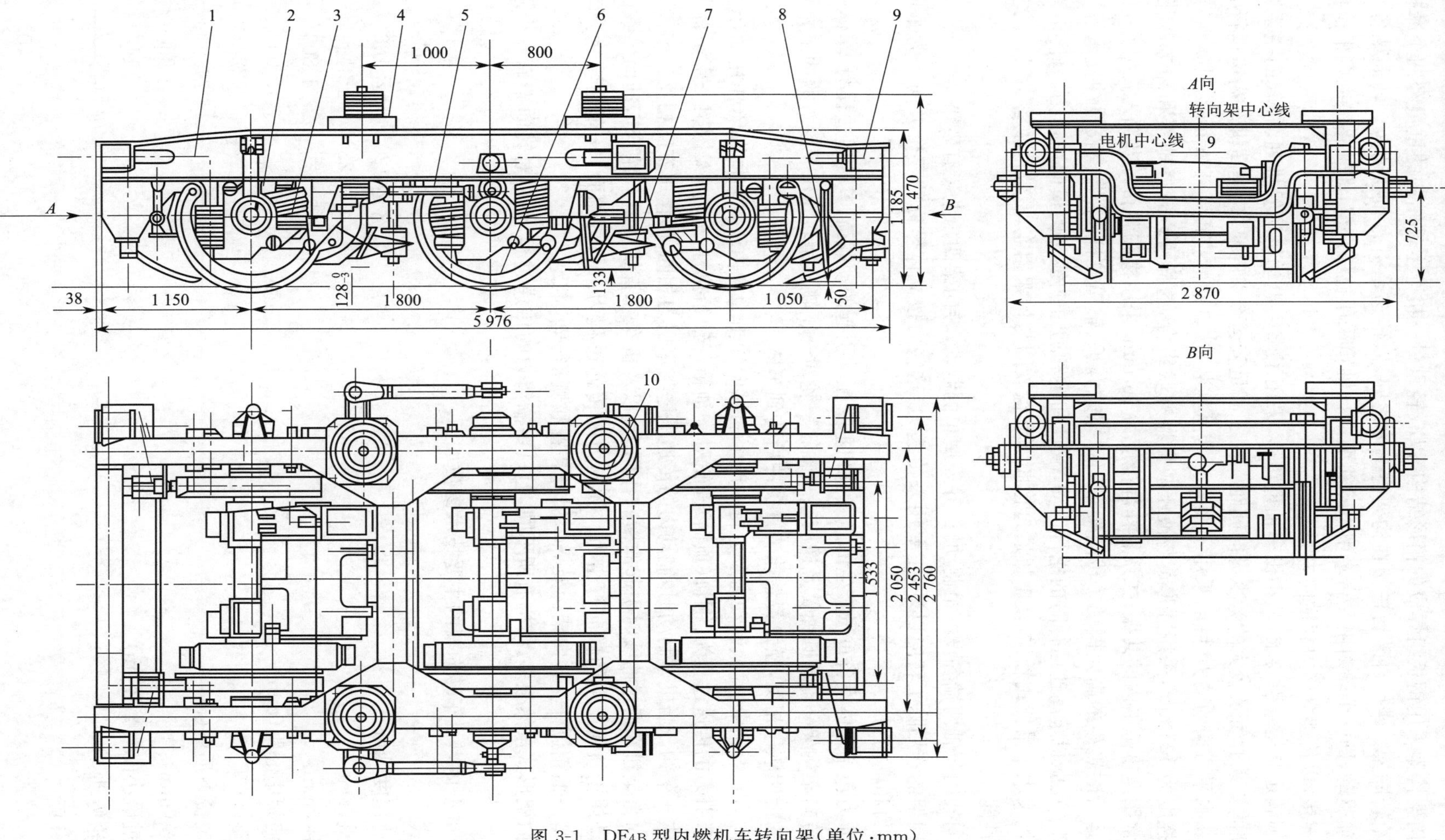


图 3-1 DF4B 型内燃机车转向架(单位:mm)

1—构架;2—轴箱;3—弹簧装置;4—旁承;5—牵引杆装置;6—轮对;7—电动机悬挂装置;8—基础制动装置;9—砂箱;10—人力制动拨叉

转向架构架采用钢板组焊成的箱形结构，以减轻重量。机车上部结构的重量经四个摩擦旁承传给转向架。牵引杆装置连接在构架与车体之间，以传递牵引力和制动力。转向架各轴采用单独驱动，即一个轮对由一台牵引电动机驱动。轴箱采用拉杆定位，即轴箱借助两根拉杆与构架连接，以传递纵向力和横向力。

为了满足货运牵引要求，减小机车轴重转移，采用了牵引电动机顺置排列、较软的一系弹簧、较硬的二系弹簧及较大的旁承纵向间距。为了满足客运牵引的要求，提高机车高速运行时的垂向和水平方向的动力性能，采用了两系弹簧悬挂装置，其总静挠度为 139 mm。其中一系悬挂静挠度为 123 mm，采用圆弹簧与液压减振器并联组合，这样可以较好地缓和冲击，消除机车在常用速度范围内的共振；二系悬挂静挠度为 16 mm，采用橡胶弹簧，能够较好地吸收机车高速运行时产生的高频振动。转向架采用摩擦式旁承、轴箱拉杆、轴端橡胶缓冲支承等结构，有利于克服机车高速运行时的蛇行运动，减轻和缓和通过曲线时的横向冲击力。此外，牵引电动机采用了吊杆式悬挂，使电机通过橡胶座和橡胶圈与构架相连，有效地改善了机车的垂向动力性能。

转向架内每轴两端各设一个制动缸，并采用单侧制动；转向架四角上装有砂箱。

转向架的作用除了转向以外，主要用来传递力，这些力按立体坐标的三个方向分为垂向力、纵向力和横向力。

垂向力包括车体设备重量产生的静载荷和垂直振动引起的动载荷，其传递过程为：车体→旁承→转向架构架→轴箱圆弹簧及橡胶垫→轴箱→轮对→钢轨。钢轨作用于轮对的冲击力与垂向力的传递顺序相反，经弹簧悬挂装置缓冲后传到车体。

纵向力主要指牵引力、制动力及运行中产生的纵向冲击力。由于轮轨间黏着作用而产生的轮周牵引力的传递过程为：钢轨（顶面）→轮对→轴箱→轴箱拉杆→转向架构架→牵引杆装置→车体→车钩。当机车制动时，制动力的传递顺序与牵引力相同，但作用方向相反。

横向力是机车通过曲线时引起的横向作用力，以及机车在直线轨道上蛇行运动而导致的横向振动使轮轨间产生的横向打击力。横向力的传递过程为：钢轨（侧面）→车轮轮缘→车轴→轴箱→轴箱拉杆→转向架构架→牵引杆装置和侧挡→车体。

转向架形式虽然很多，结构有所不同，但只要搞清力的传递过程，就可对转向架有一个总的认识。

$DF_{4B}$ 型内燃机车转向架的主要技术参数如下：

| | |
|---|---|
| 轴式 | $C_0—C_0$ |
| 构造速度(km/h) | 客运 120　货运 100 |
| 轴重(t) | 23×(1±3%) |
| 轴距(mm) | 2×1 800 |
| 转向架中心距(mm) | 12 000 |
| 自重(t) | 22.7 |
| 每轴簧下质量(t) | 4.61 |
| 轮径(mm) | 1 050 |
| 通过最小曲线半径(m) | 145 |
| 齿轮传动 | |
| 客运 | |
| 模数 | 10 |

| | |
|---|---|
| 传动比 | 71/21=3.38 |
| 货运 | |
| 模数 | 12 |
| 传动比 | 63/14=4.5 |
| 弹簧悬挂装置 | |
| 总静挠度(mm) | 139 |
| 一系静挠度(mm) | 123 |
| 二系静挠度(mm) | 16 |
| 油压减振器 | |
| 型号 | $SFK_1$ |
| 阻尼系数(N·s/cm) | 784 |
| 数量 | 4 |
| 构架相对于车体的横动量 | |
| 自由横动量(mm) | ±15 |
| 弹性横动量(mm) | ±5 |
| 轮对相对于轴箱的横动量(mm) | ±3—±10—±3 |
| 轴箱相对于构架弹性横动量(mm) | ±8—±8—±8 |
| 牵引点距轨面高度(mm) | 725 |
| 基础制动装置 | |
| 制动缸直径(mm) | 152.4 |
| 制动倍率 | 12.3 |
| 机动制动率 | |
| 常用制动 | 61% |
| 非常制动 | 78.5% |
| 砂储备量(kg) | 4×100 |

### 3.2.2 构　架

构架是转向架的主体，是连接转向架各组成部分的骨架，不仅承受机车上部结构的重量，而且承受和传递机车在运行中产生的经常变化的动力，因此，构架是一个受力复杂的部件。为了保证轮对、制动装置等部件的位置不变动，能正常可靠地工作，所以要求构架具有足够的强度和刚度。

内燃机车转向架的构架结构取决于车轮直径、轴箱定位方式、弹簧悬挂装置和车体支承形式等因素。一般采用钢板组焊成箱形截面的全焊接结构，由左右侧梁和几个横梁组成。

$DF_{4B}$ 型内燃机车转向架的构架由对称的 2 根侧梁、2 根横梁与前、后端梁焊接成“目”字形的封闭结构(图 3-2)。这种结构具有重量轻、材料经济、强度大及刚性好的优点。

侧梁是传递牵引力、制动力和横向力的主要承担者，对其强度和刚度要求较高。它采用厚 14 mm 的顶板和底板，以及厚 10 mm 的 2 块立板焊接成箱形结构。侧梁的截面中部高两端低，使侧梁和车体底架间留有一定空间，便于观察和进入车体底部进行检修作业。

构架横梁的作用是悬挂牵引电动机，并增大构架的水平刚度。由于它只将牵引电动机部分重量传给侧梁，受力小，故用钢板焊成较小截面的箱形结构。牵引电动机吊挂座焊在横梁的中部。

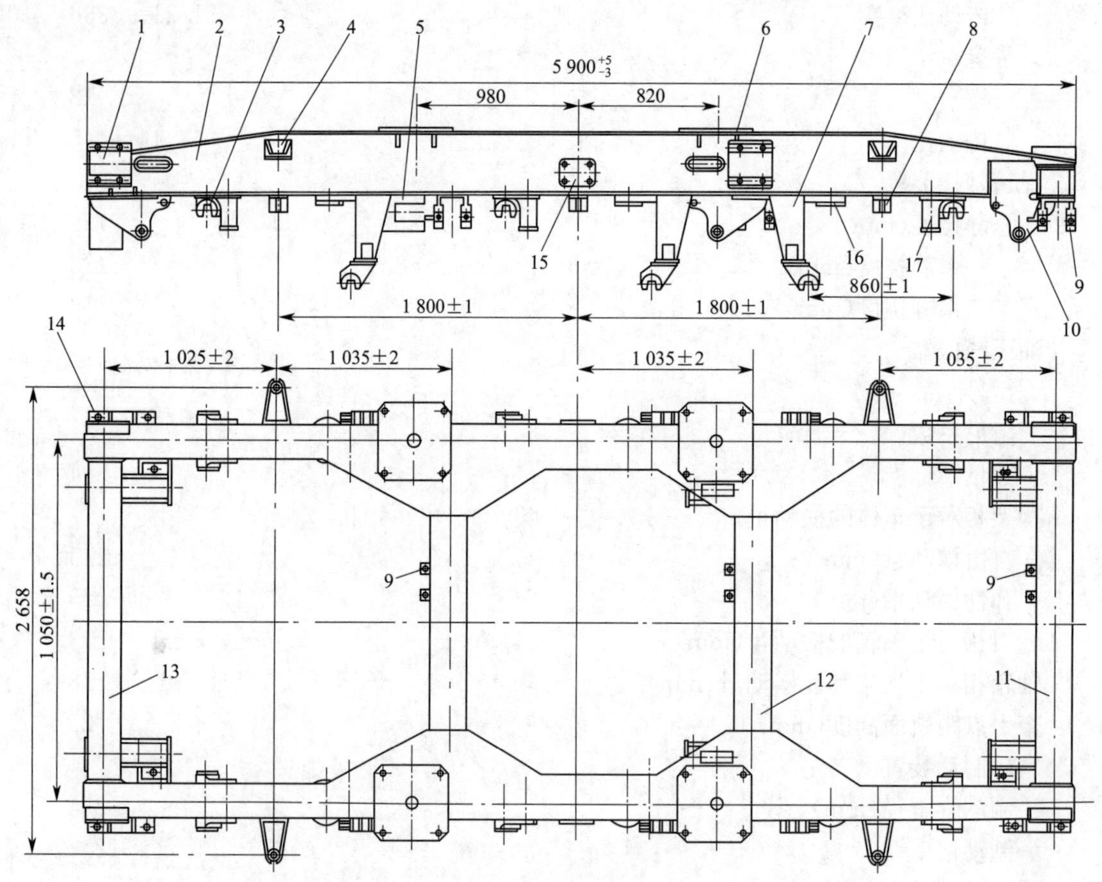


图 3-2　DF4B 型内燃机车转向架构架(单位:mm)

1—制动缸座;2—侧梁;3—上拉杆座;4—减振器座;5—拐臂座;6—旁承座;
7—下拉杆座;8—轴箱止挡;9—电动机吊挂座;10—制动座;11—后端梁;
12—横梁;13—前端梁;14—砂箱座;15—侧挡座;16、17—弹簧座

为避开车钩缓冲器,前端梁制成凹形,仅起连接侧梁、增大构架刚度的作用。后端梁的作用与横梁相同。这样,3 台牵引电动机分别悬挂在 2 根横梁和后端梁上,实现牵引电动机在转向架内的顺置排列。

构架各梁的主要受力部位和连接处内腔均焊有 8 mm 厚的斜筋板或垂直筋板以增强其刚度。侧梁内侧与各梁的连接处焊有补强板。

侧梁、横梁和端梁都在组焊后进行加工,并在加工前进行整体高温回火,以消除焊接过程中产生的内应力,防止在加工和使用中变形。

4 个旁承座焊在左右侧梁的上盖板上,牵引杆的拐臂座(用 ZG25Ⅱ铸钢制成)焊在侧梁下盖板和第一轴轴箱的下拉杆座柱上。上下轴箱拉杆座(用 ZG25Ⅱ铸钢制成)焊在侧梁下盖板上。3 个弹簧座焊在侧梁下盖板上,紧靠在 3 个下拉杆座柱旁,另外 3 个弹簧座与上拉杆座连成一体。旁承座、弹簧座、上下拉杆座和拐臂座都布置在侧梁纵向中心线上,这就使横梁和端梁基本上不产生各种附加弯曲应力,侧梁本身受力状态也得到很大改善。

左右侧梁两端下盖板上焊有 4 个砂箱座。侧梁中部外侧立板上焊有 2 个侧挡座。各车轴中心线处的侧梁下盖板上焊有轴箱止挡。正常位置时,轴箱止挡与轴箱上的挡块与轴向有

8 mm 间隙,也就是轴箱相对于构架可以向外侧移动 8 mm。一般情况下轴箱与止挡不接触,只有当轴箱拉杆内橡胶套破损或通过曲线半径小于 300 m 时,某些轴箱才与止挡接触。所以轴箱止挡是一种安全设施。

### 3.2.3 连接装置

1. 连接装置的作用

连接装置包括牵引销、旁承和牵引杆装置等部件,其作用是:

(1)传递车体与转向架之间的垂向力、纵向力(牵引力和制动力)和横向力。

(2)使轴重能均匀分配和车体在转向架上的安定。

(3)使转向架进出曲线时相对于车体能作回转运动。

(4)改善机车水平方向的动力性能。

连接装置性能的好坏直接影响机车及转向架的动力性能,特别是水平动力性能。此外,连接装置的结构形式关系到机车轴重的转移。

2. 牵引杆装置和摩擦旁承

(1)牵引杆装置

DF4B 型内燃机车采用牵引杆装置传递水平载荷。牵引杆装置由与转向架纵中心线呈对称的 2 根牵引杆、2 个拐臂、1 根连接杆、球面关节轴承及牵引销等组成(图 3-3)。

牵引杆一端通过牵引销与车体牵引座连接,另一端通过牵引杆销与拐臂连接。2 个拐臂分别用 2 个拐臂销和止板安装在构架侧梁下方的拐臂座上。中间的连接杆两端通过连接杆销与 2 个拐臂连接,使左右牵引杆受力均匀。

牵引杆中心线离轨面高度 725 mm,采用这种低位牵引杆装置可以减小牵引力作用下的轴重转移,减少空转。

在转向架上设有球形侧挡,作用是限制转向架对于车体的横动量和传递横向力。转向架侧挡的安装和调整在落车时进行。侧挡每侧自由横动量为 15 mm,调整时,左右自由横动量相加为 30 mm 即可。为了使左右间隙相等,要求在加装左右侧挡的调整垫片时,应使其厚度相等,以保证机车车体的纵向中心线与转向架纵向中心线相重合。此外,为缓和机车的横向冲击,在转向架侧挡内还装有橡胶垫(图 3-4)。橡胶垫具有 5 mm 的弹性压缩量,这样车体和转向架间每侧总横动间隙为 20 mm。由于转向架与车体的横向位置受着侧挡的限制,纵向位置受着牵引杆装置的限制,这样,当机车通过曲线,转向架相对于车体自由偏转时,转向架的回转中心只能在一定范围内变动。

由于横动量的存在和二系弹簧的设置,车体与转向架之间在水平方向和垂直方向都有相对移动,因此牵引杆两端必须采用球面关节轴承连接,才能满足上述运动的要求。球面关节轴承和它的外套都采用轴承钢制成,并经表面淬火提高硬度。关节轴承及其销、套均需润滑,为此在各销子端设有注油嘴,润滑脂从此注入,经销子内孔通到润滑表面。

由于牵引杆装置直接传递牵引力和制动力,其主要部件的强度、焊接质量的优劣对机车的安全运行影响极大,虽然设计上考虑了足够的安全系数,但出厂时仍需对焊缝进行探伤检查,机车运用中乘务人员应经常进行外观检查。

(2)摩擦旁承

DF4B 型内燃机车转向架采用四点支承摩擦式旁承,车体上部的载荷经旁承传给转向架构架,再通过轴箱弹簧分配给各车轴。摩擦式旁承利用平面摩擦副产生的摩擦力矩来控制转向

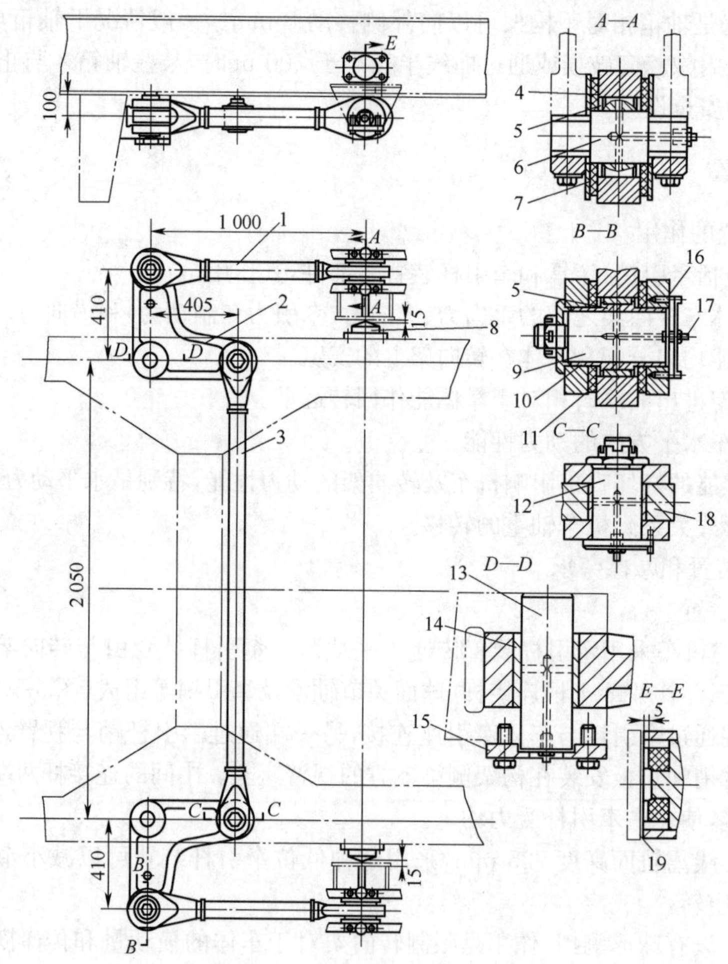


图 3-3　牵引杆装置(单位:mm)

1—牵引杆;2—拐臂;3—连接杆;4—球面关节轴承外套;5—球面关节轴承;6—牵引销;7—卡环;8—侧挡;9—牵引杆销;10、14、18—套;11—橡胶垫;12—连接杆销;13—拐臂销;15—盖板;16—销钉;17—注油嘴;19—调整垫片

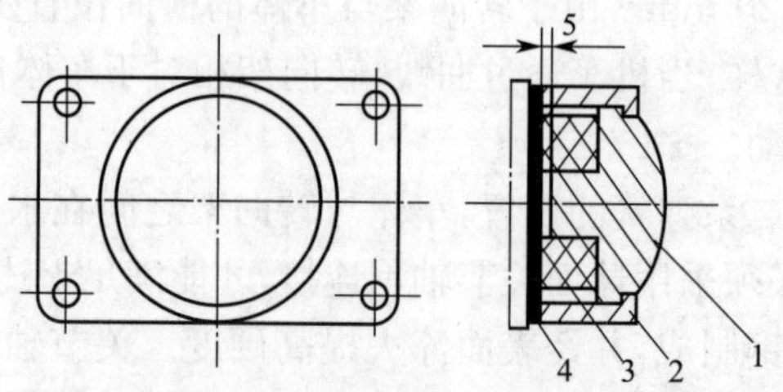


图 3-4　侧挡(单位:mm)

1—侧挡;2—侧挡体;3—缓冲器;4—调整垫片

架在直线运行时的蛇行运动。这种旁承不产生复原力矩。为了使转向架易于通过曲线,并在走出曲线后恢复到中央位置,摩擦力矩不宜过大,故采用摩擦系数较小的摩擦副。

摩擦式旁承由旁承体、下摩擦板、上摩擦板、球面座及球头等组成(图 3-5)。这种旁承结构简单、工作可靠,使用维护方便。

旁承体用 ZG230-450 铸钢制成，以其底部 $\phi$70 mm 圆柱销和构架旁承孔定位，用 4 个 M20 螺栓紧固在构架旁承座上，旁承体内储有润滑油（柴油机机油），以润滑摩擦面；油量至下摩擦板上表面以上(25±2) mm 为准。为保持油箱内的清洁，箱体与车体间设有帆布防尘罩。旁承体下部设有油堵，检修时可放出存油。

下摩擦板材料为 45 号钢，表面进行磨削加工，采用过渡配合镶在旁承体内。

上摩擦板采用 MC 尼龙制成，尼龙板摩擦面上开有润滑油沟（图 3-6），以便充分润滑。钢与 MC 尼龙的湿摩擦系数为 0.03～0.06。

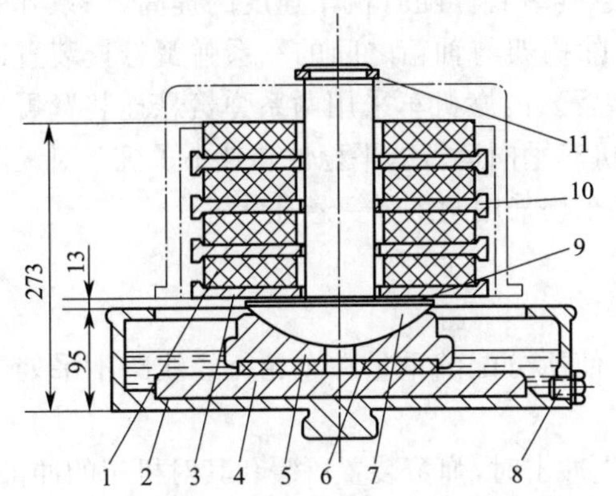


图 3-5 DF4B 型内燃机车摩擦式旁承（单位：mm）

1—橡胶垫；2—旁承体；3—托板；4—下摩擦板；
5—球面座；6—上摩擦板；7—球头；
8—加油管；9—垫；10—间隔板；11—挡圈

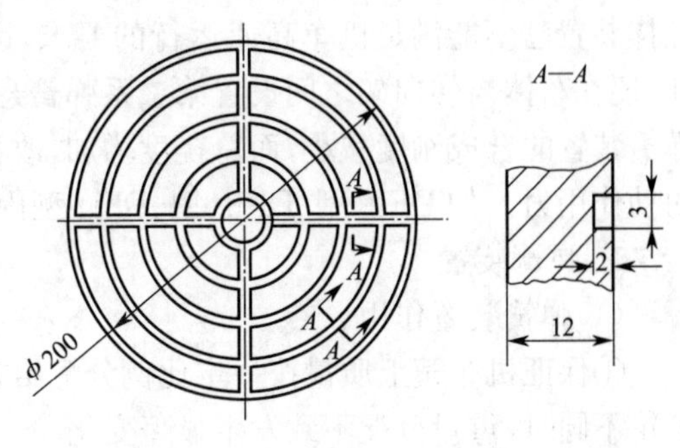


图 3-6 MC 尼龙摩擦板（单位：mm）

球头和球面座均用 45 号钢制成。球头和橡胶弹簧用固定板和螺栓连接在车体旁承上。一个橡胶块在 112.7 kN 压力下，挠度为(4±0.5) mm，一组橡胶弹簧在 112.7 kN 压力下，总挠度为(16±1) mm。每台转向架的 4 组橡胶弹簧总静挠度相互差不得大于 2 mm，所以在组装时，可以选配橡胶块厚度来满足总挠度的要求。橡胶弹簧在架修时要进行检查，不允许有裂纹、外观损坏和挤伤。

机车在落座于转向架时，球头与球面座能够自动对中，使镶在球面座下部的 MC 尼龙板与下摩擦板能够密贴接触，不产生间隙，为保证车体上部重量均匀作用在转向架上，在落车前需测量 8 个旁承座面的高度差，再用调整垫片厚度找平。在同一转向架上不平度允差 1 mm，前后两台转向架允差 2 mm。但是，每个旁承必须有不少于 2 mm 的基准垫片，同时最大加垫量不允许超过 10 mm。

旁承在转向架上的配置要兼顾各方面的效果，旁承在转向架上的布置如图 3-1 所示。旁承横向间距为 2 050 mm，纵向间距为 1 800 mm，相应的摩擦阻力矩为 19 100～38 200 N · m。从横向看，左右跨度较大，旁承正好放在侧梁纵向中心线上，对提高机车横向平稳性、改善转向架构架受力状态有利；从纵向看，旁承纵向间距较大，有利于减小机车轴重转移，又能使转向架回转时的摩擦阻力矩增大，有利于抑制直线上运行时转向架的蛇行，但是摩擦阻力矩太大，将使机车通过曲线时产生过大的构架力，所以纵向间距必须要选择适当。

在运用中如发现机车在高速时产生摇头振动，这是由于旁承下摩擦板磨耗较大（一般磨耗量不大于 0.06 mm），摩擦系数变小，抑制不住转向架的蛇行造成的。

### 3.2.4 弹簧装置及油压减振器

内燃机车转向架的弹簧装置作为机车安全平稳运行的必要设施，对机车黏着重量利用率、机车垂向运行平稳性以及机车上电器仪表的工作可靠性都有很大影响。内燃机车的弹簧装置主要由弹簧（圆弹簧、板弹簧及橡胶弹簧）和减振器等组成。

弹簧装置一般设置在构架与轴箱之间。机车弹簧装置以上部分质量称为簧上质量，以下部分质量称为簧下质量。在低速机车上，只在构架与轴箱之间设有弹簧悬挂装置，称为一系弹簧悬挂装置。如DF型内燃机车即采用这种弹簧悬挂装置。随着机车速度的提高，一系弹簧悬挂装置已不能满足机车高速运行的要求，因此，除构架与轴箱之间的一系弹簧悬挂装置以外，还在车体与转向架之间设置第二系弹簧悬挂装置。内燃机车采用两系弹簧悬挂装置可使弹簧装置的合成刚度减小，而总挠度增加，改善了机车垂向运行的平稳性和减小了机车对线路的动作用力。如$DF_{4B}$型、$DF_{4D}$型、$DF_{11}$型内燃机车均采用两系弹簧悬挂装置。

1. 弹簧装置

(1)弹簧装置作用

①保证机车簧上质量按一定比例分配给各轴，使所分配的重量在车轮行经线路不平处或车轮不圆时，重量分配不致发生显著变化。

②当机车行经线路不平处时或车轮不圆而发生冲击时，弹簧装置可缓和其对机车的冲击。

我们知道，当车轮行经线路不平顺处（$h$ 不超过 10 min）时，车轮在一个很短的时间间隔 $\Delta t$ 内使车轮静载荷 $P$ 产生一向上的加速度 $a$，加速度的大小与速度的平方成正比，一般情况下 $a=(4\sim5)g$（$g$ 为重力加速度$=9.81\ \text{m/s}^2$）。所以，若轴箱无弹簧[图 3-7(a)]，则作用于钢轨的动态附加载荷可达静载荷的 4～5 倍，即

$$\Delta P_1=\frac{P}{g}\cdot a=(4\sim5)P \tag{3-1}$$

所以，在动态附加载荷的作用下不仅会引起钢轨的弯曲甚至折断，而且会导致机车自身的破坏。

若机车有弹簧装置[图 3-7(b)]，则当机车通过线路不平顺处时，由于时间较短，可认为簧上质量的位移为零，而只引起弹簧的压缩变形，压缩量 $\Delta f=h$。簧上部分对弹簧装置的反力为

$$F=\Delta f\cdot K=h\cdot K$$

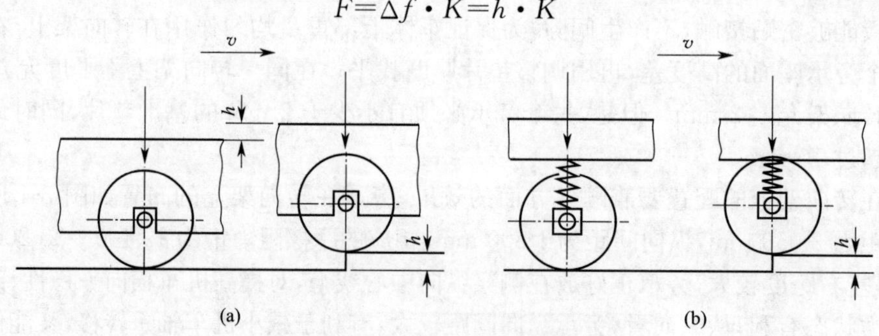


图 3-7　车轮行经线路不平处的情况

(a)轴箱无弹簧；(b)轴箱有弹簧

式中　$\Delta f$——弹簧的动态附加载荷量(mm)；

$K$——弹簧装置的刚度(kg/mm)。

可见，弹簧装置的刚度大，则簧上部分的动作用力也大。这样，有弹簧装置的车轮通过线

路不平顺时，作用于钢轨的动态附加载荷是

$$\Delta P_2 = \frac{q}{g} \cdot a + h \cdot K \tag{3-2}$$

式中　$q$——簧下质量。

由式(3-2)可见，若轴箱有弹簧，当机车行经线路不平处时，重量较大的簧上部分仅承受较小的弹簧反力 $h \cdot K$，而承受冲击的只有重量不大的簧下部分。

机车簧下部分对钢轨的反作用力随线路状况和机车速度而异。簧上部分对钢轨的作用力除受线路影响外，还与弹簧装置的刚度有关。弹簧越软，作用力也就越小，但由于结构和其他方面的要求，对弹簧装置的柔度有一定的限制。

下面举例说明弹簧装置的作用。

设某机车的轮重 $2P=2\ 300$ kg，簧下质量 $2q=4\ 100$ kg，轴箱弹簧的刚度 $K=154$ kg/mm，线路不平度 $h=2$ mm，车轮的垂直加速度 $a=4g$，求该机车车轮在有弹簧装置和无弹簧装置时对钢轨的动态附加载荷。

设轴箱无弹簧：则　$\Delta P_1 = 4P = 2\times 2P = 2\times 23\ 000 = 46\ 000(\text{kg})$

设轴箱有弹簧：则　$\Delta P_2 = \frac{q}{g} \cdot a + h \cdot K = \frac{4\ 100}{g} \times 2g + h \cdot K = 2\times 4\ 100 + 2\times 154$
$= 8\ 508(\text{kg})$

比较：　$\frac{\Delta P_2}{\Delta P_1} = \frac{8\ 508}{46\ 000} = 18.5\%$

计算表明，该机车车轮在有弹簧装置时，机车对线路的动态附加载荷仅为无弹簧装置的18.5%。因此，弹簧装置在减少轮轨间的冲击方面，作用是十分明显的。

应当指出，弹簧受附加载荷后所储存的势能随之又会释放出来，引起簧上部分的振动。这种振动可能与线路变化发生共振，所以必须采取措施避免共振或安装减振器来控制共振时的振幅。

(2)圆弹簧、板弹簧及橡胶弹簧的特性

①圆弹簧

机车圆弹簧采用含碳 0.55%的硅锰钢条制成。对承载繁重的高柔度圆弹簧则采用抗疲劳较好的 50CrVA 弹簧钢。圆弹簧相邻两圈之间留有间隙，以备承受变形。圆弹簧两端各有 3/4 圆磨平，作为支撑面，这部分承载时不发生变形，称为死圈，中间各圈称为工作圈或有效圈(图 3-8)。

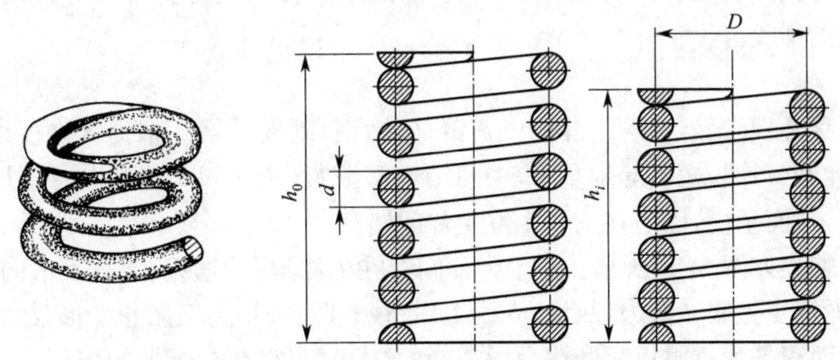


图 3-8　圆弹簧的自由高度和全压缩高

圆弹簧尺寸及簧条直径在受安装空间限制时，常采用双圈或三圈圆弹簧来代替单圈圆弹簧，并使它们同心布置，构成组合圆弹簧(图 3-9)。为防止因振动而使内外圈卡死，两相邻弹簧旋向应相反。

弹簧特性是指弹簧挠度 $f$ 与载荷 $P$ 之间的变化关系。

设弹簧在自由状态下高度为 $h_0$，在载荷作用下的高度为 $h_i$，则弹簧的静挠度为

$$f_i = h_0 - h_i \tag{3-3}$$

通常取较硬弹簧的最大挠度 $f_{max}$（全压缩时的挠度）为静挠度时的 2 倍；取较软弹簧的最大挠度为静挠度的 1.4～1.6 倍。当圆弹簧同时又承受横向载荷时，最大挠度与静挠度之比 $f_{max}/f_i$ 取得较大，甚至可达 2.7 左右，目的是防止在工作中相邻簧圈相碰导致损坏。

单位载荷产生的挠度值称为弹簧的柔度 $i$：

$$i = \frac{f}{P} \quad (\text{mm/kg})$$

弹簧刚度 $K$ 是柔度的倒数：

$$K = \frac{1}{i} = \frac{P}{f} \quad (\text{kg/mm})$$

对一般圆弹簧来说，弹簧刚度 $K$ 是定值，$P$ 和 $f$ 呈线性关系，如图 3-10 所示。

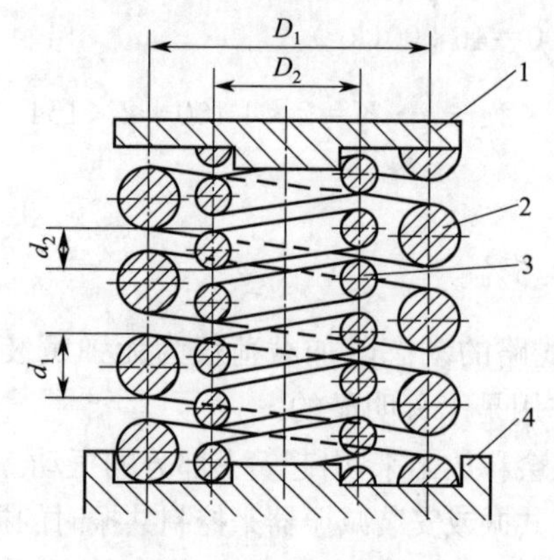


图 3-9　组合圆弹簧

1—上座；2—外圈；3—内圈；4—下座

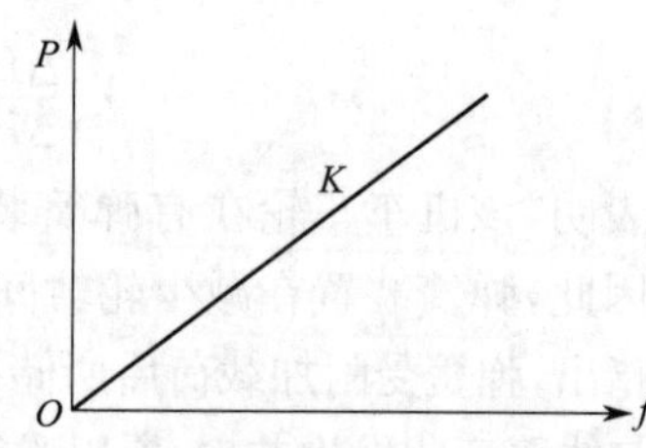


图 3-10　圆弹簧的特性曲线

圆弹簧工作时主要承受扭转剪切应力，不产生内摩擦。弹簧刚度为定值，即载荷与挠度呈线性关系，所以圆弹簧作用灵活，可以获得较大的静挠度，而且制造维修方便，广泛应用在内燃机车上。但圆弹簧只有缓和振动的能力，没有减振能力，必须与减振器配合使用，才能抑制机车共振时振幅的增长。

②板弹簧

板弹簧又称叠板弹簧，由若干片用弹簧钢（硅锰钢）制成的簧片根据等强度梁的原理叠制而成，所以板弹簧簧片长短不等地重叠，中间用簧箍箍紧（图 3-11）。簧片中线处都经过冲压，使其背面呈筋，腹面呈槽，以防在工作中发生片间错移。

板弹簧的特性如图 3-12 所示。由于弹片间存在内摩擦，使增载、减载不依同一直线变化。加载时，由于弹簧要克服摩擦力，故沿 $ab$ 线工作；减载时，摩擦力又阻止变形，故按 $cd$ 线工作。阴影线表示的面积是为克服板间摩擦力所消耗的功，因而它具有减振的作用。但摩擦力不易过大，否则弹簧的灵敏性很差，甚至在载荷发生较大变化时，弹簧也不变形。为减少摩擦力，可在弹簧间涂以润滑脂，以减少摩擦系数并防止簧片生锈。

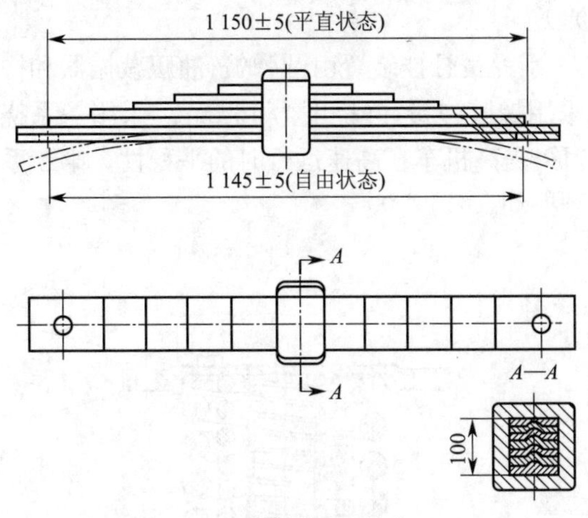


图 3-11　板弹簧结构(单位:mm)

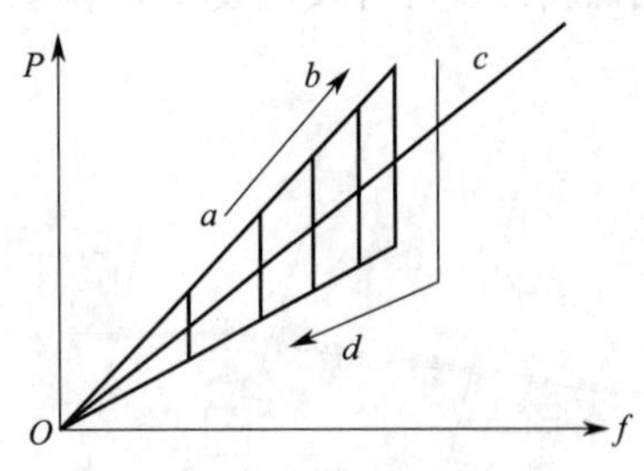


图 3-12　板弹簧特性

板弹簧的缺点是:重量大,制造和维修复杂,灵敏性差,直接向车体传递来自线路的高频振动,进一步增大静挠度困难。因此现代机车上已很少应用。

③橡胶弹簧

橡胶弹簧减振性能好,通过内摩擦吸收高频振动,减少噪声,没有突然的破损,运用中不需经常检查,重量轻,仅为钢的 1/6。因此,橡胶弹簧在机车上得到广泛的应用。

图 3-13 是 $DF_4$ 型内燃机车用作第二系弹簧的橡胶弹簧,承受压力的橡胶弹簧由若干橡胶块及隔板相间组成,钢板主要起散热作用和防止在压力作用下结合面发生径向蠕变。

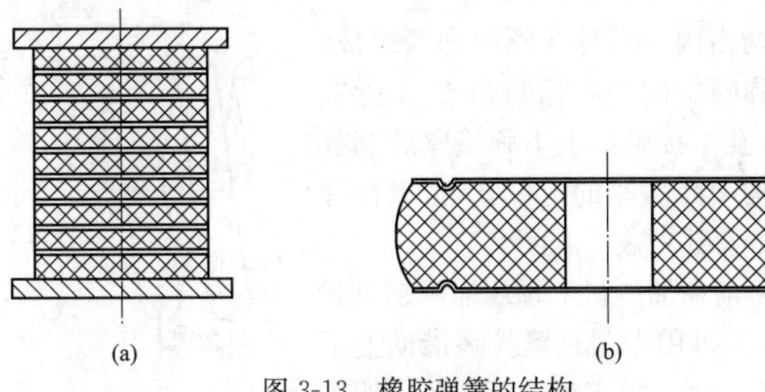


图 3-13　橡胶弹簧的结构

(a)橡胶弹簧;(b)橡胶弹簧结构中的橡胶块

橡胶弹簧的静刚度不是定值,它的弹性特性和耐久性与温度有关。温度增加,则刚度下降;温度降低,则刚度上升。橡胶硬度随温度的变化关系如图 3-14 所示。图中 $t_E$ 为硬度修整系数,实验时以 $t_E=1$ 为标准。由图可见,在低温下橡胶硬度会急剧增加,但在实际应用中,橡胶弹簧能从振动中获得能量,低温下刚度的影响并不明显。

橡胶弹簧的另一个特性是挠度随使用时间的增加而增大,但除去载荷后仍能恢复原来的形状,这种变化称为蠕变。

橡胶弹簧存在的主要缺点是:制造工艺复杂,性能误差大,工作温度大于 60 ℃会逐渐老化,温度过低易变硬脆化。

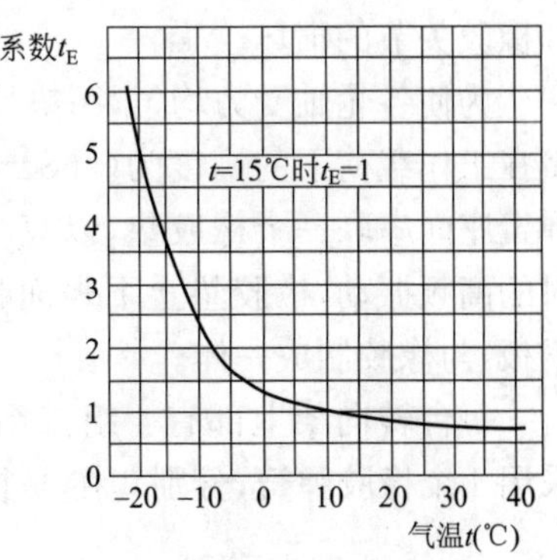


图 3-14　橡胶硬度随温度变化的关系

(3)$DF_{4B}$ 型内燃机车的弹簧装置(图 3-15)

$DF_{4B}$ 型内燃机车采用两系弹簧悬挂装置。一系弹簧悬挂装置由圆弹簧、油压减振器和橡胶垫组成,静挠度为 123 mm。二系弹簧悬挂装置采用橡胶弹簧,静挠度为 16 mm。采用一系挠度大、二系挠度小的布置方式可减小机车的轴重转移,提高机车在高速运行时的平稳性。第二系悬挂采用橡胶弹簧可有效地吸收机车运行时的高频振动。

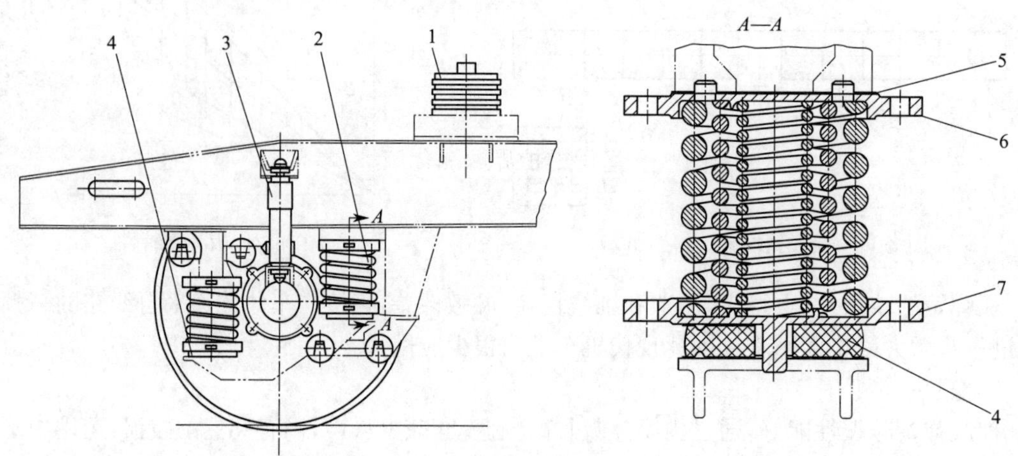


图 3-15　$DF_{4B}$ 型内燃机车弹簧装置

1—橡胶弹簧;2—圆弹簧;3—油压减振器;4—橡胶垫;5—调整垫;6—上弹簧座;7—下弹簧座

轴箱两组圆弹簧均由内、中、外 3 圈圆弹簧组成,如图 3-16 所示,各圈弹簧旋向左右相间布置,由弹簧座上的定位凸台定位,互不接触。上下弹簧座的圆柱销分别插入轴箱体和构架弹簧座的定位孔内,以使弹簧定位。轴箱弹簧技术参数见表 3-1。

弹簧组装(图 3-17)前在油压机上预压缩至超过弹簧工作高度 20～30 mm,再用专门预紧拉环借助上下弹簧座上的耳环将弹簧拉紧。落车后取下拉环。架车检修时,必须先装上拉环再进行架车,以免造成轴箱拉杆橡胶关节的损坏。

为使各轮轴受力均匀,用垫片进行调整,使每组弹簧在工作载荷下的高度为(268±2)mm。在轴箱与下弹簧座间串联一个橡胶垫,以衰减和吸收来自簧下轮对的高频振动,橡胶垫上下表面各有一块 2 mm 厚的钢板,与橡胶制成一体。

每台转向架上部有 4 组二系弹簧悬挂装置,每组采用 4 个橡胶弹簧,分别套在 4 个球头杆上。

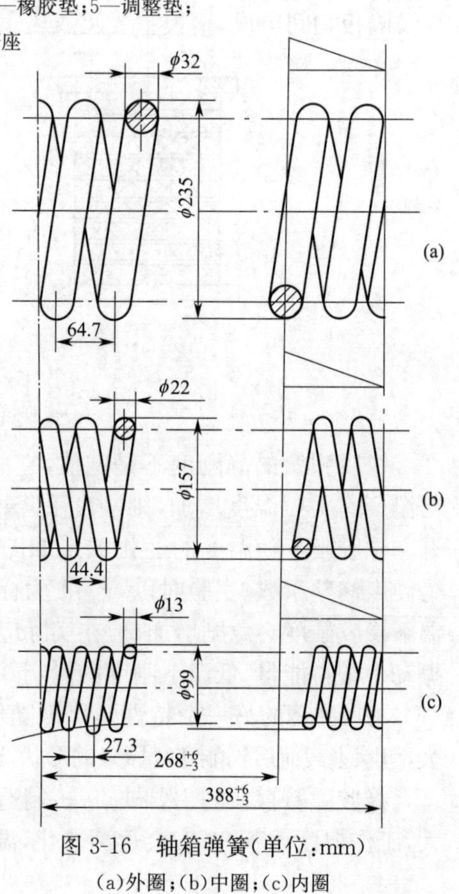


图 3-16　轴箱弹簧(单位:mm)

(a)外圈;(b)中圈;(c)内圈

表 3-1 轴箱弹簧技术参数

| 参 数 | 外 簧 | 中 簧 | 内 簧 |
| --- | --- | --- | --- |
| 簧条直径(mm) | 32 | 22 | 13 |
| 弹簧指数 | 6.3 | 6.1 | 6.2 |
| 旋向 | 左 | 右 | 左 |
| 总圈数 | 7 | 9.75 | 15.25 |
| 有效圈数 | 5.5 | 8.25 | 13.75 |
| 刚度(kg/mm) | 22.79 | 11.54 | 4.06 |
| 材料 | 55Si2Mn | 55Si2Mn | 55Si2Mn |
| 弹簧外径(mm) | 235 | 157 | 99 |
| 自由高(mm) | $388^{+6}_{-3}$ | $388^{+6}_{-3}$ | $388^{+6}_{-3}$ |
| 全压缩高(mm) | 206.5 | 203.5 | 208 |
| 工作高(mm) | $268^{+6}_{-3}$ | $268^{+6}_{-3}$ | $268^{+6}_{-3}$ |

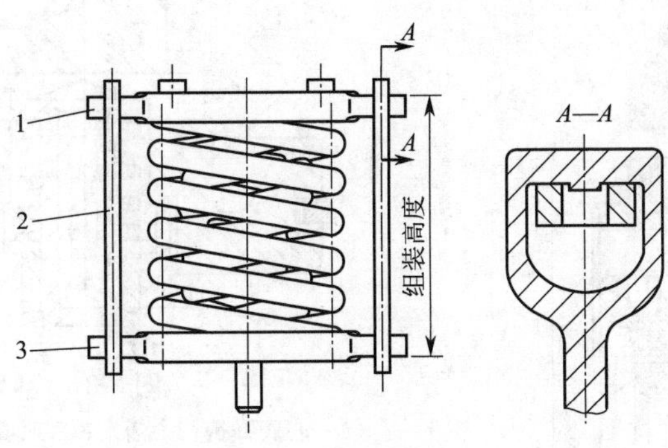


图 3-17 圆弹簧组装

1、3—上下弹簧组的耳环;2—拉环

2. 减振器

现代内燃机车广泛采用圆弹簧与减振器相结合,以达到既能衰减振动,又保持弹簧装置工作灵敏性的目的。减振器不但用在铅垂方向,也用在横向和水平方向。减振器有摩擦式和液压式两种,目前以液压式减振器较为普遍。

(1)减振器的特性

摩擦减振器是借助摩擦面的相对滑动而产生阻尼的减振器。在与圆弹簧并联工作时,利用减振器的摩擦阻力吸收振动的能量,达到衰减振动的目的。

液压减振器主要是利用液体黏滞阻力做功来吸收振动的能量。一般液压减振器阻尼特性为线性,即阻力与振动速度的一次方成比例,如图 3-18 所示。设减振器的阻力为 $P$,则

$$P=C\cdot v \tag{3-4}$$

式中 $C$——阻尼系数(N·s/mm)

$v$——振动速度(mm/s)。

图 3-19 表示液压减振器与圆弹簧并联的工作特性,面积 $A$ 为振动一次时减振器所吸收的能量。

液压减振器的优点在于其阻力是振动速度的函数,因此具有较好的减振性能而得到广泛的应用。

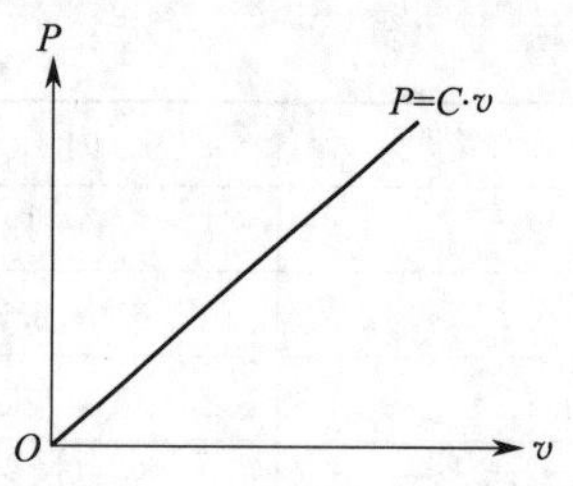


图 3-18 液压减振器的线性阻尼特性

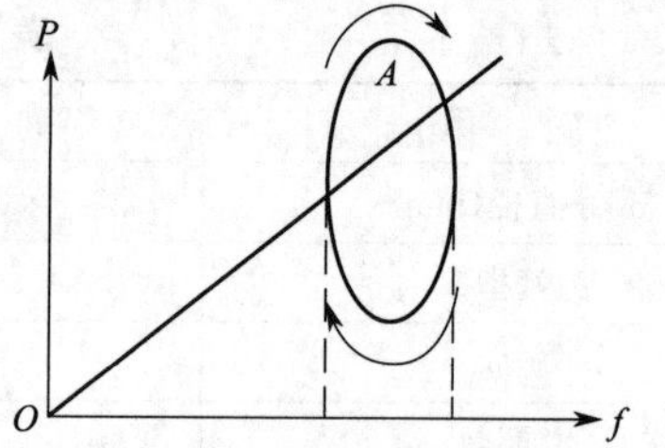


图 3-19 液压减振器和圆弹簧并联时的工作特性

(2)$SFK_1$ 型液压减振器

$DF_{4B}$ 型内燃机车每台转向架两端轴的左右各有一台液压减振器与一系弹簧并联，每台机车共装有 8 个 $SFK_1$ 型液压减振器用以衰减机车的垂向振动。减振器的阻尼系数为 80 N·s/mm。

$SFK_1$ 型液压减振器(图 3-20)主要由活塞部(图 3-21)、进油阀部、缸端密封部(图 3-22)及连接部组成。

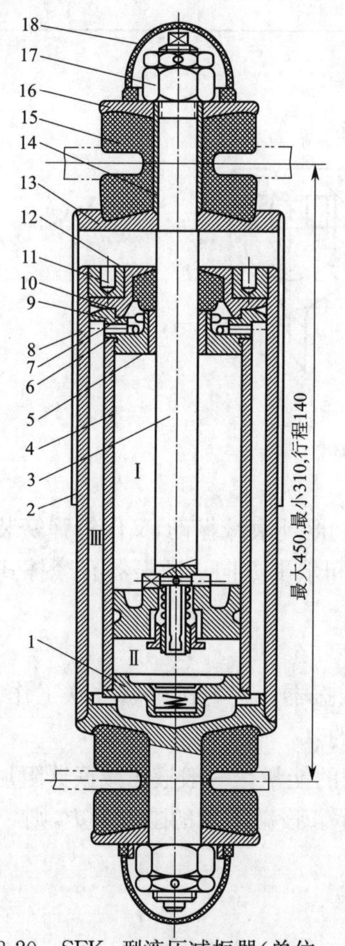


图 3-20 $SFK_1$ 型液压减振器(单位:mm)

1—进油阀;2—储油缸;3—活塞部;4—缸筒;5—导向套;6—密封弹簧;7—托垫;8—缸端;9—油封圈;10—密封盖;11—螺盖;12—密封圈;13—防尘罩;14—套;15—胶垫;16—压盖;17—螺母;18—防锈帽;Ⅰ、Ⅱ、Ⅲ—油腔

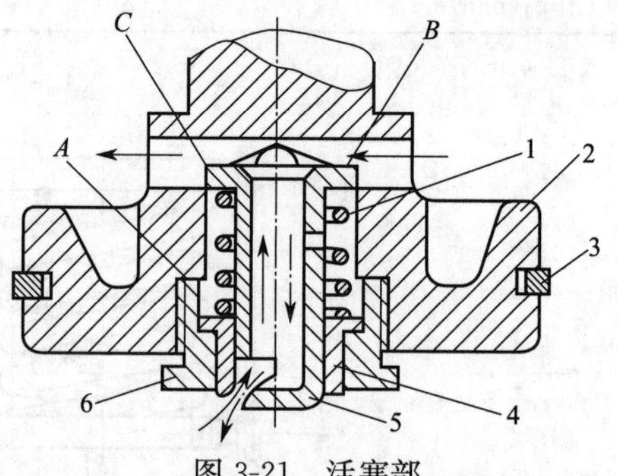


图 3-21 活塞部

1—心阀弹簧;2—活塞;3—胀圈;4—套阀;5—心阀;6—阀座;A、B、C—心阀加减垫片处

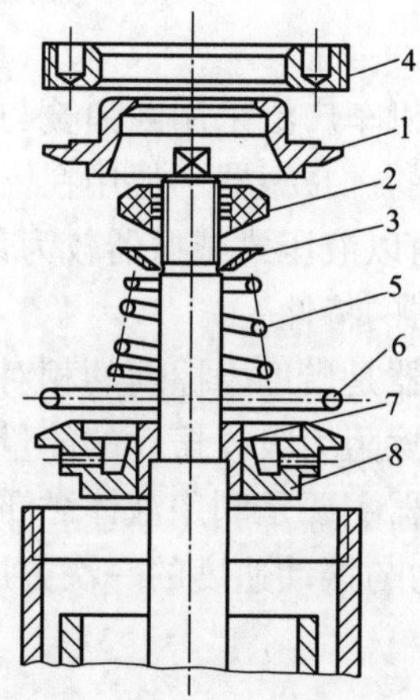


图 3-22 组成密封部的各零件

1—密封盖;2—密封圈;3—密封托垫;4—螺盖;5—密封弹簧;6—油封圈;7—导向套;8—缸端

活塞部主要由活塞、心阀、心阀弹簧、阀座和套阀等组成。心阀两侧开有节流孔，组装后节流孔下部露出套阀部分称为初始节流孔。减振器的工作阻力主要决定于初始节流的大小。为调整减振器的阻力大小，在阀座顶部、心阀顶部和心阀弹簧顶部 $A$、$B$ 和 $C$ 处，设有 0.2 mm 的调整垫片。进油阀部位于缸筒的下端，在进油阀体上装有阀瓣、进油阀弹簧和锁环。

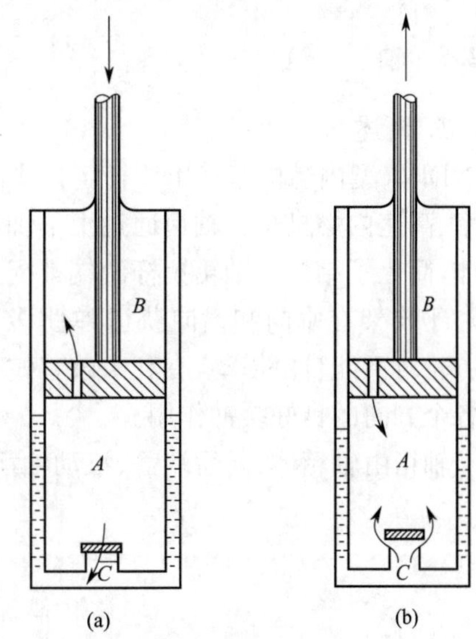

图 3-23　$SFK_1$ 型液压减振器的工作原理

液压减振器是利用工作油通过心阀上的节流孔时产生黏滞阻力，把工作油的动能变为热能，以衰减机车簧上部分的振动(图 3-23)。而工作油通过心阀的流向则取决于与转向架、轴箱相连的减振器上、下连接部相对的运动方向，也即减振器活塞在缸筒内的往复运动方向。

当相对压缩时，$A$ 腔的工作油经心阀上的节流孔进入 $B$ 腔。当活塞下部的工作油压上升到加于套阀环形面积的压力大于弹簧初压力力时，套阀升起。使 $A$ 腔的工作油大量进入 $B$ 腔，一部分油则自 $A$ 腔被压入 $C$ 腔储存。打开套阀的目的是限制减振器的油压，以免引起损坏和泄漏。

当相对拉伸时，$B$ 腔的工作油经心阀上的节流孔进入 $A$ 腔。当活塞上部油压上升到加于心阀环形面积上的压力大于弹簧初压缩力时，心阀开始下降，使节流孔开度增大，$B$ 腔油大量进入 $A$ 腔，一部分油则自 $C$ 腔被吸入 $A$ 腔补充。液压减振器拉伸和压缩时所产生的阻力，决定于活塞运行时在活塞上腔和下腔所产生的油压。该油压与活塞运动速度、节流孔大小有关。

根据理论分析与实践结果，求得 $SFK_1$ 型液压减振器(缸筒直径为 70 mm，活塞杆直径为 25 mm)的阻力特性为

$$P_{拉}=23.8\frac{v}{f_2} \tag{3-5}$$

$$P_{压}=23.8\frac{v}{f_2}+\frac{0.079}{f_3}v \tag{3-6}$$

式中　$P_{拉}$、$P_{压}$——拉伸和压缩阻力(N)；

$v$——活塞运动速度(mm/s)；

$f_2$、$f_3$——心阀节流孔和进油阀小孔面积(mm)。

综上所述，液压减振器的阻力取决于活塞运动速度和节流孔的大小。前者表示减振器的阻力将随振动频率和振幅的增长而增大，后者可用来调整液压减振器的阻力。

液压减振器阻力的调整方法是：

①在心阀顶面加垫，使心阀下移，而阀套不动，因而使初始节流孔加大，使阻力适当减小。同时，由于弹簧初压缩力增大，提高了开启节流孔的油压，即增大了减振器的工作范围。

②在阀座的端面加垫，使阀座及套阀下移，心阀弹簧伸长，从而使初始节流孔开度减小，因而阻力适当增大。同时，由于弹簧初压缩力减小，降低了开启节流孔的油压，即减小了减振器工作范围。

③在弹簧上加垫，初始节流孔开度不变，即心阀和套阀的相对位置不变，故阻力不变。由于弹簧初压缩力增大，因而增大了减振器的工作范围。

### 3.2.5 轴　　箱

1. 概述

DF4B 型内燃机车采用拉杆定位式滚动轴承轴箱。这种无导框式滚动轴承轴箱适用于大功率、高速内燃机车。轴箱通过上下轴箱拉杆与构架相连接。一系弹簧的支座和轴箱体铸成一体,简化了结构。轴箱拉杆两端都配有橡胶衬套和橡胶垫,通过橡胶元件的弹性变形使轴箱相对于构架在垂向和横向获得弹性移动量。轴箱与构架间没有摩擦面,不存在磨耗,无须润滑。轮对不能自由横动,有利于改善蛇行运动。依靠橡胶元件的径向、轴向及扭转的变形能实现各个方向的良好缓冲作用。

轴箱由轴箱体、前后端盖、滚动轴承、缓冲支承及轴箱拉杆等组成,如图 3-24 所示。

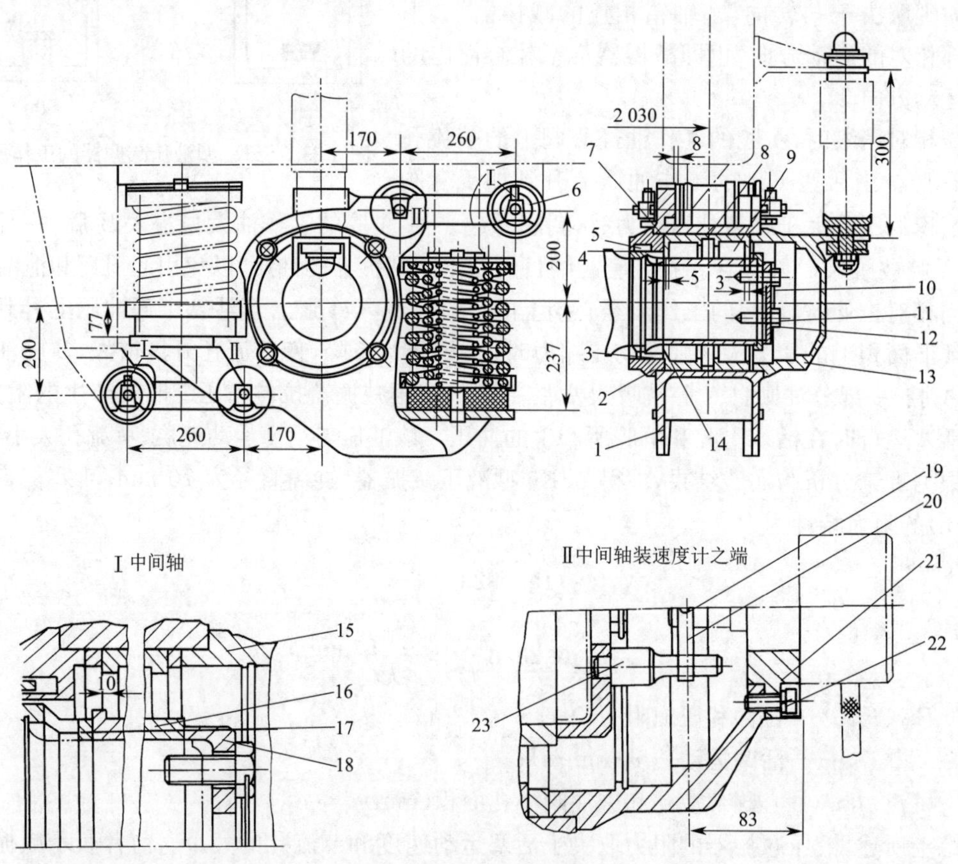


图 3-24　轴箱(单位:mm)

1—轴箱体;2—橡胶圈;3—552732QT 轴承;4—后盖;5—防尘圈;6—轴箱拉杆;7—挡圈;8—隔环;9—752732QT 轴承;10—锁紧钢丝;11、22—螺栓;12、18—压盖;13、15—端盖;14、17—隔圈;16—652732QT 轴承;19—铆钉;20—拨杆;21—外盖;23—拨销

由圆弹簧传来的垂直力经过轴箱体顶部传至滚动轴承和车轴;由车轴传来的牵引力和制动力,经过滚动轴承和箱体传至轴箱拉杆和构架。

2. 轴箱

轴箱体两侧带有 2 个拉杆座和 2 个弹簧座,拉杆座采用梯形槽,上、下拉杆梯形槽位于轴箱中心线斜对称位置上,其目的在于当轴箱受牵引力和制动力作用时,使轴箱均保持平衡状态，拉杆梯形槽也较容易保证与拉杆心轴良好配合，使连接螺栓不致承受剪切力，加工时易达到配合尺寸。轴箱顶部设有轴箱止挡，用以限制轴箱最大横动量不超过 8 mm。

早期生产的 $DF_{4B}$ 型内燃机车轴箱内装设 4 列向心短圆柱滚动轴承 972832QT，该轴承只能承受径向力，不能承受轴向力，所以在轴箱端盖上装有缓冲支承，用缓冲支承中的 4G134T 轴承来承受轴向力。

后期生产的 $DF_{4B}$ 型内燃机车采用新型轴承以取代 972832QT 轴承，其中，一、三轴左右轴箱内各装设一套 552732QT 和 752732QT 滚柱轴承，中间轴左右轴箱内各装设一套 552732QT 和 652732QT 滚柱轴承。这种新型轴承既可承受径向力，又可承受轴向力，而且是由同轴上左右轴箱内各一个轴承承受轴向力。

轮对与轴箱间的自由横动量是由 552732QT 轴承的滚柱与内套轴肩斜挡边或 752732QT 轴承的滚柱与斜挡圈之间 3 mm 间隙决定的。中间轴的 652732QT 轴承没有斜挡圈。因此中间轮对每个轴箱 2 套轴承只有 1 套承受轴向力。中间轴轮对与轴箱间的自由横动量为 10 mm，这是由中间轴的轴承结构决定的。中间轮对给予较大的自由横动量，可使它在通过曲线时贴靠外轨，减轻第一轮对的轮缘力，减少轮缘磨耗。但过大的自由横动量将使机车在直线上高速运行时，转向架蛇行运动更加剧烈。

新型轴承是采用大铆钉冷墩三分离式的结构，即内圈、外圈和保持架(含滚子)可以分离。保持架采用双兜孔结构，很容易从外圈中取出，从而使内、外圈可以分别进行探伤检查，并可对保持架中的滚子逐一进行检查。

轴箱后盖与端盖是通过隔环将两套轴承外圈压紧，并固紧在轴箱体内。轴承内圈热套在车轴的轴颈上，选配过盈量为 0.04～0.065 mm。

为了使第一、三轴上的 752732QT 轴承的斜挡圈能牢固地压紧在轴承内圈端面上，用 3 个 M24 螺栓把压盖紧固在车轴端面上。这 3 个螺栓规定用扭力扳手拧紧，拧紧力矩为 290～300 N·m，然后用 2 mm 钢丝锁紧。

早期轴箱轴承 972832QT 严禁与后期轴箱轴承 552732QT、652732QT、752732QT 混装于同一台机车上。

轴箱轴承采用 ZL3 号锂基润滑脂，加注时应将滚柱与保持架缝隙、两套轴承之间的空间全部填满油脂，两套轴承的外侧面涂上适量油脂。

前端盖结构上分为两种，第一、三轴有油压减振器座，第二轴无减振器座。但第二轴一端安装机车速度表传感器。轴箱后端盖带有迷宫，与防尘盖共同形成迷宫式油封，其间填以软油脂，以防尘土侵入轴箱。前后端盖均用 4 个 M22 螺栓紧固在轴箱体上。

机车速度传感器装在中间轴的左侧轴箱端盖上(图 3-24Ⅱ)。传感器用 4 个 M8×30 螺栓固定在轴箱端盖的外盖上。拨销固紧在压盖上，并插入拨杆的槽形开口内。所以，当车轴旋转时，压盖也随之旋转，并通过拨销带动拨杆使传感器轴随同车轴同步回转。

3. 轴箱拉杆

轴箱拉杆定位是指轴箱用 2 根带橡胶关节的拉杆与构架连接，即在轴箱体中心线的斜对称位置的 2 根拉杆分别与构架下方的上、下拉杆座相连(图 3-25)。当轴箱上下跳动时，2 个轴箱拉杆分别以构架拉杆座的 2 个心轴为圆心，作一定弧度的上下摆动。如果拉杆为纯刚性的，则轴箱中心的运动轨迹为一条曲线，即一方面上下跳动，另一方面转动。但由于拉杆两端是橡胶关节，所以实际上轴箱中心的运动轨迹接近一条直线。

轴箱拉杆由拉杆体，长、短心轴，橡胶圈，橡胶垫和端盖等组成，如图 3-26 所示。

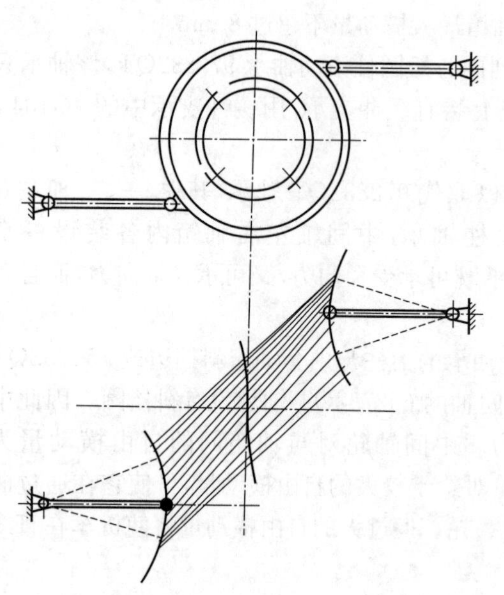

图 3-25　轴箱拉杆定位示意

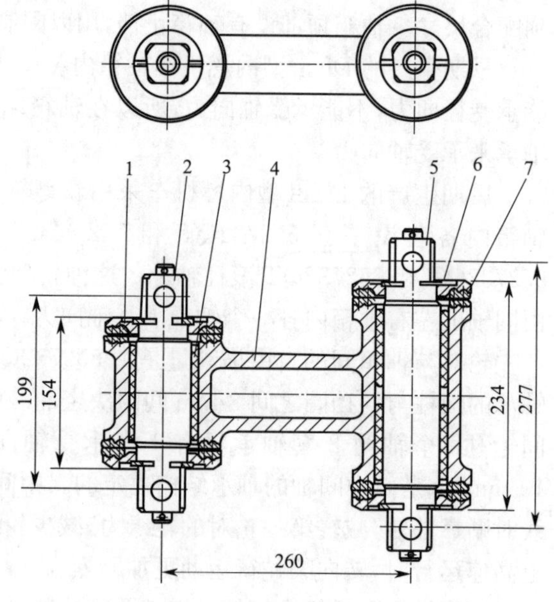


图 3-26　轴箱拉杆(单位:mm)
1—端轴;2—短心轴;3—橡胶垫;4—拉杆体;
5—长心轴;6—卡环;7—橡胶垫

心轴两端制成梯形截面,靠 M20 的螺栓紧固在轴箱和构架上的拉杆座梯形槽里,梯形槽斜度为 1 ∶ 10。紧固后心轴与梯形槽底面的间隙应在 1～4 mm 内,以保证拉杆多次拆检后,斜面仍能很好接触,并不致使螺栓承受剪切力。

拉杆体一端大一端小,大端孔内装两个橡胶圈,用长心轴与构架拉杆座连接,小端孔内装一个橡胶圈,用短心轴与轴箱拉杆座连接。为避免橡胶圈在压装和工作时滑动,拉杆孔内需加工得较粗糙。橡胶垫被端盖压装在拉杆体两端侧面,端盖和心轴又用卡环作径向固定,这样由橡胶圈和橡胶垫构成了拉杆两端的橡胶关节。由于橡胶元件的变形,保证了轴箱可相对于构架在各方向的位移,同时橡胶元件对变形有一定的扭转刚度和横向刚度,扭转刚度对轴箱上下跳动有缓冲作用,横向刚度有限制轴箱横动量的作用。为增加橡胶垫刚度,在硫化处理时中间黏合一块厚 1.5 mm 的钢板,组装时用端盖将其压在拉杆体上,用卡环卡住,橡胶垫压缩挠度为 2 mm。为使橡胶垫受压时不产生径向蠕变,在端盖和拉杆体孔上均加工了两道环形槽,使橡胶垫受压后嵌入到环形槽内,以限制其径向滑动。

拉杆定位的轴箱相对于构架的上下位移将受橡胶圈约束,实际上相当于在垂直方向加一个并联弹簧,使一系悬挂弹簧的刚度增大,因此一系弹簧挠度约减少 20%～30%,甚至更大。

### 3.2.6　轮　　对

轮对的作用主要是:机车全部重量通过轮对支承在钢轨上,通过轮对与钢轨的黏着产生牵引力或制动力,此外,当车轮行经轨缝、道岔等线路不平顺处时,轮对直接承受全部垂向和侧向冲击。

轮对主要由车轴、轮心及轮箍组成,如图 3-27 所示。

轮箍热套在轮心上和车轴压装在轮心内,都在轮对内部引起组装应力,因此,轮对承受着很大的静载荷、动载荷和组装应力,要求它有足够的强度。另一方面,由于轮对是簧下质量,为

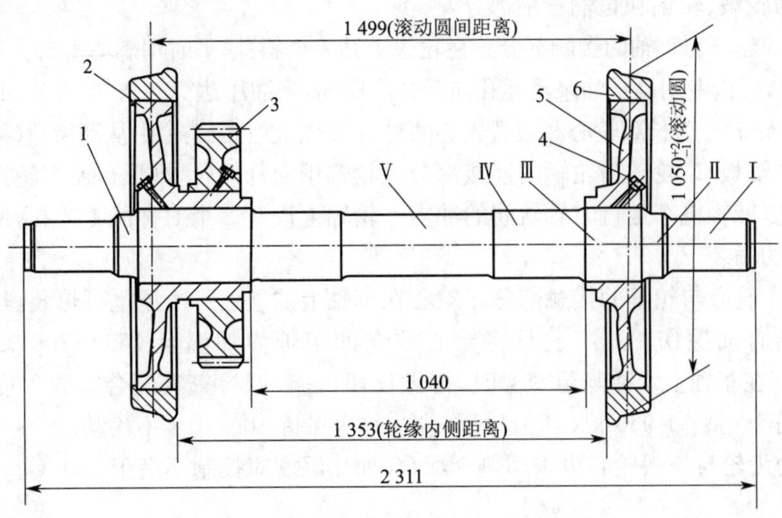


图 3-27 轮对(单位:mm)

1—车轴;2—长毂轮心;3—从动齿轮;4—螺堵;5—短毂轮心;6—轮箍;
Ⅰ—轴颈;Ⅱ—防尘座;Ⅲ—轮座;Ⅳ—抱轴颈;Ⅴ—轴身

了减轻它对线路的动载荷,还要求尽可能减轻它的重量,这对于高速机车尤为重要。为了保证运行安全,应适当选择轮对部件材料,以确保轮对状态良好。

1. 车轴

车轴各部分因受力和用途不同,所以沿长度方向的直径也不相等,分为轴颈、轮座及轴身等部分。轴颈是轮对与轴箱的连接部分,轮座是压装轮心的部分,牵引电动机用抱轴承支承在抱轴颈上。

车轴在机车运行中,承受较大的复杂载荷有:机车自重和附加动载荷;由牵引电动机经从动齿轮传给轮对的扭矩;牵引力的弯曲作用;通过曲线时的侧压力;牵引电动机抱轴轴颈载荷等。由于上述力都是交变载荷,所以多数车轴的折损均由疲劳引起。实践证明,车轴的断裂都发生在以下三个区域:轴颈的圆肩部分;轮座的外缘部分;车轴的中央部分。所以在结构及工艺上应力求减少应力集中,以改善车轴的受力情况,具体措施如下:

(1)牵引从动齿轮不直接压在车轴上,而镶在长毂轮心上,以改善车轴的受力情况。

(2)轮座直径与抱轴颈直径之比定为 1.05~1.1,$DF_{4B}$ 型内燃机车定为 1.12,且使抱轴颈直径大于车轴中央部分直径,以免磨损后产生应力集中。

(3)将长毂轮心里端制成喇叭状,以减少组装或运用过程中所产生的应力集中。

(4)在任意两相邻轴肩交接处均采用较大的过渡圆角,$DF_{4B}$ 型内燃机车过渡圆弧半径为 20~75 mm,同时要求过渡圆角表面粗糙度要低。

此外在工艺上对轴颈、轮座及抱轴颈施以磨削加工,对抱轴颈进行滚压加工,以提高耐疲劳强度。

车轴采用碳素钢锻制而成。车轴轮座外缘、各轴肩及轴身中央等处容易出现疲劳裂纹,检修时必须探伤检查。

2. 轮心

轮心要求较高的强度和韧性,其材料用 ZG230-450 钢制成,为获得紧密的金相组织,常用离心法铸造。

轮心分为轮毂、轮辐和轮辋三个部分。

(1)轮毂。轮心与车轴的接触部分。在轮毂上钻一个斜孔,平时用螺堵密封。需要将轮心从车轴上取下时,可借专用高压油泵经此孔向配合面压油,当油压达 70～90 MPa 时,即可在顶床上将轮心退出。轮毂分为长毂轮心和短毂轮心两种,长毂轮心上加装牵引从动齿轮(俗称大齿轮)。

(2)轮辐(辐板)。轮毂与轮辋的连接部分。轮辐稍向外倾(呈锥形),使车轮在垂直方向有一定的弹性,以减轻机车运行时轮轨间的冲击。轮辐上设有 2 个对称的工艺孔,便于轮心加工和轮心、轮对的吊装。

(3)轮辋。轮心与轮箍的接触部分。轮心在车轴上的组装可冷压也可热装,热装可提高结合力和防止结合面擦伤。其工艺是将轮心放在油浴炉内加温至 180～200 ℃,保持 20～30 min 后热套在车轴上。冷却至室温时,再做反压试验,以检查其配合牢固程度。一般要求在油压机上用 1 764～1 960 kN 压力反压 3 次,每次保持 10～20 s 不松动。

牵引从动齿轮与长毂轮心也采用热套配合,加热温度应控制不高于 200 ℃。

3. 轮箍

轮箍采用 0.6%～0.7%的硅锰钢锻制而成,经热处理后的机械性能为:抗拉强度不低于 8.5 MPa,延伸率不低于 10%,硬度不低于 241 HBS。

轮箍加热至 200～300 ℃套装在轮心上(俗称红套)。配合过盈量应严加控制,不能过紧或过松。过紧会引起轮箍断裂,过松容易造成轮箍弛缓。$DF_{4B}$ 型内燃机车轮箍配合过盈量在 1.25～1.35 mm 之内。套装好的轮箍和轮心应在接合处用黄色油漆涂防缓标记——径向线,以备运用中检查轮箍是否松动。

轮箍内缘做成高为 3.5 mm 的轮箍挡,用以在组装时定位。组装时,轮箍挡应与轮辋密贴,严格限制缝隙的大小和长度。

轮箍的断面形状如图 3-28 所示。轮箍与钢轨顶面接触部分称为踏面,轮箍与钢轨内侧面接触的凸缘部分称为轮缘。离轮缘内侧面 73 mm 处踏面滚动圆直径为车轮的名义直径。我国干线内燃机车车轮直径规定为 1 050 mm,左右两轮缘内侧距离为(1 353±3)mm,此尺寸保证了轮缘与钢轨有一定间隙。在轮对安装时必须严格检查尺寸,以使机车在直线上能稳定安全地运行。

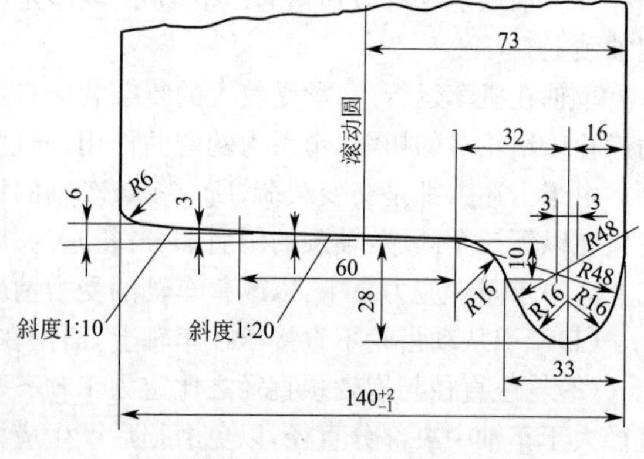

图 3-28　轮箍断面(单位:mm)

为了使轮对在钢轨上平稳运行,顺利通过曲线和道岔,降低踏面和轮缘的磨耗,延长使用寿命,对轮缘和踏面的外形尺寸有统一的规定,在加工后应使用样板进行检查。我国所规定的机车轮箍外形如下:

(1)轮缘的厚度为 33 mm,高度为28 mm,轮缘外侧与水平面成 65°角(称为轮缘角)。轮缘的作用是导向,适当的轮缘角能保证机车安全通过曲线,并防止通过道岔时跳上钢轨。

(2)轮缘内侧面有 $R16$ 的倒角,以便引导车轮顺利通过护轨。

(3)踏面上有 1∶20 及 1∶10 的两段斜面,在外侧有 5×45°倒角。1∶20 的一段斜面经常和钢轨接触。

踏面上有两段斜面,在运行时的优缺点为:

(1)通过曲线时减少滑行,减轻轮轨磨损。因为当轮对在曲线上运行时,随着轮对向外偏移,内、外轮以不同直径在内、外轨上滚动,内轨上滚动的距离小于外轨上滚动的距离,这样就减少了外轮滑行,从而减轻轮轨的磨损。

(2)踏面上 1∶20 的斜面可使踏面磨耗到一定的程度安全地通过道岔。因为 1∶20 的斜面经常与轨面接触,磨耗较快,使踏面形成凹陷,轮对进入小半径曲线或道岔时可能产生剧烈跳动。为避免这种现象,在 1∶20 的斜面外侧有一段 1∶10 斜面,1∶10 斜面仅在小半径弯道上才与轨面接触,这样就能顺利地通过曲线。同样,可使踏面磨损到一定程度时安全通过道岔。

(3)在直线运行时轮对能自动对中,使轮箍磨耗均匀。踏面因有斜度,轮对在直线运行时因两轮以不同直径滚动,形成轮对的蛇行运动。这种蛇行运动可使轮对自动对中,有利于防止轮缘单靠,有利于降低轮缘和车轴端面的磨耗,使轮缘磨耗均匀。

(4)随着机车速度提高,蛇行运动会引起机车横向振动的加剧,使机车运行品质恶化。也就是机车在直线高速运行时,它将加剧机车的水平振动,不断横向打击钢轨,严重时将导致机车脱轨。所以高速机车多用 1∶40 代替 1∶20 的斜率,以改善机车高速运行时的稳定性。实践证明,横向振动的恶化程度有所减轻。但踏面磨耗后,斜率显著增大,机车仅走行 $5\times10^4$～$8\times10^4$ km 就要旋轮。

为确保机车运行安全,轮箍磨耗到规定限度时需进行旋修。按照《铁路技术管理规程(普速铁路部分)》规定,轮缘的垂直磨耗量不超过 18 mm,并无碾堆;车轮踏面磨耗深度不超过 7 mm;车轮踏面擦伤深度不超过 0.7 mm。

锥形踏面与钢轨的接触面积很狭小,因此产生局部磨耗,使车轮踏面呈凹形,当踏面达到某种凹形程度时,外形便相对稳定。如果把踏面外形设计成磨耗型,踏面接触条件就能稳定。因此国外在 20 世纪 60 年代就提出了曲形踏面(或称凹形踏面,又称磨耗型踏面)的设计,曲形踏面的优点是:

(1)延长旋轮公里,减少旋轮时的车削量。

(2)在同样接触应力下,允许更大的轴重。

(3)减少曲线上的轮缘磨耗。

曲形踏面的磨耗呈平行磨耗,即磨耗时与原来的形状比较接近(锥形踏面磨耗时呈凹陷状)。因此运行品质能较长期的保持稳定,而且每次旋轮的车削量少,轮箍寿命长。

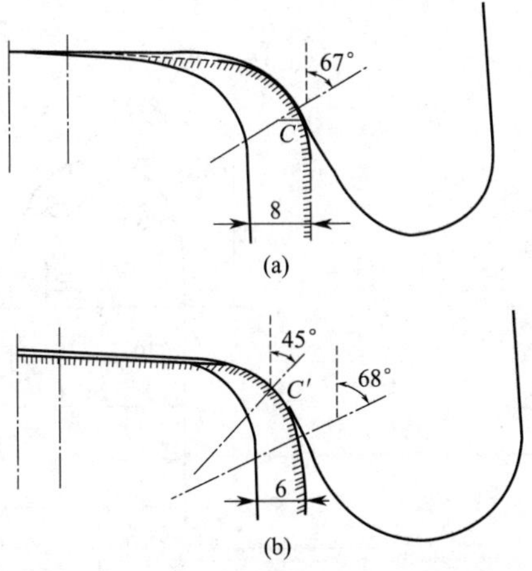

图 3-29 轮轨的接触(单位:mm)
(a)1∶20 锥形踏面;(b)曲形踏面

曲形踏面有减少轮缘磨耗的作用,因为具有锥形踏面的车轮向钢轨贴靠时,轮轨间呈两点接触,如图 3-29(a)所示,轮缘与钢轨的接触点 $C$ 位置偏前,车轮转动时相对速度大,轮缘磨耗快。而曲形踏面由于从踏面到轮缘的过渡是连续的,轮轨间呈一点接触,如图 3-29(b)所示,接触点 $C'$ 的位置随轮缘力的大小而变化,接触处的轮缘角随轮缘力增加而增大,因此,车轮转动时,轮缘对钢轨的相对速度小,通过曲线时轮缘磨耗就减少。一般机车走行 $10\times10^4$ km,曲形踏面轮缘磨耗量为 4.82 mm,而 1∶20 锥形踏面轮缘磨耗量为 10.6 mm。

目前,根据《机车车辆车轮轮缘踏面外形》(TB/T 449—2016)规定,机车车辆车轮轮缘踏面外形原型有 8 种类型,其中机车有 3 种,型号分别为 JM、$JM_2$、$JM_3$,其外形及轮廓尺寸分别如图 3-30～图 3-32 所示。机车车辆检修用薄轮缘踏面外形原型有 25 种类型，其中 JM 薄轮缘踏面有 16 种，型号分别为 $JM_2$-32、$JM_2$-31、$JM_2$-30、$JM_2$-29、$JM_2$-28、$JM_2$-27、$JM_2$-26、$JM_2$-25，$JM_3$-32、$JM_3$-31、$JM_3$-30、$JM_3$-29、$JM_3$-28、$JM_3$-27、$JM_3$-26、$JM_3$-25。

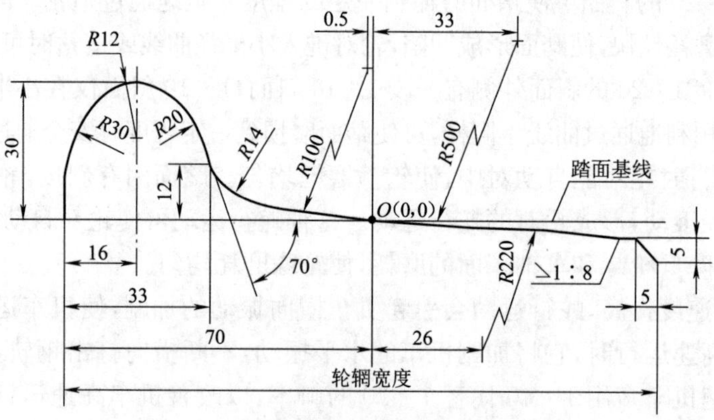


图 3-30　JM 型外形轮廓尺寸(单位：mm)

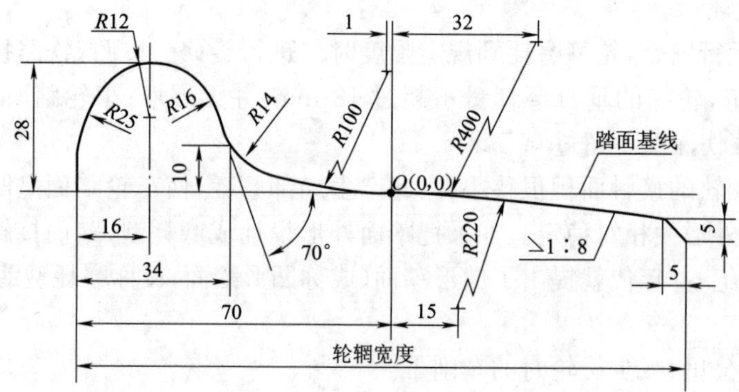


图 3-31　$JM_2$ 型外形轮廓尺寸(单位：mm)

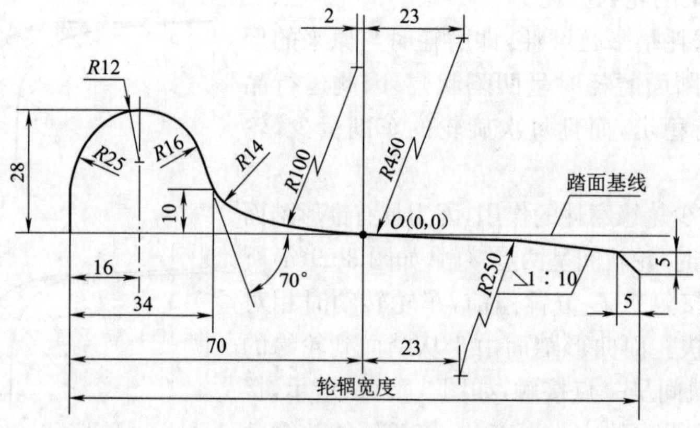


图 3-32　$JM_3$ 型外形轮廓尺寸(单位：mm)

4. 整体辗钢车轮

为了降低检修运用成本，传统的内燃、电力机车多采用轮箍与轮心组合的轮对，但目前大功率机车倾向于采用取消轮箍的整体车轮。整体车轮根据材料和制造方法的不同，又有整体辗钢车轮和整体铸钢车轮之分，我国自 2001 年开始提速的客、货运新造机车全部采用整体辗

钢车轮,逐步淘汰轮箍、轮芯组合式车轮。原因是:

(1)随着机车运行速度的大幅度提高,车轮高速转动产生的离心力(此力随圆周速度的平方增加)对轮箍产生的应力往往有可能破坏轮箍的结合强度。因此,不能采用冷缩轮箍,有必要改用整体车轮。

(2)随着塑料闸瓦的使用推广,闸瓦传热散热不良,将引起制动时轮箍温升过高。为了防止发生弛缓事故,有必要改用整体车轮。

(3)对某些采用空心轴传动的电机全悬挂机车,轮心辐板要开设穿入连杆轴销或空心轴拐臂的孔,辐板强度被削弱,难以保证轮箍与轮心的配合强度。为此,有必要改用整体车轮。

整体车轮与组合式车轮相比,其优点为:

(1)随着列车速度的提高,不再存在轮箍松弛的问题。

(2)可以减少簧下质量,改善轮轨间的动作用力(如同时去掉长毂轮心,则每一轮对质量可减少约 500 kg)。

(3)整体车轮比组合车轮生产成本低(即使整体车轮因旋削到限而报废,仍然是经济的)。

(4)整体车轮直径的旋削限度可以比组合车轮小,故使用寿命也有保证。

### 3.2.7 驱动装置

电传动内燃机车的驱动装置是一种减速装置,用高转速、小转矩的牵引电动机驱动低转速、大阻力矩的机车动轴。

现代电传动内燃机车对驱动装置有以下要求:驱动装置应保证使用大功率牵引电动机;电动机电枢轴应尽量与车轴布置在同一高度,以减少线路对齿轮的作用力;电动机要安装在具有减振能力的位置上;驱动装置应不妨碍小直径动轮的使用;驱动装置本身应简单可靠,具有最少的磨耗件;牵引电动机或驱动装置应易于拆卸。

根据牵引电动机和减速箱(齿轮箱)在转向架的安装方式不同,驱动装置主要有轴悬式(或称半悬挂式)和架悬式(或称全悬挂式)两种。轴悬式又有刚性及弹性之分。目前我国大多数机车采用刚性轴悬式,简称轴悬式。

轴悬式驱动装置是将牵引电动机的一端,由两个抱轴轴承刚性地支承在车轴的抱轴颈上,另一端通过牵引电动机悬挂装置弹性地悬挂在转向架上,如图 3-33 所示。

牵引电动机的转矩由装在电枢轴上的主动齿轮传给刚性固定在轮毂上的从动齿轮,直接带动轮对转动。这种悬挂方式检修容易,拆装方便,在吊起车体的情况下,牵引电动机可在落轮坑内卸下,各轮对的牵引电动机可互换安装。

抱轴悬挂基本上能保持齿轮中心距不变和电枢中心线与轮轴中心线平行,这样能保证齿轮的正常啮合。

$DF_{4B}$ 型内燃机车采用轴悬式驱动装置,单侧齿轮传动。它由抱轴承、悬挂装置和传动齿轮三部分组成。适用于最大速度不超过 120 km/h 的机车。

1. 抱轴承

为方便安装,牵引电动机抱轴承制成剖分式(称为抱轴瓦),轴承盖也是抱轴瓦的润滑油盒,用 4 个 M24 螺栓紧固在电机机体上,将抱轴瓦压紧。在下瓦中部 45°角处开有孔口,使毛线垫将油盒中的机油吸在抱轴颈与瓦上进行润滑。毛线垫一端固定在轴承盖内刷架框上,另一端借弹簧和压板压在车轴上。抱轴瓦的瓦背用锡青铜制成,瓦表面挂有白合金。抱轴瓦在轴上的径向间隙为 0.2～0.4 mm,运用中最大不大于 0.75 mm。左右两抱轴瓦间隙差不超过

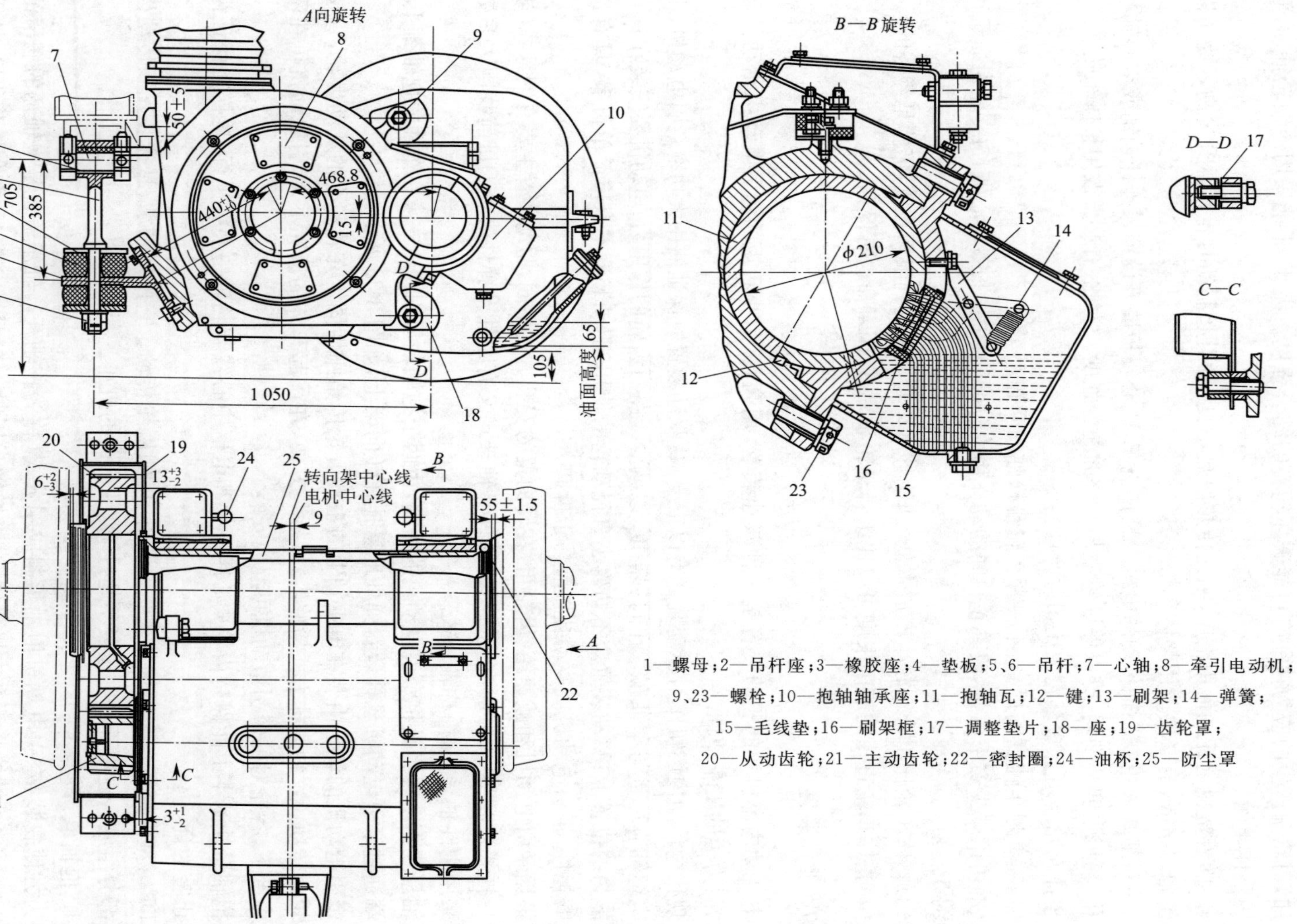


1—螺母；2—吊杆座；3—橡胶座；4—垫板；5、6—吊杆；7—心轴；8—牵引电动机；
9、23—螺栓；10—抱轴轴承座；11—抱轴瓦；12—键；13—刷架；14—弹簧；
15—毛线垫；16—刷架框；17—调整垫片；18—座；19—齿轮罩；
20—从动齿轮；21—主动齿轮；22—密封圈；24—油杯；25—防尘罩

图 3-33　牵引电动机悬挂装置(单位：mm)

0.2 mm。抱轴瓦轴向间隙为1～2.6 mm,运用中最大不大于4 mm。为防止瓦端面漏油,在瓦肩上设有两道毛毡密封圈。

为了保证轴颈有良好的润滑状态,除毛线要浸在润滑油里外,还需保持一定的油位。因此在轴承盖的内侧面,设有一个油杯,并装有油尺以备检查。在运用中油位要保持一定的高度,油位过高(超出下轴瓦的轴颈面)会出现抱轴瓦漏油;油位过低润滑得不到保证,易导致轴瓦碾片和烧损。

在运用中,抱轴瓦温度在瓦内侧端面及轴颈处不超过80 ℃,应经常检查是否有黑油挤出,若有挤出需用塞尺检查有无碾片,若有碾片需及时处理。

更换新的纯羊毛线纺织的毛线垫前,需先放在40～50 ℃的润滑油箱内浸泡24 h以上,然后装车使用。

2. 悬挂装置

牵引电动机采用橡胶悬挂装置,它由橡胶座、垫片、吊杆及心轴等组成,如图3-34所示。

电动机悬挂上部采用与轴箱拉杆相同的橡胶关节结构。心轴与吊杆用45号钢,调质处理。心轴上橡胶套和轴箱拉杆小端的相同,用两个M20螺栓将心轴紧固在构架的电动机悬挂座上。吊杆下端通过垫板、橡胶座、吊杆座与电动机相连。垫板、吊杆座与橡胶座接触表面均制成蝶形,以防止橡胶座在受压缩时产生径向蠕变。

上、下橡胶垫组装时要预压缩28 mm,保证下橡胶垫在电动机自重和最大牵引力矩作用下受压时,上橡胶垫还有一定的预紧压缩量,以免在工作时有空隙产生冲动。

橡胶垫自由高度为(93±0.8)mm,在29.4 kN压力下,其挠度为(14±2)mm,在58.8 kN压力下,其挠度为(21±2)mm。在压缩试验过程中,橡胶垫开始呈内凹形,随着压力的增加,逐渐变为均匀的圆柱形,再继续增加压力,便形成均匀的鼓形。

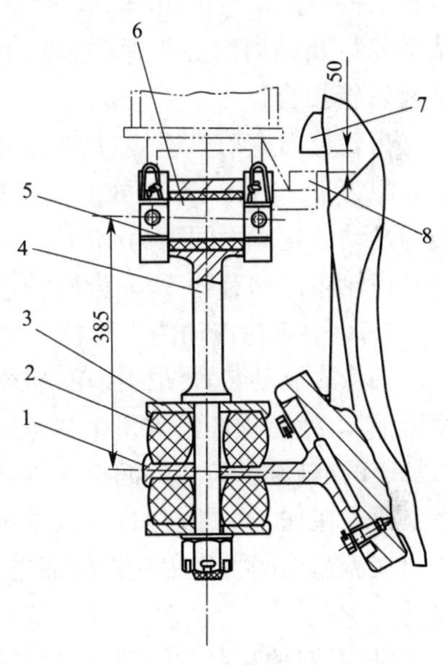

图3-34 电动机橡胶悬挂装置(单位:mm)

1—吊杆座;2—橡胶垫;3—垫板;4—吊杆;5—橡胶套;6—心轴;7—电动机托座;8—安全托

为防止悬挂装置吊杆折断造成电动机掉落,在吊杆座上设有安全托,安全托与电动机托座间留有(50±5)mm间隙,作为电动机的跳动量。

在运用中,如果发现橡胶产生鼓开较大或鼓包,说明橡胶老化、强度和弹性变差,应随时进行更换(尤其是下部橡胶座失效较多)。

架修时一般应更换橡胶垫,但是上部橡胶垫如自由高度不小于90 mm,在29.4 kN压力下高度不小于74 mm,并呈均匀的鼓形,允许装在吊杆座的上部继续使用。若橡胶垫外观有损坏和挤伤应及时更换。

3. 传动齿轮及齿轮箱

传动齿轮的作用是将牵引电动机产生的扭矩传递给轮对。在内燃机车上,传动齿轮一般采用单侧直齿轮。主动齿轮以1∶10的锥孔热套在牵引电动机上,齿轮加热温度在128～180 ℃范围内。齿轮锥孔与电动机轴配合表面要进行研磨检查,密贴度要均匀,接触面积应不小于75%。为了便于退卸主动齿轮,在牵引电动机轴的端面上开有油孔。从动齿轮热套在长毂轮心上,从动齿轮在热油中加热至 180 ℃,保温 20 min 后套入长毂轮心。为了便于从长毂轮心上卸下齿轮,在从动齿轮的轮毂上也开有退卸齿轮的油孔。由于主动齿轮受模数的限制,不能很小,从动齿轮受下部限界的限制,又不能很大。因此传动比一般都小于 5,例如 $DF_{4B}$ 型货运机车为 4.5,客运机车为 3.75。根据机车的不同用途,传动齿轮可选用不同的模数,货运机车牵引力较大,模数取 12,而客运机车牵引力较小,模数取 10,齿形角均为 20°。

在检修时,为了保持齿轮具有较好的啮合状态,以提高齿轮的使用寿命,必须保持原配对齿轮继续使用。为此在更换轮对或更换电机时,将主动齿轮换在替用的电动机上,并与原轮对的从动齿轮啮合使用。如更换轮对时,将更换使用的轮对从动齿轮与配对使用的主动齿轮,换在该轮对使用的电动机轴上。

齿轮箱是钢板组焊成的箱形结构,通过安装座固定在牵引电动机上。上下箱体以轴线为分箱面,在分箱面处通过螺栓连接成一体。在齿轮箱的两侧面各有一个拉紧螺栓,使分箱面的油封密贴和增加齿轮箱的刚度。为了防止齿轮箱漏油,在上箱体的分箱面上焊有密封板,并将厚 3～4 mm、宽 30～40 mm 的泡沫塑料带均匀地填充在分箱面密封槽内。将主从动轮齿及箱内清擦干净,检查油封的毛毡垫圈有否缺口及磨损、固定铆钉有否损坏后,再将齿轮箱扣合。

齿轮箱与电动机连接时,小齿轮的油封挡圈(O 形密封圈槽)外侧面与电动机凸台端面间的间隙为 1～4 mm,车轴处的油封挡圈外侧面与轮心端面的间隙不小于 3 mm。齿轮箱内侧面与从动齿轮端面间隙为 13 mm,可用连接座处的调整垫片进行调节。

齿轮箱内储有约 5 kg 齿轮油,第一次使用后如机械杂质超过 0.15%,需更换。

4. 牵引齿轮传动的工作特点与改善轴悬式驱动装置的措施

轴悬式驱动装置结构简单、维修方便,但在运用中大小齿轮易损坏,其中约有 90%是由于疲劳损坏,疲劳损坏经常发生在电动机一侧的齿根部位。影响齿轮传动寿命的因素较多,如齿形加工的准确度,齿轮的润滑条件,轮齿工作表面的硬度,以及齿轮啮合的准确性等。前 3 项因素要求在加工工艺、热处理及维护保养方面加以保证。第 4 项因素若齿轮没能正常啮合,则作用在齿宽上的力集中在齿轮靠电动机一侧上,形成载荷集中,应力过大。产生这种现象的原因是:

(1)因抱轴瓦存在间隙,齿轮啮合的反作用力引起电动机壳体的倾斜,致使电枢轴和主动齿轮倾斜。

(2)齿轮圆周力引起电枢弯曲,使主动齿轮倾斜。

(3)轴箱载荷引起车轴弯曲,使从动齿轮倾斜。

为改善齿轮的啮合状态,一般采取两条措施:一是主动齿轮进行削边修正(图 3-35),修正应在靠电动机一侧沿齿宽 90 mm 处,从电动机一侧看,齿右侧最大磨削量为 0.22～0.26 mm,齿左侧最大磨削量为 0.10～0.14 mm,这样使载荷作用在齿宽中部,从而减少齿端应力;二是为减少电枢倾斜,限制抱轴瓦的径向间隙,一般取间隙为 0.2～0.4 mm,不能大于 1 mm。

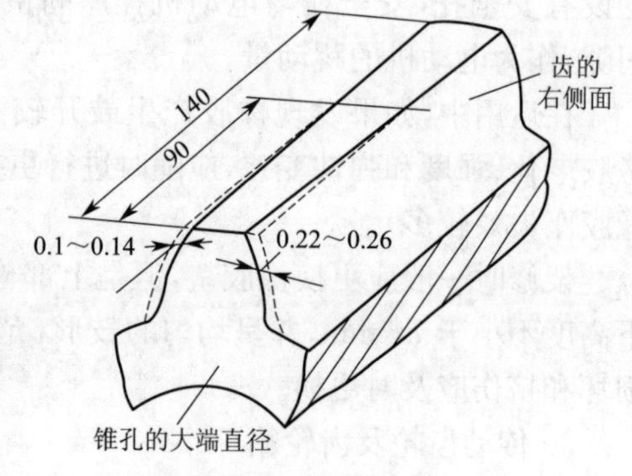


图 3-35　牵引主动齿轮的削边修正(单位:mm)

### 3.2.8 基础制动装置

基础制动装置是机车空气制动系统的主要组成部分，是确保机车安全运行的主要机构。

基础制动装置的作用，是将制动缸内作用于活塞的压缩空气推力（或人力制动装置手柄上的力）通过杠杆系统放大若干倍后传给各闸瓦，使闸瓦压紧轮箍，最后通过轮箍的黏着产生制动作用，迫使机车减速和停车。当机车缓解时，闸瓦又与轮箍脱开，并保持一定间隙。

基础制动装置分为单侧制动和双侧制动两种。单侧制动仅在车轮的一侧对车轮施加制动力；双侧制动在车轮的两侧同时对车轮施加制动力。

单侧制动装置结构简单，重量较轻，检查和维修方便，它的缺点是制动时车轴上有附加弯矩作用，增大了车轴应力。此外闸瓦单位面积压力大，发热严重，导致摩擦系数下降，加快闸瓦磨耗。

双侧制动装置在制动时车轴上没有附加弯矩，闸瓦单位面积压力小，所以摩擦系数高，闸瓦寿命长，但它的结构复杂，检查和维修困难。

转向架上的基础制动装置由制动缸、杠杆系统和制动闸瓦等组成。

DF4B 型内燃机车采用单侧单闸瓦、带闸瓦间隙自动调节器的制动装置，每个车轮有一套独立的制动装置（图 3-36）。它由制动缸、横杆、闸瓦间隙自动调节器、竖杆、吊杆、瓦托和闸瓦等组成。

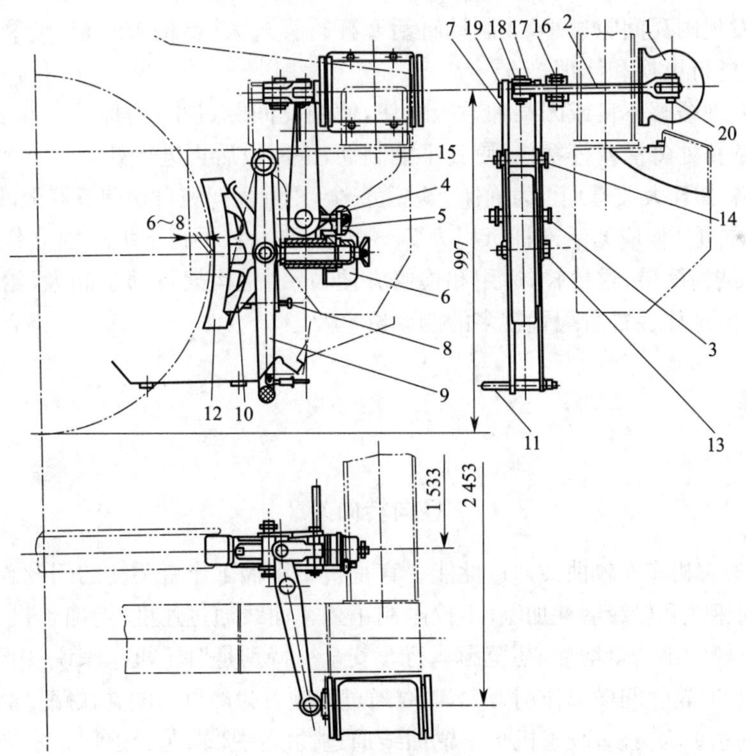


图 3-36 DF4B 型内燃机车基础制动装置（单位：mm）

1—制动缸；2—横杆；3、13、14、16、18、19、20—销；4—摆杆；
5—连杆；6—闸瓦间隙调节器；7—竖杆；8—调整螺栓；9—吊杆；10—闸瓦托；
11—拉杆；12—闸瓦；15—支座；17—叉杆

基础制动装置的作用原理如图 3-37 所示。当施行制动时,压缩空气由总风缸进入制动缸,推动活塞,压缩缓解弹簧,使横杆 $AB$ 以 $C$ 点为支点逆时针旋转。因为 $AC:CB=3.3$,所以 $B$ 点的作用力为 $A$ 点作用力的 3.3 倍。通过叉杆 $BD$,将作用力传到竖杆 $DF$ 上,使 $DF$ 以 $E$ 点为支点逆时针旋转。因为 $DF:EF=3.72$,所以在 $F$ 点处作用力又增大 3.72 倍。最后通过闸瓦间隙自动调节器 $FG$,把 $F$ 点的力通过闸瓦压到车轮上,从而产生制动作用。活塞推力经过杠杆系统得到放大,放大倍数为$(AC/CB)\times(DF/EF)=3.3\times3.72=12.3$,这个倍数被称为制动倍率。

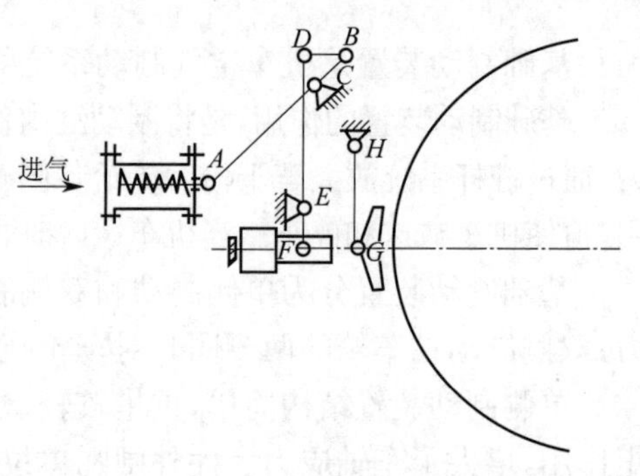


图 3-37　基础制动装置作用原理

$AB$—横杆;$BD$—叉杆;$DF$—竖杆;$FG$—闸瓦间隙自动调节器;$GH$—吊杆

每台转向架上有 6 个制动缸,各用 4 个 M16 螺栓紧固在构架上的制动缸座上。

闸瓦间隙的调整有人工和自动调整两种。装新闸瓦时需人工调整到 6~8 mm 间隙,以后便可利用闸瓦间隙自动调节器自动调整,直到闸瓦磨耗到限为止。

闸瓦与车轮踏面上下间隙不均匀时,可调节螺母来压缩(或放松)弹簧,使间隙均匀。运用中要保持制动装置各杆件系统及销子连接处动作灵活,缓解时,各制动缸活塞杆应恢复到零位。运用中如发现闸瓦间隙过小,或制动缸活塞杆行程过大,要检查各销、套磨损后间隙是否过大,必要时应进行更换和修理。

运用中如发现缓解不良或因某种原因卡住,使闸瓦间隙过小,为保证行车安全,可用木楔等物在构架椭圆孔处将活塞杆塞住,使其不能制动,待回段后再进行处理。

在特殊线路(如长大坡道)上,为确保下坡道安全,用闸瓦间隙自动调节器上的手轮将闸瓦间隙调小到 6 mm 左右(相应的活塞杆行程为 74~100 mm)后,再行下坡。独立作用式基础制动装置的优点是:结构简单,重量轻,运用和检修方便,特别是构架下部空间大,给闸瓦的更换和调整带来方便,但这种装置需配置较多的制动缸。

## 【拓展提高】

### 径向转向架

长期以来,改善机车车辆曲线通过性能一直是机车车辆工作者关注的问题。这是由于在通过小半径曲线时钢轨和轮缘磨耗加剧,不仅限制了列车曲线通过速度,增加了机车动力消耗,而且线路和机车车辆的维修量增加,甚至影响行车安全。特别是对于机车来说,由于机车轴重大、轴距长,通过曲线时轮轨间横向作用力大,曲线通过问题更为严重。随着铁路重载、高速发展,轮轨磨耗和安全问题更为突出,改善机车车辆曲线通过性能的要求尤为迫切。常规机车车辆转向架提高其横向稳定性和改善曲线通过性能一直是相互矛盾的,而径向转向架则较好地解决了这一问题。它能在保证直线运行稳定性的同时减少轮缘磨耗和侧向力,降低燃料消耗率,同时满足曲线通过性能和横向稳定性两方面的要求,提高列车通过曲线时的速度,改善机车在曲线上的黏着性能。因此,径向转向架是从根本上改善机车车辆曲线通过性能的最有前途的转向架形式。

## 一、径向转向架的发展历史

径向转向架技术最早成功运用在车辆转向架上，比较著名的有 1976 年投入运用的 Shefel 转向架等。由于机车径向转向架技术难度较大，因而发展较晚，进入 20 世纪 80 年代各国才开始陆续进行研制开发。

1978—1982 年，DR-1 型和 DR-2 型两种机车车辆转向架成功被研制。

在 Di4 型交流传动内燃机车上，Henschel 柔性浮动式径向转向架就被正式应用了，进而得到了推广。此后又应用高速径向转向架对 DE2500 型交流传动内燃机车进行改造，命名为 DE2500UmAn 型机车，在试验台上试验成功并使速度达 250～350 km/h，最终移植到 ICE 高速列车上。

英国自 1982 年开始开发机车径向转向架，在 1985 年 2 台 CP5 型径向转向架装试安装于 37 型 175 号机车上，并成功地进行了试运行。1985 年 ABB 公司与 SLM 公司合作在 Re4/4 型交流传动电力机车上应用了径向转向架技术。1987 年又研制成功了 460 型交流传动电力机车的径向转向架。南非于 1989 年研制出应用于 14E 型交流传动电力机车上的可偏转的双扭线式导向机构的径向转向架。

20 世纪 90 年代初，Krauss-Maffei 公司改造了 E120 型交流传动电力机车的径向转向架，在不改变原转向架基本结构的条件下，通过少量更换零部件，加装部分杆系，使之成为径向转向架。Siemens 公司与 GM 公司联合开发的 SD60MAC 和 SD70MAC 型交流传动内燃机车均安装了 HTCR 型径向转向架。HTCR 型转向架的轴式为三轴 $C_0$—$C_0$，交流牵引电动机采用轴悬式悬挂，一系悬挂装置采用单拉杆双弹簧定位方式，这种方式减少轮对摇头刚度以利于导向，增加了一系抗蛇行减振器，通过一套径向调整装置将前端轴和后端轴结合起来，不仅满足了曲线通过性能而且确保了直线运行稳定性。1995 年，EMD 公司又开发出 HTCR-Ⅱ型和 SD90MAC 型机车径向转向架，仅 1999 年 GM 的 EMD 和 GE 运输就分别交付了 600 台和 900 余台机车，其中大多数都是采用径向转向架的机车。

## 二、径向转向架的原理

机车轮对定位的纵向刚度很大，这是为了传递纵向的牵引力所必需的。因此，转向架内的几根车轴总是保持平行，即使进入曲线也是如此。图 3-38 为普通三轴转向架通过曲线的情况，第一轴的车轮平面与轮轨接触点轨道切线的夹角称为前轴的冲角。由于冲角的存在，增大了轮轨间的横向作用力，使车轮易于爬轨，而且使轮缘和轨侧磨耗增加。

图 3-39 为径向三轴转向架通过曲线的情况，前轴和后轴都向曲线半径方向偏斜而占径向位置，使冲角为零，故称为径向转向架。冲角为零的好处是减少轮缘的磨耗，减小轮轨横向作用力，降低车轮爬轨的危险性，减少踏面与轨面间的滑动，从而改善曲线上机车的黏着性能。

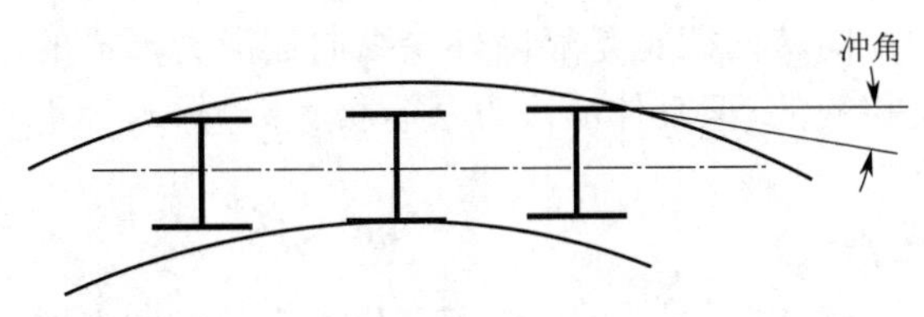


图 3-38 普通三轴转向架通过曲线的情况

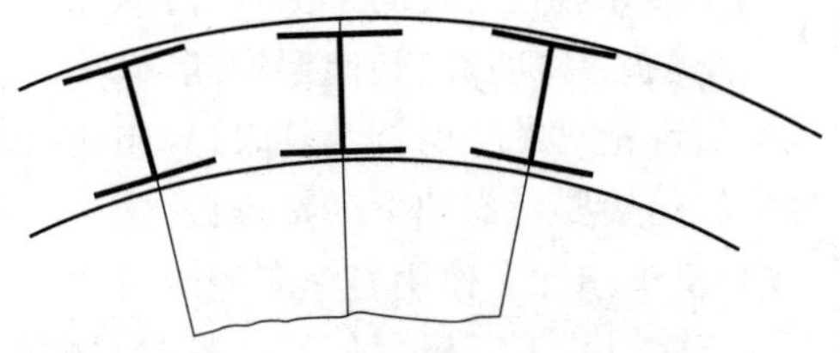

图 3-39 径向三轴转向架通过曲线的情况

自 20 世纪 60 年代末轮轨蠕滑理论有了突破性的进展以来,人们对轮轨接触面上的作用力有了真正的认识,机车车辆动力学得到了迅猛的发展,重载牵引、高速列车也得以顺利发展。机车车辆径向转向架的发展即是轮轨蠕滑理论在曲线通过领域应用的重要成果。

1. 车辆径向转向架

车辆转向架的结构及作用相对比较简单,其径向转向架在 20 世纪 70 年代初便开始出现并陆续投入运用,不少国家将径向转向架作为货车转向架的一种重要形式。

车辆转向架应有良好的横向稳定性及曲线通过性能。改善横向稳定性,即提高蛇行临界速度的措施是:增加轴箱在水平面内的悬挂刚度,减小踏面斜度。但这样却使曲线通过性能大为恶化。稳定性与曲线性能之间的矛盾是普通转向架所不能解决的,也是设计师难于处理的问题,当前,能同时满足稳定性及曲线性能两个要求的就是径向转向架。车辆径向转向架分为两大类:

(1)自导向径向转向架

转向架内前后两轮对通过导向杆、刚性或弹性相互连接,相互作用。利用轮轨间的纵向蠕滑力,使前后两轮对接近占径向位置,利于曲线通过。

(2)迫导向径向转向架

利用车辆通过曲线时转向架与车体间的相对转角,通过杠杆系统的作用,迫使轮对占径向位置。

迫导向径向转向架在转向架与车体之间增加了杠杆系统的联系,结构较复杂,给换修转向架增加了麻烦。而自导向径向转向架所增添的机构全在转向架上,结构相对简单,发展较快,各国采用较多。

轮对能够自导向,即轮对能自已变到径向位置,是因为轮轨之间的蠕滑力作用使它占据径向位置。

2. 机车径向转向架

机车转向架除必须具备车辆转向架的所有功能外,还必须把轮周上的牵引力由车轴传递到转向架构架。这通常是由轮对定位的纵向方向来传递的,因而轮对定位的纵向刚度通常都很大,否则无法传递牵引力。定位纵向刚度大,轮对就无法向径向位置偏斜,机车径向转向架就难以实现。这就是通常所说的牵引和导向的矛盾。所谓导向,这里是指使轮对占径向位置,利于通过曲线。机车径向转向架的导向机理、设计方法以及结构形式远较车辆径向转向架复杂。因此,机车径向转向架的发展远远滞后于车辆径向转向架。经过长时间的技术积累,到 20 世纪 80 年代末 90 年代初,机车径向转向架的技术出现了突破,德国、瑞士、南非、奥地利等国家相继在电力机车转向架上采用了径向调节技术。

机车径向转向架也分自导向及迫导向两类。自导向结构相对简单,应用较广。这里主要介绍机车自导向径向转向架。

与车辆自导向径向转向架相同,机车自导向径向转向架也是靠内外轮纵向蠕滑力形成的力偶来实现轮对的径向调节,即自导向的机理是相同的,但具体实现方法有极大差异,因为机车径向转向架要考虑到下列特点:

(1)机车踏面上作用有纵向的牵引力(亦属蠕滑力)

由于蠕滑力有其极限值(通常称为黏着力),因此,由于内外轮轮径差产生的蠕滑导向力就受到限制,其与牵引力的合成不能超过蠕滑力的极限值。亦即机车转向架的自导向作用不及车辆转向架。减小轴箱纵向定位刚度就能实现车辆轮对的径向调节,对机车径向转向架来说,轴箱纵向定位刚度应该比车辆小得多才能实现轮对的径向调节。

(2)机车轴箱纵向定位刚度要满足牵引力传递的要求

对径向转向架来说，轴箱纵向定位装置已不能用来传递牵引力了，而要另外增加一套牵引装置，称为牵引与导向功能的分离。

机车径向转向架的轴箱纵向定位刚度应尽可能小，以利于径向调节。踏面上的纵向牵引力从车轴向构架传递，必须具有很大的纵向刚度，为此，增加了牵引装置。对牵引装置的要求是，具有足够大的纵向牵引刚度，使轮对不能纵向移动，但又不约束轮对相对于构架的摇头及横动。

为了提高转向架直线运行的横向稳定性，需要通过机构实现轮对摇头运动的相互耦合。当前轴向径向位置偏斜时，后轴也同时向径向位置偏斜，使前后轮对相对于构架的摇头运动角度大小相等，方向相反。

下面以 E120 型电力机车的试验型转向架(图 3-40)为例，说明机车径向转向架的结构特点。

在图 3-40(a)中，拉杆、拐臂及连接杆为牵引机构，轮对上的牵引力由拉杆传至构架，由连接杆平衡左右车轮的牵引力，牵引刚度很大，轮对不能纵向移动，由于轴箱纵向定位刚度不大，轮对在蠕滑力矩作用下可向径向移动，通过拐臂的转动、拉杆的摆动实现轮对的摇头和横动。该图表示了牵引与导向功能分离的原理，由于轴箱纵向定位刚度很小，转向架的蛇行稳定性很差，实际上是不能采用的。

为了提高转向架的蛇行稳定性，必须把前后轴连接起来，使摇头运动相互耦合，如图 3-40(b)所示。通过长拐臂与前、后拉杆的连接，实现前、后轮对摇头运动的耦合。当前轮对向径向调节时，后轮对也向径向调节，如图 3-40(c)所示。

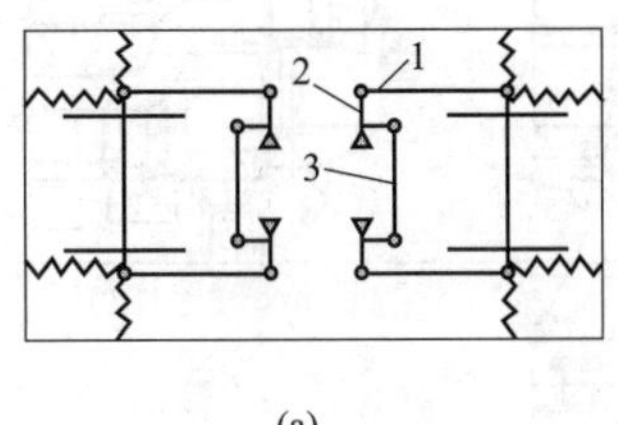

(a)

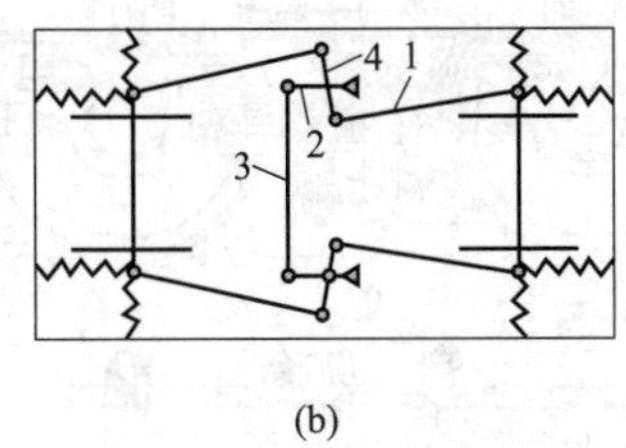

(b)

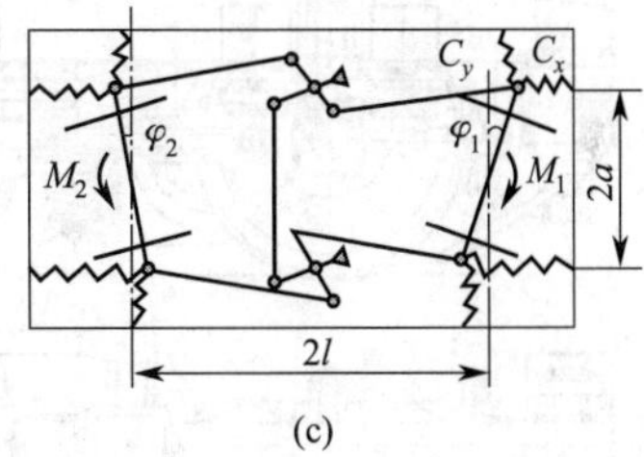

(c)

图 3-40 E120 型机车径向转向架结构示意

(a)轮对相互独立的自导向；(b)轮对相互耦合的自导向；(c)轮对径向调节时前后轮对耦合情况

1—拉杆；2—拐臂；3—连接杆；4—长拐臂

对于轮对相互耦合的自导向径向转向架，存在下述基本关系

$$\varphi_1=\varphi_2=\frac{M_1+M_2}{2C_x a^2} \tag{3-7}$$

即前、后轮对相对于构架的转角永远反向且相等。前、后轮对上的外力矩 $M_1$、$M_2$(蠕滑力矩)叠加后均匀作用于两个轮对上，使轮对相对于构架产生偏转角 $\varphi_1$、$\varphi_2$。轴箱纵向定位刚度 $C_x$ 是轮对摇头位移的主要约束。

由式(3-7)可知，所谓自导向径向转向架，车轴一般并不能达到径向位置，只是自原有位置向径向偏转角度 $\varphi_2$ 而已。向径向调节的角度 $\varphi_1$ 取决于蠕滑导向力矩及轴箱纵向定位刚度。

## 三、机车径向转向架在我国的发展前景

与常规转向架相比,机车径向转向架有下述优点:

(1)曲线通过性能大大改善,轮缘及轨侧磨耗大大减轻,防止脱轨的安全性明显提高。

(2)直线运行横向稳定性与曲线通过性能达到良好的协调。

(3)曲线上的黏降减少,机车牵引性能明显提高。

我国铁路曲线所占比例较大,轨轮磨耗问题非常突出,严重影响铁路运输能力。发展机车径向转向架不仅有利于提高山区铁路列车的速度和运能,也有利于提高繁忙干线的运能。机车径向转向架在我国有良好的发展前景,可以预料的应用范围包括:

(1)用于重载牵引,特别是多曲线区段的重载牵引。

(2)用于多小半径曲线的山区线路。

(3)用于提高既有线路的列车速度,特别是曲线半径较小区段的提速。

(4)地铁及轻轨线路的曲线半径较小,机车径向转向架可用于地铁及轻轨车辆的动车转向架。

由于机构的复杂性及结构布置上的困难,开发机车径向转向架在技术上有相当大的难度。戚墅堰机车车辆厂为 $DF_{8B}$ 型内燃机车设计的三轴径向转向架是我国机车径向转向架开发的突破,其借鉴了 HTCR 径向转向架的结构形式,该形式的转向架与传统转向架的最大区别在于增加了一套径向调整装置,使在曲线较多的线路上能够减少轮缘磨耗及钢轨侧磨,延长旋轮周期和车轮寿命,提高曲线运行速度。

图 3-41 所示为 $DF_{8B}$ 型内燃机车的三轴径向转向架总图,图 3-42 所示为该转向架的径向调整装置结构示意图。

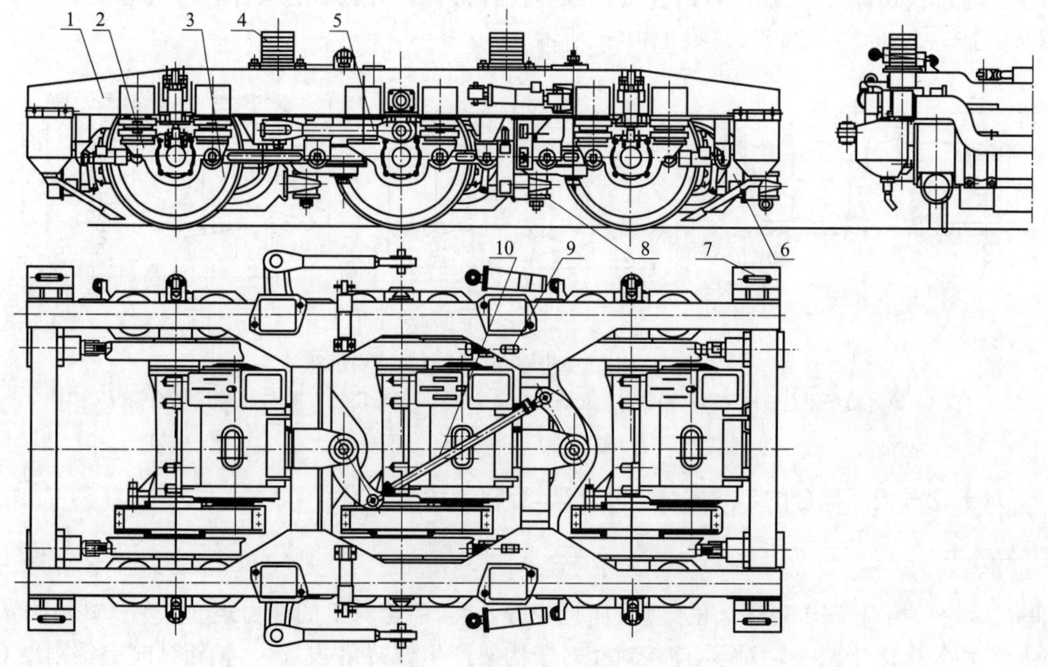


图 3-41 $DF_{8B}$ 型内燃机车三轴径向转向架

1—构架;2—轴箱;3—轮对;4—旁承;5—牵引杆装置;6—基础制动装置;7—砂箱;8—电动机悬挂装置;9—人力制动装置;10—径向机构

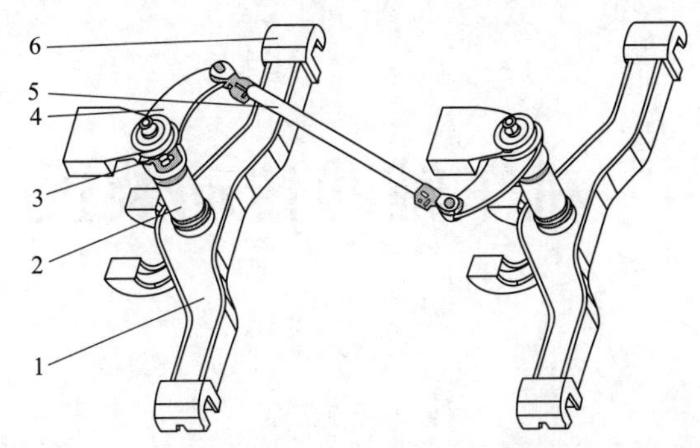


图 3-42 DF8B 型内燃机车三轴径向转向架径向调整装置

1—导向梁；2—扭筒；3—支承关节；4—转臂；5—中间连杆；6—拉杆座

DF8B 型内燃机车的三轴径向转向架的主要技术参数见表 3-2。

**表 3-2 DF8B 型内燃机车三轴径向转向架的主要技术参数**

| 项 目 | 参 数 | 项 目 | 参 数 |
|---|---|---|---|
| 用途 | 货运(尤其适应于多曲线区段) | 两转向架中心距(mm) | 12 300 |
| 轴式 | $C_0$—$C_0$ | 通过最小曲线半径(m) | 145 |
| 轴重(t) | 23＋2 | 电动机抱轴方式 | 滚动抱轴承抱轴 |
| 轴距(mm) | 2×1 800 | 制动装置 | 6 组单元制动器 |
| 轮径(新)(mm) | 1 050 | 转向架牵引点高度(mm) | 725 |
| 最大速度(km/h) | 100 | | |

1. 转向架的任务是什么？有何要求？如何分类？

2. DF4B 型内燃机车采取什么措施来提高高速运行时的动力性能和克服蛇行运动？

3. 试述 DF4B 型内燃机车转向架垂向力、纵向力和横向力的传递过程。

4. DF4B 型内燃机车牵引杆装置的作用是什么？侧挡在车体与转向架之间起什么作用？

5. 液压减振器拉伸和压缩行程所产生的阻力与活塞速度、节流孔面积有什么关系？

6. 如何调整液压减振器的阻力？

7. 轮对在转向架上是如何定位的？

8. DF4B 型内燃机车轮对的横动量是如何构成的？中间与端部轴箱有何区别？

9. 轮箍踏面斜度和轮缘角有何作用？

10. 曲形踏面与锥形踏面相比有何优点？

11. DF4B 型内燃机车牵引电动机采用何种悬挂方式？有何优缺点？

12. DF4B 型内燃机车基础制动装置作用原理如何？试绘出原理图说明。

# 4　机车辅助传动装置

【知识要点】

1. $DF_{4B}$ 型内燃机车的机械传动装置。
2. $DF_{4B}$ 型内燃机车的静液压传动系统。
3. 静液压系统的一般故障分析。

【学习目标】

1. 熟悉机械传动装置的基本组成与工作原理。
2. 掌握静液压传动系统的基本组成与工作原理。
3. 熟悉静液压泵、温度控制阀、安全阀的结构原理。
4. 了解静液压系统的一般故障分析方法。

【知识链接】

内燃机车上除了安装有柴油机发电机组提供必要的运转动力外，还安装有许多其他设备，以满足机车不同的需要，保证机车的正常工作。这些设备通常称为辅助设备。一般情况下，这些设备不由柴油机直接驱动，而是设有专门的传动装置，统称为辅助传动装置。对于不同的内燃机车以及不同的辅助设备，辅助传动装置也有所不同。

内燃机车上，不同的辅助设备具有不同的工作特点、作用以及不同的安装位置，决定了采用不同的传动方式。一般有以下几种：一种是采用机械元件（如齿轮、传动轴、皮带等）进行传动的方式，即机械传动装置。其特点是结构简单，工作可靠，维修方便；另一种是利用液力传动原理的静液压传动装置，特点是重量轻，体积小，工作平稳，可以实现无级变速和自动控制；还有一种是电气传动装置，由直流电机或高压空气直接驱动辅助设备工作，特点是工作可靠，适宜远距离控制。

$DF_{4B}$ 型内燃机车辅助传动装置主要采用机械传动装置和静液压传动装置。$DF_{4D}$ 型、$DF_{11}$ 型内燃机车与 $DF_{4B}$ 型内燃机车的辅助传动装置有类似之处。

## 4.1　$DF_{4B}$ 型内燃机车辅助传动装置

### 4.1.1　机械传动装置

$DF_{4B}$ 型内燃机车的机械传动装置主要由万向轴、启动变速箱、静液压变速箱、各种传动轴和联轴节组成，其连接和布置情况如图 4-1 所示。

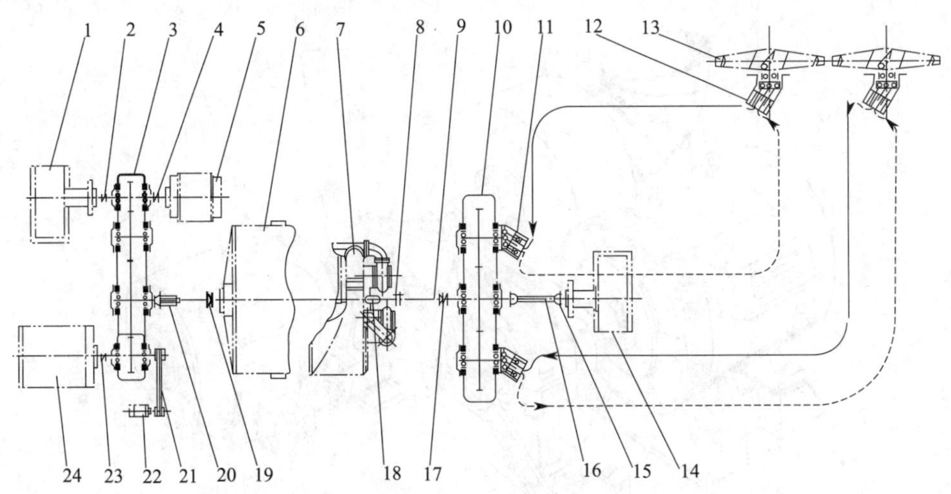


图 4-1 DF4B 型内燃机车机械传动装置

1—前通风机；2、16—尼龙绳联轴节；3—启动变速箱；4、23—弹性套柱销联轴节；5—励磁机；6—牵引发电机；7—柴油机；8—刚性联轴节；9—传动轴；10—静液压变速箱；11—静液压油泵；12—静液压马达；13—冷却风扇；14—后通风机；15—U 形螺栓；17—弹性柱销万向联轴节；18—花键；19—万向轴；20—花键副；21—三角皮带；22—测速发电机；24—启动发电机

在柴油机输出端安装有启动变速箱(图 4-2)。启动变速箱由箱体、箱盖、组合齿轮、传动轴(包含惰性轴)、密封装置以及各种法兰、紧固件和轴承组成。中间轴一端封闭，一端通过万向轴经牵引发电机电枢轴和弹性联轴节与柴油机相连。两边传动轴形成 4 个输出端，左传动轴前端经弹性套柱销联轴节与启动发电机相连，后端经三角皮带驱动测速发电机；右传动轴前端经尼龙绳联轴节与前转向架通风机相连，保证前转向架上牵引电动机的通风冷却，后端经弹性套柱销联轴节与励磁机相连。当柴油机启动时，启动发电机为电动机工况，由蓄电池供电，经启动变速箱带动其他辅助设备和柴油机曲轴转动；当柴油机启动完成正常运转后，由柴油机带动变速箱转动，将部分功率分配给辅助设备，此时，启动发电机改变为发电机工况，一部分给蓄电池充电，另一部分作为机车运行时低压控制电路的电源。

在柴油机自由端设有静液压变速箱(图 4-3)，它主要由箱体、箱盖、传动齿轮、传动轴、密封装置、法兰、紧固件和轴承组成。中间上传动轴一端封闭，一端经万向轴与柴油机曲轴相连，中间下传动轴一端封闭，另一端经尼龙绳联轴节与后转向架通风机相连，保证后转向架牵引电动机的通风冷却；左、右传动轴均为一端封闭，一端通过花键直接驱动静液压油泵，通过静液压油推动静液压马达旋转，从而带动冷却风扇工作。

启动变速箱和静液压变速箱各轴与齿轮、法兰、密封圈之间采用过盈配合，各轴承的轴向定位是通过端盖与轴承外圈之间的配合来实现的。

启动变速箱和静液压变速箱均采用浸浴式飞溅、油雾润滑，采用的润滑油与柴油机的机油相同。在机车运用过程中，应注意变速箱中的油位。油位过高，会造成变速箱中的齿轮过度搅油，导致油温过高，传动元件和密封元件易损坏，形成漏油；油位过低，会造成变速箱中各摩擦副润滑不良，传动齿轮和轴承易损坏。各轴外伸处与箱体之间的密封采用逆向螺旋挡圈和迷宫圈两道密封结构。

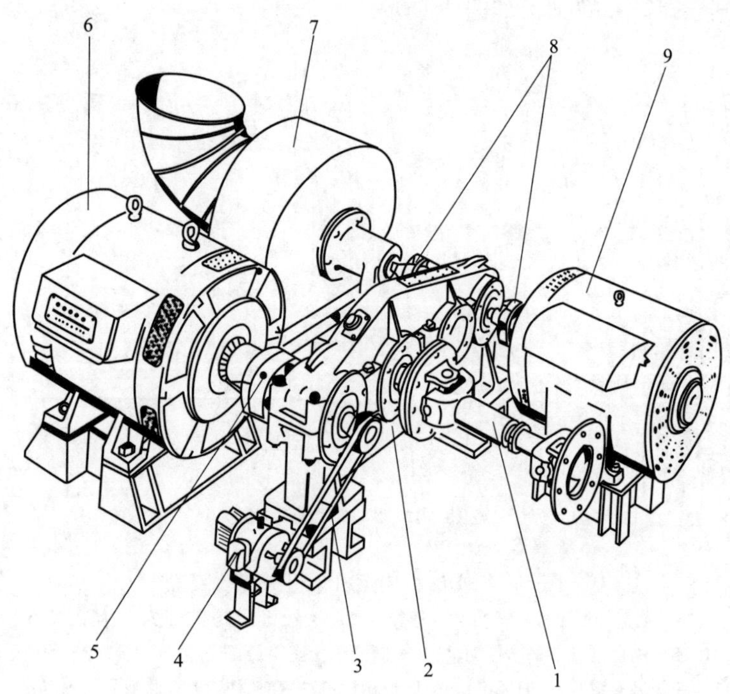


图 4-2 启动变速箱

1—万向轴；2—启动变速箱；3—三角皮带；4—测速发电机；5—弹性柱销联轴节；
6—启动发电机；7—前通风机；8—尼龙绳传动轴；9—励磁机

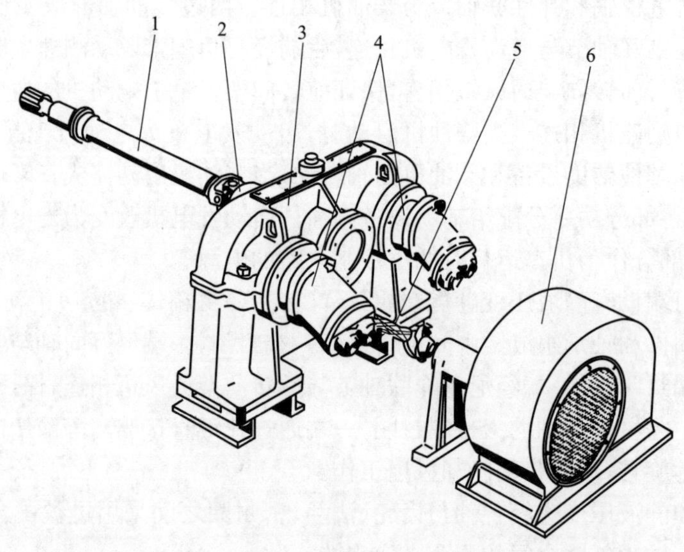


图 4-3 静液压变速箱

1—传动轴；2—弹性柱销联轴节；3—静液压变速箱；4—静液压泵；5—尼龙绳传动轴；6—后通风机

万向轴是辅助机械传动装置的主要部件，柴油机通过它带动变速箱进而驱动其他辅助机械设备的工作。万向轴主要由突缘叉、滑动叉、花键轴叉、万向节、油杯、轴承盖及紧固件组成，具体结构如图 4-4 所示。

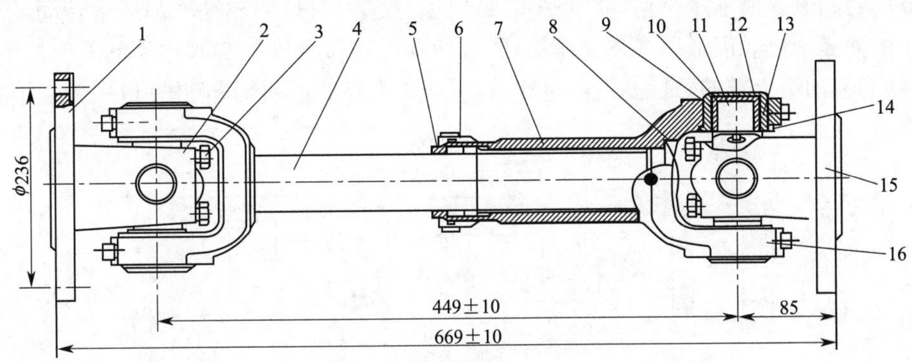


图 4-4 万向轴(单位:mm)

1、15—法兰;2、16—轴承盖;3—螺栓;4—叉头轴;5—衬套;6—螺母盖;7—叉头;8—端盖;9—轴承体;10—轴套;11—十字头;12—防尘垫;13—密封圈;14—油杯

### 4.1.2 静液压传动装置

1. 静液压传动装置的组成及工作原理

DF4B 型内燃机车冷却风扇的驱动采用液压传动技术,即静液压传动装置,又称为静液压传动系统。在此装置中,通过与静液压马达并联的温度控制阀的节流调速原理,调节温度控制阀节流口的旁泄液压油流量来控制实际进入静液压马达的工作介质的流量,从而实现冷却风扇转速的无级自动控制,保证柴油机润滑油和冷却水工作在正常温度要求的范围内。这种装置不仅降低了冷却风扇的功率消耗,同时也提高了柴油机的经济性、可靠性和使用寿命。

DF4B 型内燃机车在冷却室设有两个冷却风扇,每个冷却风扇都有一套独立的静液压传动装置。两个静液压传动装置除了其中温度控制阀中的温度控制元件工作温度有差别外,其余的完全相同,即都由静液压油泵、静液压马达、温度控制阀、安全阀、静液压油热交换器、静液压油箱、管件及管路组成。其中,从静液压油泵到静液压马达为高压管路,从静液压马达通过静液压油热交换器到静液压油箱为低压管路。在高、低压管路之间并联着温度控制阀和安全阀,如图 4-5 所示。

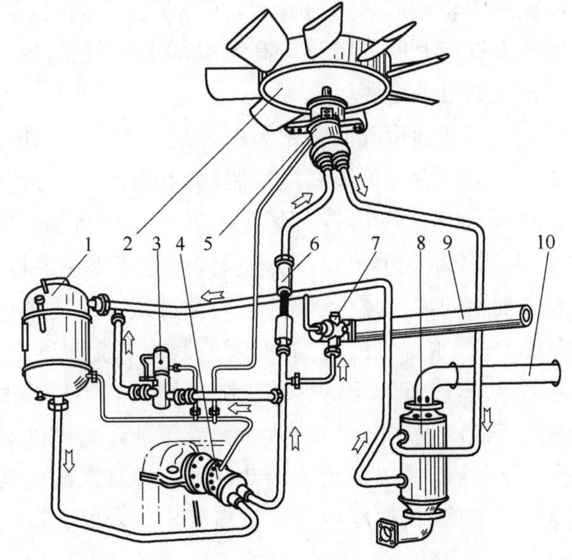


图 4-5 DF4B 型内燃机车静液压传动装置

1—静液压油箱;2—冷却风扇;3—安全阀;4—静液压油泵;5—静液压马达;6—高压软管;7—温度控制阀;8—静液压油热交换器;9—机油或冷却水管;10—冷却水管

静液压传动装置工作过程如图 4-6 所示(因两个静液压传动装置结构完全相同,图中只表示其中的一个)。静液压系统的工作原理是:当柴油机运转时,柴油机曲轴自由端通过静液压变速箱驱动静液压油泵工作。静液压油泵从静液压油箱中吸入低压油,将机械能转变为液压能,具有液压能的高压油一部分经温度控制阀节流口分流直接回静液压油箱,另一

部分经高压管路进入静液压马达，在其中将液压能转变为机械能，驱动冷却风扇转动，经静液压马达出来的液压油进入静液压油热交换器，经过冷却后与从温度控制阀出来的液压油汇合进入静液压油箱，经油箱上部的磁性滤清器过滤后，重新进入静液压油泵，至此完成一个工作循环。

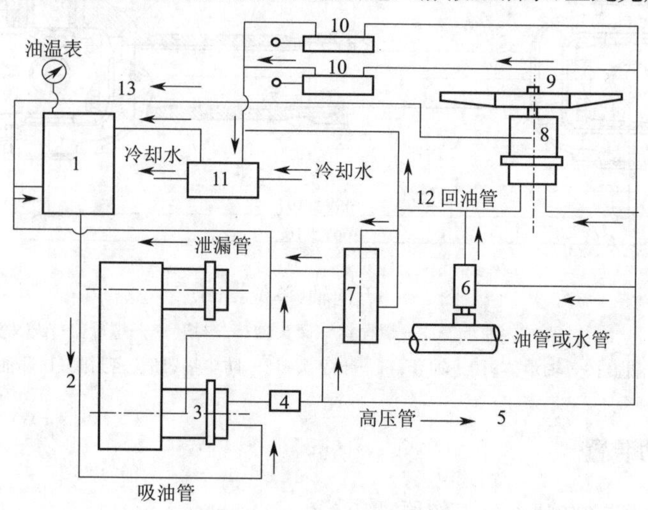


图 4-6　静液压传动装置工作过程

1—油箱；2—吸油管；3—静液压油泵；4—高压软管；5—高压管；6—温度控制阀；7—安全阀；8—静液压马达；9—冷却风扇；10—百叶窗控制油缸；11—静液压油热交换器；12—回油管；13—泄油管

静液压传动装置中通过温度控制阀来控制冷却风扇的转动速度。DF4B 型内燃机车有高、低温两个冷却风扇，分别安装在冷却室内高、低温散热器 V 形夹角的上方。控制高温冷却风扇的温度控制阀直接感应高温冷却水的温度，控制低温冷却风扇的温度控制阀则感应柴油机工作时的机油温度。

当机油温度和高温水温度分别低于 55 ℃和 74 ℃时，温度控制阀处于全开状态，由静液压油泵打出的液压油经温度控制阀的节流口直接流回静液压油箱，此时高压油路不能建立高压，静液压马达不工作，冷却风扇不转动。当机油温度和高温冷却水温度分别超过 55 ℃和 74 ℃时，温度控制阀节流口部分关闭，由静液压油泵打出的液压油经温度控制阀节流口直接流回静液压油箱的油量减少，部分压力油进入静液压马达并使之工作，冷却风扇开始转动，随着机油温度、高温水温度的提高，温度控制阀节流口逐渐减小，进入静液压马达的油量越来越多，油压越来越高，冷却风扇的转速也随之增大。当机油温度和高温水温度分别超过 65 ℃和 82 ℃时，温度控制阀处于全闭状态，由静液压油泵打出的高压油全部进入静液压马达并使之全负荷工作，同时冷却风扇也全速转动。随着冷却风扇的转动，机油、水温度逐渐下降，当油、水温度下降至一定值时，温度控制阀重新开启，冷却风扇也由高速逐渐降低，直到温度控制阀全开时，冷却风扇停止转动。这样，就能保证柴油机在一定的油、水温度下工作，而且，由于温度控制阀能根据油、水温度的变化自动改变节流口的开启程度，有效改变冷却风扇的转速，从而实现了冷却风扇的自动控制和无级调速，并减少了机车的辅助功率消耗。

随着冷却风扇转速的增加，静液压马达进、出口管路间的压差也逐渐增加，机车两侧百叶窗油缸推力也增大，当推力能克服百叶窗阻力和百叶窗复原弹簧力时，百叶窗开始打开，并很快达到全开状态，以利于冷却通风；随着冷却风扇转速的降低，静液压马达进、出口管路之间的油压差也降低，当百叶窗油缸推力不能克服百叶窗复原弹簧力时，百叶窗逐渐关闭。一般情况下，机车两侧百叶窗在冷却风扇转动之前开启，而在冷却风扇停止转动后关闭。

在 $DF_{4B}$ 型内燃机车上，两个静液压传动装置的工作完全独立，即高、低温冷却风扇的转动无关联，这主要取决于两个系统中各自温度控制阀感应的机油或高温水的温度。

为了确保静液压传动装置安全可靠地工作，在高压管路和低压管路之间并联安装了一个安全阀，其作用主要有三点：

(1)缓和机车柴油机在热机启动或突然升速时静液压传动装置中的高压冲击。这种冲击压力高出正常工作压力数倍，易对液压元件造成损坏。

(2)在柴油机各挡位下，静液压马达卡滞或运动阻力过大时，能由安全阀保证静液压传动装置中高压管路的工作压力不会超高。

(3)设置安全阀可以适当避免静液压传动装置中工作油压力波动而引起的振动和噪声。

在静液压传动装置工作过程中，工作油温度对整个装置的工作效果影响很大，因此工作油温度控制应比较适宜。若油温过高，易使工作油黏度下降，液压传动装置传动效率降低，消耗功率增大，同时易导致工作油氧化变质，运动件润滑条件变差，运动件易磨损，另外也易导致工作油泄漏；若油温过低，工作油黏度过大，使装置启动困难，运动阻力增加，功率消耗增加，同时易产生吸空现象，引起噪声和振动。因此，为保证工作油性能良好，并保证装置正常工作，在静液压马达回静液压油箱的管路上串联一个静液压油热交换器，利用机车柴油机低温水对静液压系统的工作油进行冷却(或预热)，使静液压油温度保持在正常的范围内。

另外为防止振动的互相传播，增加装置工作的可靠性，在静液压传动装置中的高压管路上用高压软管作为连接管道。

2. 静液压传动装置主要工作部件介绍

静液压传动装置中主要部件有静液压油泵、静液压马达、温度控制阀、安全阀、静液压油箱、静液压油热交换器及管路等。

(1)静液压油泵、静液压马达

$DF_{4B}$ 型内燃机车所采用的静液压油泵型号为 ZB732，静液压马达型号为 ZM732，均为轴向柱塞式定量泵。两者除泵体外形、主轴伸出端结构略有不同外，内部结构完全一样。型号中，Z 代表轴向，B 代表泵，M 代表马达，732 表示内部共有 7 个直径均为 32 mm 的柱塞。

静液压传动装置中，静液压油泵的主要作用是将柴油机的部分输出功率通过工作油由机械能转换成液压能，作为静液压系统的动力源。而静液压马达则是把工作油的液压能转换成机械能，驱动冷却风扇转动。$DF_{4B}$ 型内燃机车上，两只静液压油泵分别安装于静液压变速箱的同侧两输出轴上(经花键联结)，两只静液压马达分别安装在冷却水 V 形散热器上方的两只静液压马达安装座上。由于静液压油泵和静液压马达内部结构完全一样，因此仅介绍静液压油泵的结构，静液压马达的结构以此作参考。

静液压油泵由主轴、前泵体、后泵体、油缸体、配流盘、柱塞连杆组、心轴、端盖、后盖、轴承、密封件及紧固件等组成，其结构如图 4-7 所示。

前、后泵体用 QZ45-5 球墨铸铁铸造，后盖用 ZG25 铸造，主轴、配流盘、柱塞、连杆、心轴和心轴套均用 38CrMoAlA 氮化合金钢制造。前、后泵体中心线成 25°倾斜。

油缸体为 $\phi$155 mm×120 mm 的圆柱体，由 ZQSn10-1 耐磨铸青铜制造。在油缸体平面端 $\phi$94 mm 的圆周上均布 7 个 $\phi$32 mm×96 mm 的油缸孔，在它们内部安装柱塞连杆组。油缸体的另一端为 $R$180 的凹球面，在球面 $\phi$58 mm 的圆周上均布 7 个 $\phi$19 mm 的斜孔，分别与7 个油缸孔相通，油缸体中部有安装心轴的通孔。配流盘与油缸体采用球面配合，共同研磨，两者

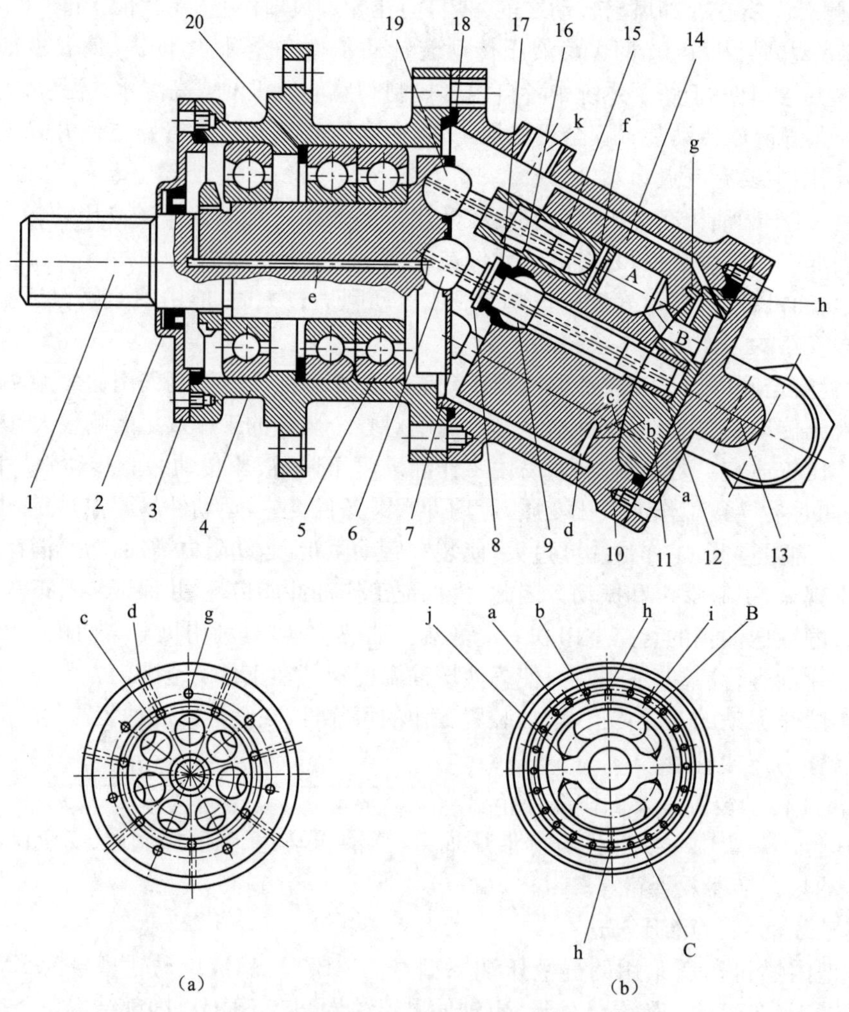


图 4-7 静液压油泵

(a)油缸体凹球形镜面正视图；(b)配流盘球形镜面正视图

1—主轴；2—油封；3—端盖；4—前泵体；5—轴承；6—心轴；7—压板；8—心轴垫；9—心轴球套；10—后泵体；11—配流盘；12—心轴套；13—后盖；14—油缸体；15—柱塞；16—弹簧座；17—弹簧；18—O形密封圈；19—连杆；20—调整垫；A～C、a～j—各孔、槽等；k—泄油孔

之间的接触面积应不少于整个面积的85%。配流盘用4个M10的螺钉固定在后盖上，并不转动，其上有两个腰形孔B和C，用来分配工作油的吸入和排出，腰形孔通过后盖的油腔道分别与吸油管和排油管相连(在油缸体上的7个柱塞油缸孔通过7个斜孔依次与这两个腰形孔相通，完成吸油和排油过程)。

静液压油泵的工作原理是：静液压变速箱通过主轴轴端的花键带动主轴旋转，与主轴另一端相连的压板也随之转动，同时经压板压靠在主轴球窝内的可自由转动但无轴向窜动的7个柱塞连杆组的大端球头带动柱塞连杆组转动，再经柱塞的外壁推动油缸体旋转，由于主轴轴线与油缸体轴线成25°倾斜，造成柱塞在油缸体孔中随着圆周位置的变化，沿孔中心线同时作往复运动，因此，柱塞底面与油缸体所形成的空腔容积也随主轴旋转位置的不同而产生周期性的变化，这样就产生了吸油和排油的作用。

柱塞在油缸孔中由运动而产生位置变化时，通常把柱塞连杆组最远离油缸体的位置称为上止点，把最靠近油缸体的位置称为下止点。在柱塞由下止点到上止点的半个圆周运动过程中，随着空腔容积的增大，液压油由吸油口经配流盘的腰形孔进入逐渐增大的空腔，此时该柱塞腔处于吸油状态；在柱塞由上止点到下止点的半个圆周运动过程中，空腔容积由大变小，空腔中的工作油被压缩升压后经配流盘的另一个腰形孔从后盖上的出油口排出，此时，该柱塞腔处于排油状态；柱塞处于上、下止点位置时，油缸体上与油缸孔相通的斜孔处于配流盘两个腰形孔中间，此时高、低压油腔不相通，各自处于封闭隔离状态。为保证静液压油泵正常工作，在配流盘两个腰形孔的两端都开有眉梢槽，以缓和柱塞处于上、下止点位置进行吸、排油转换过渡时空腔容积的剧变，从而减小液压冲击的噪声和振动。

配流盘与油缸体采用球面配合，借助于带球套的心轴定位，并能自动调心，这就避免了因加工或组装误差而引起的接触不良。油缸体上套在心轴上的弹簧将油缸体压向配流盘，同时在配流盘和油缸体上设有相互对应的环槽 b 和 c，从镜面泄入 b、c 槽中的工作油经孔 d 进入泵体内腔，再经泄油孔 k 流回静液压油箱，适当降低球面配合处的油压，保证配流盘与油缸体的球面配合。

静液压油泵的润滑是通过自行泄漏的工作油进行的：油缸中的高压油从柱塞上 $\phi3$ mm 的小孔进入柱塞内部，润滑连杆小端球头接触面，并从连杆中心 $\phi4$ mm 的小孔到达主轴球窝，润滑连杆大头接触面；配流盘镜面上泄漏的工作油一方面润滑配合球面，另一方面经心轴中心 $\phi4$ mm 的通孔进入心轴球头，以润滑其接触表面，并从主轴中心孔流入前泵体腔内，润滑向心推力轴承，后进入泵体内腔，经泄油孔流回静液压油箱。

为了提高配流盘的工作可靠性，减小磨损，油缸体与配流盘之间的配合球面采用了间歇强制润滑方式：在配流盘上钻有两个 $\phi2$ mm 的小孔 h，其中一个与高压油腔相通，另一个与低压油腔相通，同时在配流盘上还加工出 22 个 $\phi6$ mm×2 mm 的盲孔 i，并用宽为 1 mm 的浅环槽 a 相通，浅环槽 a 与小孔 h 因略有偏离而不相通，在油缸体的球形镜面上，钻有 7 个 $\phi6$ mm×2 mm的盲孔 g，当油缸体转动时，每个盲孔 g 将小孔 h 和浅环槽 a 瞬时接通，所以油缸体在每转动一周，有 7 次使孔 i 分别与高、低压油腔接通，即产生 7 次压力供油和 7 次低压卸载，这样，配流盘与油缸体的接触面间泄漏的工作油就形成了脉冲油垫而进行润滑，同时，由于工作油的不断进出，带走了摩擦副间的热量和磨屑，起到了冷却和清洗摩擦副的作用，从而保证了镜面间的油膜有足够的黏度和厚度，大大减少了镜面间的摩擦和磨损，减少了功率损耗。

在泵体与端盖、后盖的接触面间，配流盘与后盖的接触面间均采用 O 形橡胶密封圈，以防止工作油泄漏。

表 4-1 为 ZB732 静液压油泵和 ZM732 静液压马达的主要技术参数。

**表 4-1 ZB732 静液压油泵及 ZB732 静液压马达的主要技术参数**

| 参　数 | ZB732 静液压油泵 | ZB732 静液压马达 |
|---|---|---|
| 流量(L/min) | 285 | 269 |
| 转速(r/min) | 1 220 | 1 150 |
| 工作压力(MPa) | 约 13.5 | 约 13.5 |
| 功率(kW) | (输入)65.2 | (输出)54.5 |
| 容积效率 | 0.97 | 0.97 |
| 缸体倾斜角 | 25° | 25° |
| 总效率 | 0.91 | 0.91 |

(2)温度控制阀

温度控制阀是静液压传动装置的重要部件,机车冷却风扇的运转、停止及速度的无级变化都是由它来控制的,它与静液压马达之间采用并联方式安装于静液压系统中。

$DF_{4B}$ 型内燃机车所用的温度控制阀主要由感温元件、阀体、滑阀、阀盖、调节螺钉、弹簧、弹簧座和挡圈等组成,如图 4-8 所示。

感温元件是温度控制阀的关键部位,它由温包蜡室、膨胀剂、橡胶膜片、导套和推杆组成,如图 4-9 所示。

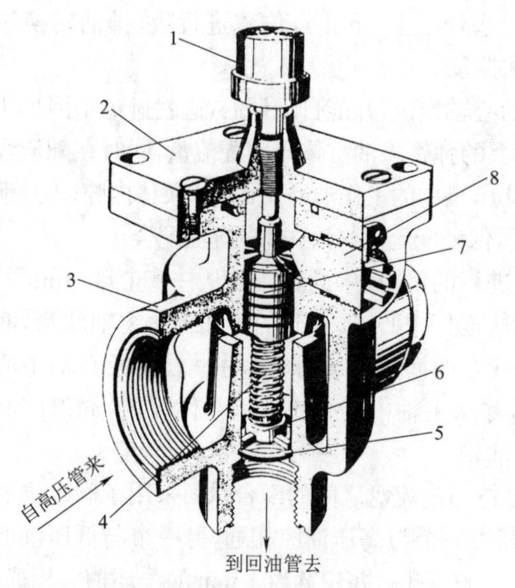


图 4-8 温度控制阀

1—感温元件;2—阀盖;3—阀体;4—弹簧;5—挡圈;6—弹簧座;7—滑阀;8—调节螺钉

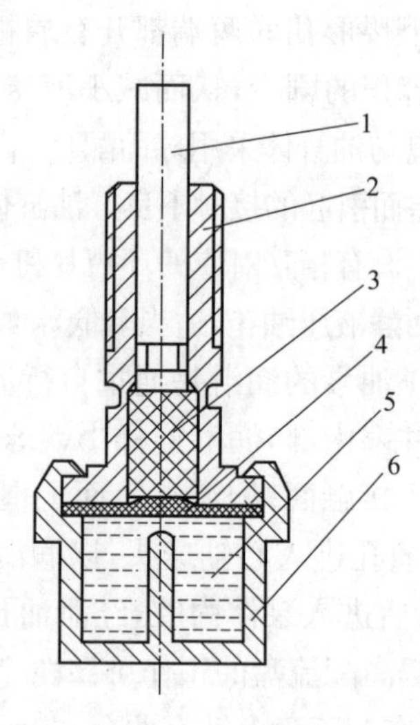


图 4-9 感温元件

1—推杆;2—导套;3—橡胶柱塞;4—橡胶膜片;5—膨胀剂;6—温包蜡室

温包蜡室用导热性能良好的黄铜制造,其内装有膨胀剂。膨胀剂由具有所需熔点的石蜡和 800 目的紫铜粉混合物精制而成(紫铜粉起加速石蜡热传导的作用)。$DF_{4B}$ 型内燃机车采用的感温元件有三类:第一类作用温度范围为 55~65 ℃,主要感应低温水或机油温度;第二类作用温度范围为 66~74 ℃,感应运行在海拔 3 000 m 以上的机车的高温水温度;第三类温度作用范围为 74~82 ℃,感应运行于海拔 3 000 m 以下的机车的高温水温度。三类感温元件除内部膨胀剂和弹簧预紧力略有差别外,其他结构完全相同。为示区别,组装后的三类感温元件在温包蜡室的底部编号时分别以“2”“4”“5”作开头。

温度控制阀的各个密封处均采用 O 形密封圈,组装后的温度控制阀为开启状态。温度控制阀直接安装在机油及高温水管的出口上,感温元件的温包蜡室插入机油或高温水管中,以感应油、水最高温度。当油、水温度达到石蜡融化温度时,石蜡由固态逐渐变为液态,体积增大,压迫橡胶膜片和柱塞,克服弹簧预紧力,使推杆向外推动滑阀,逐渐减小直至关闭油道,此时,由静液压油泵打出的工作油经温度控制阀直接流回油箱的油量逐渐减少,而流向静液压马达的流量相应逐步增大,使冷却风扇的转速逐步增加,当温度控制阀油道完全关闭时,冷却风扇达最高转速;反之,当机油或冷却水温度降低时,石蜡凝固,体积减小,弹簧推动滑阀复位,油道逐渐打开,冷却风扇转速降低,当油道完全打开时,冷却风扇停止转动。这样,静液压系统就可以根据柴油机机油、水温度的变化,自动控制和调节冷却风扇的转速,保证柴油机在规定的油、水温度下工作。

温度控制阀设有调节螺钉，其作用是：一方面通过改变调节螺钉的栽入深度，改变温度控制阀中弹簧预紧力和初始油道的截面大小，以改变温度控制阀的初始动作值；另一方面，当温度控制阀出现故障无法实现冷却风扇转速的自动控制时，可通过手动调节螺钉，改变油道的截面积，人工控制冷却风扇的转速。

(3)安全阀

安全阀是静液压系统中的安全保护装置，安装于静液压油泵出口的高压油管和静液压油箱之间，与静液压马达、温度控制阀呈并联状态。

$DF_{4B}$型内燃机车静液压传动装置中的安全阀主要由阀体、滑阀、锥阀体、锥阀、导阀体、导阀、减振器体、减振器阀、下体、弹簧、调节螺钉及密封件等组成，如图4-10所示。

安全阀的工作原理为：由静液压油泵打出的高压油经滑阀中阻尼塞的节流孔与滑阀内腔相通，而低压油腔与锥阀内腔相通，当静液压系统中油压超过一定值时，高、低压油油压差超过锥阀弹簧力，锥阀被打开，滑阀内腔与锥阀内腔相通，滑阀内腔油压迅速降低，因滑阀阻尼塞节流孔的作用，高压油路中油压降低缓慢，因而在滑阀两侧形成的油压差克服滑阀弹簧作用力，滑阀上移，导致高、低压油腔直接相通，高压油路中油压下降，锥阀在弹簧作用下回移，关闭通口，滑阀也在弹簧力作用下回移，切断高、低压油腔的通道，形成一次泄压过程，完成保护。

在安全阀动作过程中，安全阀的开启压力直接受锥阀弹簧力的影响，而锥阀弹簧力受初始预紧力和减振器阀上方回油腔中回油压力的综合控制。减振器阀上方的回油腔与静液压油泵泵体内回油腔相通，当静液压油泵转速改变后，回油量和回油压力发生改变，进而影响安全阀的开启压力。当静液压油泵转速上升时，回油腔压力升高，锥阀弹簧力增大(同时减振器阀弹簧压缩力也变大，但它的变化对锥阀的启阀压力无影响，仅在锥阀落座时加快落座速度)，安全阀启阀压力也增大；反之，静液压油泵转速降低时，安全阀启阀压力也降低。

采用这种能自动调节开启压力的安全阀，一方面可以防止静液压系统内油压正常波动而形成的不良影响；另一方面，当温度控制阀的旁通油路处于关闭状态时，能消除静液压系统高压油管中短暂的油压冲击，避免高压系统零件的损坏。

安全阀的开启压力在静液压油泵的转速范围内都比进入静液压马达而驱动冷却风扇转动所需的工作油压高10%～15%，而且随静液压油泵转速的改变而自动调节。$DF_{4B}$型内燃机车上安全阀组装时，最高开启压力一般调定为(16.17±0.49)MPa，装配后的安全阀须进行调压试验。

(4)静液压油箱

静液压油箱是由钢板焊接而成的具有特殊结构的容器，它主要由箱体，磁性滤清器，上、下喷嘴，油位表和加油口等组成，其结构如图4-11所示。

油箱箱体分为上、下两腔，上腔为密封压力腔，下腔为补油腔。上腔顶部装有磁性滤清器，它由一根永久性磁铁芯和多片磁铁片经4根螺栓固连在一起而构成。上腔下部有细长的上喷嘴与下腔相连，下腔的下部有扩压作用的下喷嘴与上喷嘴相配合，两者之间有一定的间隙，以利于下油箱补油。另外，在箱体侧面设有油位表，以利于检查油箱中的油位，正常时油位应在油位表上、下刻度线之间。

静液压油箱的工作原理是：当静液压系统工作时，具有一定压力的工作油经回油管路进入上油腔，经磁性滤清器过滤后，从上喷嘴高速射入下喷嘴(并在上、下喷嘴之间形成一定的抽吸真空，吸入部分下油腔中的工作油，进行补油），工作油经下喷嘴扩压后把部分动能转变为液压能，进入液压泵进油口，保持一定的系统供油压力，避免液压泵自吸时因吸空而形成内部元件的穴蚀破坏，同时也提高了油泵的功率输出。

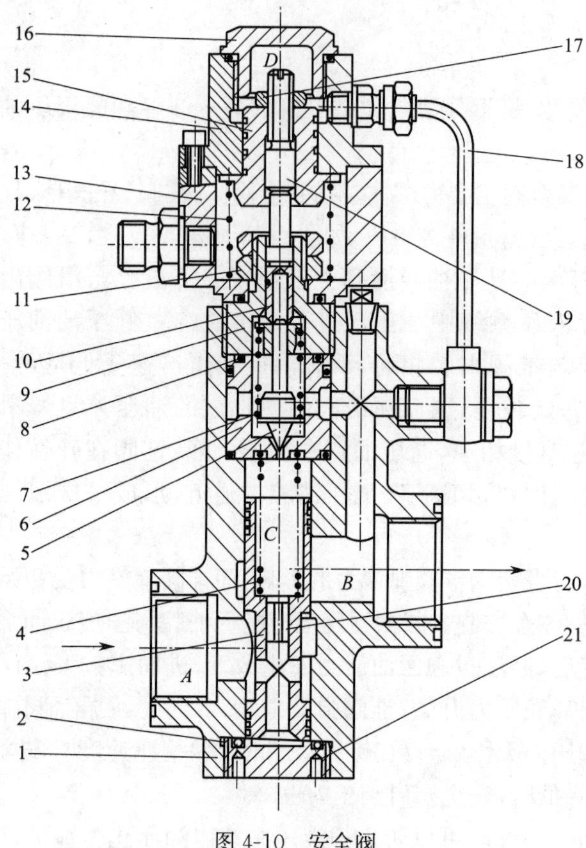


图 4-10　安全阀

1—阀体；2、8—密封圈；3—滑阀；4—滑阀弹簧；5—锥阀；6—锥阀体；7—锥阀弹簧；9—导阀体；10—导阀；11、17—螺母；12—弹簧；13—下体；14—减振器体；15—减振器阀；16、21—螺堵；18—油管；19—调节螺钉；20—阻尼塞

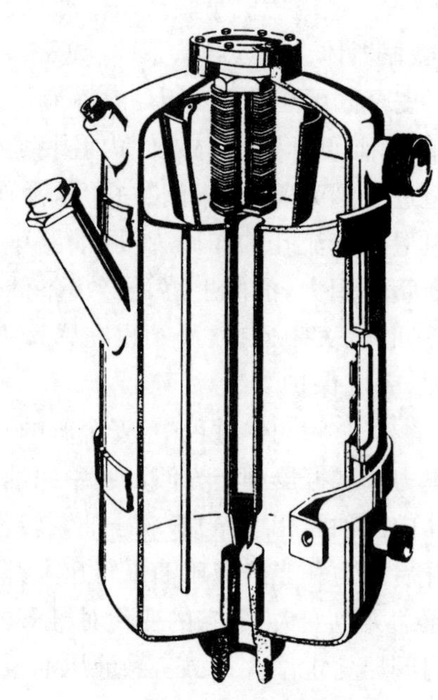

图 4-11　静液压油箱

## 4.2　DF4D 型内燃机车辅助传动装置

DF4D 型内燃机车辅助传动装置是为启动柴油机并在机车运用中驱动机车的辅助设备进行工作而设置的，一般采用机械传动、静液压传动和直流电机直接驱动三种不同的传动方式。其中启动电机、励磁机、测速发电机、前转向架牵引电动机通风机、静液压油泵等的传动为机械传动；冷却风扇的驱动为静液压传动；空气压缩机、燃油输送泵、部分机油泵为直流电机驱动。

### 4.2.1　机械传动装置

机械传动装置由万向轴、启动变速箱、传动轴、静液压变速箱及各种形式的联轴节组成，如图 4-12 所示。

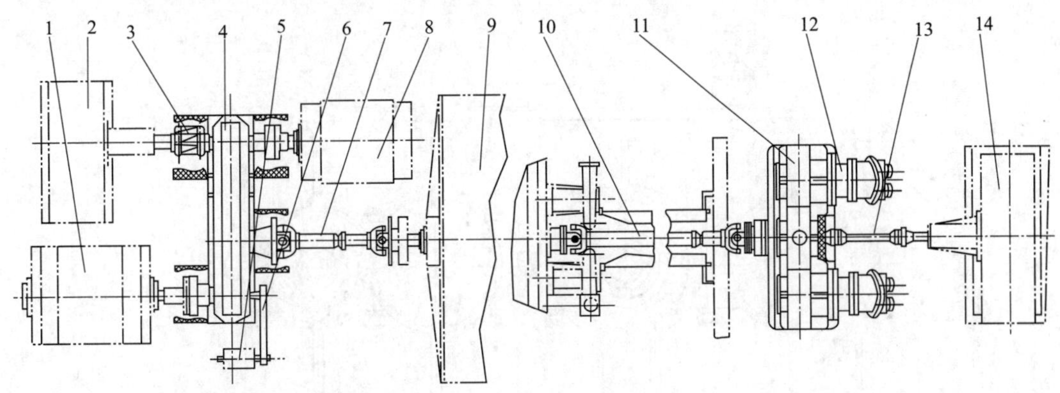


图 4-12　DF4D 型内燃机车机械传动装置

1—启动发电机；2—前转向架牵引电动机通风机；3—尼龙绳联轴节；4—启动变速箱；5—测速发电机；6—三角皮带；7—万向轴；8—励磁机；9—柴油发电机组；10—传动轴；11—静液压变速箱；12—静液压油泵；13—尼龙绳传动轴；14—后转向架牵引电动机通风机

在柴油机功率输出端由主发电机电枢轴经万向轴与启动变速箱相连。启动变速箱有两根输出轴，左输出轴前端经弹性柱销联轴节与启动电动机相连，后端经皮带传动带动测速发电机；右输出轴前端经尼龙绳联轴节与前转向架牵引电动机的通风机相连，后端经弹性柱销联轴节与主发电机的励磁机相连。在柴油机的自由端经传动轴与静液压变速箱相连，静液压变速箱有 3 根输出轴，左、右两根输出轴经花键直接驱动两个静液压油泵，在同侧，由中间轴经正下方的下输出轴再经尼龙绳联轴节与后转向架牵引电动机的通风机相连。

启动变速箱主要由上箱体、下箱体、主动轴组、输出轴组、中间轴组、轴承、密封装置、各种法兰、油尺及各种紧固件组成，如图 4-13 所示。

静液压变速箱主要由上箱体、下箱体、主动轴组、输出轴组、轴承、法兰、密封装置、油尺及各种紧固件组成，如图 4-14 所示。

变速箱各轴伸处与箱体之间的密封采用逆向螺旋挡圈和迷宫圈两道密封结构。变速箱采用飞溅式润滑，润滑油与柴油机机油相同。运用中变速箱的温度不得超过 80 ℃。

万向轴结构基本与 DF4B 型内燃机车相同。

传动轴的结构除轴身长度与万向轴有区别外，其他结构基本相同。

### 4.2.2　静液压传动装置

静液压传动装置是驱动冷却风扇的动力源，DF4D 型内燃机车装有两个冷却风扇，每个冷却风扇有一套独立的静液压传动装置，两个装置中除温度控制阀中的感温元件的工作温度有差别外，其余的完全相同，即由静液压油泵、静液压马达、温度控制阀、安全阀、静液压油箱、静液压油热交换器及管件、管路等组成，如图 4-15 所示。

静液压传动装置从静液压油泵到静液压马达为高压管路，从静液压马达经静液压油热交换器到静液压油箱再到静液压油泵进口为低压管路。在高、低压管路之间并联有温度控制阀和安全阀，两种温度控制阀分别感应柴油机高、低温冷却水温度，感温元件直接安装于高、低温冷却水管路中(感应元件动作温度分别为：高温 84～92 ℃，低温 56～64 ℃)。

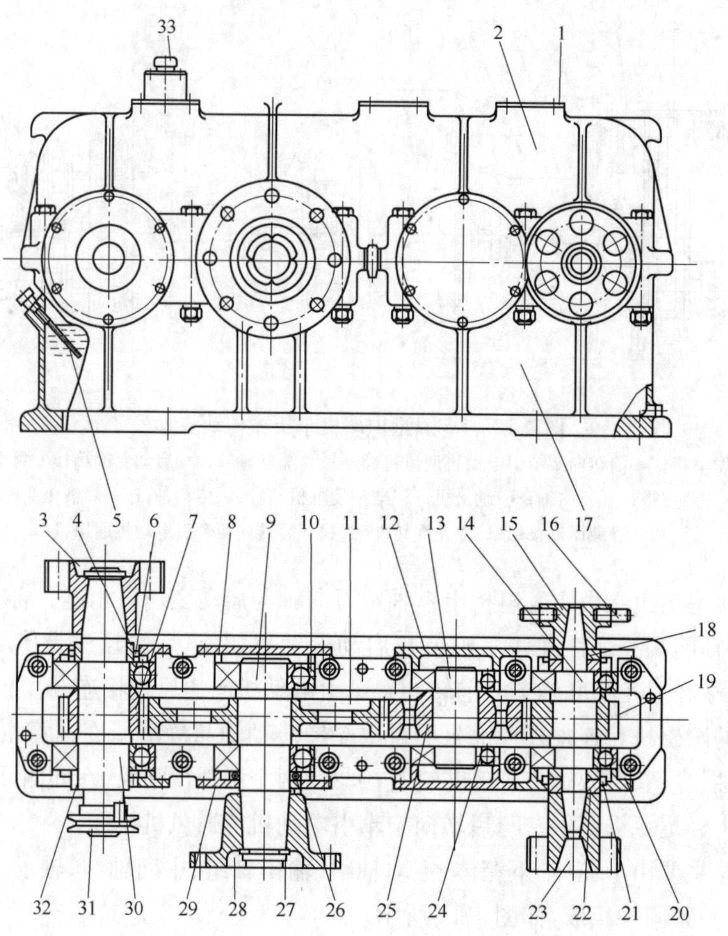


图 4-13　启动变速箱

1—检查孔盖；2—上箱体；3、15、23、28—法兰；4、18、22、27、32—挡圈；
5—油尺；6、21、26—迷宫式密封圈；7、19—从动齿轮；8、12、20、29—轴承盖；
9—主动轴；10、24—轴承；11—主动齿轮；13—中间轴；14、30—从动轴；
16—销；17—下箱体；25—过轮；31—皮带轮；33—通气器

在冷却风扇运转之前，机车两侧百叶窗油缸的两侧形成压力差，推动百叶窗开启，并很快达到完全开启状态。在冷却风扇停止后，百叶窗油缸在复原弹簧力作用下推动百叶窗关闭。

静液压油泵为轴向柱塞式定量泵，是静液压系统的动力源。静液压马达除主轴(轴身为圆锥面与冷却风扇配合)和前泵体与静液压油泵不同外，其余结构尺寸完全相同。它们的结构与 $DF_{4B}$ 型内燃机车采用的静液压油泵基本相同。

温度控制阀是实现冷却风扇运转、自动控制、无级调速和停止转动的控制元件，安装在冷却水管上，其温度控制元件直接插入冷却水中，感应柴油机高、低温冷却水的温度。温度控制阀结构与 $DF_{4B}$ 型内燃机车采用的基本相同。

温度控制阀的推杆最大行程为 7 mm，始推动力为 160 N，高温水温度控制元件在 84～92 ℃范围内动作，低温水温度控制元件的动作温度为 56～64 ℃。

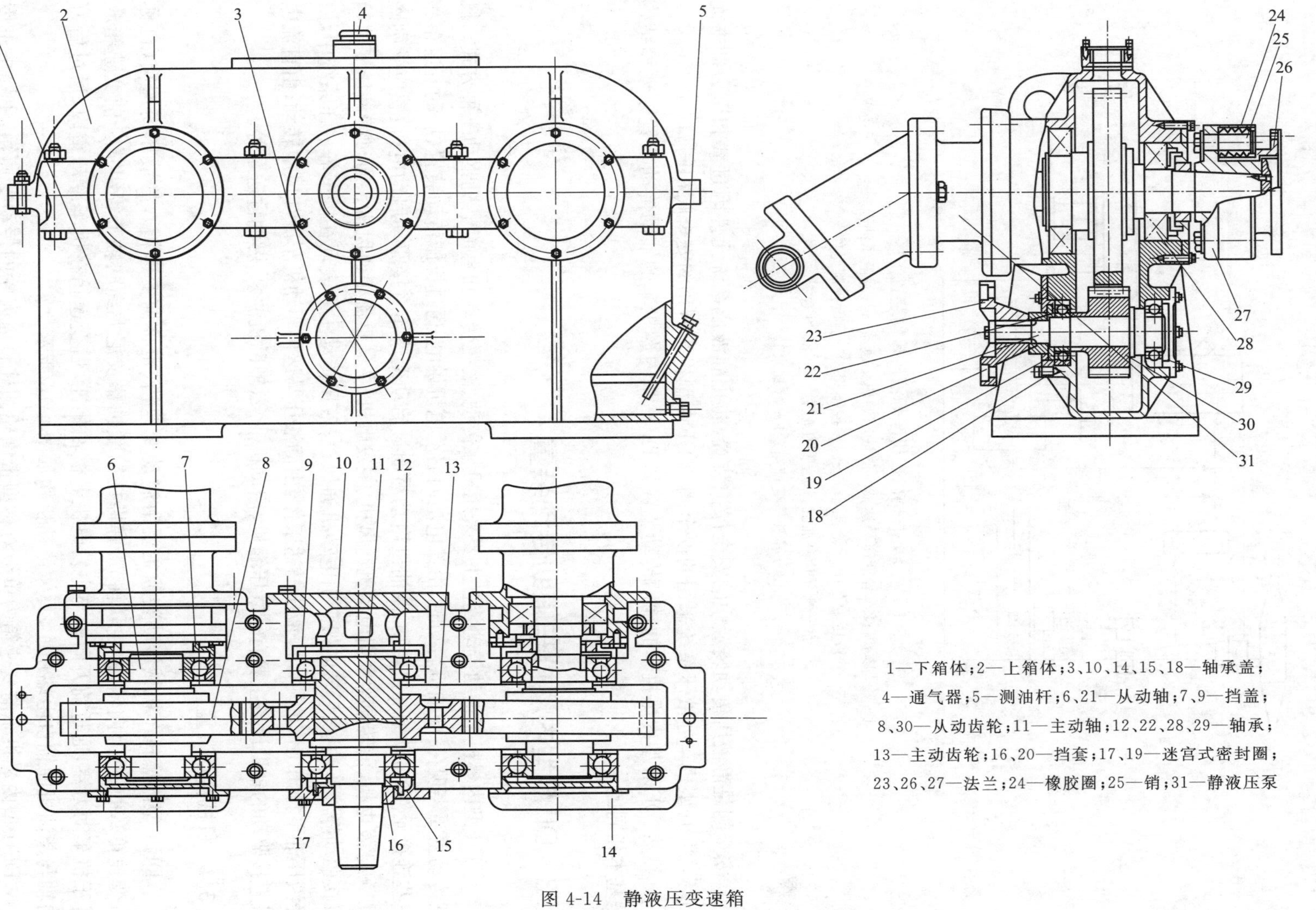

1—下箱体；2—上箱体；3、10、14、15、18—轴承盖；
4—通气器；5—测油杆；6、21—从动轴；7、9—挡盖；
8、30—从动齿轮；11—主动轴；12、22、28、29—轴承；
13—主动齿轮；16、20—挡套；17、19—迷宫式密封圈；
23、26、27—法兰；24—橡胶圈；25—销；31—静液压泵

图 4-14 静液压变速箱

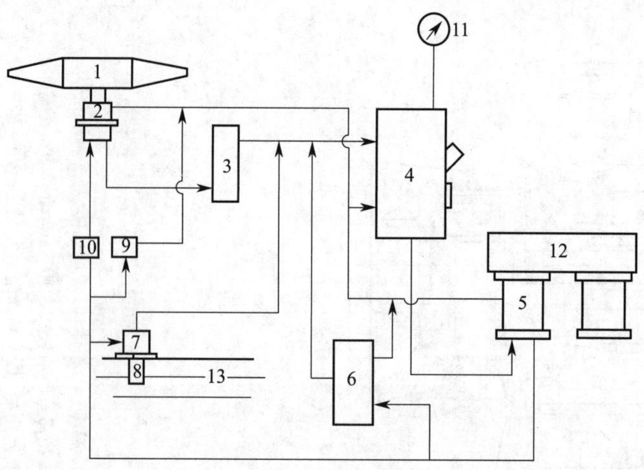


图 4-15　DF4D 型内燃机车静液压传动装置

1—冷却风扇；2—静液压马达；3—静液压油热交换器；4—静液压油箱；
5—静液压油泵；6—安全阀；7—温度控制阀；8—温度控制元件；
9—侧百叶窗油缸；10—高压软管；11—温度表；
12—静液压变速箱；13—冷却水管

安全阀是静液压传动装置中的安全保护装置，防止静液压系统元件因过载和压力冲击而损坏，DF4D 型机车静液压系统采用的安全阀与 DF4B 型机车所用的安全阀相同。

显然，DF4D 型内燃机车的辅助传动装置与 DF4B 型内燃机车的辅助传动装置原理和结构是基本相同的。

## 4.3　DF11 型内燃机车辅助传动装置

DF11 型内燃机车辅助传动装置主要采用机械传动、液压传动和直流电机驱动三种方式。机械传动主要表现在：柴油机启动时，由蓄电池向启动电机供电，通过机械传动装置（启动变速箱和一些连接元件）带动柴油机转动，柴油机启动后通过启动变速箱直接驱动启动电机、感应子励磁机、测速发电机、前转向架牵引电动机通风机、主发电机、主硅整流柜通风机。通过静液压变速箱直接驱动静液压油泵、后转向架牵引电动机通风机；液压传动主要表现在机车静液压系统中，由静液压油泵打出工作油驱动静液压马达工作，由静液压马达再驱动机车冷却风扇转动；由直流电机直接驱动的辅助设备主要有空气压缩机、启动机油泵、辅助机油泵、燃油输送泵等。

### 4.3.1　机械传动装置

DF11 型内燃机车机械传动装置主要由启动变速箱（也称前变速箱），静液压变速箱（也称后变速箱），前、后万向轴，弹性联轴节，弹性柱销联轴器及尼龙绳联轴节等组成。前变速箱放置于机车动力室，通过前万向轴与主发电机电枢轴相连，后变速箱在机车冷却室内，通过后万向轴与柴油机曲轴自由端相连，具体传动机构如图 4-16 所示。

DF11 型内燃机车前变速箱为单级对称型带惰轮圆柱直齿齿轮的传动变速箱，主要由主传动齿轮轴组、两根惰轮轴组、两根从动轴组、主动轴传动法兰、启动发电机传动法兰、励磁机传动法兰、两个通风机传动法兰和上、下箱体等组成，结构如图 4-17 所示。

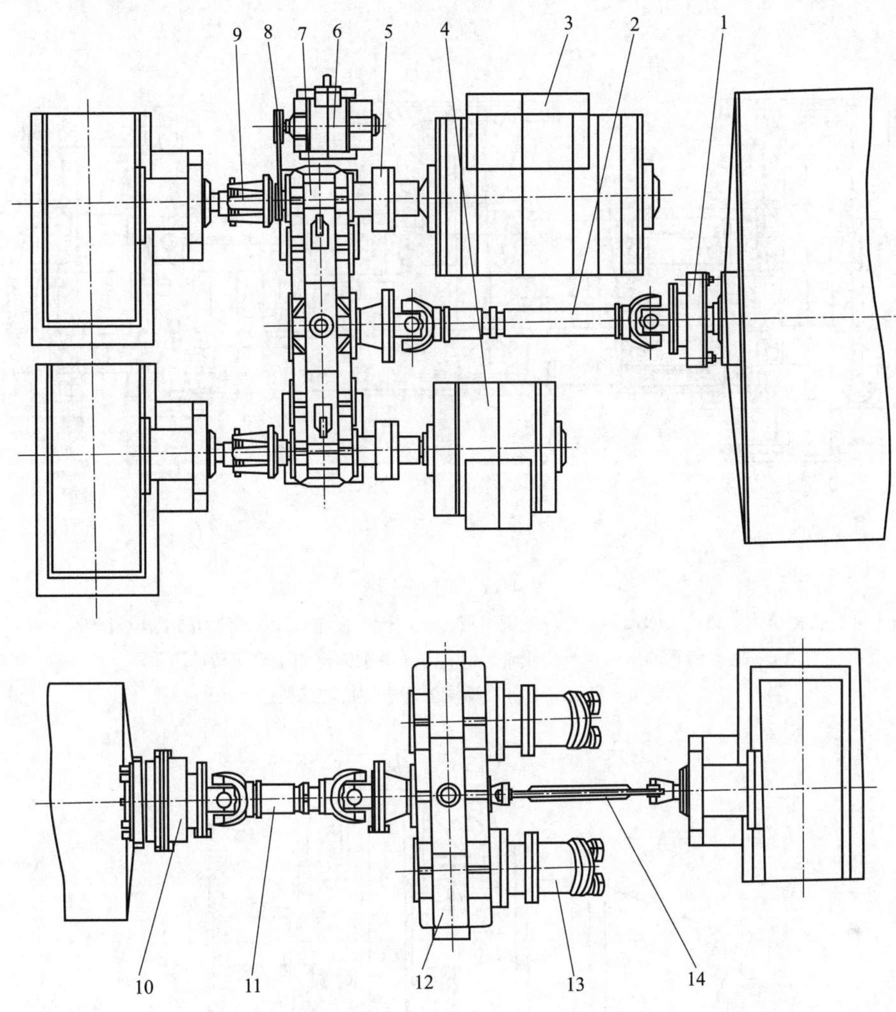


图 4-16 DF11 型内燃机车机械传动装置

1、5、10—弹性联轴节；2—万向轴（Ⅰ）；3—启动发电机；4—感应子励磁机；
6—测速发电机；7—前变速箱；8—防护罩；9、14—尼龙绳联轴节；
11—万向轴（Ⅱ）；12—后变速箱；13—静液压油泵

前变速箱有 5 根传动轴，主动轴与前万向轴刚性联结，经两根惰轮轴分别带动左、右两根从动轴。左从动轴前端经传动法兰通过尼龙绳联轴器与前转向架牵引电动机通风机相连，后端经传动法兰通过弹性柱销联轴器与感应子励磁机相连；右从动轴前端经传动法兰通过尼龙绳联轴器与同步主发电机、主硅整流柜的通风机相连，且通过传动法兰上的皮带轮用皮带带动测速发电机；后端经传动轴通过弹性柱销联轴器与启动发电机相连。在前变速箱中为了适当加大输出轴与输入轴间的距离，设置了两根惰性轴。

DF11 型内燃机车后变速箱为单级、增速圆柱直齿齿轮箱，主要由主动轴，两个液压泵轴，通风机传动轴以及相应的传动齿轮，主动法兰，通风机传动法兰，上、下箱体和轴承组成，结构如图 4-18 所示。

后变速箱主动齿轮轴经主传动法兰直接与后万向轴刚性联结，经左、右两个从动齿轮轴的内花键直接驱动静液压系统中的两个液压泵，同时通过主动齿轮经花键驱动设置在主动轴正

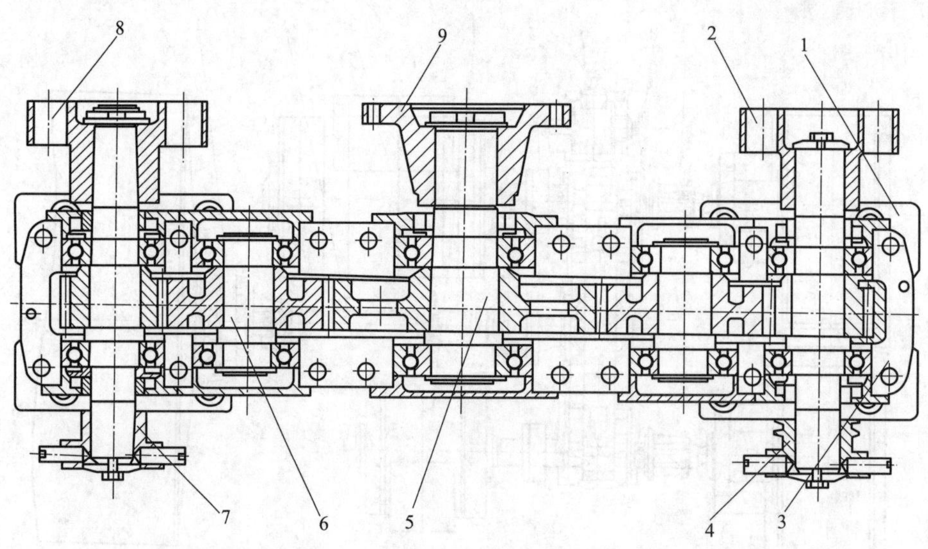


图 4-17　前变速箱

1—励磁机传动法兰；2—箱体；3—从动齿轮轴组成；4—同步主发电机和主硅整流柜通风机传动法兰；
5—主动齿轮轴组成；6—惰轮轴组装；7—前转向架牵引电动机传动法兰；
8—启动发电机传动法兰；9—主传动法兰

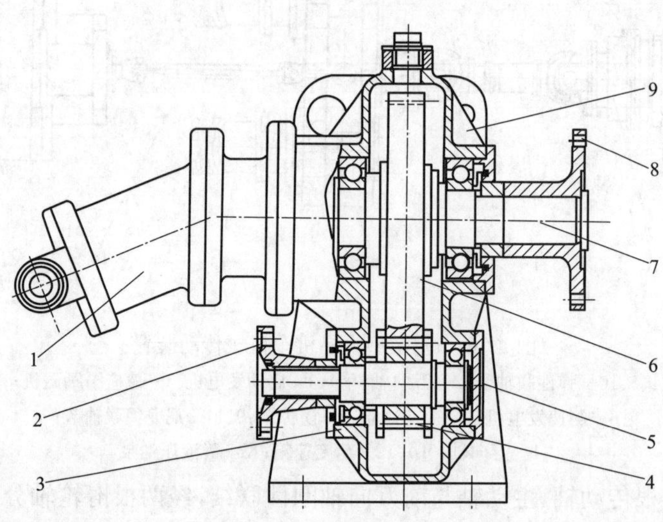


图 4-18　后变速箱

1—液压油泵；2—后通风机传动法兰；3—下箱体；4—通风机传动齿轮；
5—通风机传动轴；6—主动齿轮；7—主动轴；
8—主传动法兰；9—上箱体

下方的后转向架牵引电动机通风机传动轴(传动法兰经尼龙绳联轴节与通风机相连)。在通风机传动齿轮的两侧各增加了一个 12 mm 厚的内花键甩油齿轮以改善后变速箱的润滑条件。

前、后变速箱均采用逆转向式螺旋密封与迷宫式两道油封密封，并采用浸浴式飞溅、油雾润滑方式。前变速箱以两个惰轮为主润滑件，后变速箱则以通风机传动轴上的两个甩油盘为主润滑件，前者参与动力传递，而后者不参与动力传递。

$DF_{11}$ 型内燃机车机械传动装置中的前、后万向轴除轴长不同外(前万向轴长、后万向轴短),均由花键轴、叉头套、万向节总成和突缘叉等组成,结构基本与 $DF_{4B}$ 型内燃机车相同(参见图 4-4)。

$DF_{11}$ 型内燃机车中除 0001～0005 号机车的前万向轴采用滑动式万向节总成外,其他机车都采用滚动式万向节总成。滚动式万向节总成由密封圈架、尼龙垫、轴承体、滚子、十字销头等组成,如图 4-19 所示。

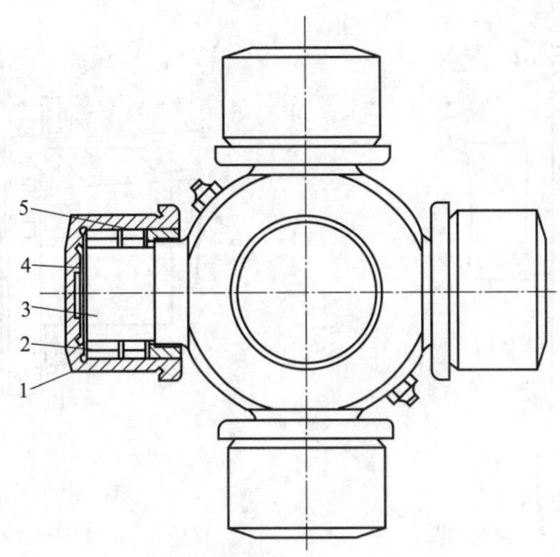


图 4-19　滚动式万向节总成

1—轴承体;2—滚子;3—十字销头;4—尼龙垫;5—密封圈架

安装于柴油机曲轴自由端的橡胶弹性联轴节是一种柔度高、阻尼因子较大的联轴节,具有良好的减振和隔振性能,它主要由联结体、外体、弹性元件组、滚动轴承等组成。其中弹性元件组主要由联结板、内体和丁腈橡胶组成,具体结构如图 4-20 所示。

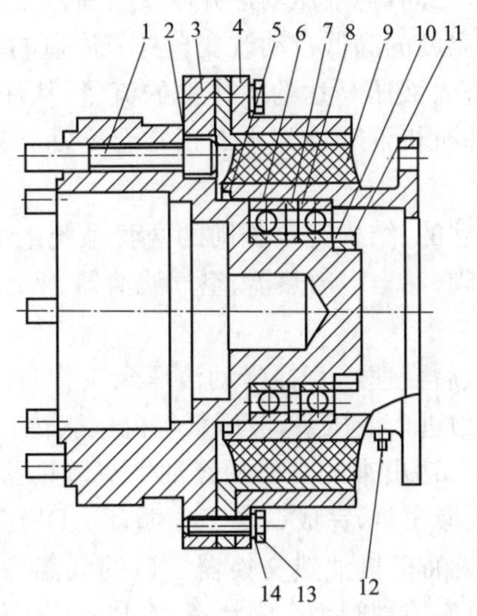


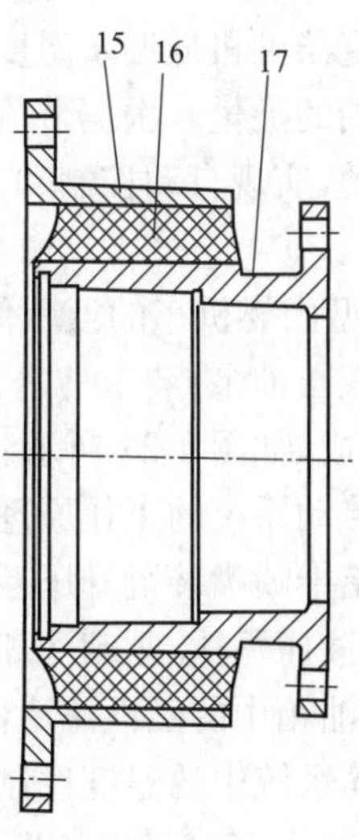


图 4-20　橡胶弹性联轴节

1—螺钉;2、10、14—垫圈;3—联结体;4—外体;5—毛毡;6—轴承;7、8—调整元件;

9、16—丁腈橡胶;11—螺母;12—油杯;13—螺栓;15—联结板;17—内体自 DF11 型内燃机车 0006 号开始，在主发电机电枢轴与前万向轴之间安装了弹性柱销法兰，它主要由挡圈、法兰(Ⅰ)、柱销、螺母、橡胶圈、法兰(Ⅱ)和垫圈组成，结构如图 4-21 所示。

在前变速箱的输出轴与启动发电机、感应子励磁机之间安装了弹性柱销联轴节，它主要由法兰(Ⅰ)、柱销、螺母、橡胶圈、法兰(Ⅱ)和垫圈等组成，结构如图 4-22 所示。

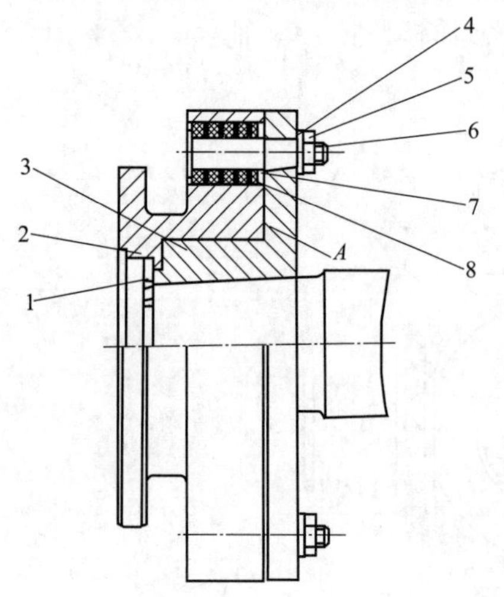


图 4-21　弹性柱销法兰

1—挡圈；2—法兰(Ⅰ)；3—法兰(Ⅱ)；4—止动垫片；5—螺母；6—柱销；7—垫圈；8—橡胶圈

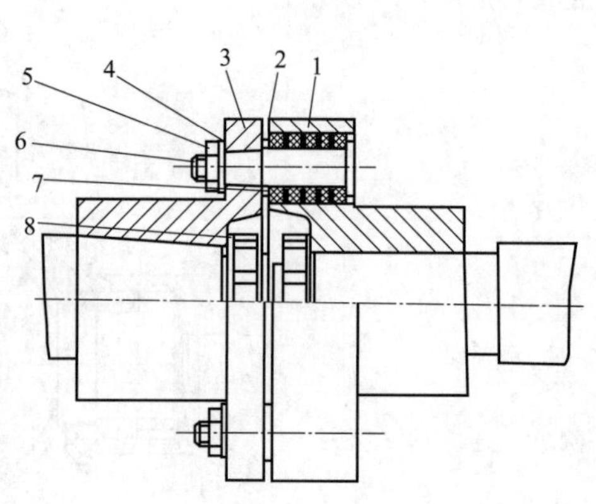


图 4-22　弹性柱销联轴节

1—法兰(Ⅰ)；2—挡圈；3—法兰(Ⅱ)；4—止动垫片；5、8—螺母；6—柱销；7—橡胶圈

### 4.3.2　液压传动系统

DF11 型内燃机车冷却风扇的转动采用液压传动技术，即静液压传动系统。在该系统的高压油路(液压油泵出口)与低压油路(液压油箱口)之间，与液压马达并联安装有温度控制阀(该阀直接感应柴油机低温水温度，并能根据感应水温度的高低自动改变自身节流口的截面，改变旁泄工作油的流量)，根据节流调速原理来控制进入液压马达的工作油的流量，从而控制冷却风扇的转动，实现自动控制和无级调速，保证柴油机机油和冷却水的正常温度，同时降低辅助功率消耗。

DF11 型内燃机车的液压传动系统由相互独立的、结构完全相同的两套系统组成，每套系统主要由液压油泵、液压马达、温度控制阀、安全阀、油—空散热器、空气滤清器、液压油缸和油箱、管道组成，如图 4-23 所示。

液压传动系统的工作原理是：柴油机运转后，后变速箱直接带动液压泵工作，油箱中的液压油经油箱中喷嘴装置升压后，以一定的供油压力进入液压泵，液压泵将机械能转变为液压能送出，进入液压马达，驱动冷却风扇转动，从液压马达出来的工作油经油—空散热器冷却后进入油箱，经油箱中的磁性滤清器过滤后，重新进入液压泵，完成一次工作循环。DF11 型内燃机车液压传动系统中的温度控制阀直接感应的是柴油机机油热交换器出口的低温冷却水的温度，感应范围为 55～65 ℃(即水温低于 55 ℃时温度控制阀为全开状态，冷却风扇不转动，冷却水温度高于 65 ℃时，温度控制阀为全闭状态，冷却风扇全速转动，水温在 55～65 ℃之间时，冷却风扇可实现无级调速)。机车两侧百叶窗也随冷却风扇的转动和停止而自动开启和关闭，并落后于冷却风扇的转动而开启，提前于冷却风扇的停转而关闭。

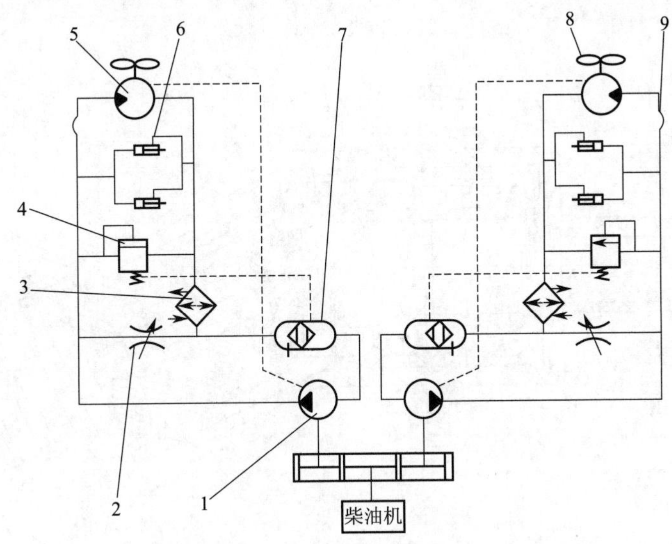


图 4-23 DF11 型内燃机车液压传动系统

1—A2F225Q1 液压油泵；2—温度控制阀；3—油一空散热器；
4—安全阀；5—A2F225Q2 液压马达；6—侧百叶窗油缸；
7—静液压油箱；8—冷却风扇；9—高压软管

液压传动系统中，在液压马达出口至油箱间串接有油—空散热器，利用由主冷却风扇吸进来再经冷却水散热器 V 形架下的空气滤清器过滤后的冷却空气冷却液压油。运用中若液压油温度超过 70 ℃时应及时清洗空滤器。冬季当液压油温低于 25 ℃时，用挡风板取代油—空散热器前的空滤器，并用石棉布将 V 形架下的液压系统管道包扎绝热，使液压油温保持在 15～72 ℃范围内。启动时如液压油温低于 20 ℃，柴油机不得升速。一般冬季液压油采用 HC-11 润滑油，夏季采用内燃机车三代柴油机机油。

为了避免液压传动系统过载和液压冲击，保证系统安全可靠地工作，系统中安装有负反馈减振式安全阀。

液压传动系统中加注液压油时，因液压油平时储存在系统管路和油箱中，因而不能一次注满，需甩车数次并启机，才能逐渐加满。

### 4.3.3 液压传动系统主要部件介绍

DF11 型内燃机车采用两只 A2F225Q1 型液压油泵，分别安装在后变速箱同侧两输出轴上，同时采用两只 A2F225Q2 型液压油马达，分别安装在冷却水散热器 V 形架前、后端的液压马达安装座上。液压油泵和液压马达除轴伸结构与外部联结的方式(前者用花键，后者用锥轴过盈配合)和壳体外形不同外，内部结构完全一样。

A2F225Q1 型液压油泵和 A2F225Q2 型液压马达均采用斜轴式轴向柱塞结构，主要由壳体、后盖、接头螺母、主轴部件、螺塞和螺栓组成。具体结构如图 4-24 和图 4-25 所示。

主轴组件主要由主轴、缸体部件、心轴部件、柱塞部件、配流盘部件、轴封部件和轴承等组成，如图 4-26 所示。

DF11 型内燃机车采用双向液压泵和双向液压马达，其进、出口与主轴转动方向的判定关系为：面对液压泵(液压马达)的轴身方向，后盖朝下，当轴顺时针方向转动时，左为进油口，右

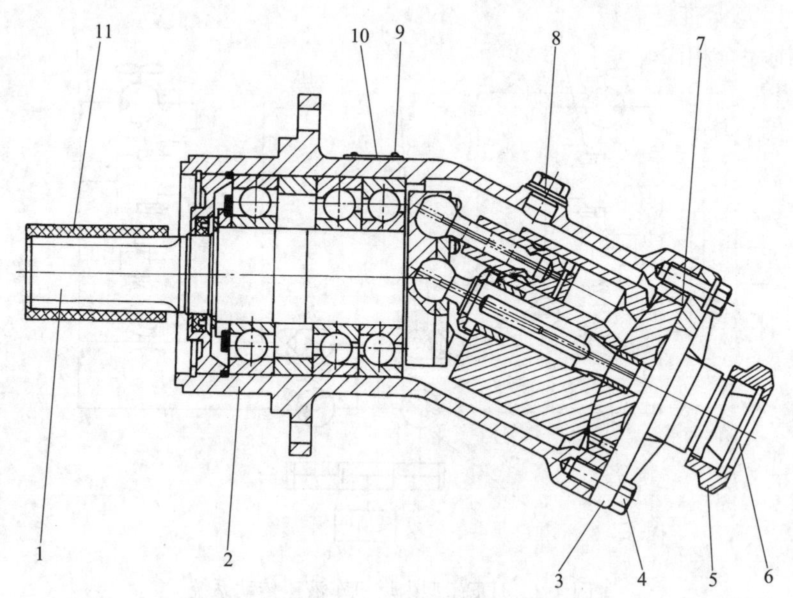


图 4-24　A2F225Q1 型液压油泵

1—主轴；2—壳体；3—端盖；4—螺钉；5—管接头螺母；6—防尘板；
7—O 形密封圈；8—螺堵；9—铆钉；10—铭牌；11—护套

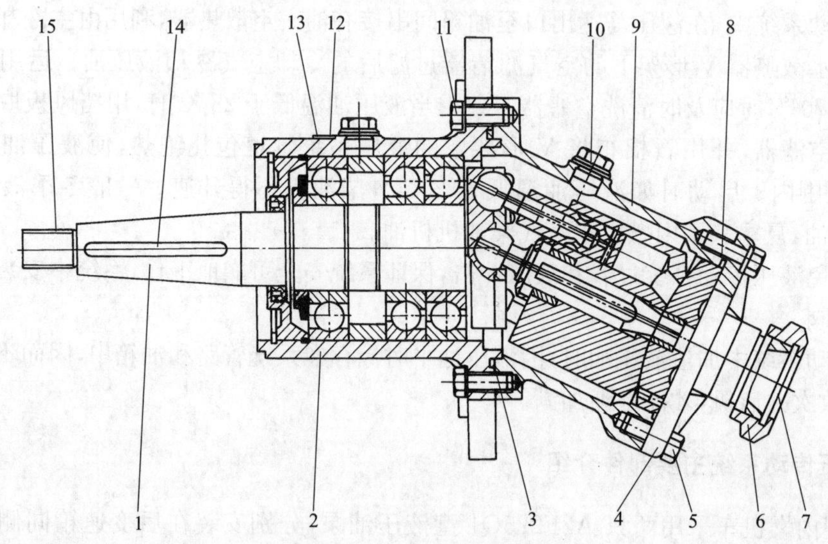


图 4-25　A2F225Q2 型液压马达

1—主轴部件；2—前壳体；3、8—O 形密封圈；4—端盖；5、11—螺钉；
6—管接头螺母；7—防尘板；9—后壳体；10—螺堵；
12—铭牌；13—铆钉；14—键；15—护套

为出油口。液压泵进油侧为低压，出油侧为高压；液压马达进油侧为高压，出油侧为低压。

日常使用中，应经常检查液压泵和液压马达的壳体温度。若超过 80 ℃，应对它们进行拆检，如发现油封唇口磨损过大或轴承滚道滚珠有剥离、压痕、烧损时，应立即更换。

DF11 型内燃机车液压传动系统所用的温度控制阀与 DF4B 型内燃机车所用相同。其感温元件安装于柴油机机油热交换器的冷却水出口管路上，作用温度范围为(55±2)～(65±2)℃，初始推力为 160 N,推杆升程大于 7 mm。该机车上两个液压传动系统中的温度控制阀结构、作用温度范围完全相同。

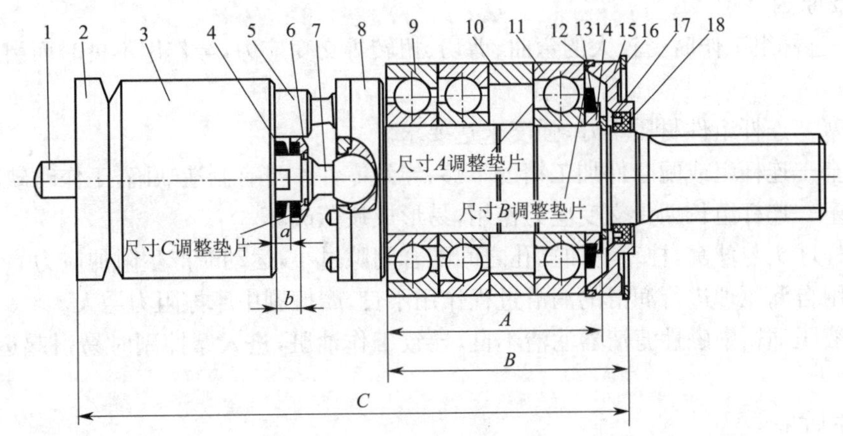


图 4-26 主轴组件

1—定位销;2—配流盘部件;3—缸体部件;4—小蝶簧;5—柱塞部件;6—小蝶簧座;7—心轴;8—主轴;9—串排双列向心推力球轴承;10—卡圈;11—向心球轴承;12—O 形密封圈;13—大蝶簧;14—大蝶簧座;15—轴封盖;16、17—挡圈;18—骨架式橡胶油封

DF11 型内燃机车液压传动系统所用的安全阀、静液压油箱与 DF4B 型内燃机车所用相同。

油—空散热器的作用是冷却温度升高的液压油,它是铝板翅式结构,被串接在液压传动系统中的液压马达的出口管路上,主要由连接箱、翅片、封条、隔板等组成,如图 4-27 所示。

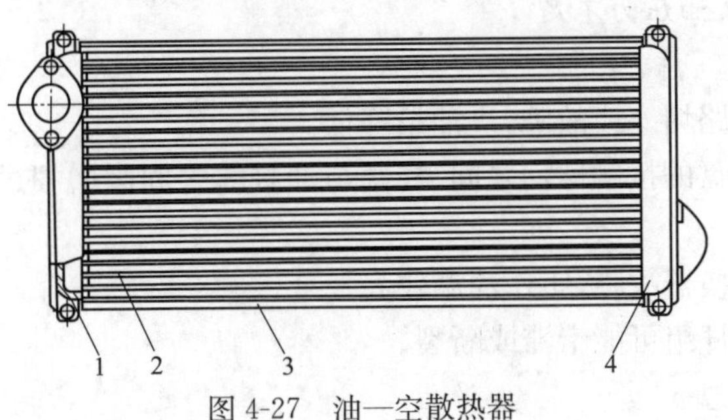


图 4-27 油—空散热器

1—连接箱;2—翅片;3—封条;4—隔板

空滤器的作用是滤清进入油—空散热器的空气,保证液压油散热效果,安装于冷却水散热器 V 形架下方,是一种钢板滤网式的滤清器,滤清原理与 DF4B 型内燃机车进、排气系统中的钢板滤网式空滤器的原理相同。

## 【拓展提高】

### 静液压传动装置的一般故障分析

DF4B 型内燃机车在运用过程中,静液压传动装置中的一些元件可能会产生故障,影响机车的正常运行,给铁路运输带来损失。静液压传动装置中常见的故障一般有以下四种。

## 一、静液压油泵故障

(一)柱塞—连杆组卡滞、弯曲变形、断裂

1. 主要原因

柱塞—连杆组工作时受较大的弯曲、剪切、扭转等交变应力,当作用不良时而引起故障,具体原因如下:

(1)柱塞—连杆组件材质不好,强度未达要求。

(2)柱塞—连杆组或配合件加工精度不够,导致零件本身有制造缺陷,工作时缺陷扩展。

(3)柱塞—连杆组长期受交变应力作用,易形成疲劳破坏。

(4)连杆球头与球窝,柱塞与油缸孔之间配合间隙过小,运动时产生附加应力。

(5)运用自漏原理进行润滑的润滑过程作用不良,摩擦副中摩擦阻力增大。

(6)静液压油箱中磁性滤清器滤清不良,导致工作油脏,进入摩擦副时易引起运动件卡滞或摩擦力加大。

2. 产生后果

静液压油泵中柱塞—连杆组发生上述故障时会导致油泵泵油量减少或无法泵油,工作噪声大,振动大,冷却风扇转动速度不够或停转,柴油机油、水温度上升,过高时会导致柴油机卸载或停机,同时辅助功率消耗明显上升。

3. 处理方法

机车运行中,发现冷却风扇转动不正常时,应及时检查静液压传动装置各元件和通路,同时手动调节温度控制阀,保持冷却风扇正常转动,如仍不能工作,且发现静液压油泵或静液压马达异常,应及时降低负载运转,保持柴油机适当的油、水温度,进段后检查和维修。

(二)静液压油泵泵油压力不足

1. 主要原因

(1)静液压油箱通路堵塞或故障,进油量降低。

(2)油缸体和配流盘的接触球面之间、柱塞与油缸体之间因磨损过度而间隙增大,漏油严重,泵油量降低。

(3)静液压油热交换器故障,工作油温较高。

(4)个别柱塞—连杆组可能卡滞或断裂。

2. 产生后果

冷却风扇转速降低,柴油机油、水温度升高,可能导致柴油机卸载,静液压油泵回油量增加,回油腔压力升高,安全阀开启压力相应增大。

3. 处理方法

若机车运行时发生上述故障,可以人工调节温度控制阀调节螺钉,适当减小温度控制阀节流口的截面,减少分流量。到段后可检查静液压油泵中柱塞—连杆组和油缸体与配流盘之间的球面配合间隙以及静液压油热交换器,并及时调整或更换。

## 二、温度控制阀故障

温度控制阀中故障部位主要出现在感温元件上。感温元件长时间直接感应机油、高温冷却水的温度,温包内的橡胶元件(橡胶膜片和橡胶柱塞)会老化而造成失效,随着油、水温度的改变,温包中的膨胀剂产生体积变化,但无法经橡胶元件传递信息,改变温度控制阀节流口的截面,使温度控制阀处于常开状态,冷却风扇不转动,机车两侧百叶窗关闭,通过散热器的空气流量降低,随着时间的延长,柴油机油、水温度上升,可能导致柴油机卸载或停机,影响机车的正常运行,同时也增加了柴油机辅助功率的消耗。

机车运行中遇到上述情况后,可人工调节温度控制阀上的调节螺钉,适当减小或关闭节流口,减少经温度控制阀直接进入静液压油箱的分流量,保证冷却风扇以某一稳定或最高转速工作,以降低柴油机的油、水温度,保证柴油机的正常运转。当需要冷却风扇转速降低或停转时,可反方向调节调节螺钉,增大节流口的截面,增加经过温度控制阀的分流量。

在人工控制温度控制阀时,冷却风扇的转速不能根据柴油机油、水温度实现自动控制,只能稳定在某一状态下,此时应经常注意柴油机的油、水温度,及时人工调整温度控制阀的节流口的截面,保证柴油机在正常的油、水温度下工作,到段后应及时检查温度控制阀,更换感温元件。

**三、静液压油箱故障**

1. 油箱上、下喷嘴工作不良或脱落

由于制造原因和长时间机车运行时振动的作用,导致喷嘴脱焊,上、下喷嘴间对应的压力供油状态消失,油箱压力供油能力下降,静液压油泵吸油消耗功率增加,吸空概率上升,可能会造成部分元件产生穴蚀破坏。

2. 静液压油箱磁性滤清器故障

(1)磁性滤清器脏或退磁使对工作油的滤清效果降低,导致静液压系统中的摩擦副磨损加剧,工作油温上升,工作油压偏低,冷却风扇转动速度不够,柴油机油、水冷却能力下降。

(2)磁性滤清器磁片脱落

由于机车运行的振动,固定磁片的螺栓可能松脱而导致磁片脱落,滤清效果大大降低。如果磁片脱落在上喷嘴的进油口,则会使喷嘴堵塞,导致静液压工作油不循环,冷却风扇不转动,同时静液压油泵吸空严重,噪声增大,振动加剧,可能会造成部分摩擦副因得不到很好润滑而加剧磨损或烧毁。

机车运行过程中如发生上述情况,严重时应停机检查,排除故障后方可运行,同时在段检修时应及时清洗滤清器,拧紧磁片的紧固螺栓,避免机车运行时产生故障。

**四、静液压油热交换器故障**

静液压油热交换器结构和工作原理与柴油机的机油热交换器相似,即为油—水式热交换器,运行中易出现管片脱落,热交换效果不良,油、水互窜或密封圈损坏而泄漏等故障。一般会造成静液压工作油油温过高,泵油压力降低,冷却风扇转动速度不够,严重时会使静液压工作油迅速变质而失效,静液压系统元件受损,系统不能正常工作,从而导致柴油机不能正常工作,影响机车的运行。因此对静液压油热交换器应及时检查、维修,保证其正常工作。

1. DF4B 型内燃机车的辅助装置有哪几种传动方式?各有什么特点?

2. DF4B 型内燃机车的机械传动装置是怎样进行传动的?

3. 静液压传动装置中,安全阀的动作值为什么不是定值?影响安全阀动作值的原因是什么?

4. DF4B 型内燃机车静液压传动装置的工作流程是怎样的?静液压油泵(马达)的润油过程如何?

5. 机车运行过程中,静液压传动装置会出现哪些常见故障?相应故障该如何处理?

# 5 其他型内燃机车

【知识要点】

1. $DF_{4D}$ 型内燃机车总体。
2. $DF_{11}$ 型内燃机车总体。
3. $DF_{8B}$ 型内燃机车总体。
4. $HXN_3$ 型内燃机车总体。
5. $HXN_5$ 型内燃机车总体。

【学习目标】

1. 熟悉 $DF_{4D}$、$DF_{11}$、$DF_{8B}$、$HXN_3$、$HXN_5$ 各型内燃机车的结构特点与总体布置。
2. 掌握各型内燃机车转向架的结构原理。
3. 了解各型内燃机车的主要技术参数。

【知识链接】

## 5.1 $DF_{4D}$ 型内燃机车总体布置及主要技术参数

$DF_{4D}$ 型内燃机车是在 $DF_{4B}$、$DF_{4C}$ 型内燃机车的基础上开发成功的新一代交—直流电传动干线客运内燃机车(图 5-1)。柴油机装车功率 2 940 kW,机车标称功率 2 425 kW,分别比 $DF_{4B}$ 型内燃机车提高 21.2%和 22.2%,机车最大运行速度 140 km/h。

### 5.1.1 $DF_{4D}$ 型内燃机车总体布置

1. 总体布置

机车装用 16V240ZJD 型柴油机,D 型柴油机是大连机车车辆厂与里卡多公司合作开发并在长期运用考核中经过改进的,电传动装置则是在 $DF_{4C}$ 型等机车上经多年使用的成熟产品,主发电机为 TQFR-3000E 型,牵引电动机为 ZD109B 型。走行部为两台采用牵引电动机滚动抱轴承悬挂方式的三轴转向架。

机车采用框架式侧墙承载车体、内走廊式,是一个全焊接钢结构。6 组内部隔墙将车体分为第Ⅰ司机室、电气室、传动室、动力室、冷却室、辅助室、第Ⅱ司机室七个部分。

司机室外部采用与 $DF_{4C}$ 型货运内燃机车相同的外形,外部色彩用明快的紫红色。司机室内部安装了空调机、冰箱、半自动遮阳帘等设备,同时采用了高舒适度座椅、新型可调光照明

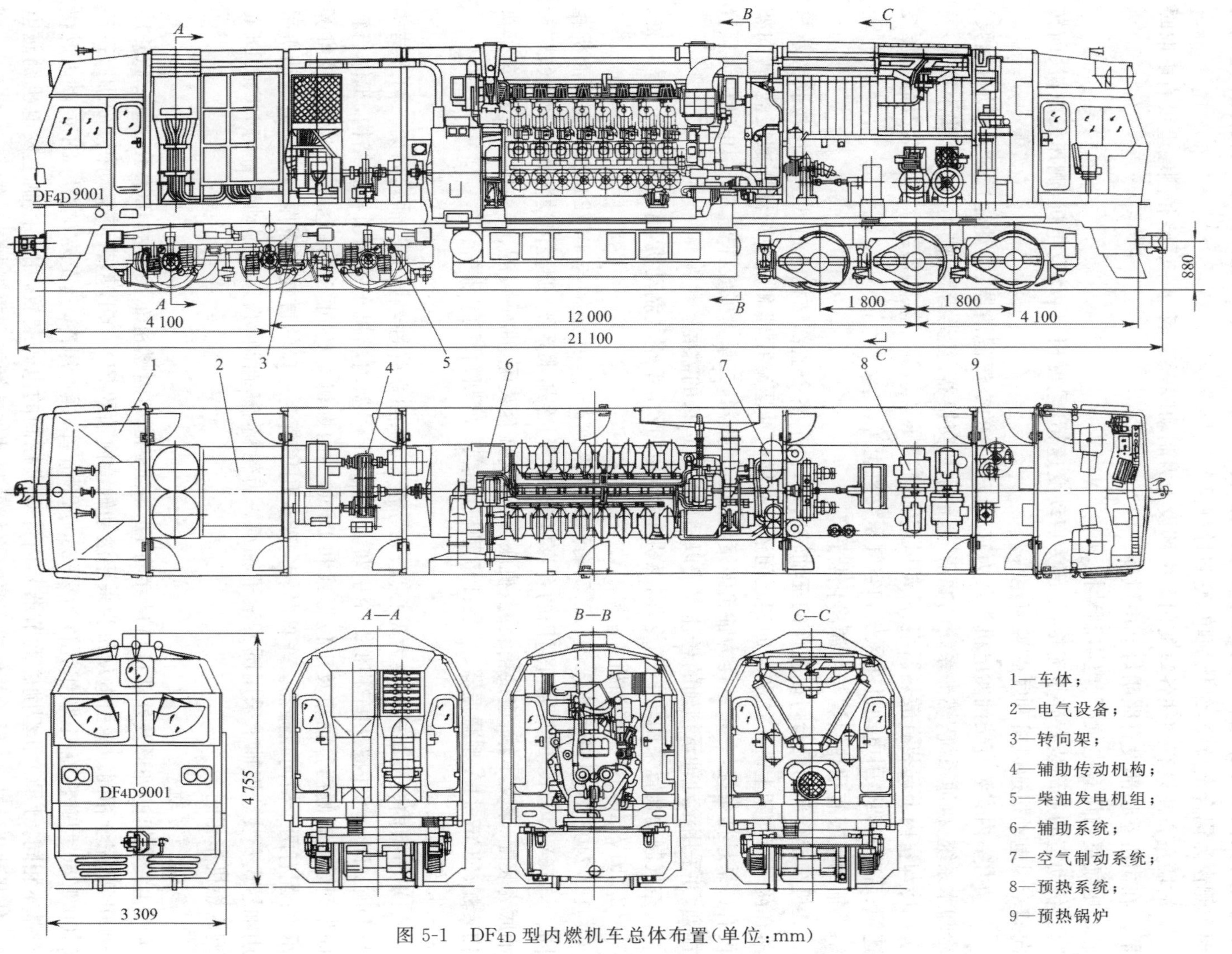


图 5-1　DF4D 型内燃机车总体布置(单位:mm)

灯、顶吹式风扇等设备，给乘务人员提供一个舒适、方便、安全的工作环境。

操纵台上设有全部操纵和信息设备。主操纵台上设有主控制器、换向手柄、制动阀、控制开关、按钮、仪表、故障显示装置等。副操纵台设有控制开关、电炉、按钮等。前窗采用电热玻璃。侧窗为铝合金拉窗，结构简单，密封性好。

后墙左右侧设有通往各室的门。中部设人力制动装置手柄。在后墙和侧墙上设有电取暖器。在司机室顶部设有照明灯和电风扇。

电气室内设有电气柜、电阻制动柜。

传动室的上部装有硅整流柜，下部为启动变速箱、励磁机、启动发电机、测速发电机、前转向架牵引电动机通风机和励磁整流柜等。

动力室内安装有柴油发电机组及为它工作服务的空气滤清器、燃油输送泵、启动机油泵、冷却水系统、机油系统、燃油系统的滤清器、油水热交换器、各类管路、阀类以及膨胀水箱等。

冷却室内上部装有散热器组、冷却风扇和静液压马达等。散热器组下部安装有静液压变速箱、后转向架牵引电动机通风机和空气压缩机组等。

辅助室装有预热锅炉与风源净化装置等。

机车走行部为两台可以互换的三轴转向架，机车整个上部结构通过 8 个弹性橡胶旁承坐落在两个转向架上。车体和转向架之间还设有横向油压减振器和抗蛇行油压减振器，转向架设有二系悬挂系统，一系悬挂为轴箱弹簧配油压减振器，二系为橡胶弹簧。牵引电动机为顺置排列，并采用滚动轴承抱轴的悬挂方式以适应高速运行的需要。

空气制动装置采用与 $DF_{4C}$ 型内燃机车相同的 JZ-7 型空气制动机，并设有空气干燥装置。

2. 16V240ZJD 型柴油机

16V240ZJD 型柴油机是 240/275 柴油机的系列产品，其结构与 16V240ZJC 型柴油机相同。与 16V240ZJC 型柴油机通用的有：泵传动装置、冷却水系统、调控传动装置、弹性联轴节、油底壳装配、泵支承箱、连接箱装配、机座支承、气缸套装配、曲轴装配、传动机构装配、盘车机构装配、NC67-11A 型减振器、水泵、105 型机油泵、C3 型联合调节器等。

3. 转向架

$DF_{4D}$ 型内燃机车转向架为无心盘、无导框、二系独立弹性悬挂的三轴转向架。构架结构与 $DF_{4B}$、$DF_{4C}$ 型内燃机车相似。牵引装置采用 $DF_{4C}$ 型内燃机车的牵引杆式结构，车体与转向架间设置有侧挡。轴箱及定位形式和 $DF_{4C}$ 型内燃机车相同。二系悬挂为 4 个橡胶堆旁承，并配有两个横向减振器。车体与转向架采用了荷兰进口的抗蛇行减振器。牵引电动机采用轴悬式安装。抱轴承采用圆锥滚子轴承。齿轮箱、基础制动、人力制动装置与 $DF_{4B}$、$DF_{4C}$ 型内燃机车相同。

4. 电气系统

主发电机的外形及外部接口尺寸与 $DF_{4B}$、$DF_{4C}$ 型内燃机车采用的 TQFR-3000、TQFR-3000B 型完全相同。牵引电动机为采用滚动轴承抱轴的 ZD-109B 型直流电动机。采用 GTF-5100/1250 型硅整流柜，机组元件为 ZP2500-28 硅管，强迫风冷，其安装方式与 $DF_{4C}$ 型内燃机车基本相同。LTQ-Ⅱ型励磁调节器是由计算机控制的电子装置，用来控制主发电机励磁电流，使柴油机恒功率运行，并使机车具有良好的起动加速性能和电阻制动性能。

5. 辅助系统

辅助传动系统、机油系统、冷却水系统、燃油系统、预热系统、通风系统等也基本上和 $DF_{4C}$ 型内燃机车相同。柴油机进气空气滤清器由三级滤清元件组成：第一级为多孔钢板网；第二级为多旋流管滤清器，与 $ND_5$ 型内燃机车所用空气滤清器相同；第三级为金属骨架纸质滤清器。旋风滤清器下设有集尘腔，通过管道与柴油机烟囱相连，利用柴油机高速排气负压将灰尘带出。

### 5.1.2 $DF_{4D}$ 型内燃机车转向架

$DF_{4D}$ 型内燃机车转向架为无心盘、无导框、二系弹簧悬挂的轴悬式三轴转向架。它是为开行最高时速 145 km/h 旅客列车而设计的客、货运兼顾的机车转向架。客运机车构造速度 145 km/h，动力学试验速度 157 km/h；货运机车构造速度 100 km/h。

1. 转向架的主要组成

$DF_{4D}$ 型客运内燃机车转向架(图 5-2)主要由构架、轮对、轴箱(图 5-3)、支承装置、牵引杆装配、电动机悬挂装置、基础制动装置等组成。货运内燃机车转向架与客运内燃机车转向架基本相同。

2. 转向架结构特点

(1)牵引电动机采用顺置排列

把每台转向架上的 3 个牵引电动机均布置在轮对后侧。这种布置可使机车在牵引工况时轴重转移较小。

(2)采用低位牵引杆装置

在结构布置和参数选择上，尽量降低转向架与车体间牵引力传递点距轨面的高度，使轴重转移尽可能小。$DF_{4D}$ 型内燃机车采用了牵引杆机构，这种结构可以把牵引杆系统简单而紧凑地布置在构架的下面，使牵引点距轨面高度为 725 mm，起到了低位牵引的作用。

(3)采用两系悬挂系统

由于客运机车要求轴重转移小，高速运行的平稳性和稳定性要好。所以，为了满足要求，客运机车转向架在悬挂方式上采用两系弹簧悬挂，并且静挠度较大。

$DF_{4D}$ 型客运内燃机车总静挠度为 146 mm。一系悬挂采用了静挠度较大的螺旋弹簧(静挠度为 128 mm)以缓和来自轮对的冲击，减少垂直振动，同时，为了衰减这种振动，还并列匹配了液压减振器。液压减振器只装在一、三位轴的两端轴箱上，实践证明只要减振器阻尼系数选配适当，可以较好地抑制机车侧滚和转向架的点头振动。为吸收钢轨传至轴箱的高频振动，在一系圆弹簧的下面还装设了一个静挠度为 3 mm 的橡胶垫，使一系静挠度达到 131 mm。二系悬挂采用橡胶组合式弹簧，静挠度为 15 mm。货运机车总静挠度 139 mm，其中二系挠度16 mm。

(4)采用四点支承并加装横向和抗蛇行减振器

为提高机车水平方向的运行平稳性，$DF_{4D}$ 型客运内燃机车转向架采用四点橡胶弹簧支承并加装横向液压减振器和抗蛇行液压减振器。四点支承左右跨度为 2 050 mm，这样大的跨度对提高机车横向平稳性起到了一定作用；横向液压减振器有效地减少了机车侧滚(摇摆)振动；为了能有效地抑制转向架高速运行时的蛇行运动，客运机车还加装了抗蛇行液压减振器。

橡胶旁承由 7 个橡胶垫、6 块隔板及 2 块端板组成。它通过挡块和单卡板固定在转向架构架的旁承座板上。

橡胶旁承的作用：在垂直方向起弹性支承的作用，用于衰减机车的振动，特别是具有隔离和吸收高频振动的能力；在水平方向，当车体与转向架相对横向位移和回转时，橡胶旁承能产生复原力矩，在机车走出曲线时，此复原力矩可使转向架复原，防止轮缘在直线上偏磨。

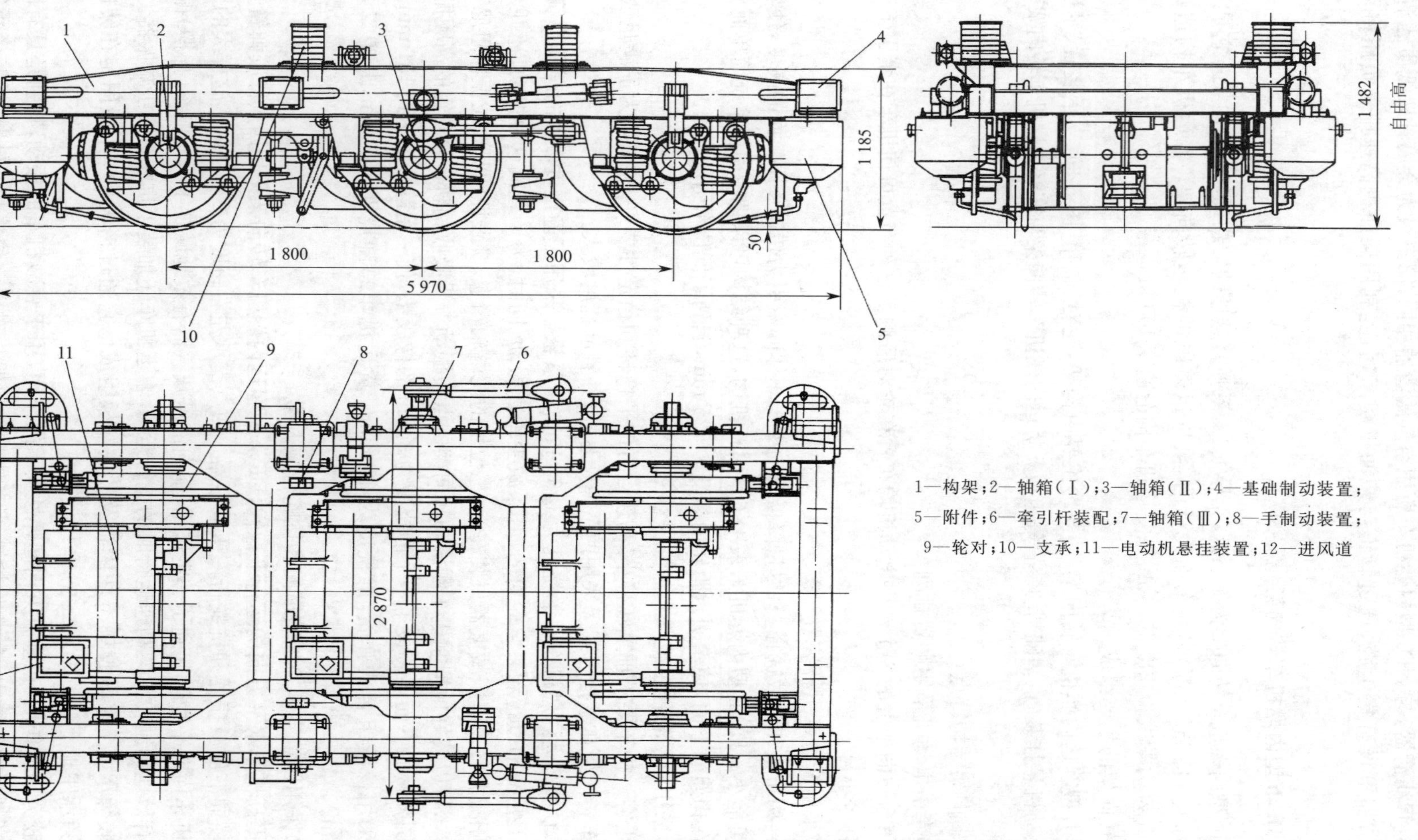


1—构架；2—轴箱（Ⅰ）；3—轴箱（Ⅱ）；4—基础制动装置；
5—附件；6—牵引杆装配；7—轴箱（Ⅲ）；8—手制动装置；
9—轮对；10—支承；11—电动机悬挂装置；12—进风道

图 5-2　DF4D 型客运内燃机车转向架

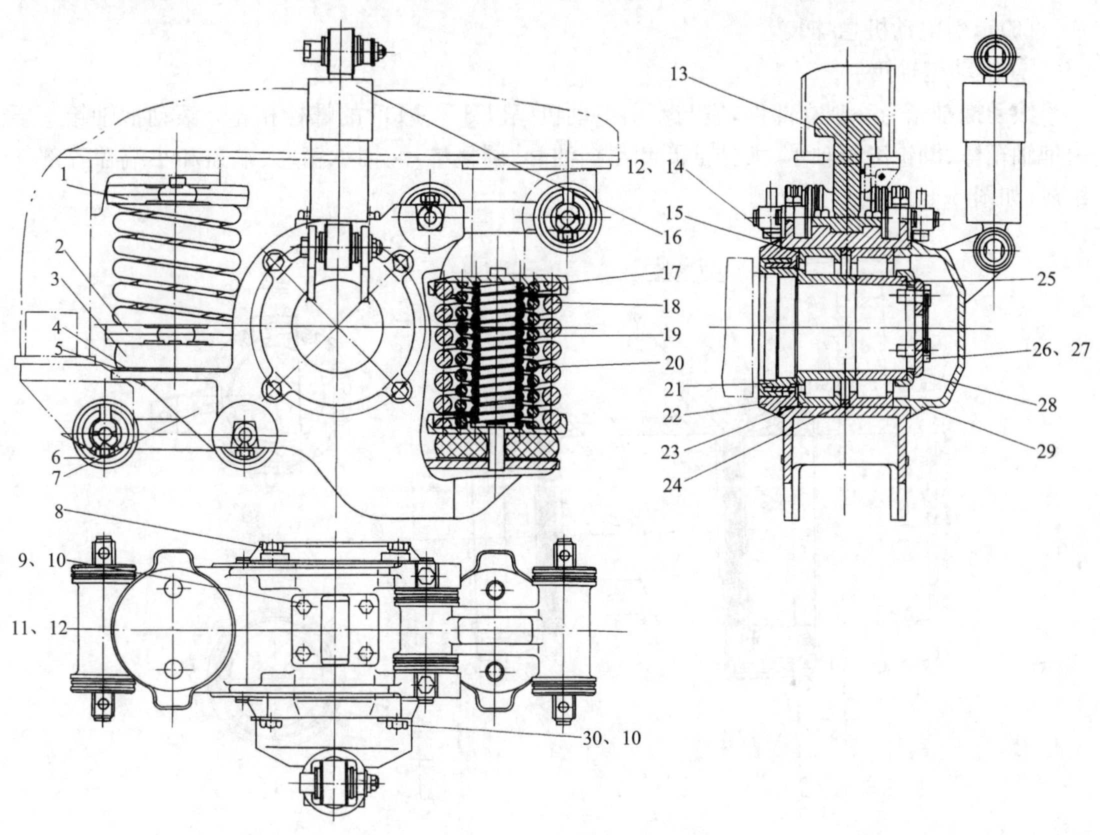


图 5-3 DF4D 型内燃机车轴箱

1—弹簧盖;2—弹簧座;3—减振垫;4、5—调整垫片;6、27—钢丝;7—轴箱拉杆装配;8—轴箱体;9—螺栓 M22×45;10—垫圈 22;11—螺栓 M20×40;12—垫圈 20;13—吊钩;14—螺栓 M20×75;15—橡胶圈;16—油压减振器;17—弹簧盖;18—大圆弹簧;19—小圆弹簧;20—内圆弹簧;21—防尘圈;22—后盖;23、25—滚柱轴承;24—隔环;26—螺栓 M24×50;28—压盖;29—端盖;30—螺栓 M22×65

为弥补由于橡胶旁承在横向、纵向阻尼的不足,提高客运机车的运行品质,在每个转向架的横向、纵向分别安装了 2 个液压减振器。横向液压减振器一端固定在转向架侧梁盖板上,另一端固定在车体上,它与轴箱拉杆共同衰减车体的横向振动;纵向布置的抗蛇行液压减振器一端固定在转向架侧梁外侧立板上,另一端固定在车体上,用于衰减机车的蛇行运动。

DF4D 型客运内燃机车每台转向架共有 8 个液压减振器,即 4 个垂向液压减振器、2 个横向液压减振器和 2 个纵向抗蛇行液压减振器。DF4D 型货运内燃机车无抗蛇行液压减振器。

(5)采用新型轴箱轴承和弹性轴箱拉杆定位

①轴箱轴承:采用既可承受径向力,又可承受轴向力的圆柱滚子轴承。在第一、三轴轴箱内装有 552732QT 和 752732QT 圆柱滚子轴承;中间轴的轴箱内装有 552732QT 和 652732QT 圆柱滚子轴承,类似于 DF4B 新轴箱的结构,如图 5-3 所示。

②轴箱拉杆:轴箱拉杆采用弹性元件作为轴箱与构架间的弹性定位。这不仅消除了摩擦件和连接部位的间隙,而且有利于缓和机车的垂向和横向冲击,提高机车垂向和横向的动力学性能。轴箱拉杆制成大小端,这不仅是结构需要,更主要的是能加大横向刚度,以提高机车的横向平稳性。

(6)牵引电动机悬挂装置

① 滚动抱轴箱

滚动抱轴箱为一独立部件,它与牵引电动机座以 8 个 M36 的螺栓相连。滚动抱轴箱主要由抱轴箱体、圆锥滚子轴承、大挡油圈和小挡油圈、调整垫片、轴承箱、大端盖和小端盖等部件组成,如图 5-4 所示。

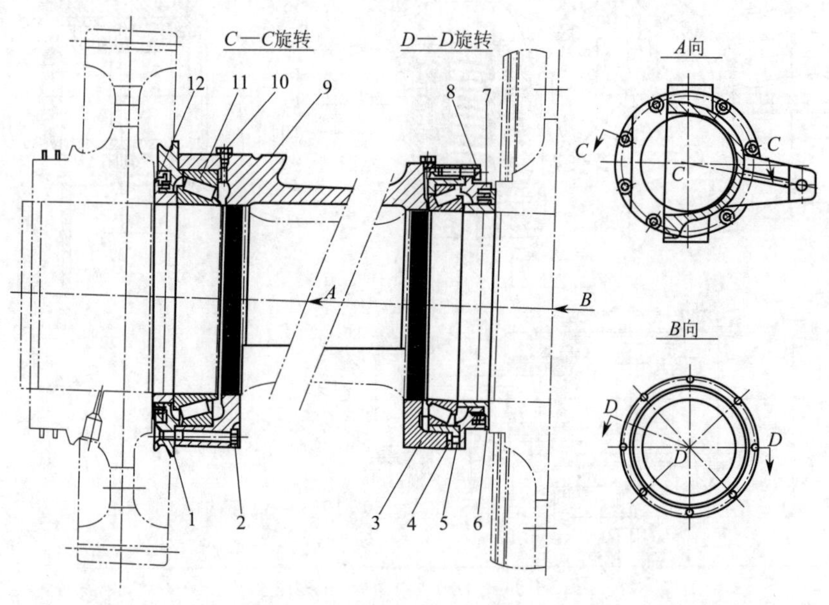


图 5-4　滚动抱轴承装配

1—大端盖;2—螺栓 M12×1.25×100;3—小端轴承;4—调整垫片;5—轴承箱;6—小挡油圈;7—小端盖;8—螺栓 M12×1.25×45;9—抱轴箱体;10—螺堵;11—大端轴承;12—大挡油圈

组装时,圆锥滚子轴承内圈和大、小挡油圈需加温至 130 ℃后热套装到车轴轴颈上。抱轴箱体与大、小端盖组装时需要通过调整垫片来调整轴承轴向间隙,要保证轴承轴向间隙小于 0.5 mm。组装时分别对轴承加注 0.5 kg 润滑脂。

牵引电动机抱轴箱采用圆锥滚子轴承,保证了主、从动齿轮有良好的组装啮合精度,从而提高了齿轮的使用寿命,并从根本上解决了 $DF_{4B}$ 型、$DF_{4C}$ 型内燃机车的抱轴瓦碾片等问题,减轻了司乘人员的劳动强度。

采用滚动抱轴箱在运行中需注意的是:应经常检查连接紧固大、小端盖的螺栓是否有松动。应在每运行 $30\times10^4$ km 后给每个轴承补充 150 g 润滑脂。中修时检查抱轴箱内轴承轴向间隙,具体检测方法为:架起轮对,把抱轴箱体正、反各转 3 圈(使轴承滚子和滚道接触状态良好),然后把百分表固定于一端面,左右拨动抱轴箱体进行测量;也可以把轮对抱轴箱体的一端吊起,使抱轴箱体正、反转 3 圈,用千斤顶顶起抱轴箱的大吊耳,用百分表测量轴承轴向间隙是否小于 0.5 mm,如果轴向间隙大于 0.5 mm,可改变调整垫片厚度,使轴向间隙在 0.15～0.25 mm 之间。

在轮对、抱轴箱和牵引电动机组装时应注意:装配前,所有与牵引电动机对接的接合面均涂密封胶,特别是图 5-4 所示的 A 面。8 个 M36 螺栓的紧固力矩为 1 175～1 300 N · m。

②牵引电动机悬挂

轴悬式电动机悬挂的另一端采用吊杆式结构。吊杆的上端用球形关节轴承与构架的横梁或端梁上的电机吊杆座连接。吊杆下端通过垫板、橡胶座、吊杆座与牵引电动机连接,如图 5-5 所示。

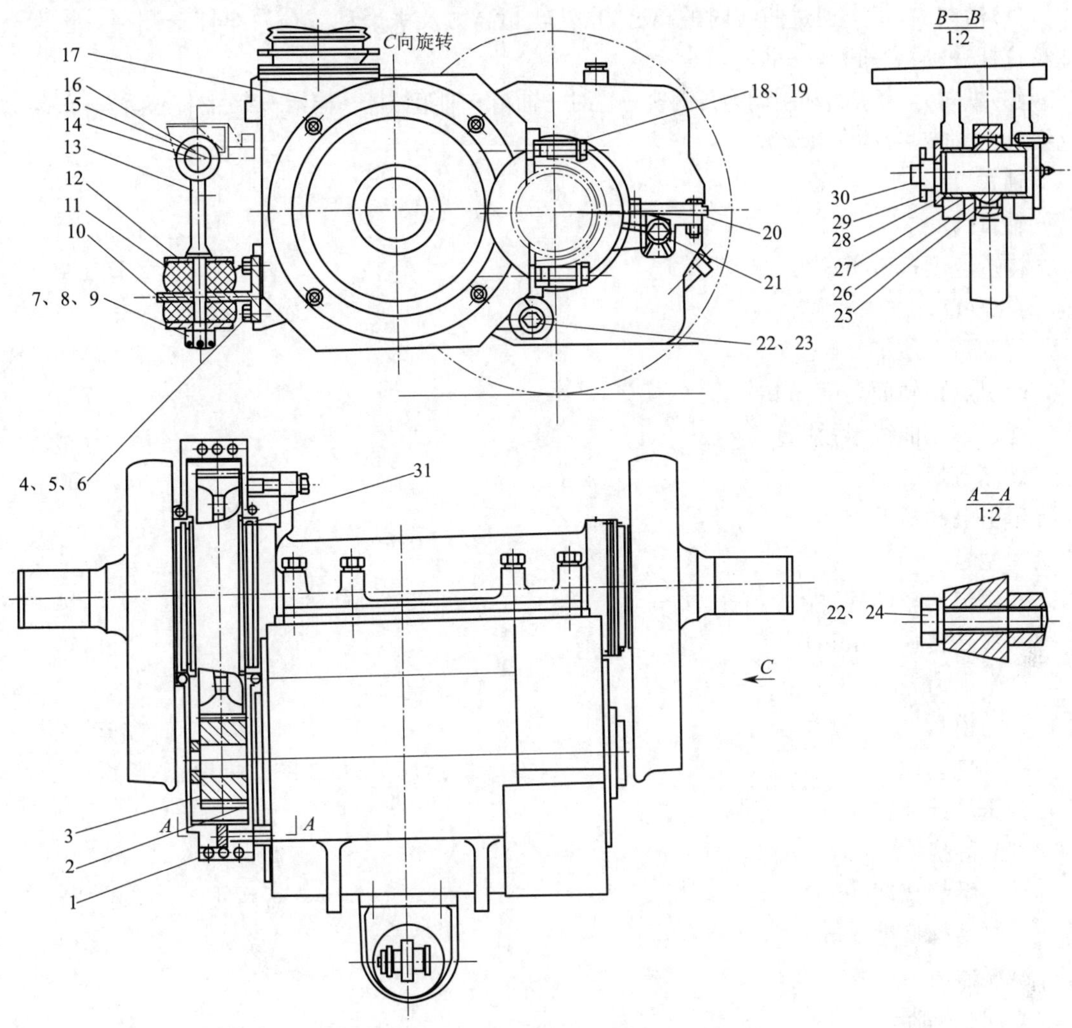


图 5-5 牵引电动机悬挂装置

1—齿轮箱；2—O 形圈；3—主动齿轮；4—螺栓 M24×60；5、9、19、22—垫圈；6—钢丝；7—销 8×80；8—槽形螺母；10—吊杆座；11—橡胶垫；12—垫板；13—吊杆；14—油杯 M10×1；15—销 A10×30；16—销；17—牵引电动机；18—螺栓 M36×3×180；20—密封胶；21—螺栓 M30×110；23—螺栓 M30×90；24—螺栓 M30×160；25—挡圈 75；26—关节轴承；27—隔套；28—压盖；29—销 5×45；30—螺母 M24×2；31—密封圈

上、下橡胶垫组装时须预压缩 28 mm。此弹性压缩量是保证下橡胶垫在电动机自重和牵引力作用下，上、下橡胶垫保持有一定的预压缩量，以免在工作时产生间隙而造成冲击。

橡胶垫的自由高度为(93±0.8)mm。在 29.4 kN 下，挠度为(14±2)mm；在 58.8 kN 下，挠度为(21±2)mm。

悬挂装置上端采用球型关节轴承结构，此种悬挂机构使电动机在任何方向都可随意灵活地摆动，且不产生任何附加外力作用，保证了电机随轮对相对构架作任意摆动时，由于是球轴承而不产生任何抗劲现象，在工艺上对构架上的电机吊座几何尺寸要求也容易保证。

在悬挂装置中，为了防止悬挂装置各零件因折损造成电机脱落的严重事故，在电机吊杆座上设有安全托，安全托与牵引电动机座间留有(50±5)mm 间隙，使正常工作时相互不能接触。

3. 转向架力的传递过程

(1)垂向力(静载荷和动载荷)：车体→旁承→构架→轴箱弹簧→轴箱→轮对→钢轨。

(2)横向力(机车通过曲线时的离心力、外轨超高力及水平动载荷):车体→侧挡→构架→轴箱拉杆→轴箱→轮对→钢轨。

(3)纵向力(牵引力和制动力):钢轨→轮对→轴箱→轴箱拉杆→构架→牵引杆→车体→车钩。

4. 转向架主要技术参数

| | |
|---|---|
| 轴式 | $C_0$—$C_0$ |
| 轴重(t) | 23×(1±3%) |
| 构造速度(km/h) | 客运 145　货运 100 |
| 自重(t) | 23.575 |
| 每轴簧下质量(t) | 4.6 |
| 牵引点距轨面高度(mm) | 725 |
| 通过最小曲线半径(m) | 145 |
| 砂储备量(kg) | 4×100 |
| 牵引电动机 | |
| 　型号 | ZD-109B |
| 　额定功率(kW) | 530 |
| 　最高转速(r/min) | 2 385 |
| 　牵引齿轮 | |
| 　　模数 | 客运 10　货运 12 |
| 　　传动比 | 客运(68/24)2.83　货运(63/14)4.5 |
| 弹簧悬挂装置 | |
| 　总静挠度(mm) | 客运 146　货运 139 |
| 　一系静挠度(mm) | 客运 131　货运 123 |
| 　二系静挠度(mm) | 客运 15　货运 16 |
| 减振器 | |
| 垂向减振器 | |
| 　型号 | CZ01-00-000 |
| 　阻尼系数(kN·s/m) | 78.5±10 |
| 横向减振器 | |
| 　型号 | TPF74-00-00 |
| 　阻尼系数(kN·s/m) | 78.5±10 |
| 　抗蛇行减振器 | |
| 　型号 | 客运 Koni04R-1206-012<br>DISPEN2132-00<br>货运(无) |
| 横动量 | |
| 　构架相对车体的横动量 | |
| 　　自由横动量(mm) | ±15 |
| 　　弹性横动量(mm) | ±5 |
| 　轮对相对构架横动量 | |
| 　　构架相对轴箱弹性横动量(mm) | ±8—±8—±8 |

| | |
|---|---|
| 轮对相对轴箱横动量(mm) | ±3—±10—±3 |
| 基础制动装置 | |
| 制动缸直径(mm) | 152.4 |
| 制动倍率 | 12.3 |
| 制动率 | |
| 常用制动 | 61% |
| 紧急制动 | 78.5% |
| 人力制动机制动倍率 | 1 227 |
| 转动人力制动机手柄施加 294 N 力时两块闸瓦压力(kN) | 125.9 |

## 5.2　$DF_{11}$ 型内燃机车总体布置及主要技术参数

### 5.2.1　机车部件介绍

1. 柴油机

$DF_{11}$ 型内燃机车装用的 16V280ZJA 型柴油机是在 16V280ZJ 型柴油机的基础上，在性能和结构上经改进提高后的系列产品。该柴油机在满足提升功率、降低油耗和提高可靠性、耐久性的前提下，尽量保持与 16V280ZJ 型柴油机的通用性和互换性。

16V280ZJA 型柴油机为 16 缸、V 形、四冲程、气缸直径 280 mm，活塞行程 285 mm、直接喷射式、开式燃烧室、废气涡轮增压、增压空气中间冷却的机车用柴油机，其标定功率为 3 860 kW，标定转速为 1 000 r/min，燃油消耗率为 208 g/(kW · h)，最大运用功率为 3 610 kW。柴油机采用横截面近似六边形的、强度和刚度大、吸振性能好的球墨铸铁整体铸造机体，全纤维挤压的 40CrMo 钢曲轴，40°斜切口、齿形为 8×90°的并列连杆，钢顶铝裙活塞，蠕虫状石墨铸铁的顶置式气缸盖，四节组装式凸轮轴，卷簧减振器，大圆薄板联轴节，VTC254-13G 型增压器，MPC 增压系统，高喷射压力的单体式柱塞油泵，多孔闭式喷油器及有挡无级的 C 型联合调节器。

2. 电气系统

机车采用交—直流电传动。同步主发电机输出的交流电经主整流柜整流后，将直流电输送给 6 台并联的牵引电动机，驱动机车前进。

(1)系统中采用的新技术

①采用了微机控制系统，能在机车各种工况(牵引、电阻制动及自负荷)运行时，综合、分析、比较来自机车各系统的信号，并用来控制机车，使其尽可能按最佳状态运行。

机车采用了具有防空转、防滑控制的微机(励磁Ⅰ)及油马达(励磁Ⅱ)两套恒功励磁控制系统，保证柴油机在工作速度范围内恒功率运行。机车设有励磁控制开关，供乘务人员自行选择励磁方式。当选用的微机励磁系统发生故障时，则将控制手柄退至零位，然后把励磁控制开关拨至励磁(Ⅱ)，即转换为油马达励磁方式。正常情况下，应优先选用励磁(Ⅰ)控制。

微机故障显示装置对机车各系统的运行参数(101 个参数)进行监控显示及对 19 个项目进行保护和记录。

②具有自负荷试验功能，可在机车静止状态下对机车进行自检试验。

③采用了轴承温度监测控制仪，对轴箱、空心轴、主发电机及牵引电动机等的轴承温度进

行自动检测及报警，提高机车运行的可靠性。

④具有列车速度监控装置，当司机失去警惕或错过制动时机时，速度监控装置动作，使机车卸载，与此同时，使常用制动或紧急制动起作用，以保证列车运行的安全。

(2)电机

$DF_{11}$ 型内燃机车除同步主发电机、牵引电动机、励磁机及空气压缩机电机是在 $DF_9$ 型内燃机车相应的电机上进行改进或重新选型外，其余电机均与 $DF_9$ 型、$DF_8$ 型内燃机车通用。

同步主发电机为 JF204 型，功率 3 600 kV · A，额定电压 540/740 V，额定电流 3 850/2 810 A，为使最高电压点的效率不降低，在 TQFR-3000C-1 型电机的定子铁芯上减少一排通风孔，使铁损耗降低，高电压工况下效率提高 0.4%。

牵引电动机为 ZD106 型，额定功率为 530 kW。为使机车有较大的起动牵引力，将电机的最大起动电流提高到 1 200 A。同时，在轮径超过磨耗的状态下为保证机车最大恒功率速度保持 160 km/h，将电机的最大恒功率转速和最大转速分别提高到 2 285 r/min 和 2 385 r/min。为此在 $DF_9$ 型内燃机车牵引电动机的基础上，$DF_{11}$ 型内燃机车的牵引电动机采用了线性气隙和双弧度主极极靴的结构，以改善换向特性。同时改变了电动机悬挂点位置，使转向架受力更为合理；加大了观察孔尺寸，使更换电刷更方便。

励磁机为 JGL-405B 型感应子励磁机，它是在 $DF_9$ 型内燃机车 JGL-405A 型感应子励磁机的基础上取消了去磁绕组、滑环及电刷等部件，且将励磁绕组及电枢绕组都安装在定子上的一种新的励磁机。

(3)电器

为遵循高、低压电器元件分开布置的原则，机车设置了高压电器柜、低压电器柜及微机控制柜。为了提高各类电器的抗干扰性和工作可靠性，且便于检查、调试和维修，在 $DF_9$ 型内燃机车电气柜的基础上，适当地增加了高、低压电器柜的容积。

为提高电器的可靠性和减轻重量，选用 GE 公司技术国产化的电空接触器、工况转换开关及方向转换开关等牵引电器和“沙尔特宝”电器。

主整流柜由具有较高额定电流和电压的 24 个 ZP2000-28 型硅整流管元件组成，从而减少了整流元件的数量，缩小了主整流柜的体积。

电阻制动装置采用 2 台卧式结构的 T805 型制动电阻装置，它具有功率大、体积小、重量轻的特点，使机车具备了自负荷试验的功能。

3. 车体

车体采用棚式、桁架承载结构。为适应准高速运行的要求，在车体外形及结构上采取了如下的措施。

(1)减小高速运行时的阻力

①车体头部采用适度流线型的结构，司机室的前端突出，前窗部位采用 25°倾角的大平面结构，顶盖呈圆弧形。

②尽量减少车体外露凸出部件，使机车外侧表面尽可能光滑。为此，将百叶窗安装在侧壁平面内，叶片呈上、下开闭；消除车体顶盖断面的突变，使安装电阻制动装置的顶盖两端平滑过渡，以减小迎面阻力。

(2)减轻重量

①在 $DF_9$ 型内燃机车车体钢结构静强度试验结果的基础上，对强度和刚度富余部分进行

调整设计。

②对非受力部分的构件尽可能采用轻质材料。

③充分利用间壁结构,将主整流柜、微机控制柜、空气净化装置及更衣箱等部件吊挂在间壁上,以简化安装架,减轻机车重量。

4. 转向架

$DF_{11}$ 型内燃机车转向架是一种具有牵引电动机架悬式悬挂、轮对空心轴六连杆驱动装置、高圆簧旁承、拉杆定位轴箱、低位牵引杆结构的高速转向架。试验表明该型转向架性能良好,结构可靠,能满足 160 km/h 运行的要求。但要满足最大速度 170 km/h,动力学试验速度 180 km/h 的要求,还必须提高转向架动力性能及运行安全的可靠性。为此,$DF_{11}$ 型内燃机车转向架在结构上作了如下的改进。

(1)驱动装置采用锥形空心轴。

(2)加大弹性悬挂系统二系的挠度及增大机车垂直方向的阻尼。

(3)对轮对及驱动装置空心轴进行静、动平衡试验。

(4)单元制动器采用高磷闸瓦。

5. 辅助系统

机车辅助系统形式与 $DF_8$ 型内燃机车的基本相同,但对管路布置及部分系统作了一些改进。

(1)系统的主要改进

①机车各有关部件的进出口及主要管路的走向由总体进行统筹安排,尽可能走向合理,使管路短而直,以减小流动阻力,简化布管工艺。

②油、水系统中,管路与部件设备间的连接采用可曲挠球体橡胶接头,以隔离振动和提高管路的互换性。

③静液压工作油的冷却由水冷改为风冷,从而减少了低温水系统的阻力,提高了低温水系统的冷却能力。

(2)冷却系统

①水冷却系统

仍采用高温和低温两个冷却系统。高温水系统冷却柴油机及增压器,低温水系统冷却增压空气和机油。散热器采用 48 组管带式双流道铜散热器。冷却风扇为铝叶片风扇。冷却装置为整体吊装的 V 形结构,为了减轻重量,对 V 形冷却装置钢结构作了部分改进,部分受力件选用了 16Mn 低合金钢板。

②风冷却系统

同步主发电机、主整流柜以及前、后转向架牵引电动机分别由三台通风机进行强迫通风冷却。对前转向架牵引电动机通风冷却用的车架内部通风道进行了优化设计,降低了风道阻力,从而减少了机车的辅助功率。

静液压传动工作油由设置在 V 形冷却装置底部的两个油—空散热器经冷却风扇进行强迫通风冷却。

(3)机油系统

机油系统工作回路包括主工作回路、柴油机启动回路、并联滤清支路及机油预热工作回路。机油热交换器采用 $\phi 6$ mm×0.5 mm 铜管组成的管壳式结构,结构紧凑,散热量大。机油滤清器为 3 个化纤布式滤芯并联组成的滤清器,其滤清精度为 25 $\mu$m。

(4)燃油系统

为适应柴油机的需要,采用了流量为 40 L/min 的燃油输送泵和燃油粗滤器。为适应预热系统改进的需要,在燃油箱顶面的右侧增设了预热锅炉燃油泵吸油装置。

(5)预热系统

机车预热系统采用单工况全预热方案,即对机车的高、低温水系统及机油系统进行全面循环加热。

预热系统的控制方案把原由辅助油箱供油改为机车燃油箱直接供油,选用具有 51 单片机的控制系统。在水冷却系统中增设控制温度的传感器及预热锅炉中增设安全保护设施后,使系统真正具有了全自动控制和连续工作的能力。这样,机车在冬季运行时,该系统即可对柴油机的油和水自动进行预热和保温。这与普遍采用的由柴油机工作来进行保温的方法相比,不仅可延长柴油机的工作寿命,且可以节约能源,提高运用单位的经济效益。

6. 空气滤清系统

(1)柴油机空气滤清系统

柴油机增压空气采用二级滤清形式,第一级为 $ND_5$ 型内燃机车用的惯性式滤清器,第二级为铝板网式滤清器。为改善进口空气的流通状态,将设置于车体侧壁上的空气滤清装置的出口布置在中间位置,同时将柴油机增压器空气进口由水平方向旋转 30°,改进了风道,从而降低了进口空气的阻力。

机车上增设了空气滤清器压差传感器,当压差达到规定值时,微机显示屏自动显示报警。此时,乘务人员应及时拆下铝板网式滤清器进行清洗,以保证柴油机正常工作所需的空气量。

(2)车体内空气的滤清

动力室及电气室的空气由设置在两室侧壁百叶窗上的毛棕海绵滤网进行滤清。

7. 测量仪表及机车保护系统

机车测量仪表除了动力室仪表、差示压力计及水温继电器外,还为微机控制的需要增设了 7 个压力传感器、2 个压差传感器及 7 个温度传感器。

机车具有传统的机械—继电器式及微机两种保护系统,对机车 19 个项目实施保护。除 11 项为微机保护系统单独执行外,其余 8 项为两种保护系统共同实施。

8. 辅助传动装置

机车辅助传动采用机械传动、静液压传动及直流电动机传动三种形式。

风冷系统的 3 个通风机、启动发电机、励磁机及静液压泵,均采用机械传动;冷却风扇采用静液压传动;空气压缩机、启动机油泵、燃油输送泵及其他需单独驱动的泵、通风机,全采用直流电动机驱动。

9. 空气管路系统

空气管路系统包括风源、制动、撒砂、风喇叭与刮雨器及控制用风等系统。

风源系统采用 2 台 W1.6/9 空气压缩机供风。

单杆风动刮雨器设置在司机室前窗玻璃的下方。

### 5.2.2 总体布置及主要技术参数

1. 总体布置

机车总体布置如图 5-6 所示。

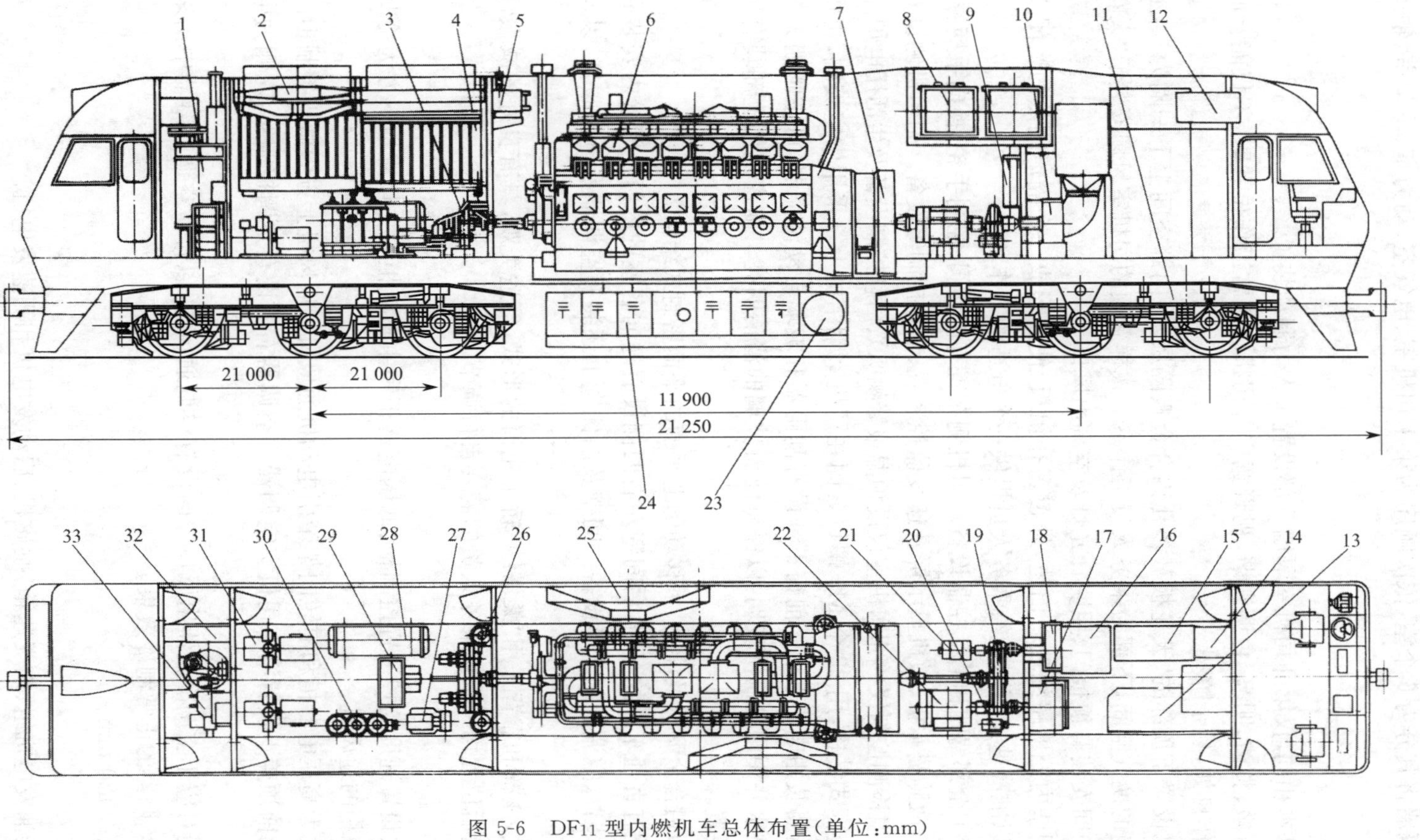


图 5-6　DF11 型内燃机车总体布置(单位:mm)

1—预热锅炉;2—冷却风扇;3—后变速箱;4—散热器;5—膨胀水箱;6—柴油机;7—同步主发电机;8—电阻制动装置;9—空气干燥装置;
10—前转向架牵引电动机通风机;11—转向架;12—空调器;13—高压柜;14—速度装置控制箱;15—低压柜;16—主硅整流柜;
17—微机控制柜;18—主硅整流柜、同步主发电机通风机;19—前变速箱;20—测速发电机;21—励磁机;22—启动发电机;
23—总风缸;24—燃油箱;25—空气滤清装置;26—静液压系统油箱;27—启动机油泵;28—机油热交换器;
29—后转向架牵引电动机通风机;30—机油滤清器;31—空气压缩机;32—更衣箱;33—制动阀类安装架

$DF_{11}$型内燃机车车体的车架下方为2个三轴转向架，两转向架间安装燃油箱。燃油箱的前后端设置总风缸，其左右两侧有蓄电池箱。

车体以5道隔墙将其分为6个室，依次顺序为第Ⅰ司机室、电气室、动力室、冷却室、辅助室和第Ⅱ司机室。

(1)司机室

两个司机室基本相同，仅第Ⅱ司机室隔墙下部设置了人力制动装置。

司机室空间宽敞、整洁、明亮、色调和谐，视野宽广。司机在正常工作位置时，不仅能全面监视仪表，而且操作自如，易于瞭望。

司机室内部以设置于顶部的“天花板”(多孔铝合金板隔层)将内部空间上下一隔为二，上层作为空调及风扇的换气空间，下部为乘务人员工作室。式样新颖的司机室风扇安装于“天花板”的左右两侧，中间安装有顶板门、照明日光灯及空调出风口。

司机室的四周壁内充填超细玻璃棉毡，外覆多孔铝板，使其形成一个隔声隔热的密闭空间，保证机车四季以准高速运行时能给乘务人员提供一个舒适的工作环境。

操纵台上安置了全部驾驶和信息控制设备。司机侧布置有制动阀、控制手轮、换向手柄、控制开关、按钮、仪表、故障显示板、微机显示屏及速度监控装置、信息控制等设备。副司机侧设有控制开关、按钮、轴温检测控制仪(第Ⅱ司机室仅设轴温报警喇叭)、信息控制设备及生活用电炉。

前窗为铝合金框式结构，用22个M5螺钉紧固在司机室钢结构上。采用中空玻璃，也可根据运用部门的需要装用电热玻璃。前窗下部设有刮雨器和玻璃自动洗涤器，可在晴朗天气使用自动洗涤器喷水并用雨刷刷洗玻璃，以保持前窗玻璃的清洁明亮。前窗内侧上部装有新型的卷帘式窗帘装置。

侧窗采用新型铝合金型材及能上、下移动随遇平衡的平面密封式结构。

司机室两侧设有直通车外的车门，后间壁左右两侧设有通向各室的内门。间壁内安装有紧急放风阀、灭火装置、空调控制盒等设备。间壁及两侧壁上还装有空调器及电取暖器，以调节室内温度。

座椅为固定式，座椅和靠背采用“桑塔纳”轿车座椅的形式，舒适美观，具有良好的减振性能。座椅高度和前后位置均可根据乘务人员的需要自行调节。

(2)电气室

左侧向后依次设置速度监控装置控制柜、低压电器柜和主整流柜。主整流柜下方为冷却主发电机和主整流柜的通风机。

右侧向后依次为高压电器柜和前转向架牵引电动机通风机。通风机上方为微机控制柜。

第一道隔墙的前顶盖上设置第Ⅰ司机室空调器。空调器右侧设有空调控制箱，左侧为电空制动控制箱。

顶盖左侧前端对应于空调冷凝器出风口方向设有空调通风机，以排泄空调冷凝器中出来的热风，从而保证空调器的正常制冷效果。

电气室长度为3 120 mm。

(3)动力室

室内设置有柴油发电机组、前变速箱、励磁机、启动发电机和测速发电机。

柴油发电机组左侧设有两组燃油输送泵、燃油粗滤器，右侧有燃油预热器、预热锅炉燃油泵及辅助机油泵组。

左右两侧壁上设有增压空气滤清器、车体通风机和便于柴油机加装机油的加油口。

前隔墙上部为横跨电气室和动力室的两台电阻制动装置，下部左侧为励磁整流柜，右侧为空气干燥装置，其再生风缸安装于右侧壁前上方的顶盖上，后隔墙上方为膨胀水箱，下部安装有压力传感器、空调器压差传感器、差示压力计和温度继电器等测量仪表。

动力室长度为 8 160 mm。

(4)冷却室

冷却室的上部为 V 形结构的冷却装置，其两端各装有 24 组双流道散热器组。V 形夹角上方装有两套静液压马达及由其带动的冷却风扇，下方设有两个油—空散热器，以冷却静液压系统工作油。

冷却室下部中间装有两只静液压泵的后变速箱和后转向架牵引电动机通风机，其左侧为机油热交换器和空气压缩机，右侧为启动机油泵机组、化纤布式机油滤清器和空气压缩机。前隔墙上位于冷却装置下部的左右两侧装有静液压系统油箱。

冷却室长度为 3 970 mm。

(5)辅助室

室内前端左侧为更衣箱，中间为预热锅炉，右侧为制动阀。

前隔墙右侧装有预热锅炉控制箱。后隔墙上部安装第Ⅱ司机室空调器，下部中间设有人力制动传动装置，左侧有信号旗、响墩、信号火炬等装置及复轨器，右侧有复轨器及可通车顶的扶梯。

顶盖右侧对应于空调冷凝器出风口方向设置有空调通风机，以排泄空调冷凝器出来的热风，保证空调器的正常制冷效果。

辅助室长度为 1 000 mm。

2. 主要技术参数

| | |
|---|---|
| 用途 | 客运 |
| 传动方式 | 交—直流电传动 |
| 轴式 | $C_0$—$C_0$ |
| 轮径(mm) | 1 050 |
| 轴重(t) | 23 |
| 计算整备质量(t) | 138 |
| 标称功率(kW) | 3 040 |
| 柴油机最大运用功率(kW) | 3 610 |
| 机车速度 | |
| 最大速度(km/h) | 170 |
| 动力学试验最高速度(km/h) | 180 |
| 持续速度(km/h) | 65.6 |
| 最大恒功率速度(km/h) | 160 |
| 最大起动牵引力(kN) | 245 |
| 持续牵引力(kN) | 160 |
| 通过最小曲线半径(m) | 145 |
| 轴距(mm) | 2 000 |
| 机车全轴距(mm) | 15 900 |
| 转向架全轴距(mm) | 4 000 |
| 机车外形尺寸 | |

| | |
|---|---|
| 长度(mm) | 21 250 |
| 宽度(mm) | 3 304 |
| 高度(mm) | 4 736 |
| 燃油箱容量(L) | 6 000 |
| 机油装载量(kg) | 1 200 |
| 水储备量(kg) | 1 200 |
| 砂储备量(kg) | 400 |
| 车钩中心线高度(mm) | 880±10 |

### 5.2.3 车体、车架、司机室及缓冲器

1. 车体

DF11 型内燃机车车体为桁架式侧壁承载结构(图 5-7),车体的钢结构由车架、左右侧壁、车顶、5 个间壁、2 个司机室组焊而成,总长 20 750 mm,宽度 3 100 mm,最大高度 4 700 mm,车架顶面距轨面为 1 600 mm。车体主要构件采用 16Mn 低合金钢,为减轻重量,侧壁为桁架式承载结构,由上弦杆、立柱、斜撑、下弦杆及外敷钢板组焊而成。车体外敷钢板厚度为 2 mm。为满足运用的要求,承载式车体必须具有较高的强度和刚度。通过对车体施加 1 960 kN 的纵向静压力及 1.3 倍的垂直载荷力进行静强度试验,主要承载构件的应力均在许用范围内。

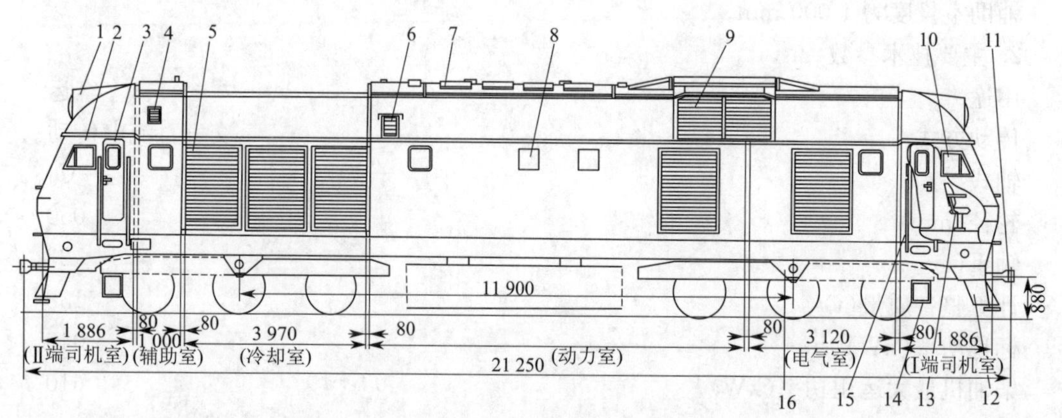


图 5-7 DF11 型内燃机车车体(单位:mm)

1—头灯;2—司机室;3—司机室侧门;4—空调器通风窗;5—冷却室百叶窗;6—通风机百叶窗;7—动力室小顶盖;8—空气滤清器进气口;9—电阻制动柜通风百叶窗;10—司机室侧窗;11—牵引装置;12—排障器;13—司机室座椅;14—侧脚蹬;15—司机室侧扶手;16—牵引拉杆座

机车车体是上部设备的安装基础,垂直载荷由车架、侧壁、车顶共同承受,通过 16 个高圆簧传至转向架。牵引力由牵引拉杆经过拉杆座传至车架,经牵引梁中的从板座传至车钩。横向力由转向架通过高圆簧、横向液压减振器和侧挡传至车体。

柴油机用的空气滤清器通风道焊接在动力室左右侧壁中部。车体侧壁外敷钢板上开设采光用的玻璃窗、空气滤清器及整体大百叶窗孔。

车顶由刚度较大的顶弦梁、底梁、棚条、底架、各室顶盖及其间壁、动力室通风机百叶窗、空调换气百叶窗、电阻制动进出风口百叶窗组成。

为便于机车设备组装及拆卸，在电气室、动力室、辅助室车顶上设置可拆卸的 6 个顶盖。柴油机发电机组所在部位的车顶顶盖各设 4 个小盖，同时在动力室车顶部位安装 2 根可拆弯梁，便于柴油机发电机组的整体吊装，为减小机车运行时的空气阻力，电阻制动盖的前后分别设计成倾斜过渡段。每个可拆顶盖盖孔四周用氯丁胶黏结橡胶海绵条进行密封，以防漏雨。间壁除了增加车体横向刚度，还将机车车体分隔成 6 个室。

2. 车架

车架由牵引梁、横梁、旁承梁、柴油机梁、侧梁、风道梁、牵引拉杆座及车架盖板等零部件组焊而成。旁承梁为刚性较大的箱形结构，在靠近侧壁的两侧设置安装高圆簧的箱体。每个箱体由隔板分成 4 个间壁，其顶板为 16 mm 的钢板，并在上面开有 8 个 $\phi$40 mm 的孔作为弹性定位装置的定位孔，高圆簧支撑在顶板上。为满足旁承的安装高度，该处高出车架上盖板面，与走廊地板面相平。在旁承梁的中部设有牵引电动机通风道，前旁承梁盖板上设有通风机安装座。柴油机梁为箱形结构的弯曲梁，两侧开有电线管孔、制动管孔。在柴油机梁的底部分别装有油箱吊座及油箱吊板。

侧梁为 400 mm×140 mm 的槽形压型件，与 8 mm 厚的钢板组焊成箱形结构。在旁承梁的侧梁下面，焊有牵引拉杆座，其上设有承吊孔，用以机车起吊。内侧设有横向止挡，将转向架与车架之间的横向摆动限制在一定范围内。拉杆座外侧侧梁底面处焊有架车座板，用以架起机车。在端部侧梁上设有承吊孔及踏车板，用以救援承吊和登车。在侧梁的内侧分别焊有 8 个垂向减振器座、4 个横向减振器座、4 个抗蛇行减振器座、4 个垂向安全止挡。在侧壁的前端有斜撑连接牵引梁，在中腹部焊有吊座，用于与转向架连接后的起吊。牵引梁中的前后从板座上焊有磨耗板，磨损后可更换。在立板的中部设有旋转止挡。在侧梁相应于间壁的位置上均设有箱形结构的横梁，横梁内设有风道与风道梁连接。在车架后端牵引梁、旁承梁底面设有人力制动托架拉杆架、滑轮架。在整个车架上敷设 5 mm 的 16Mn 钢板作为安装各种设备的基础，同时可使车体下部得到密封，并增强了车架的刚度。

3. 司机室

作为准高速机车的 $DF_{11}$ 型内燃机车，其外形设计将空气动力学性能放到重要位置来考虑。司机室外形设计成适度的流线型。为此，注意了司机室前端各部分比例，使其具有较好的气动形面。顶盖、端盖采用圆弧过渡面，取消了前端走台板，减少外露突出部分，尽可能使外部光整。在结构造型上，增大前窗倾角及瞭望视野，中间设有一平直段，两侧装有不突出平面的标志灯，下部向内倾斜，延伸到车架下平面，力求形成司机室前端有突出感觉的造型。在车架下部，与配有呈尖状封闭形的排障器组合成一个气动性较为完整的形态。与非准高速机车司机室外形相比，减阻效果可达到 30.7%。

司机室钢结构由端壁下部、端壁上部、顶盖、左右侧壁组成。

端壁下部两侧为圆弧箱形侧立柱，中间设有槽形中立柱，通过上、中、下横梁，肋板及蒙皮将标志灯箱、各立柱连接成整体结构，中间有 300 mm 的平直部分，其下部向内侧倾斜 20°。

端壁上部与下部的上横梁连接，其上设有斜立柱、中间立柱、前窗框与上横梁，分别与端壁下部各立柱相对应。前窗平面向后倾斜 25°，当受到意外冲击时应能起到支撑作用。

顶盖为壳形结构，骨架由板状的横梁、纵肋板及蒙皮组焊成型，内侧敷设内壁安装架、天花板架及头灯箱、头灯排水管和电线管等。在蒙皮外还装有头灯罩和雨檐。

左右侧壁与端壁、顶盖连成一体，由立柱、横梁、蒙皮等组成，其上设有侧门框、侧窗框、内壁装饰安装板及排水管等。整个司机室与车体间壁连接成为一个封闭钢结构。

4. 钩缓装置

$DF_{11}$ 型内燃机车车钩按照当时的标准，采用《内燃、电力机车车钩(上作用式)》(TB 1594—1985)，根据需要也可采用《内燃、电力机车车钩(下作用式)》(TB 1595—1985)。缓冲器采用 MX-1 型摩擦式橡胶缓冲器，如图 5-8 所示。

MX-1 型摩擦式橡胶缓冲器头部为摩擦部分，由 3 个形状相同带有倾角的楔块、压块、金属橡胶片、隔板和箱体组成。楔块介于箱体与压块之间，当缓冲器压缩时产生摩擦及橡胶元件的弹性变形，消耗冲击能量，从而达到缓冲的目的。

MX-1 型摩擦橡胶缓冲器优点是零件少，重量轻，结构简单，容量较大，维修量少，外形尺寸可与其他类型缓冲器互换，组装时应注意缓冲器压块端面及底板底面应平整。

MX-1 摩擦式橡胶缓冲器额定容量 34 kJ，额定阻力 1 568 kN，额定行程 65 mm。

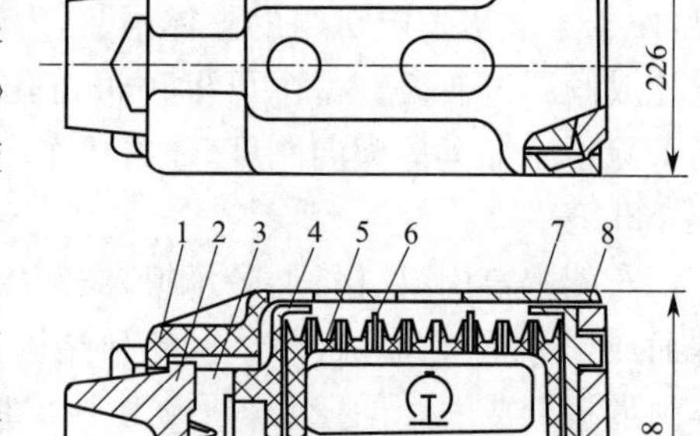


图 5-8 MX-1 型摩擦式橡胶缓冲器(单位：mm)

1—箱体；2—压块；3—楔块；4—顶隔板；5—金属橡胶片；6—中隔板；7—底隔板；8—底板

### 5.2.4 转向架

1. 概述

$DF_{11}$ 型内燃机车转向架由构架、轴箱、轮对、弹簧悬挂装置、牵引杆、轮对空心轴式电动机架悬六连杆驱动装置和单元制动器基础制动装置等组成，如图 5-9 所示。

为适应 $DF_{11}$ 型内燃机车准高速运行和功率大的特点，$DF_{11}$ 型内燃机车转向架的结构形式和参数的选择都较国产传统转向架有了较大的改进和发展。

转向架构架采用钢板焊接的箱形结构，以减轻重量。在侧梁箱形结构内采取特殊的增强措施，以适应二支点旁承弹簧结构并改善受力状态。

轴箱仍采用轴箱拉杆定位结构。一系弹簧悬挂采用圆弹簧与液压减振器并联的结构形式。

在转向架构架顶面上装有 8 个高柔度圆弹簧加瓦片式橡胶垫旁承，形成二系弹簧悬挂系统，分别布置在构架 2 个侧梁的上顶面，每侧有 4 个高圆簧(图 5-9 件号 5)。

旁承和二系弹簧悬挂系统由高柔圆弹簧、瓦片式橡胶垫、垂向液压减振器、横向液压减振器、抗蛇行减振器和弹性侧挡等组成。

牵引电动机采用顺置排列、架悬和轮对空心轴式六连杆驱动装置的结构。这种结构由于牵引电动机及其驱动装置的全部重量悬挂在构架上，成为簧上质量，使得机车的簧下质量大为降低(约 2.5 t)，从而大大减小了轮对与线路间的动作用力，改善了牵引电动机和牵引齿轮的工作条件，减少了维护检修工作量，提高了使用可靠性。

基础制动装置采用了独立作用式单元制动器，1 台转向架共装有 10 套单元制动器。这种单元制动器采用具有不自锁螺纹原理的闸瓦间隙自动调节机构，能在制动过程中自动补偿因闸瓦磨耗而增大的间隙，以保证闸瓦间隙在规定的范围内。

基础制动装置由制动缸、箱体、杠杆、闸瓦间隙自动调节机构、螺杆复位机构和闸瓦托等组

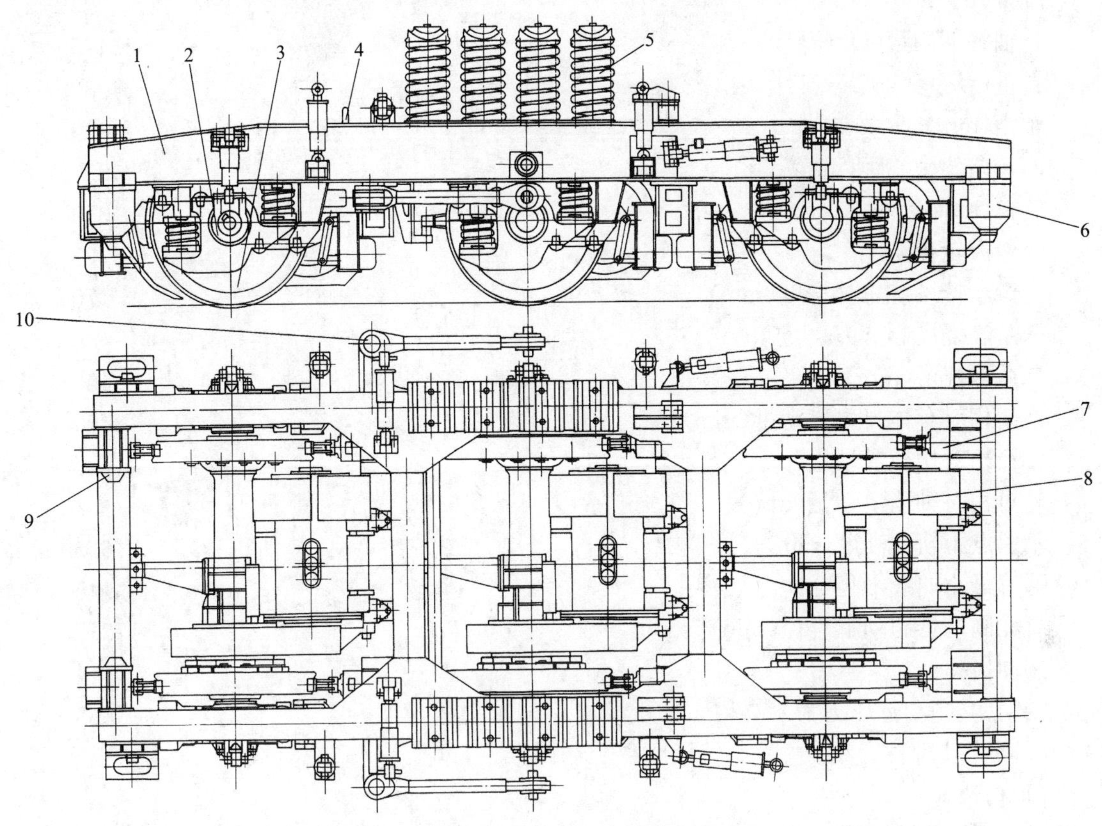


图 5-9 DF11 型内燃机车转向架

1—构架；2—轴箱；3—轮对；4—人力制动装置；5—高圆簧；6—砂箱；7—基础制动装置；8—电动机悬挂装置；9—附件；10—牵引杆装置

成。闸瓦托上装用两块小型特种高磷铸铁闸瓦，方便更换，也提高了闸瓦踏面的有效接触面积，改善了制动时的散热性能。

在每台转向架的第一轴左侧轴箱端部装有机车速度表的传感装置。

在构架的四个端角上，还装有砂箱。

由于 DF11 型内燃机车转向架采用了高圆簧加瓦片式橡胶垫二系悬挂系统、牵引电动机架悬、轮对空心轴式六连杆驱动系统和新型独立作用式单元制动器的基础制动系统等三大新结构和新技术，因而具有性能优良、运行平稳、安全可靠、维护检修量小的优点，既能很好满足准高速运行的需要，又能满足主要干线提速的需要，同时它还具有向更高速度发展的潜力，其最高试验速度已达 186 km/h。这种转向架的研制成功，使我国机车转向架的设计、制造和试验技术上了一个新台阶。

转向架力的传递过程如下：

(1)垂向力：车体→旁承高圆簧→构架侧梁→轴箱弹簧→轴箱→轮对。

(2)横向力：钢轨→轮对→轴箱→轴箱拉杆→构架→高圆簧和侧挡→车体。

(3)纵向力：钢轨→轮对→轴箱→轴箱拉杆→构架→牵引杆装置→车体。

2. 转向架主要技术参数

| | |
|---|---|
| 轴式 | $C_0—C_0$ |
| 最大速度(km/h) | 170 |

| | |
|---|---|
| 轴重(t) | 23 |
| 每轴簧下质量(t) | 2.475 |
| 自重(t) | 24.32 |
| 轴距(mm) | 2 000 |
| 两转向架中心距(mm) | 11 900 |
| 轮径(mm) | 1 050 |
| 牵引齿轮传动比 | 76/29 |
| 弹簧悬挂系统总静挠度(mm) | 170 |
| 一系静挠度(mm) | 55 |
| 二系静挠度(mm) | 115 |
| 构架相对车体自由横动量(mm) | ±20 |
| 轴箱相对构架横动量(mm) | ±8 |
| 轮对相对轴箱横动量(mm) | ±1—±6—±1 |
| 牵引点距轨面高度(mm) | 675 |
| 通过最小曲线半径(m) | 145 |
| 单元制动器制动缸直径(mm) | 177.5 |
| 制动倍率 | 4 |
| 制动率(制动缸压力为 450 kPa 时) | 0.588 |

3. 各主要部件介绍

(1)构架

DF11 型内燃机车转向架构架由左侧梁、右侧梁、前端梁、后端梁、前横梁、后横梁等组焊成“目”字形结构,如图 5-10 所示。构架组焊后应整体退火处理,以消除焊接应力。

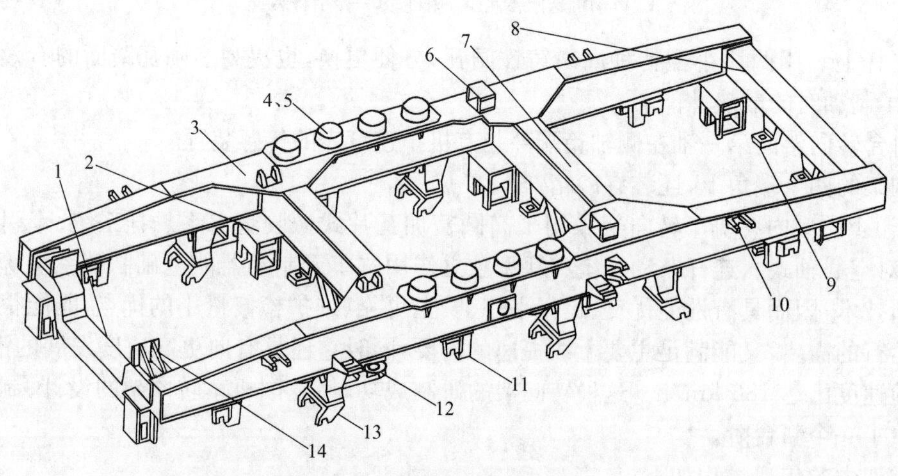


图 5-10　DF11 型内燃机车构架

1—前端梁;2—制动缸座;3—侧梁;4—弹簧定位环;5—弹簧定位环盖板;6—安全止挡底座;7—横梁;8—后端梁;9—电动机吊挂座;10—减振器座;11—上拉杆座;12—拐臂座;13—下拉杆座;14—偏转止挡座

为了减轻重量,提高构架强度和刚度,各梁均采用 16Mn 钢板组成箱形截面焊接结构。侧梁根据等强度梁设计原则,采用变截面形式,即中间箱形截面高度大于两端截面。为加强侧梁中间段的强度和刚度,还采取了其他一些措施,如采用下盖补强板、中间段上盖板比两端上盖板略厚等。另外,旁承垫板作为尺寸基准的同时,也在一定程度上加强了中间段的疲劳强度。为了提高侧梁的垂向抗弯刚度,内腔中采用了 14 块斜筋板和 2 块隔板。横梁和端梁内腔设有若干竖筋板以提高刚度。前端梁中部向下凹曲以避开车体牵引梁。侧梁内侧与横梁和端梁连接处均焊有补强板,并在总组焊前进行加工。与之配合的横梁及端梁的端面也进行加工。这不仅保证了对接处的焊接质量,而且也保证了组焊后的几何尺寸,以满足加工的精度要求。

运用中,应注意检查构架各条焊缝有无裂纹,各座是否完好无损。上、下拉杆座磨损时允许补焊后进行加工修复。

(2)轴箱

DF11 型内燃机车轴箱采用弹性轴箱拉杆定位。它是用两个轴箱拉杆将轴箱与构架弹性地连接在一起,并通过轴箱轴承和轮对连接,起到轮对的定位作用。

轴箱是由轴箱体、滚动轴承、一系弹簧、轴箱拉杆、前端盖、后端盖、挡圈、挡体、定位盖等组成,如图 5-11 所示。

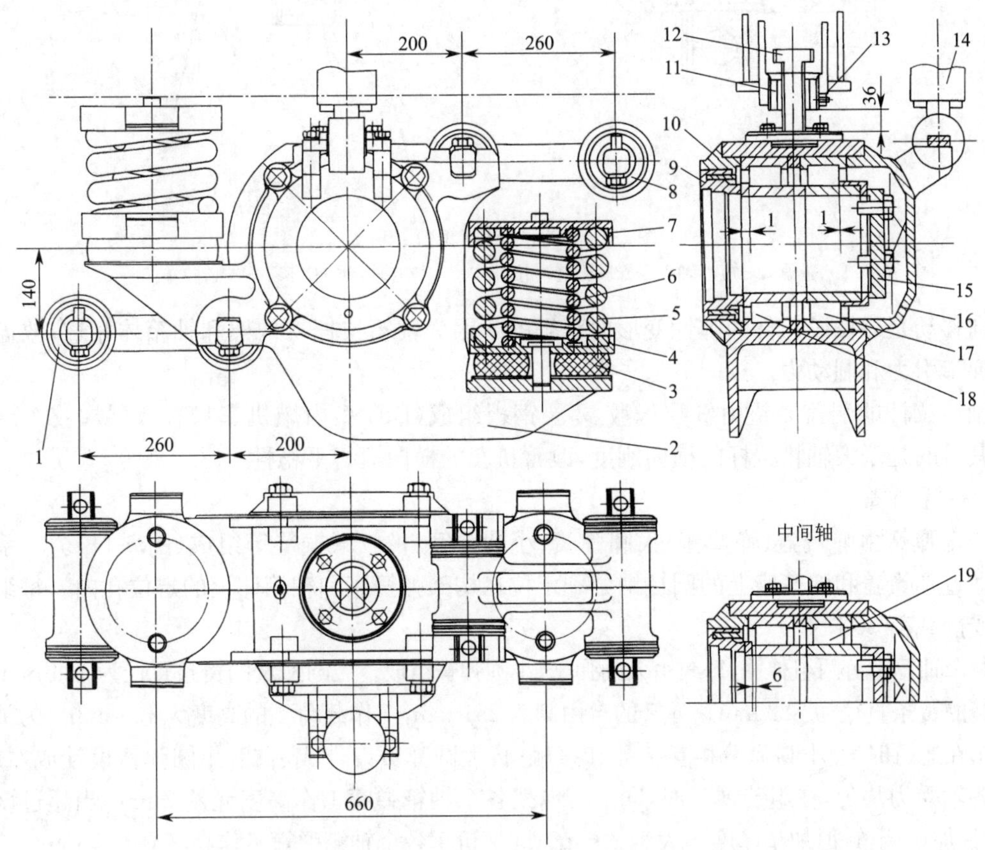


图 5-11 轴箱(单位:mm)

1—下轴箱拉杆;2—轴箱体;3—减振垫;4—弹簧座;5—大圆弹簧;6—小圆弹簧;7—弹簧盖;8—上轴箱拉杆;9—防尘圈;10—后盖;11—挡圈;12—挡体;13—定位盖;14—垂向液压减振器;15—压盖;16—端盖;17—滚动轴承 752732QT;18—滚动轴承 552732QT;19—滚动轴承 652732QT

①轴箱拉杆

轴箱拉杆由拉杆体、心轴、橡胶圈、端盖胶垫、端盖和卡环等组成,如图 5-12 所示。

轴箱拉杆有两个弹性元件,一个是端盖橡胶垫,另一个是橡胶圈。轴箱相对于构架的上下

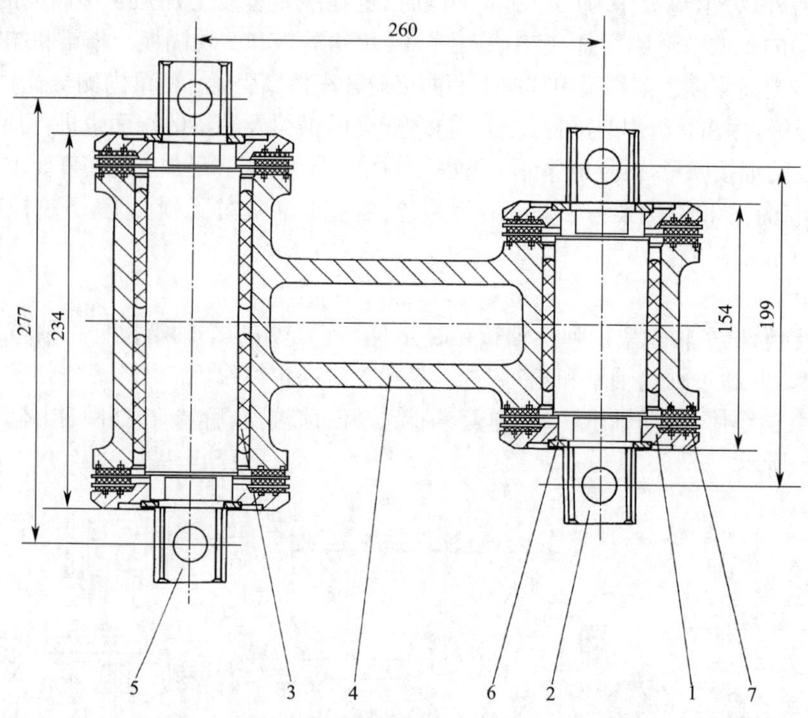


图 5-12 轴箱拉杆(单位:mm)

1—端盖;2—短心轴;3—橡胶圈;4—拉杆体;5—长心轴;6—卡环;7—端盖胶垫

和横向移动是靠橡胶元件的弹性变形而获得的。因为轴箱拉杆将构架和轴箱体相连,故通过它传递牵引力和制动力。

轴箱拉杆的端盖胶垫由 3 层橡胶、2 层钢板组成($DF_4$ 型内燃机车只有 2 层橡胶 1 层钢板),其目的是增大轴箱拉杆的横向刚度,改善机车的横向运行平稳性。

②一系弹簧

一系弹簧由弹簧盖、弹簧座、大圆弹簧、小圆弹簧、橡胶减振垫等组成(图 5-11)。一系弹簧是通过弹簧盖和弹簧座上的圆柱销分别定位在构架弹簧座和轴箱体上的定位孔内。每组弹簧承受静载荷 50 kN。

每个轴箱上有两组弹簧,每组由大圆弹簧、小圆弹簧组成。大圆弹簧的簧条直径为 $\phi$36 mm,小圆弹簧的簧条直径为 $\phi$22 mm。弹簧的自由高为 251 mm,工作载荷下的高度为 198 mm。为了避免机车在运行时大、小圆弹簧相互卡死和接触,将大圆弹簧设计成右旋,小圆弹簧设计成左旋。为使各轴受力均匀,在组装弹簧时,同一转向架各个轴箱弹簧工作高度允差 2 mm,当超过该值时,允许加垫调整,但加垫厚度不大于 2 mm。同一机车各个轴箱弹簧工作高度允差 3 mm。

轴箱弹簧座上的橡胶减振垫用来衰减和吸收来自轮对的高频振动。减振垫的钢板与橡胶硫化为一体,减振垫在 50 kN 的压力下,挠度为(3.5±0.3)mm。

③轴箱止挡

轴箱止挡由挡体、挡圈组成,是 $DF_{11}$ 型内燃机车设计的一种新结构。挡体的头部设计成腰形,通过自身的 $\phi$80 mm 圆柱销固定在轴箱体上的挡体座销孔内,并用 4 个 M16 的螺栓紧固在轴箱体上。挡圈的内孔也设计成腰形,在它的外螺纹上有 2 个成 180°的定位销槽,用于固定挡圈用。在挡圈的底部设计了用于使其旋转的槽。挡圈是用螺纹联结在构架上的,如图 5-13 所示。

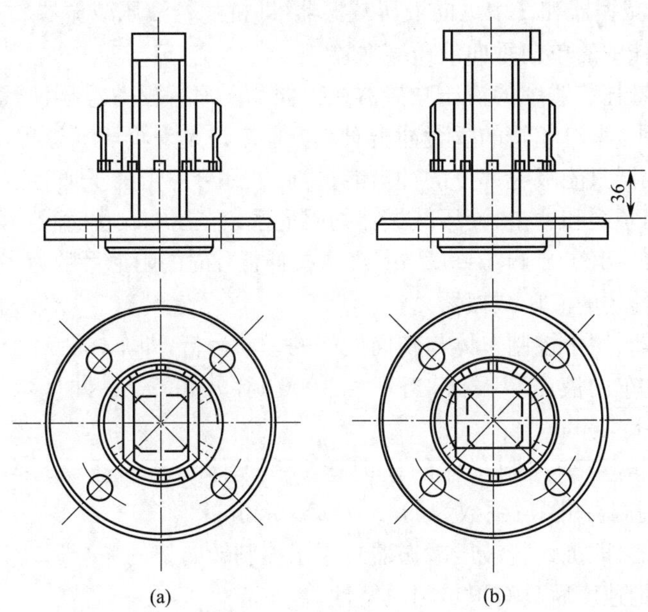


图 5-13 挡圈和挡体组装图和工作图(单位:mm)
(a)组装图;(b)工作图

轴箱的垂向止挡可通过调整挡圈来调节挡圈和轴箱体间的垂直距离,以防因轮对跳动超过允许值而导致车轴和空心轴相碰。

轴箱的横向止挡是控制轴箱体和构架的横向移动量,使其不超过规定的±8 mm 的范围。

因挡圈和挡体为腰形结构,组装后将挡体转 90°,这样就使转向架的构架、轴箱、轮对无须捆扎就成为一体,便于吊运。

在组装挡体、挡圈时,首先将挡圈外螺纹涂上一层 ZL-3 锂基润滑脂,再将它装在构架的挡圈座上。在装挡体时,先将挡体的腰形头都穿过挡圈的腰形内孔,然后将挡体旋转 90°,这样就使得挡圈、挡体成为一体,再装 4 个 M16 的螺栓,将之紧固。挡体、挡圈上有 2 个呈 180°的定位槽,故挡圈的调节必须半圈或整圈地调节。调节好后,装上定位盖,用 M5 的螺钉将之固定。

④后盖密封

轴箱后盖和防尘圈组成双层迷宫。轴箱后盖用 4 个 M22 的螺栓紧固在轴箱体上。防尘圈用热套过盈配合在车轴的防尘圈座上,热套温度不超过 180 ℃。

⑤轴箱轴承

第一位轴和第三位轴装 552732QT 及 752732QT 轴承。752732QT 有直角挡圈,将它安装在外侧。一、三位轴的轮对与轴箱的横动量为±1 mm。故第一、三位轴有两个轴承承受横向力。

第二位轴装 551732QT 和 652732QT,652732QT 无直角挡圈,将它装在外侧。第二位轴的轮对和轴箱的横动量为±6 mm。因第二位轴外侧轴承无直角挡圈,故第二位轴只有一个轴承承受横向力。

(3)液压减振器

$DF_{11}$ 型内燃机车转向架为保证在准高速运行时具有良好的动力学性能,在每台转向架的一系弹簧悬挂中采用了 4 个单向垂向液压减振器,在二系弹簧悬挂中采用了 4 个垂向液压减振器、2 个横向液压减振器和 2 个纵向液压减振器(即抗蛇行液压减振器)。

①一系弹簧悬挂中的单向垂向液压减振器

目前机车车辆悬挂装置中的液压减振器在拉伸和压缩行程中,其阻尼系数是几乎相等的,但在机车车辆运行中,来自轮轨的垂直冲击对减振器来说是一个压缩过程,因而在垂直冲击作用的瞬间,液压减振器只能吸收部分的冲击能量,而大部分冲击能量通过液压减振器直接传递给转向架。因此,为了缓和冲击,液压减振器的阻尼系数在压缩行程时较小(甚至无阻尼),在拉伸行程时较大。当 $F=12\ 000$ N,$v=0.2$ m/s 时,拉伸行程时的阻尼系数为(60±6)kN · s/m。

②二系弹簧悬挂中的液压减振器

垂向液压减振器:用于控制车体与转向架间的垂向运行,即车体相对于与转向架的垂向振动。$DF_{11}$ 型内燃机车的液压减振器,当 $F=7\ 000$ N,$v=0.1$ m/s 时,减振器的阻尼系数为(70±7)kN · s/m。

横向液压减振器:用于控制车体的横向运动和车体头部的摇动。当 $F=9\ 000$ N,$v=0.1$ m/s 时,液压减振器的阻尼系数为(90±9)kN · s/m。

纵向液压减振器(即抗蛇行液压减振器):用于控制转向架的蛇行运动,其特点是当液压减振器的活塞超过一定速度后具有恒量阻尼特性。

$DF_{11}$ 型内燃机车转向架采用进口的 Koni 抗蛇行液压减振器,其结构原理与国产 $SFK_1$ 型液压减振器相似,也是用阀来控制减振器的阻力大小。与国产 $SFK_1$ 液压减振器相比较,有如下特点:

a. 基本上能实现恒量阻尼特性(图 5-14)。由于采用细长孔节流,使阻力与速度的一次方成正比,当达到一定速度后,卸载阀起作用,使减振阻力维持一个定值。

b. 阻力调整方便,不需要解体减振器,仅调整阻尼阀中的弹簧压缩量即可使阻力达到理想值。

c. 密封装置结构可靠,耐久性好。

Koni 抗蛇行液压减振器安装在转向架与车体的水平方向。图 5-15 为 Koni 液压减振器工作原理示意。

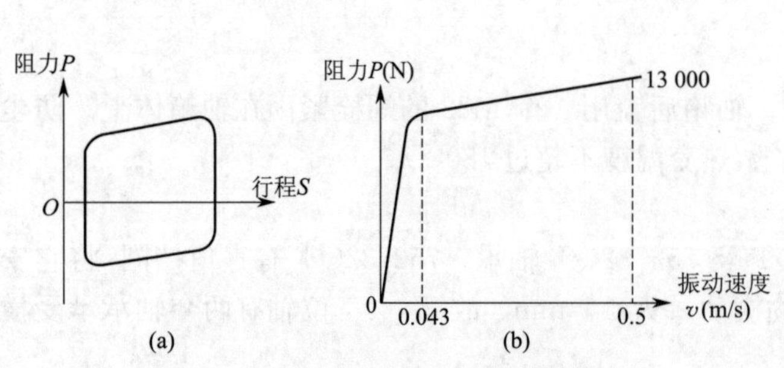


图 5-14　液压减振器的恒量阻尼特性

(a)阻力与行程的关系;(b)阻力与振动速度的关系

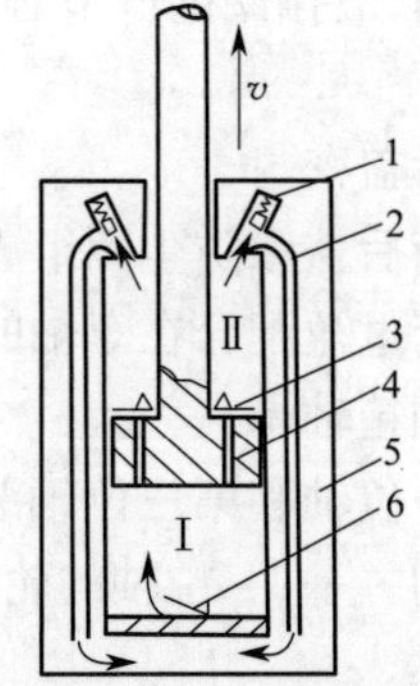


图 5-15　Koni 减振器工作原理示意

1—阻尼调整阀;2—节流细长管;3、6—单向阀;4—节流细长孔;5—储油筒

在拉伸行程时,活塞向上运动,上腔Ⅱ的工作油被压缩,油压升高,阀 3 关闭,活塞上腔的油经阻尼调整阀 1 与节流细长管 2 流向储油筒 5,并经单向阀 6 吸入Ⅰ腔。当工作油经阻尼调整阀 1,节流细长管 2 时,便产生拉伸阻尼力。为了限制振动速度较高时可能产生过大阻

力，在减振器结构上必须设置起卸载作用的附加切断阀。附加切断阀在结构上与阻尼调整阀相似，仅把其作用压力调整到与规定的卸载力相等即可。切断阀数量取决于卸载力的大小。当由于振动速度过高而使切断阀打开后，阻力的增长渐趋缓慢，基本上保持不变。

在压缩行程时，Ⅰ腔工作油被压缩，Ⅱ腔工作油油压下降。由于Ⅰ腔与Ⅱ腔工作油的压力差作用，单向阀 6 关闭，阀 3 打开。Ⅰ腔的工作油经细长节流孔 4 及阀 3 流向Ⅱ腔。因为活塞杆的存在，部分工作油仍经阻尼调整阀 1 与节流细长管 2 流向储油筒 5。与拉伸行程相似，当阻力大于卸载力时，附加切断阀打开卸载。

Koni 抗蛇行液压减振器与 $SFK_1$ 型液压减振器的不同之处在于利用细长孔节流，而不是薄壁孔，并用切断阀卸载，其阻力特性与速度成一次方关系，这种阻力特性称为恒量阻尼特性，有利于抑制机车及转向架在直线上的蛇行振动，因为它能提供所需要的阻力矩。当曲线通过时，由于转向架的转动角速度很低，减振器阻力很小，因而轮轨横向力增加很小。这比摩擦阻力基本不变的摩擦旁承优越得多。

Koni 抗蛇行液压减振器阻力较大(约 10～15 kN)，因而对密封结构的性能要求较高。

(4)牵引电动机悬挂及驱动装置

①概述

轴悬式驱动装置牵引电动机的一半重量为支承在车轴上的簧下质量，在高速运行时，对线路和电动机的冲击很大。因此对于构造速度为 140～160 km/h 的机车，为最大限度地减轻牵引电动机对线路的动力作用，牵引电动机的悬挂采用架悬式，即牵引电动机整个安装在转向架构架上，全部重量属于簧上质量。架悬式结构的大齿轮采用滚动轴承安装在电动机衬套上，通过连杆连接、空心万向轴和传动盘等驱动轮对，空心万向轴与电动机定子及车轴间有较大的间隙。

牵引电动机采用架悬式悬挂，使机车簧下质量大大减轻，因而减少高速动行时轮轨的冲击，也就改善了电动机工作条件。架悬式驱动装置的缺点是结构复杂，制造和检修困难。

$DF_{11}$ 型内燃机车电动机悬挂驱动装置采用双级六连杆轮对空心轴全悬挂驱动方式，其结构如图 5-16 所示。

牵引电动机及驱动装置通过两个后吊、一个长吊臂几乎呈刚性地悬挂在转向架构架上，电动机产生的驱动力经牵引齿轮的啮合后从齿芯输出端输出，通过两头装有六连杆橡胶球形关节的空心轴万向机构传递给轮对。装在机构中的弹性元件——橡胶球形关节偏转刚度很小，径向刚度较大，使得机构的横向、纵向及垂向刚度很小，有效地隔离了轮轨与电动机悬挂间的冲击影响，同时机构的径向刚度较大，有利于牵引力的正常发挥。

$DF_{11}$ 型内燃机车电动机全悬挂驱动装置的特点如下：

a. 簧下质量轻，轮轨冲击影响小。

b. 足够的径向扭转刚度，保证驱动装置牵引时的黏滑振动稳定性。

c. 轴向、纵向及垂向刚度很小，能很好满足轮对相对于系统的各向运动。

d. 电动机、牵引齿轮副等驱动零部件全部悬挂于构架，工作条件得到很大改善，因而故障率很低。

e. 各零部件磨耗量少，维护保养量少。

f. 起动时，电动机能先于轮对转过一微小角度，改善了电动机启动换向条件。

②驱动系统

a. 驱动系统的组成、作用与力的传递过程

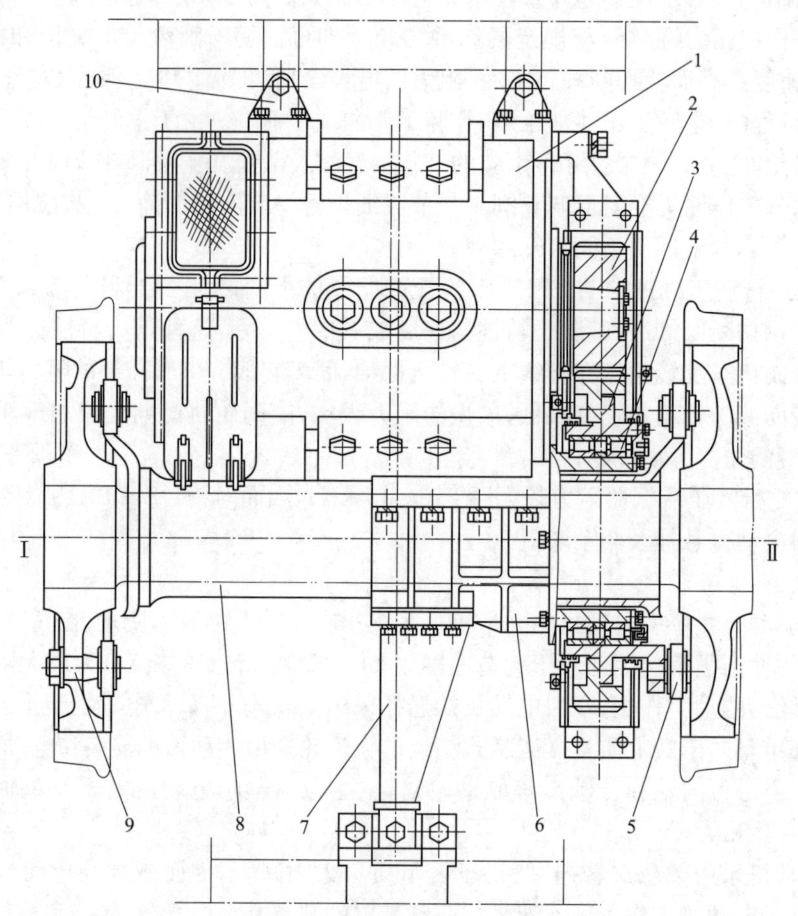


图 5-16　电动机全悬挂结构

1—牵引电动机；2—牵引齿轮副；3—齿芯；4—驱动轴承；5—连杆、橡胶球关节等；6—空心轴套；7—长吊臂；8—空心轴装配、传动盘等；9—传动销；10—后吊

驱动系统由空心轴套、主动齿轮、从动齿轮、齿芯、驱动轴承、空心轴万向机构等组成。空心轴套通过螺栓与电动机紧固在一起，从而确定了齿轮啮合的中心距。同时，空心轴套也是零部件的定位基准。主动齿轮与电动机轴采用锥度配合，端部辅以 4 个 M18 螺栓定位。从动齿轮与齿芯通过 12 个 M21 螺栓紧密配合，齿芯套装在空心轴套的驱动轴承上。齿轮啮合所产生的扭矩通过与齿芯过盈配合的传动销传送递给空心轴万向机构，再通过与轮心过盈配合的传动销传递给轮对，以产生牵引力。

空心轴万向机构由空心轴、传动盘、连杆、橡胶球形关节等组成。空心轴的两端各有一个传动盘。因结构尺寸限制，齿轮侧传动盘与空心轴组焊为一体，另一侧传动盘通过 6 个铰制销钉和 6 个 M24 螺栓与空心轴紧固在一起。每个传动盘有 6 个 $\phi 90$ mm 圆孔，每孔分别装有橡胶球形关节，再通过传动盘将关节与连杆连在一起。连杆的另一端也有一个 $\phi 90$ mm 圆孔，装有相同的橡胶球形关节。此机构通过橡胶球形关节一端与齿芯上的传动销相连，另一端与轮心上的传动销相连，由此构成空心轴双级六连杆弹性驱动。六连杆弹性驱动结构如图 5-17 所示。

橡胶球形关节由外圈、内圈、橡胶层三部分组成，如图 5-18 所示。关节的内圈与外圈均为铁件,内外圈间的橡胶层是球状圆环,三者通过硫化黏结在一起。外圈为分离的一次成组加工的三瓣,加工时按顺时针方向打有编组钢印,硫化时要按顺序排放。橡胶球形关节自由状态时,外圈每瓣之间有一定间隙,装入母件后每瓣相互贴靠,使橡胶层在工作状态时具有一定的预压缩,从而实现了六连杆万向机构有较大的旋转刚度。

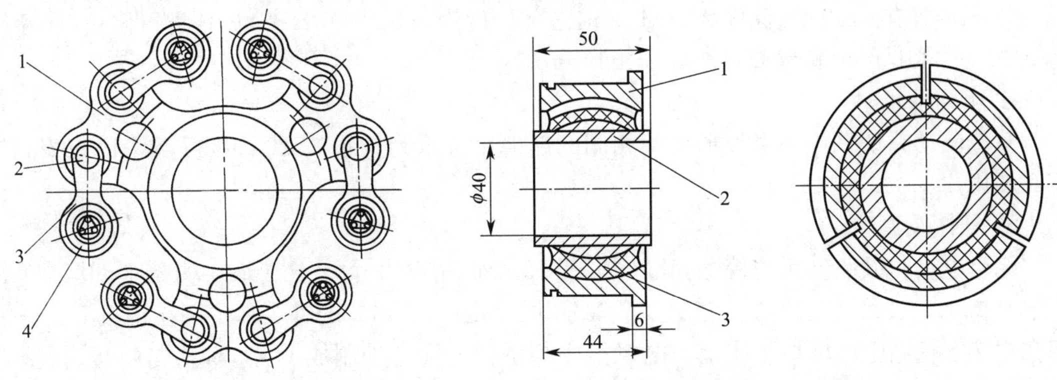


图 5-17 六连杆弹性驱动机构

1—转动盘;2—传动销;3—连杆;4—橡胶球关节

图 5-18 橡胶球关节(单位:mm)

1—外圈;2—内圈;3—橡胶层

驱动系统力的传递(牵引力和齿轮啮合支反力):

(a)牵引力的传递

牵引电动机→主动齿轮→从动齿轮→齿芯→传动销→空心轴万向机构→传动销→轮对。

牵引电动机输出通过系统传递给轮心(靠电动机一侧),输出的一半在轮轨间产生牵引力,另一半通过车轴传递至另一侧的轮心,并经轮轨产生牵引力。牵引力的传递属于典型的单边传动。

(b)齿轮啮合支反力传递

主动齿轮→从动齿轮→齿芯→驱动轴承→空心轴套→电动机→主动齿轮。

牵引电动机全悬挂于构架上,轮对与牵引电动机间没有刚性联系,在机车运行时,受线路的冲击作用,轮对与牵引电动机间将产生各个方向的位移。为适应这些位移,驱动系统的空心轴装配套装在车轴上,空心轴套又套装在空心轴装配上,形成两个间隙参数:空心轴装配与车轴之间的间隙 $\delta_1$,空心轴套与空心轴装配之间的间隙 $\delta_2$。此两间隙参数是机车运行时车轴与空心轴、空心轴与空心轴套不发生刚性碰撞的保障。在可能的情况下,间隙应尽量预留充分。如对电动机机壳相关部位进行弧形处理,选择超薄窄轻系列的驱动轴承,将空心轴筒体设计成锥形等,这样得出 $\delta_1$ 间隙值单边为 38 mm,$\delta_2$ 间隙值单边为 27 mm。

机车运行时,系统通过此两间隙的变化和弹性元件橡胶球形关节的作用,缓和轮轨冲击对电机等的影响。当发生垂向冲击时,假设冲击发生在Ⅰ端(图 5-16),橡胶球形关节发生变形,连杆等产生一定倾斜,轮对带动此端相连的六连杆、传动盘、空心轴装配等绕齿芯输出端相对于电机发生偏转,利用间隙 $\delta_2$ 得以缓冲;假设冲击发生在Ⅱ端,冲击使轮对绕Ⅰ端相对于空心轴装配等发生偏转,利用间隙 $\delta_1$ 得以缓冲。当发生横向冲击时,橡胶球形关节发生很小的径向压缩及偏转,使连杆等产生较大的倾斜,系统的两端产生较大的轴向相对位移,达到对轮对横移的补偿。系统利用橡胶球形关节的变形和各间隙的变化,有效地实现了轮对与电机间的弹性隔离。

b. 牵引齿轮

牵引齿轮为直齿圆柱齿轮,模数为 10,传动比为 76/29,齿形角为 25°。

主动齿轮材料为 20Cr2Ni4,齿轮宽度为 125 mm,齿廓而进行渗碳淬火,齿面硬度为

57～61 HRC，有效硬化层深度为 1.3～1.8 mm，芯部硬度为 30～80 HRC。主动齿轮齿向修形，齿顶修缘，齿向修形量为 0.03～0.06 mm，修形长度为（60±5）mm，齿顶修缘量为 0.07～0.11 mm，修缘高度为（5±1）mm。

从动齿轮材料为 50CrMoA，齿轮宽度为 120 mm，齿面沿齿廓进行硬化，齿面硬度为 52～57 HRC，有效硬化层深度为2～4 mm，芯部硬度为 255～300 HBS，齿顶进行修缘，修缘量为 0.07～0.110 mm，修缘高度为（4.5±1）mm。

c. 驱动轴承

每位驱动系统采用两个外形尺寸相同的超薄窄轻系列轴承 3E2002876T 和 3E2092876T 配对使用。

d. 悬挂及调整

牵引电动机及驱动系统等通过 1 个长臂、2 个后吊共 3 个支点支承在构架上，其结构如图 5-19所示。长吊臂与空心轴套用 8 个 M20 螺栓相连，长吊臂的臂头部位搁在桥板上。桥板搁在焊接于构架上的电机吊座上。电机吊座与桥板的配合处制成 U 形，臂头与桥板、桥板与吊座均用螺栓连接。这样，在落轮时，抽掉桥板后，长吊臂可连同整套系统与轮对一起向下落轮。两个后吊结构相同，分别通过 4 个 M20 螺栓与电动机机壳连接。后吊的圆柱支撑在构架电动机吊座的圆形坑内，并用螺栓紧固。

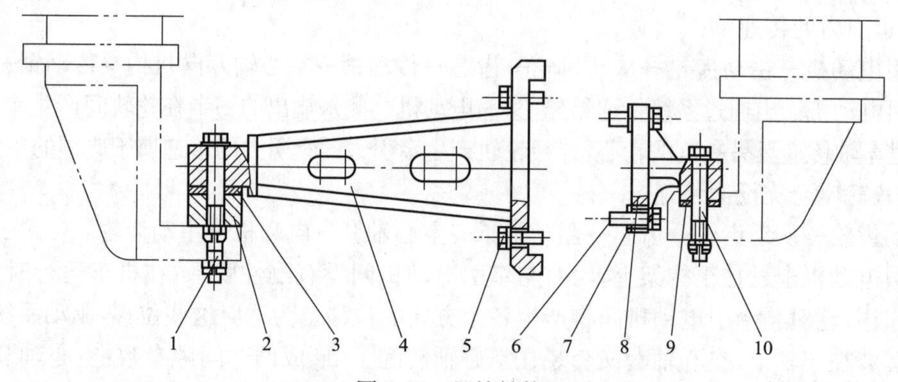


图 5-19　悬挂结构

1、5、6、10—螺栓；2—桥板；3—垂向调整板；4—长吊臂；7—纵向调整垫；8—后吊；9—垂向调整垫

电动机全悬挂后，电动机和驱动系统等与轮对没有刚性定位联系。为保证驱动系统旋转中心与轮对中心基本同心，以确保设计规定的间隙值，必须在机车落成后，在整备重量下对电动机驱动系统的位置进行调整。运用维修过程中，若换装轮对电动机悬挂等，也应对系统位置进行调整。结构设计时，在长吊臂及后吊部位设有调整垫片，在长臂与桥板之间，垂向设有 7 mm 基本垫，在后吊与电机吊座间垂向设有 7 mm 基本垫，在后吊与电动机间纵向设有 3 mm 基本垫。在基本垫的基础上，通过调整垫片来调整全套系统位置。调整时，注意应将机车停于较长的平直而有地沟轨道线上。

间隙的调整范围为：在车轴与空心轴间隙最大的径向平面内，应保证圆周间隙差（最大间隙值减最小间隙值）小于或等于 6 mm；在空心轴与空心轴套间隙最大的径向平面内，应保证圆周间隙差小于或等于 5 mm。

（5）轮对

①概述

$DF_{11}$ 型内燃机车轮对由车轴、轮心（Ⅰ）、轮心（Ⅱ）、轮箍、扣环等组成，如图 5-20 所示。

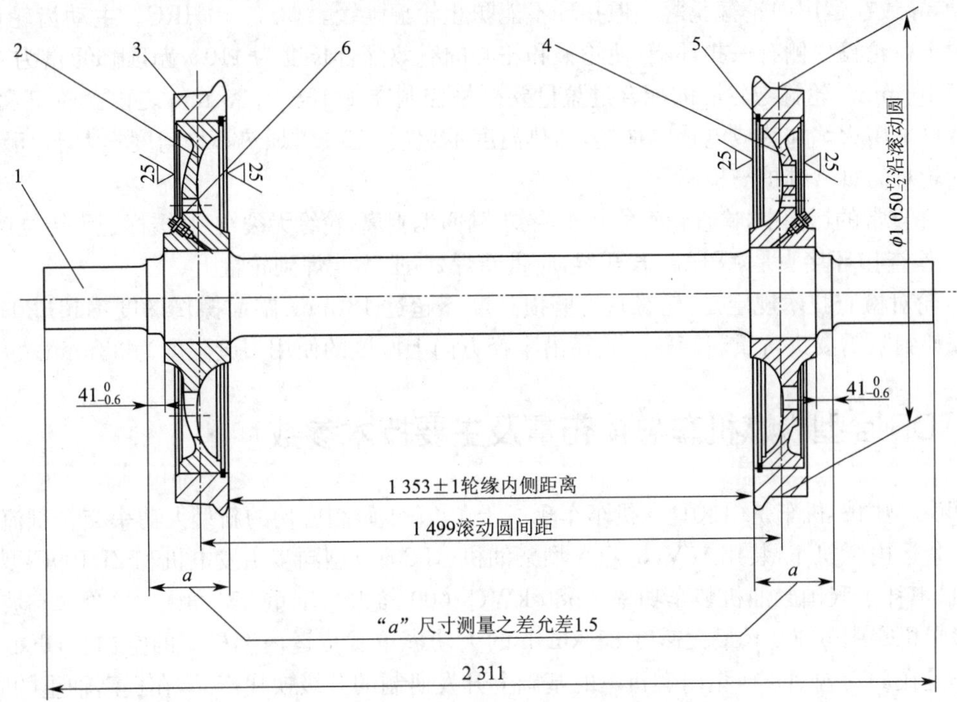


图 5-20　轮对(单位:mm)

1—车轴;2—轮心(Ⅰ);3—轮箍;4—轮心(Ⅱ);5—扣环;6—螺堵

其结构有如下特点:

a. 轮对通过轴箱轴承、轴箱与构架相连,通过轮心(Ⅱ)上的 6 个传动销和驱动装置相连。

b. 轮对力矩的传递路径是:传动销(6 只)→轮心(Ⅱ)→车轴→轮心(Ⅰ)。

c. 因 $DF_{11}$ 型内燃机车的最大运用速度为 170 km/h,根据 UIC 的规定,轮对要做静平衡和动平衡实验,静不平衡量小于或等于 250 g · m,动不平衡量小于或等于 75 g · m。

②车轴

车轴为对称形式,轴颈直径为 $\phi$160 mm,轮座直径为 $\phi$235 mm,轴身直径为 $\phi$200 mm。车轴材料为 JZ 车轴钢。车轴须符合 TB/T 1027—1991 的规定。由于车轴在运用中受较大的交变载荷,如牵引力、侧压力、牵引力矩以及各种复杂的动载荷作用,所以除保证车轴有足够的强度外,还应尽可能地减少车轴各截面上的应力集中,故轴肩处均采用圆弧过渡。为了提高车轴的疲劳强度,圆角过渡处均采用滚压加工。

③轮心

由于横向尺寸的限制,轮心设计成外凸形式。轮心(Ⅰ)无销孔,轮心(Ⅱ)有 6 只 $\phi$55 mm 的圆柱销孔,用于组装 6 只传动销。轮心上有 3 个 M39 的螺纹孔,用于拆卸轮心、作反拉力试验和吊运轮对。轮心的材料为 ZG230-450。轮心与车轴采用过盈配合组装。当采用注油压装工艺时,过盈量为 0.23～0.28 mm;当采用热装配工艺时,过盈量为 0.23～0.29 mm,加热温度为 250 ℃。热装好后,自然冷却至室温(24 h 后),在压力机上进行反拉(压)力试验。反拉(压)力为 1 570 kN,反拉三次,每次 10 s,要求不得松动。

④轮箍、扣环

为了行车安全,在轮箍内侧有一扣环槽,扣环材料采用 Q235-A。在轮箍套在轮心上后进行装配。扣环接头处用电焊焊接,但不得焊在轮箍上。扣环的作用是防止轮箍由于弛缓而横向移动，导致在运用中轮箍脱落。但扣环不能防止轮箍弛缓。

由于在轮箍内侧有一扣环槽，使轮箍和轮心的有效配合长度为 110 mm，比 $DF_4$ 型内燃机车箍短 10 mm。轮箍与轮心的配合过盈量要严格控制在 1.15～1.35 mm 之内。轮箍和轮心的组装可采用火焰加热或电感应加热，加热温度不超过 350 ℃，加热不均匀度不大于 15 ℃。

⑤轮对的日常维护与检修

a. 在日常的运用中，检查轮对的状态，要求踏面无剥离，轮缘无裂纹，弛缓标记无错位现象。

b. 检查扣环接头是否开裂，若开裂，应重新焊好，但不能焊到轮箍上。

c. 轮对检查技术规定是：轮缘垂直磨损高度不超过 18 mm；踏面擦伤深度不超过 1 mm；轮箍磨耗到限需要进行重新旋轮。轮箍沿半径方向上厚度的使用报废限度为 38 mm。

## 5.3 $DF_{8B}$ 型内燃机车总体布置及主要技术参数

$DF_{8B}$ 型内燃机车是由戚墅堰机车车辆厂于 1997 年研制成功的新型大功率交—直流电传动干线货运内燃机车，装用 16V280ZJA 型柴油机、JF204D 型同步主发电机和 ZD109C 型牵引电动机，填补了我国柴油机装车功率 3 680 kW(5 000 马力)、轴重 25(23＋2)t、在 4‰坡道以下区段单机牵引 5 000 t、最大速度 85 km/h 的大功率重载货运内燃机车的空白。$DF_{8B}$ 型内燃机车是在 $DF_8$ 型、$DF_{11}$ 型内燃机车的基础上开发研制的升级换代产品，在提高轴重的同时，充分吸收了国内外大功率交—直流电传动内燃机车成功的经验，使机车性能上了一个新的台阶。具有牵引功率大、电阻制动功率大、轴重可调、牵引性能和动力学性能优良等优点，1999 年开始由戚墅堰机车车辆厂和资阳内燃机车厂同时批量生产。

### 5.3.1 总体布置及主要技术参数

1. 总体布置

机车总体布置分为上、下两部分，上部车体以 5 道间壁将其分隔成 6 室，即第Ⅰ司机室、电气室、动力室、冷却室、辅助室和第Ⅱ司机室。下部两端为转向架，中间为可拆式燃油箱。燃油箱的前、后两端设置总风缸，左、右两侧为蓄电池箱，如图 5-21 所示。

(1)司机室

第Ⅰ司机室和第Ⅱ司机室基本相同，仅第Ⅱ司机室的间壁上设人力制动装置手柄。司机室两侧设直通车外的车门，后间壁设有通向车体内各室的内门，间壁上还设有紧急制动阀、灭火装置等。室内操纵台采用我国双司机室传统布局，左侧为正司机操纵台，布置有制动阀、微机显示屏和速度监控显示屏；右侧为副司机操纵台，布置有控制开关，左下部设抽屉式生活用电炉。

司机室内设有电取暖器，从 0009 号机车开始加装了空调装置；室内四周壁充填超细玻璃棉毡，外覆多孔铝板，形成隔热、隔声的密封结构。

(2)电气室

左侧从前向后依次设有高压电器柜、主整流柜及其下方的主发电机与主整流柜通风机。右侧从前向后依次设有低压电器柜、机车信号装置安装柜、前转向架牵引电动机通风机及上方微机控制柜。

(3)动力室

室内布置有柴油发电机组，前变速箱、励磁机、启动发电机、测速发电机。

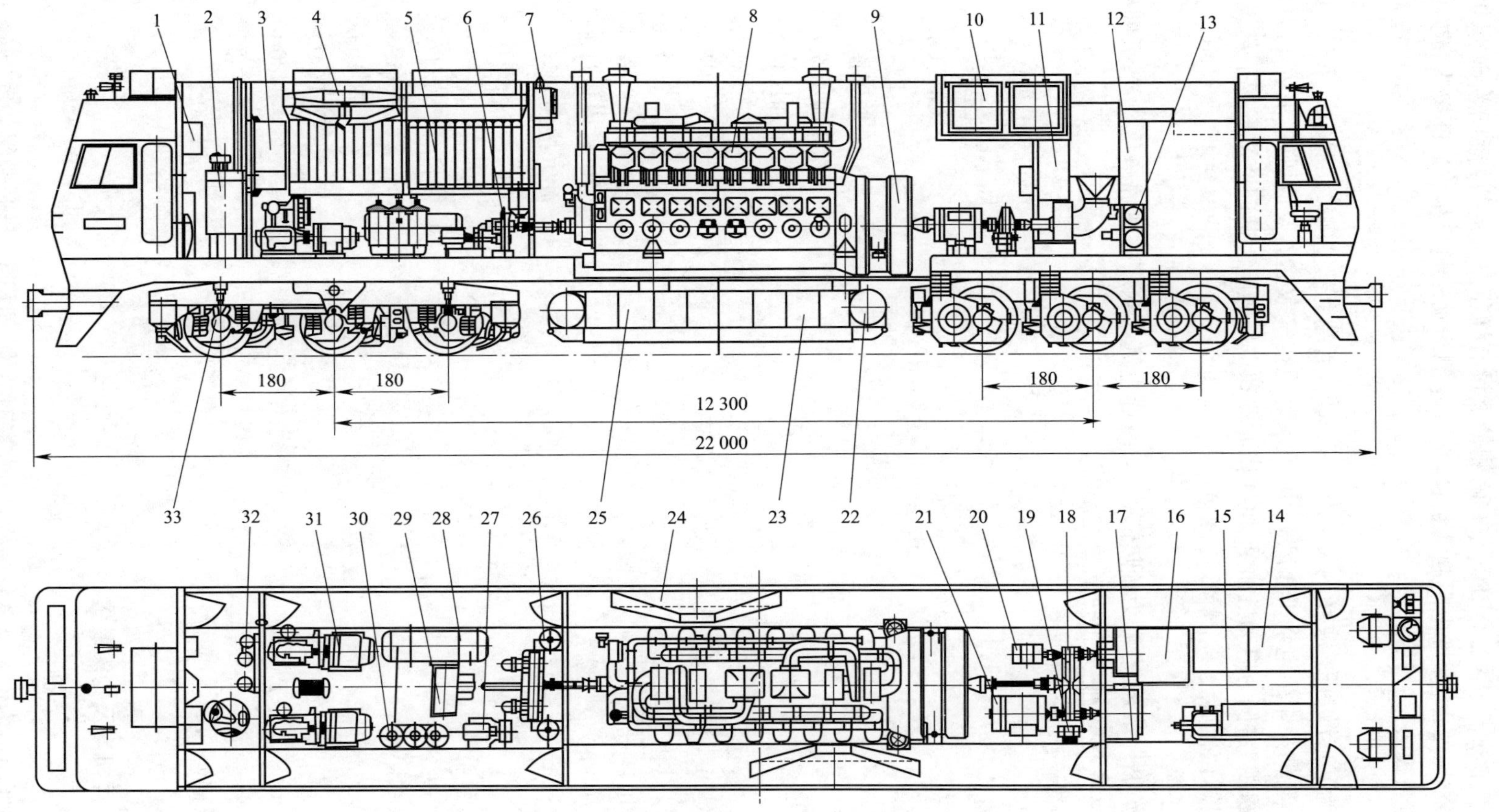


图 5-21 DF$_{8B}$型内燃机车总体布置(单位:mm)

1—预热锅炉控制箱;2—预热锅炉;3—更衣箱;4—冷却风扇;5—散热器;6—后变速箱;7—膨胀水箱;8—柴油机;9—主发电机;10—电阻制动柜;11—微机柜;12—机车信号装置安装柜;13—制动阀类安装;14—高压柜;15—低压柜;16—主硅着流柜;17—前通风机;18—前变速箱;19—测速发电机;20—励磁机;21—启动发电机;22—总风缸;23—蓄电池箱;24—空气滤清器;25—燃油箱;26—静液压油箱;27—起动机油泵;28—机油热交换器;29—后通风机;30—机油滤清器;31—空气压缩机组;32—空气干燥器;33—转向架

柴油发电机组左侧设有2组燃油输送泵、燃油粗滤器，右侧设有预热锅炉燃油泵、辅助机油泵和空气制动系统中的工作风缸。在其左右两侧壁上设有增压空气滤清器和车体通风机。前间壁上部为横跨电气—动力室的电阻制动装置，下部左侧为励磁整流柜。后间壁上部为膨胀水箱、下部设置测量仪表。

(4)冷却室

室内前端上部为V形散热器，夹角内装2个冷却风扇，后端上部左侧设工具箱。下部中间布置有后变速箱、后转向架牵引电动机通风机、风源系统用空气散热器及放风阀，其左侧为机油热交换器和空压机组，右侧为启动机油泵、机油粗滤器和空压机组。前间壁V形架下部设2个静液压油热交换器，两侧各设1个静液压油箱。

(5)辅助室

左侧为预热锅炉循环水泵，右侧为预热锅炉；前间壁左侧为双塔式风源净化装置；后间壁左侧设有登上车顶的扶梯、右侧为预热锅炉控制箱。

2. 主要技术参数

|  |  |
| --- | --- |
| 用途 | 干线货运 |
| 传动方式 | 交—直流电传动 |
| 轴式 | $C_0$—$C_0$ |
| 轮径(mm) | 1 050 |
| 轴重(t) | 23(不加压铁) |
| | 25(加压铁) |
| 计算整备质量(t) | 138(不加压铁) |
| | 150(加压铁) |
| 最大运用速度(km/h) | 120 |
| 最大恒功率速度(km/h) | 90 |
| 持续速度(km/h) | 31.2 |
| 最大起动牵引力(kN) | 520(按电机计) |
| | 480(按黏着计) |
| 持续牵引力(kN) | 340 |
| 通过最小曲线半径(m) | 145 |
| 柴油机型号 | 16V280ZJA |
| 柴油机装车功率(kW) | 3 680 |
| 标称功率(kW) | 3 100 |
| 主发电机型号 | JF204D |
| 转向架轴距(mm) | 2×1 800 |
| 牵引电动机型号 | ZD109C |
| 电阻制动功率(kW) | 3 700±100 |
| 机车外形尺寸(mm) | 22 000×3 304×4 736 |

### 5.3.2 车体、车架、司机室及钩缓装置

1. 车体

DF8B型内燃机车车体为桁架式承载结构，由车体钢结构、司机室设施、钩缓装置、车体设备附件安装等部件组成，如图5-22所示。

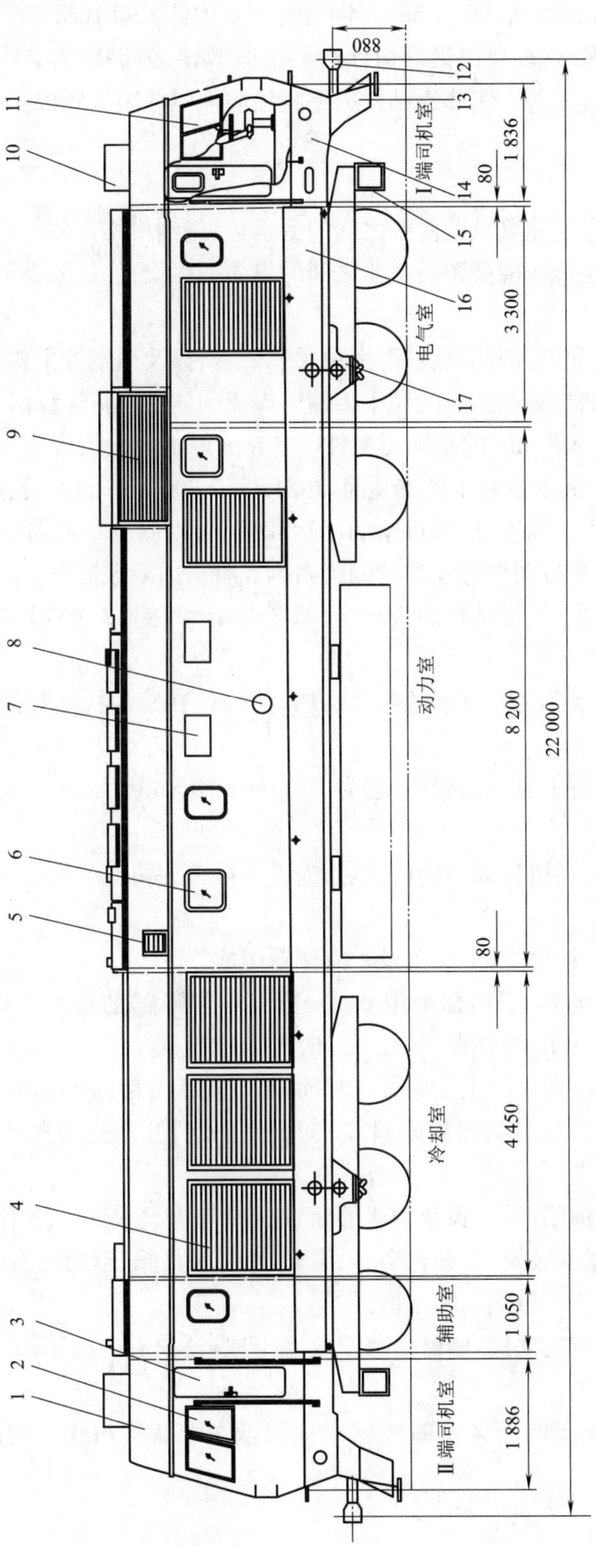


图 5-22 DF$_{8B}$ 型内燃机车车体(单位:mm)

1—司机室;2—司机室侧窗;3—车门;4—侧壁百叶窗;5—动力室通风百叶窗;
6—侧壁玻璃;7—空气滤清器;8—柴油机机油加油口;
9—电阻制动百叶窗;10—顶置式空调机;11—座椅;
12—牵引装置;13—排障器;14—车架;15—侧脚蹬;16—压铁;17—牵引拉杆座

车体钢结构由车架、左右侧壁、车顶、司机室钢结构、5 道间壁、排障器及压铁等组成。总长为 21 500 mm,宽为 3 100 mm,高为 4 700 mm。钢结构主要构件采用 16Mn 低合金钢,为减轻重量,侧壁立柱斜撑、车架侧梁、车顶弦梁等构件均采用压型件;为提高侧壁外表面的平整度,侧壁蒙皮采用电热涨拉焊接工艺。车体钢结构内壁喷涂防振隔热阻尼胶以提高其防噪、隔热和抗振能力。

2. 车架

车架由前后端部牵引梁、左右侧梁及两侧梁之间的旁承梁、柴油机梁、横梁、间壁梁和风道梁;再辅以布置在旁承梁、柴油机梁、横梁和间壁梁之间的纵向加强梁、连接梁及上部盖板等组焊而成。

前后端部牵引梁由端部装配、端部侧梁装配、牵引梁装配、斜撑及吊座等主要零件组成,通过牵引梁、斜撑及端部侧梁分别与旁承梁装配和车架侧梁焊成一体用以传递纵向力。

侧梁为 400 mm×132 mm×8 mm 的槽形压型件与 8 mm 厚的侧板组焊成箱形结构。在侧梁中心的前后跨距 12 460 mm 处设有压铁安装筒,在跨距 12 300 mm 的侧梁底部焊有牵引拉杆座,座上设有吊车筒和架车支承座,用以机车的吊运和架车;内侧设有横向止挡以限制转向架与车架之间的横向摆动。靠近两外旁承梁的侧梁内侧焊有横向减振器座。

车架上设置了 4 个刚性较大、箱形结构的旁承梁,每个旁承梁内设 2 个旁承座,中部设有牵引电动机通风道。

柴油机梁作为柴油机的支承梁为高强度的箱形结构弯曲梁,在柴油机梁装配(后)的前端还设有 2 个燃油箱吊座。

车架在对应车体间壁的位置上设有间壁梁,均为 160 mm×63 mm×6.5 mm 的 16Mn 低合金槽钢。

横梁设置在三、四位牵引电动机通风口的位置,为内设通风道的箱形结构梁。

3. 司机室

司机室钢结构由端壁下部、端壁上部、顶盖及左右侧壁组成。

端壁下部由圆弧箱形结构的侧立柱,槽形中立柱,上、中、下横梁,肋板及立柱组焊而成。两侧设有标志灯箱,中间有 300 mm 的平直部分,下部向内侧倾斜 20°。

端壁上部由斜立柱、中间、前窗框与上横梁等组焊而成,与端壁下部的各立柱相互对应,并与端壁下部的上横梁焊成一体。前端为向后倾斜 15°的大平面结构,当受到意外冲击时能起到支撑作用。

顶盖为壳形结构,由底架、横梁、纵肋板及蒙皮等组成。顶部为大平面平顶结构以便于安装顶置式空调,内侧布置有内壁安装架、天花板架、风扇安装架、头灯箱、空调进出口风道、滤网和电线管等。在蒙皮外还装有头灯散热罩和雨檐。

左右侧壁由侧立柱、横梁、侧门立柱、侧窗框及蒙皮等组成,还设有内壁装饰安装板、取暖器安装架及排水管。

前后司机室的左右侧壁、顶盖与车体左右侧壁车顶间壁及车架等组焊成封闭的车体钢结构。

4. 钩缓装置

$DF_{8B}$ 型内燃机车采用改进下作用式 13 号车钩和 MT-3 型全钢干摩擦式弹簧缓冲器,如图 5-23 所示。

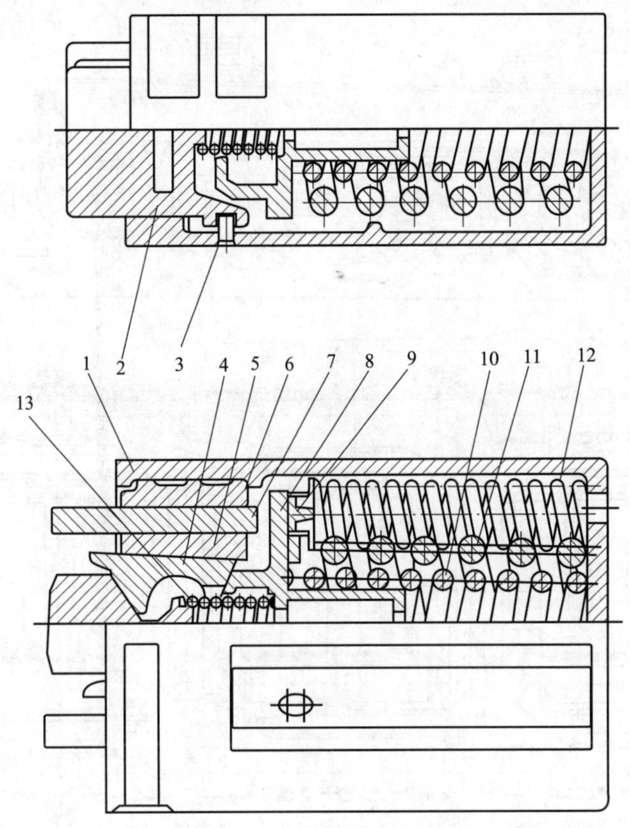


图 5-23 MT-3 型缓冲器

1—箱体；2—压头；3—缩短销；4—楔块；5—斜板；6—外固定板；7—动板；8—中心弹簧；9—角弹簧座；10—内圆弹簧；11—外圆弹簧；12—角弹簧；13—复原弹簧

MT-3 型摩擦式缓冲器头部为摩擦部分，由 2 个形状相同带有倾角的楔块、斜板、动板、内圆弹簧、外圆弹簧、复原弹簧、压头及箱体组成。当缓冲器压缩时，通过压头、斜板、楔块、动板及箱体之间产生的摩擦及内外圆弹簧的弹性变形，消耗冲击能量，达到缓冲作用。

### 5.3.3 转向架

$DF_{8B}$ 型内燃机车转向架由构架、轴箱、轮对、旁承、牵引杆装置、基础制动装置单元制动器、砂箱、电动机悬挂装置和人力制动装置等部件组成，如图 5-24 所示。

1. 概述

$DF_{8B}$ 型内燃机车转向架基本沿用了 $DF_8$ 型内燃机车转向架的结构，除了基础制动装置采用了 $DF_{11}$ 型内燃机车的新型单元制动器和专为 $DF_{8B}$ 型内燃机车研制的粉末冶金闸瓦外，其他部件与 $DF_8$ 型内燃机车转向架的对应部件结构基本相同，如构架、轴箱、一系弹簧、二系橡胶堆旁承、牵引杆装置和电动机悬挂装置等。其中电动机悬挂装置有抱轴瓦和滚动轴承两种方案。

转向架构架两侧中部位置装有 2 个横向侧挡，通过调整垫片来保证机车车体与转向架间单侧 15 mm 的自由横动量，当侧挡贴靠起作用后还能产生 5 mm 的弹性横动量。转向架四角端部各装有一个砂箱，每个储砂量为 100 kg。机车速度表传感器装在机车第三位轴左侧轴箱的端部。

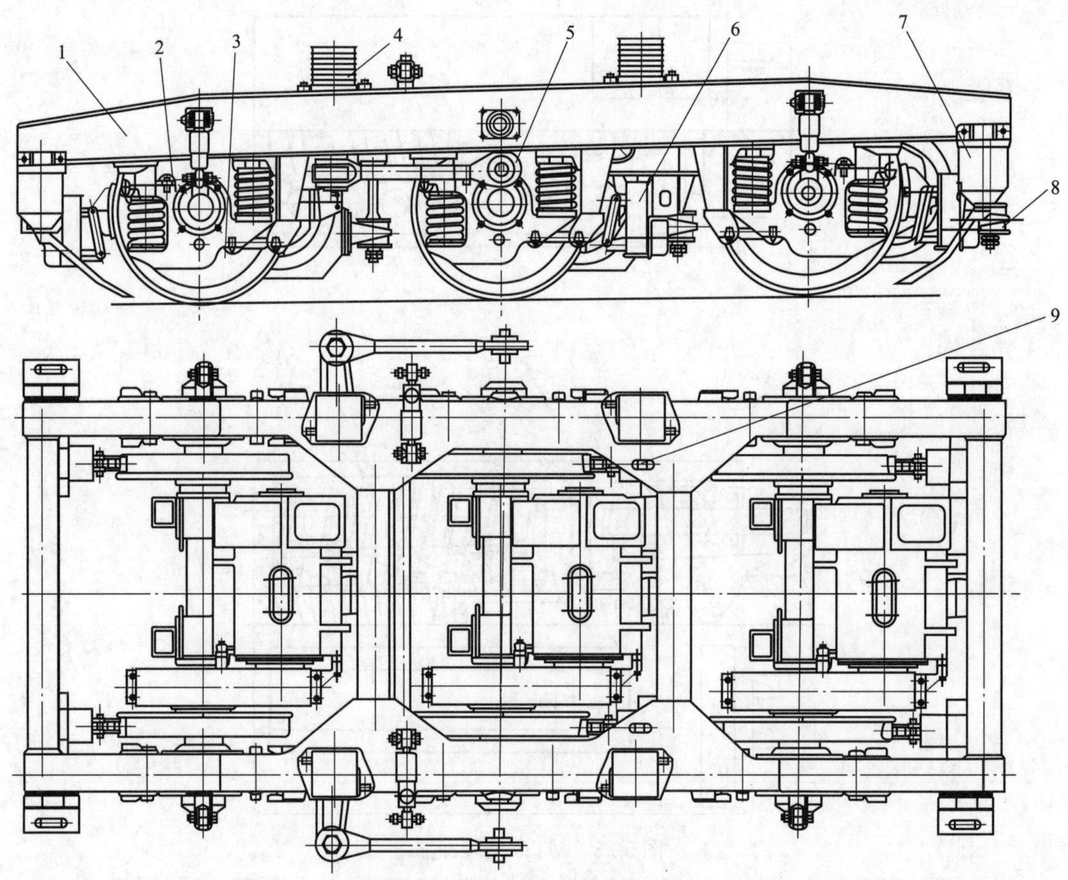


图 5-24　DF8B 型内燃机车转向架

1—构架；2—轴箱；3—轮对；4—旁承；5—牵引杆装置；6—基础制动装置单元制动器；7—砂箱；8—电动机悬挂装置；9—人力制动装置

$DF_{8B}$ 型内燃机车人力制动装置的基本结构与 $DF_4$ 型、$DF_8$ 型、$DF_{11}$ 型内燃机车相同，只是钢丝绳的长度及与单元制动器连接的拨杆不同。

2. 转向架主要技术参数

|  |  |
|---|---|
| 轴式 | $C_0$—$C_0$ |
| 构造速度(km/h) | 100 |
| 轴重(t) | 23(＋2) |
| 每轴簧下质量(kg) | 4 420 |
| 自重(t) | 22.176 |
| 轴距(mm) | 2×1 800 |
| 两转向架中心距(mm) | 12 300 |
| 轮径(mm) | 1 050 |
| 牵引齿轮传动比 | 63/14(抱轴瓦原方案)<br>76/17(抱轴瓦改进方案)<br>77/17(抱滚动轴承方案) |
| 弹簧悬挂系统总静挠度(mm) | 114 |

| | |
|---|---|
| 一系静挠度(mm) | 105 |
| 二系静挠度(mm) | 9 |
| 一系垂向油压减振器阻尼系数(kN·s/m) | 100 |
| 二系横向油压减振器阻尼系数(kN·s/m) | 100 |
| 构架相对车体横动量 | |
| 自由横动量(mm) | ±15 |
| 弹性横动量(mm) | ±5 |
| 轴箱相对构架弹性横动量(mm) | ±8—±8—±8 |
| 轮对相对轴箱自由横动量(mm) | ±3—±10—±3 |
| 牵引点距轨面高度(mm) | 725 |
| 单元制动器制动缸直径(mm) | 177.5 |
| 制动倍率 | 4 |
| 制动率(制动缸压力为 450 kPa 时) | 0.588 |

3. 主要部件介绍

(1)构架

$DF_{8B}$ 型内燃机车转向架构架主要由左、右侧梁，前、后端梁和横梁等组成全焊接“目”字形结构，如图 5-25 所示。

$DF_{8B}$ 型与 $DF_8$ 型内燃机车相对比，构架的主要改进点有如下三方面。

①重新设计构架，以提高其承载能力，主要措施是取消了构架侧梁外侧面的制动缸安装座和横向贯通的腰形孔，改在侧梁内侧下方设置安装单元制动器的制动座，以便于新型单元制动器的安装。

②构架 4 个橡胶旁承座的横向距离由原 2×960 mm 改为 2 050 mm，即在左右两侧梁中心线上，以改善构架侧梁、横梁和车体旁承梁的受力条件。

③侧梁主要钢板(上下盖板、立板等)的材质由 Q235-A 改为 16Mn(同 $DF_{11}$ 型内燃机车)。

(2)轴箱

轴箱主要由轴箱体、滚动轴承、一系弹簧、轴箱拉杆、端盖、后盖等组成，如图 5-26 所示。

$DF_{8B}$ 型内燃机车转向架轴箱的整体结构与 $DF_8$ 型内燃机车基本相同，但轴箱拉杆却基本与 $DF_{11}$ 型内燃机车相同。与 $DF_8$ 型内燃机车相对比，轴箱主要的改进点有如下两方面。

①轴箱拉杆采用一个短心轴和一个长心轴结构(与 $DF_4$ 型、$DF_{11}$ 型内燃机车相同)，而 $DF_8$ 型内燃机车为 2 个短心轴。

②轴箱拉杆中的端盖胶垫由 3 层橡胶和 2 层钢板组成，以增大轴箱拉杆的横向刚度，提高机车直线高速运行的横向平稳性，也方便机车的落轮。而 $DF_8$ 型、$DF_4$ 型内燃机车均为 2 层橡胶和 1 层钢板。

$DF_{8B}$ 型内燃机车的一系弹簧在结构上和 $DF_8$ 型、$DF_{11}$ 型内燃机车完全一样，每个轴箱 2 组弹簧，均由弹簧盖、弹簧座、大圆弹簧、小圆弹簧、橡胶减振垫等组成。但为适应 25 t 轴重的需要在技术参数上略有调整，将静挠度由 $DF_8$ 型内燃机车的 95 mm 增大为 105 mm，工作高度则由 291 mm 降为 281 mm。

$DF_{8B}$ 型内燃机车轴箱轴承初期采用与 $DF_{11}$ 型内燃机车同样的型号，从 0003 号机车开始，将原 GCr15 钢材质改为 100CrMo7 钢贝氏体淬火，并将原 552732QT、652732QT 和 752732QT 型号分别改为 NJ2232WB、NU2232WB 和 NUHJ2232WB 新型号。

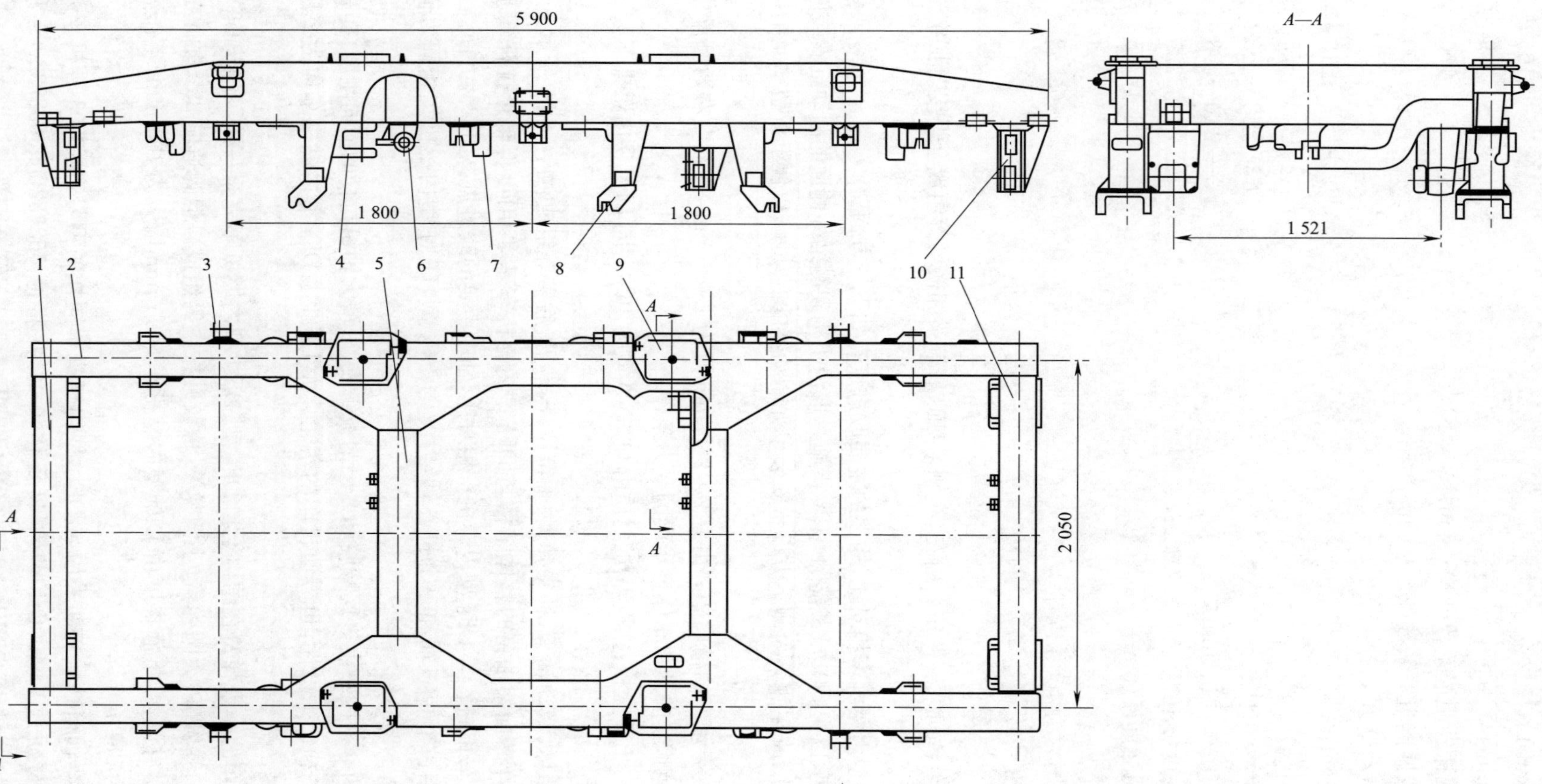


图 5-25　DF8B 型内燃机车构架(单位:mm)

1—前端梁;2—侧梁;3—减振器座;4—拐臂座;5—横梁;6—电动机吊座;7—上拉杆座;8—下拉杆座;9—旁承座;10—制动座;11—后端梁

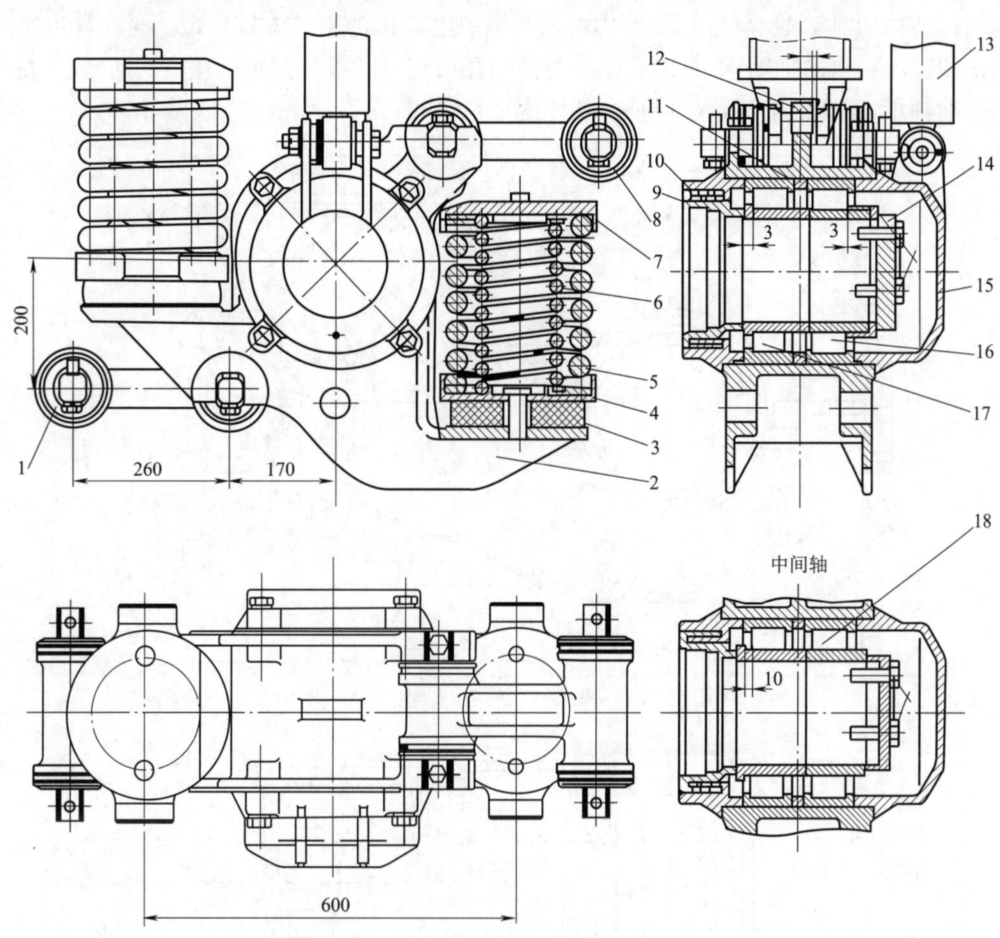


图 5-26 DF8B 型内燃机车轴箱(单位:mm)

1—下轴箱拉杆;2—轴箱体;3—减振垫;4—弹簧座;5—大圆弹簧;6—小圆弹簧;7—弹簧盖;8—上轴箱拉杆;9—防尘圈;10—后盖;11—隔圈;12—轴箱止挡;13—垂向油压减振器;14—压盖;15—端盖;16—滚动轴承 NUHJ2232WB;17—滚动轴承 NJ2232WB;18—滚动轴承 NU2232WB

(3)轮对

DF8B 型内燃机车的轮对有两种方案。第一种方案为与抱轴瓦结构的电动机悬挂装置配对使用的轮对,借鉴 $DF_4$ 型内燃机车的轮对,由车轴、长毂轮心、短毂轮心、从动齿轮、轮箍和扣环等组成。第二种方案为与滚动轴承结构的电动机悬挂装置配对使用的轮对。最大的区别是从动齿轮直接套装在车轴上,也就没有长毂、短毂轮心之分了。

为防止紧急制动时,轮箍过热而造成脱箍现象,DF8B 型内燃机车的两种轮对方案均在轮箍与轮心间增设了扣环,材料为 Q235-A,是在轮箍套在轮心上之后再行装配的,扣环接头处用电焊焊接,但不能焊在轮箍上。

(4)牵引杆装置

DF8B 型内燃机车牵引杆装置在结构上与 $DF_{11}$ 型、$DF_4$ 型内燃机车相同,为双侧(双作用式)低位平行牵引杆。其在转向架上的牵引点距轨面高度为 725 mm(与 $DF_4$ 型内燃机车相同),而 $DF_{11}$ 型内燃机车为 675 mm。

(5)电动机悬挂装置

DF8B 型内燃机车牵引电动机的悬挂方式为轴悬式,具体有两种方案。一种方案是抱轴承为抱轴瓦结构的滑动轴承，与 $DF_4$ 型内燃机车牵引电动机的悬挂方式类似。另一种方案则是采用滚动轴承结构的抱轴承，其组成部分与抱轴瓦结构电动机悬挂装置基本相同，仅是抱轴瓦改用滚动轴承，相应抱轴瓦盖改成一个整体抱轴箱，如图 5-27 所示。

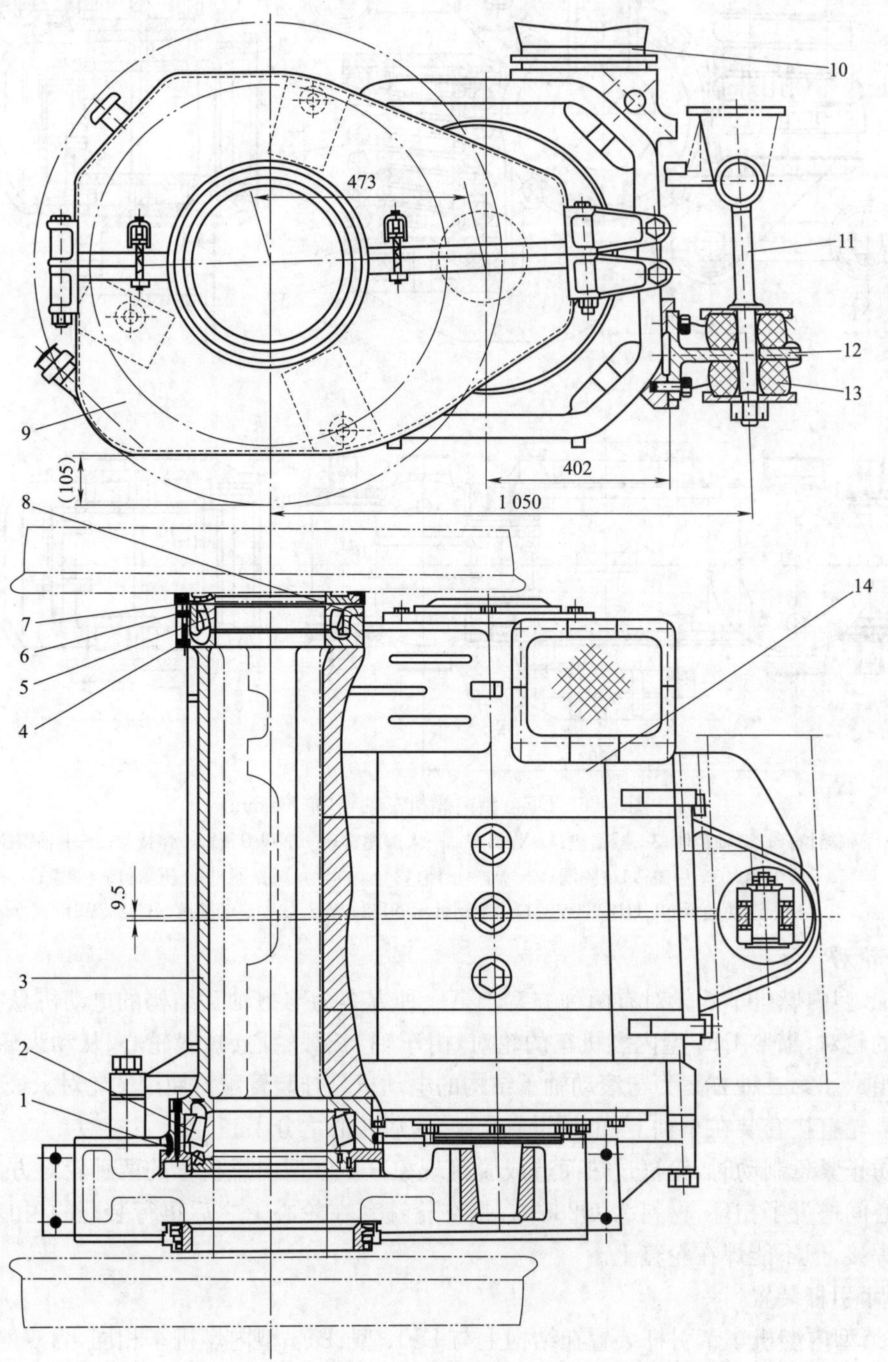


图 5-27　$DF_{8B}$ 型内燃机车滚动轴承结构电动机悬挂装置(单位:mm)

1、7—防尘圈；2、5—驱动轴承；3—抱轴箱，4—螺栓；6、8—调整片；9—齿轮罩装配；10—通风道装配；11—吊杆装配；12—吊杆座；13—橡胶垫；14—牵引电动机

滑动轴承(即抱轴瓦)与车轴间的径向间隙较大,随着机车走行里程的增加,抱轴瓦与车轴的间隙将会增大,主从动牵引齿轮的中心距也在发生变化,牵引齿轮啮合条件也随着恶化;抱轴承间隙增大,也会使牵引电动机电枢轴与车轴间的倾斜角增大,齿轮啮合面积减少,影响牵引齿轮的使用寿命。在机车运用中随着车速的提高、牵引力的增大,抱轴瓦的磨损也会加快,更容易发生碾瓦、发热甚至烧瓦事故。但滚动抱轴承的径向间隙很小,大大改善了牵引齿轮啮合条件,延长齿轮使用寿命,同时也相应改善了牵引电动机的工作条件,减少维修工作量及费用。

## 5.4 $HXN_3$ 型内燃机车总体布置及主要技术参数

$HXN_3$ 型大功率交流传动内燃机车装用 16V265H 型大功率电喷柴油机、IGBT 交流传动及控制系统、32 位 EM2000 微机网络控制系统和 CCBⅡ电控制动系统等成熟可靠技术和装备,并进一步进行优化布置及设计。机车额定功率为 4 412 kW(6 000 马力),持续牵引力为 598 kN,恒功率速度范围 23～120 km/h,能够满足干线双机牵引 5 000 t,平直线路上行驶 120 km/h的要求,并具备三机重联功能。

### 5.4.1 总体布置及主要技术参数

1. 总体布置

$HXN_3$ 型内燃机车采用我国铁路干线机车传统的双司机室、内走廊、整体承载式结构,机车上部从前向后分别为Ⅰ端司机室、电气室、电阻制动室、清洁空气室、动力室、冷却室及Ⅱ端司机室;下部包括底架结构、2 台三轴转向架、蓄电池箱、主风缸和启动风缸等;同时为了增加车体强度和优化布置,还采用了底架集成式燃油箱、桁架式侧墙结构。具体布置如图 5-28 所示。

(1)司机室

两个模块化的司机室基本相同,满足单司机值乘的要求。内部主要装有单司机操纵台、司机控制器、制动控制器、FIRE 微机显示屏、ATP 显示屏、电台等操纵仪表、仪器设备及改善司乘条件的冰箱、微波炉、饮水机、空调、风扇、电取暖器、添乘座椅等生活设施。外部装有风动刮雨器、风喇叭等。司机室内铺有防滑、耐磨、隔噪的“PVC＋玻璃＋软木”高级复合地板,侧墙、隔墙、顶棚采用了吸声、隔热材料等,其总体布置符合当时的《机车司机室布置规则》(GB/T 6769—2000)(现已被 GB/T 6769—2016 代替)标准要求。

(2)电气室

电气室紧挨在Ⅰ端司机室之后,为全封闭结构,室内主要装有电气柜和铝制通风道。电气柜采用分体式模块化屏柜结构,主要包括 EM2000 微机屏柜、冷却风扇及空压机控制屏柜、继电器及整流器控制屏柜、电阻屏柜、辅助电源(APC)控制屏柜及监控设备。电气室通有清洁的滤清空气,室内予以加压以免污物进入。铝制风道将过滤后的空气分配到发热电气元件附件,起冷却作用,保证室内压力略高于外界大气压,防止过多灰尘杂质进入室内对精密元器件造成破坏。电气室的布置有利于技术人员进行故障处理和检修工作。

(3)电阻制动室

电阻制动室位于电气室的后面,其顶部为一个圆筒形的电阻制动模块,由上部的径向电阻带和下部的轴流式冷却风机(风扇)装配组成;电阻制动室下部为第Ⅰ转向架牵引电动机通风机,该通风机同时也为交流牵引相模块进行冷却。主发电机通风机及空气制动安装架也位于电阻制动风扇的下面。

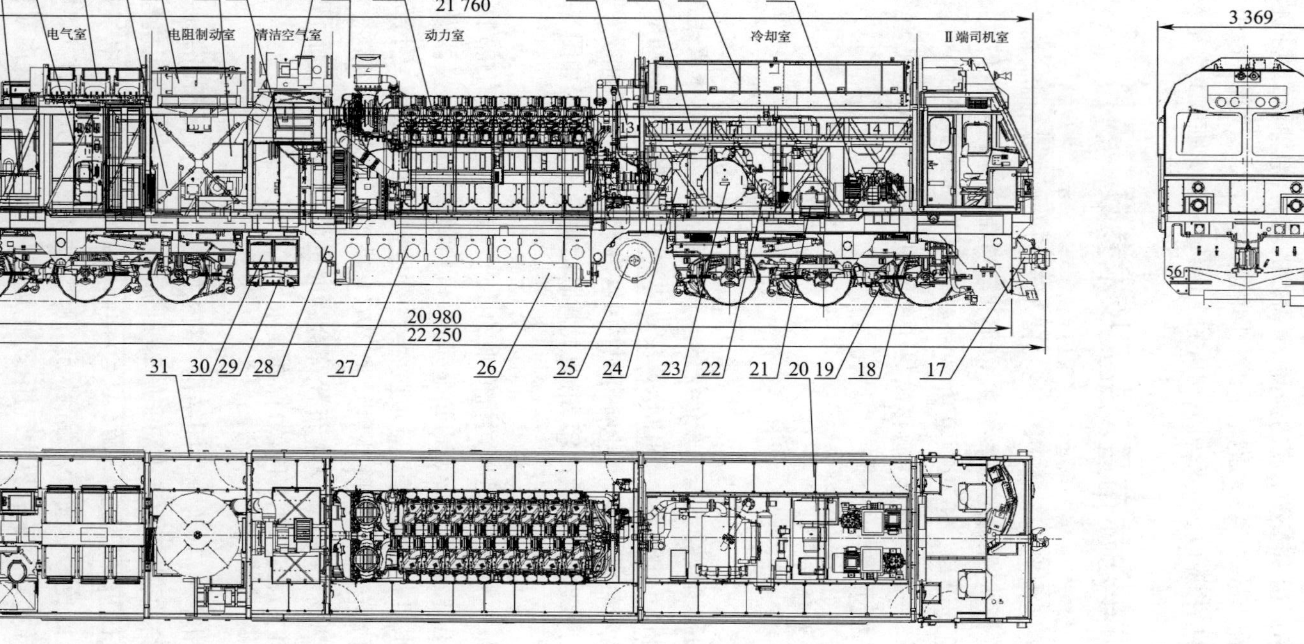


图 5-28 HXN$_3$ 型内燃机车总体布置

1—头灯；2—空调；3—卫生间；4—电气屏柜；5—相模块；6—Ⅰ端转向架通风机；7—电阻制动；8—主发电机通风机；9—空气滤清器；10—电气间/除尘风机；11—主辅发电机；12—柴油机；13—水箱；14—冷却风扇；15—散热器；16—空气压缩机；17—车钩缓冲器；18—转向架；19—牵引电动机；20—Ⅱ端转向架通风机；21—启动空压机；22—燃油滤清器；23—机油滤清器；24—工具箱；25—启动风缸；26—总风缸；27—燃油箱；28—砂箱；29—复轨器；30—蓄电池；31—旋风空气滤清器

(4)清洁空气室

清洁空气室内主要设备为侧墙上的离心式旋风筒过滤器和 TA20 主发电机的后端部。主发电机上座有柴油机空气滤清器及一个电机带动的双轴身风机，其中一个风机作为旋风过滤器的除尘风机，另一个风机为电气室提供正压风源及冷却。

(5)动力室

动力室主要安装有 16V265H 柴油机和 TA20/CA9 型主辅发电机，它们均通过螺栓刚性固定在底架上。增压器顶部两个烟囱直接将废气排出车外，底部布置有引水管可将从烟囱进入的雨水引到车下排出。

(6)冷却室

冷却室顶部装有散热器组装模块，包括两片高温散热器和两片低温散热器以及管路和支撑结构。其下部为两组风扇电机组，另外还预留了一组风扇电机组的安装位置以满足机车达到 EPA Tier2 排放标准的要求。散热器的下方布置有机油滤清器、机油热交换器、启动机油泵、启动燃油泵和燃油滤清器等。在靠近Ⅱ端司机室位置有两个螺杆式空压机。

2. 主要装备及系统配置

(1)柴油机

$HXN_3$ 型内燃机车装用 16V265H 电喷四冲程增压柴油机，该柴油机采用动力组工作单元(每个动力组都自成体系，主要包括活塞、连杆装配，气缸套和气缸盖，并带有各自的气阀驱动机构和摇臂箱盖，都有其独立的进排气道和出水支管，其模块可完全互换)、整体铸造式机体、悬挂式全纤维锻钢曲轴、单根驱动镶嵌式凸轮轴、高压比废气涡轮增压器、电子喷油泵、多孔式喷油器和集成 UPS 喷射系统等先进技术，具有低油耗、低排放、功率大、故障率低和可靠性高等特点。

(2)电气主传动系统

电气主传动系统主要由主发电机、牵引整流单元(升压作用)、牵引逆变器、牵引电动机和电阻制动装置等组成。机车的交流驱动采用架控方式，牵引逆变器由 6 个相模块组成，安装在电气室顶部，由前牵引通风机提供空气冷却。通过主传动系统的交流控制，机车具有优秀的牵引和电阻制动特性。

(3)电气辅助传动系统

$HXN_3$ 型内燃机车采用交流辅助传动系统，由与主发电机 TA20 同轴的辅助发电机 CA9 供电。辅助发电机电枢有两套三相交流电枢绕组，其中一套为控制电源和蓄电池充电绕组，另一套绕组由中间抽头分成两组独立的电压输出，一组为辅助设备供电绕组，另一组为励磁供电绕组。所有的主要用电设备均由微机控制，以便匹配不同工况下的用电负荷。

控制电源和蓄电池充电绕组输出的三相交流电，经辅助电源变换器 APC 整流变压输出 74 V 直流控制电，为控制系统、蓄电池充电、照明、启动燃油泵、电暖器、司机室风扇和空调逆变器等供电。

辅助设备供电绕组输出的三相交流电，直接驱动前后牵引通风机电机、1 个主发电机通风机电机、2 个冷却风扇电机、2 个空压机电机和 1 个电气柜通风机电机等。

励磁供电绕组经主发电机励磁斩波器提供励磁电源给主发电机励磁绕组，由斩波器直接控制主发电机励磁绕组的电流。

(4)微机控制系统

机车采用 32 位的 EM2000 微机系统进行机车的牵引、电阻制动、主发励磁、辅助设备、运行逻辑和操纵接口等控制;机车的 FIRE 显示系统完成信息显示、程序安装、数据下载、操作及维护界面、制动机控制、远程监控数据接口等功能;机车还采用 EMDEC 控制器对柴油机进行电子喷射控制。

(5)空气制动系统

$HXN_3$ 型内燃机车装有微机控制的 CCBⅡ空气制动系统,主要由一个安装在电阻制动室的电空控制制动单元、一台空气制动微机和在每个操纵端操纵台上安装的空气制动控制器组成,以实现对机车和连挂车辆的空气制动进行控制。

另外,$HXN_3$ 型内燃机车还提供了单独的 DC 74 V 重联机车跨接电缆,以便对停机机车进行控制和蓄电池充电的供电。

3. 主要技术参数

| | |
|---|---|
| 用途 | 干线货运 |
| 传动方式 | 交流主传动,架控 |
| 轴式 | $C_0$—$C_0$ |
| 轮径(mm) | 新轮 1 050 |
| 轴重(t) | 25×(1±3%) |
| 机车质量(t) | 150×(1±3%) |
| 摘挂最小曲线半径(m) | 250 |
| 最大运用速度(km/h) | 120 |
| 持续速度(km/h) | 20 |
| 最大起动牵引力(kN) | (按 1 013 mm 轮径)620 |
| 持续牵引力(kN) | 598 |
| 恒功率速度范围(km/h) | 23～120 |
| 柴油机型号 | 16V265H |
| 柴油机装车功率(kW) | 4 660 |
| 主发电机型号 | AT20/CA9 |
| 牵引电动机型号 | A2938-5 |
| 电阻制动功率(kW) | 3 700±100 |
| 机车外形尺寸(mm) | 22 250×3 370×4 705 |

### 5.4.2 车体、车架、司机室及钩缓装置

1. 车体

$HXN_3$ 型大功率交流传动内燃机车车体主要由司机室、车体钢结构、牵引缓冲装置以及车体设备等组成。

考虑到机车落轮、吊装、救援的需要,在底架靠近前后旁承座部位设置有整体起吊用吊车销孔,并在车体边梁上安装吊座作为和转向架的备用连接,以便在需要时将车体和转向架一并吊起。

为满足车体强度、刚度、工艺、寿命等性能的要求,车体钢结构选用的材质有普通碳素结构钢 Q235,普通低合金结构钢 Q345B,高耐候性结构钢 09CuPCrNi 等。在车体的非承载部分的设计中,一般采用普通碳素结构钢 Q235-A 和高耐候性结构钢 09CuPCrNi;司机室门、侧提窗等采用铝合金复合材料。

2. 车体钢结构

车体钢结构主要由底架、侧墙、大盖、顶盖和隔墙五部分组成。因机车功率大、运行速度快，动力系统占用了更多的重量比例，所以对机车车体轻量化提出了较高的要求。底架、车体、司机室结构占22%，动力系统占23.6%，而其他一些种类机车的重量比例分别为29%和14%。因此轻量化是车体的重点和难点，要求发挥车体各主要部件的承载作用，如侧墙、大盖等。

车体底架作为整个车体的承载基础，它不但承受车体本身的重量和车内所有设备的重量，同时还传递牵引力和制动力以及复杂的动应力，因此底架必须具有足够的强度和一定的刚度。机车用于牵引高速重载货运列车，柴油机功率高、重量大。因此要求车体既要满足强度和刚度还要最大化的减轻重量。根据这一要求底架采用整体承载式燃油箱结构。$HXN_3$型大功率交流传动内燃机车车体底架由三段组成，即前后端部和中间燃油箱。

底架前后端部结构基本相同，由于机车上部设备不同而存在细微差别。仅以底架前端部为例进行介绍，底架前端部包括防撞装置、牵引梁、侧梁、牵引拉杆座、二系弹簧支撑结构和中间梁。防撞装置用于在机车受到非常规的碰撞时吸收能量保护司乘人员的安全。牵引梁直接传递机车的纵向牵引力、制动力及纵向冲击载荷，其下部结构为车钩箱，用于安装车钩及缓冲装置。侧梁和中间梁用于传递机车纵向载荷和承受机车上部设备载荷。牵引拉杆座用于传递转向架的牵引力和制动力。二系弹簧支撑结构用于将车体重量和机车上部设备重量传递到转向架上。

底架中间燃油箱采用网状结构，将底架前后端部连接成整体，承受上部柴油发电机组的重量和盛放柴油机燃料。油箱两端有四个砂箱，一端有污油箱。箱内装有吸油管、排油管、排气管、油压管。油箱中部两侧分别装有两个加油口、油位仪、紧急停油按钮。油箱底部两侧有排污口。

侧墙左右对称，由两个平面组成，构成车体横断面轮廓。侧墙采用桁架式结构。考虑强度及制造因素，立柱及横梁的截面以及作为主要受力部件的上弦梁截面为封闭箱型梁，且形状根据结构的特点而确定。侧墙蒙皮采用波纹板结构，大大提高了车体纵向强度和垂向刚度。侧墙从前到后依次开有电阻制动间进风口、空气滤清间进风口和冷却间进风口。侧墙结构如图5-29所示。

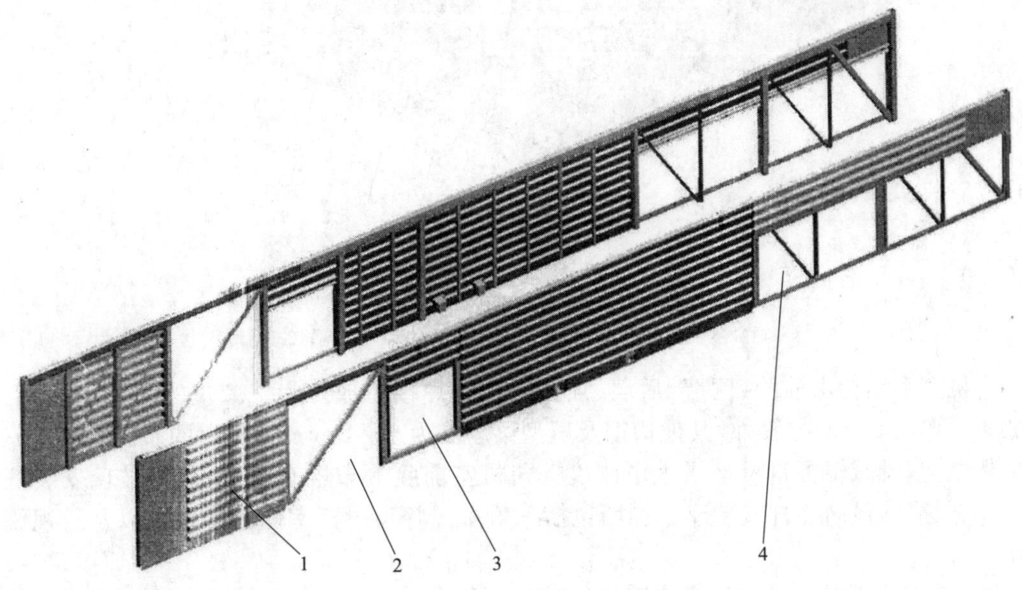


图5-29　侧墙结构

1—波纹板；2—电阻制动间进风口；3—空气滤清间进风口；4—冷却间进风口

3. 司机室

$HXN_3$ 型大功率交流传动内燃机车司机室采用独立司机室结构，通过隔离减振装置安装到车体底架上。隔离减振装置主要由两个橡胶关节减振器、两个弹簧、两个阻尼器和两个横向连杆组成。两个橡胶关节减振器安装在司机室后部下方，水平横向放置。较低的扭转刚度使司机室及隔振系统有较低的"点头"频率。两个弹簧垂直放置于司机室前端的两角，弹簧主要用于控制"点头"振动。两个阻尼器与弹簧肩并肩平行放置，它用于减少或消除由转动轴隔振系统引起的低频振动的振幅增大，这种低频振动主要由机车轨道的不平顺引起。两个横向连杆安装在司机室的前端，连杆两端可自由转动，但横向刚度非常大。横向连杆的安装使司机室前部可以在垂向与纵向上与机车底架有相对运动，但在横向却受制约，从而控制司机室前端的左右转振动。采用独立司机室结构将大大减轻司机室的振动，提高司机的操作舒适性。独立司机室结构如图 5-30 所示。

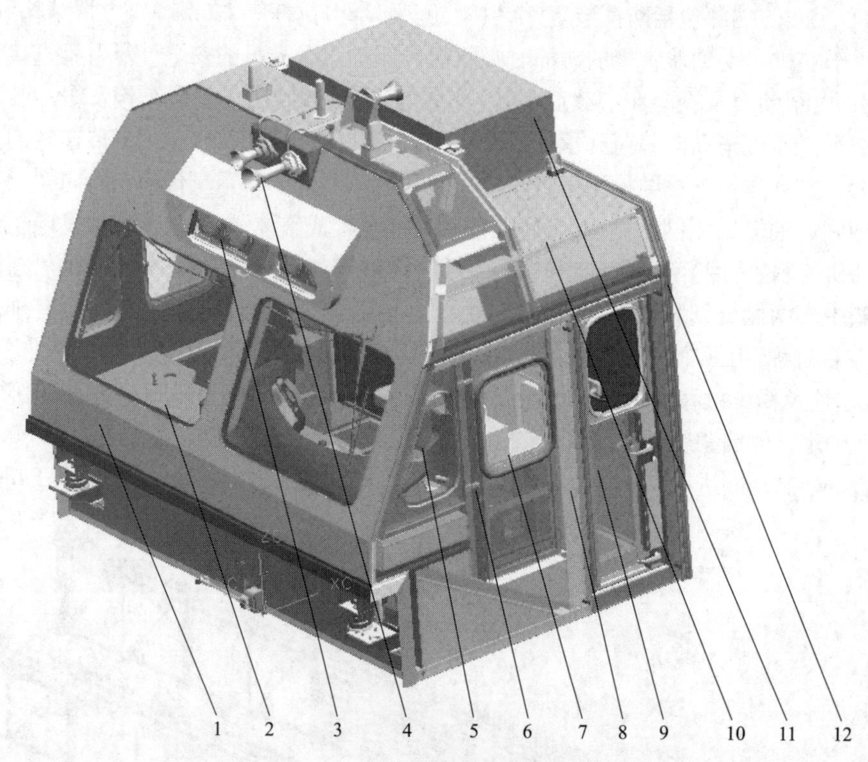


图 5-30　独立司机室结构

1—前脸；2—前窗；3—头灯；4—喇叭；5—三角窗；6—后视镜安装座；
7—侧窗；8—侧墙；9—司机室侧门；10—顶盖；11—空调；12—后墙

司机室钢结构由前脸、侧墙、后墙、顶盖和地板焊接组成。为了减重的需要，除主要结构梁采用厚度 6 mm 方管外，其他槽钢及压型梁厚度为 3～4 mm，结构梁的布置多采用三角形桁架结构，既减轻了自重又增大了刚度。司机室前脸上布置有头灯、前窗玻璃安装框以及弹簧、阻尼器横向连杆安装座。侧墙包括三角窗、侧窗、司机室侧门安装框以及后视镜安装座。

司机室顶盖整体骨架以压型槽钢和角钢为主，既保证了足够的强度，又减轻了重量。顶部设置有多个天线座，可以根据应用需要安装相应的天线。同时还装有一个风喇叭安装座。空调通过安装座固定在司机室顶盖上，风从入风口进入司机室顶盖内，经过多条管路分别由两侧和顶部 8 个出风口吹入司机室内部，在司机室内循环完毕后，从回风口排出，每个出风口的位置和角度都满足司乘人员舒适需求，同时都具有调节风量的功能。

司机室地板梁与其他机车不同，地板梁不仅仅只是承载着司机室的重量，还用做操纵台、座椅等设备的安装平台。该车的司机室地板梁还装有橡胶关节减振器安装座、空气预埋管路、电线通道等部件。当独立司机室与机车进行组对的时候，两个安装座与前脸上的弹簧安装座共同支撑起司机室等全部重量，承担运行过程中产生的冲击和振动。空气管路直接与机车上的软管进行对接，与操纵台连通。机车全部控制电线通过中部的通道与操纵台上的电线进行对接，从而实现对整车的控制。此外，地板梁的四角还设有起吊座安装孔，底部还装有密封条安装槽。

4. 钩缓装置

引进的 $HXN_3$ 内燃机车装备了 AAR 标准的 E4936AE 型车钩和 NC390 型缓冲装置。图 5-31为 $HXN_3$ 型内燃机车钩缓冲装置的爆炸图。

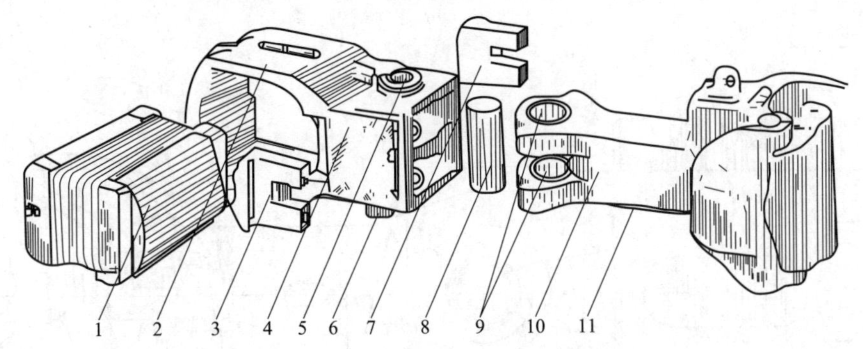


图 5-31　$HXN_3$ 型内燃机车钩缓装置结构

1—NC390 型缓冲体；2—NC390 型钩尾框；3—右侧复位顶杆；4—钩尾框磨耗板；5—尾框销孔衬套；6—定位铁；7—左侧复位顶杆，8—钩尾销；9—钩体销孔衬套；10—E4936AE 型车钩；11—钩体磨耗板

NC390 型缓冲体、NC390 型钩尾框、左侧复位顶杆、右侧复位顶杆、钩尾框磨耗板、3 个钩尾框销孔衬套组成一体，可称为 NC390 型缓冲装置；2 个钩体销孔衬套、1 个钩体磨耗板被安装在 E4936AE 型车钩钩体上，构成牵引车钩组成；钩尾销和定位铁为缓冲装置和车钩组成的连接件。$HXN_3$ 型内燃机车国产化后，车钩局部结构和功能稍有改变，但整体上仍继承了这种结构。

这套车钩缓冲装置中，车钩自由转角 8°（AAR 标准要求车钩最大自由偏转不超过 102 mm，折算约 8°），最大转角 19°。车钩缓冲装置的安装空间为：长 349 mm×宽 530 mm，与我国目前运用车钩的安装空间（长 625 mm×宽 330 mm）存在较大差异，但车钩连接轮廓符合我国铁路标准，并与我国在用的车钩完全一致。

从图中可以看到，这种车钩缓冲装置的结构、形状与我国现有机车车钩和缓冲装置不同，尤其是车钩钩尾的形状、缓冲器的结构以及钩尾框的形状比较特殊，正是这种设计，使得这种车钩缓冲装置具有了自动复位和水平调节的特点，这对重载机车大有裨益。

$HXN_3$ 型内燃机车的车钩缓冲系统具有高强度、车钩自动复位和车钩水平调节的功能。机车运行在曲线上，或者相邻的车辆与机车不处于同一纵向中心线上时，连挂车钩与车体中心线将产生夹角，巨大的车钩冲击力也将因为这个夹角而产生横向分力，这个分力将传递到车体、转向架最后到达轮轨接触部位。在高速运行制动时，横向分力过大，即便是瞬时过大，对于高速运行的重载列车也是极度危险的。E4936AE 型车钩独特的钩尾凸肩结构使之具有了自动复位功能:由于车钩绕钩尾销转动,在车钩与车体产生 8°以上夹角时,E4936AE 型车钩钩尾凸肩挤压侧复位顶杆和缓冲器,缓冲器的反作用力作用于凸肩,对车钩产生反向扭矩,使车钩具有回复中间位的趋势,并以此来抵消一部分车钩横向力。也就是说,车钩的一部分横向力被缓冲器有效吸收了,如图 5-32 所示。

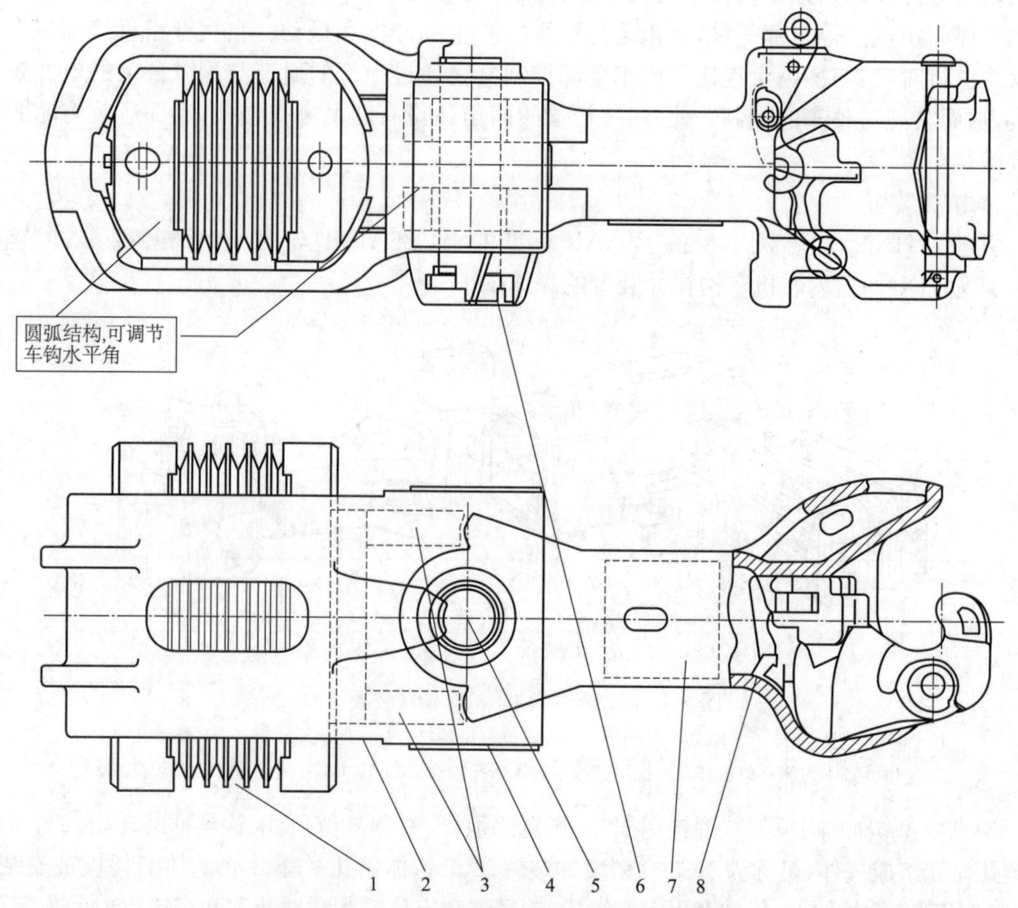


图 5-32　$HXN_3$ 型内燃机车钩缓装置结构平面图

1—NC390 型缓冲体;2—NC390 型钩尾框;3—左、右侧复位顶杆;
4—钩尾框磨耗板;5—尾框销;6—定位铁;7—钩体磨耗板;8—E4936AE 型车钩

从结构上看,NC390 型缓冲装置由于缓冲体前后端部与钩尾框接触面为圆弧面,故在垂直方向上有转动能力,能自动调节车钩在连挂时的姿态,从而有效减弱机车车辆车钩高度差(最大 75 mm)的影响,降低脱钩的可能性。

E4936AE 型车钩在国产化为 102 号车钩的研制过程中,增加了车钩防脱结构,即下防脱翼。这是因为货运列车中机车和车辆的车钩高差较大,导致这种车钩高差的因素分别有:车辆在轻车和重车状态时车钩高度差异较大;机车车辆新轮对和旋轮后的轮径差也可造成车钩高度差;线路接缝处产生的高度差;编组列车在运行时机车车辆一二系弹簧跳动产生的高度差;车钩跳动产生的高度差。高度差可能会逐渐积累,严重时影响车钩的连挂状态,甚至导致车钩上下滑脱,若有这种情况发生则非常危险,因此,国产化车钩时在车钩头部下方增加了下防脱翼,要求连挂车钩都必须具有下防脱翼结构,如图 5-33 所示。下防脱翼上底面距钩舌下底面 152.5 mm,而钩舌总高度为 300 mm,这样,无论连挂车钩如何上下窜动,在下防脱翼的挡护下,都不可能滑脱出来,从而保证了连挂车钩的安全,杜绝车钩发生脱离的危险情况。

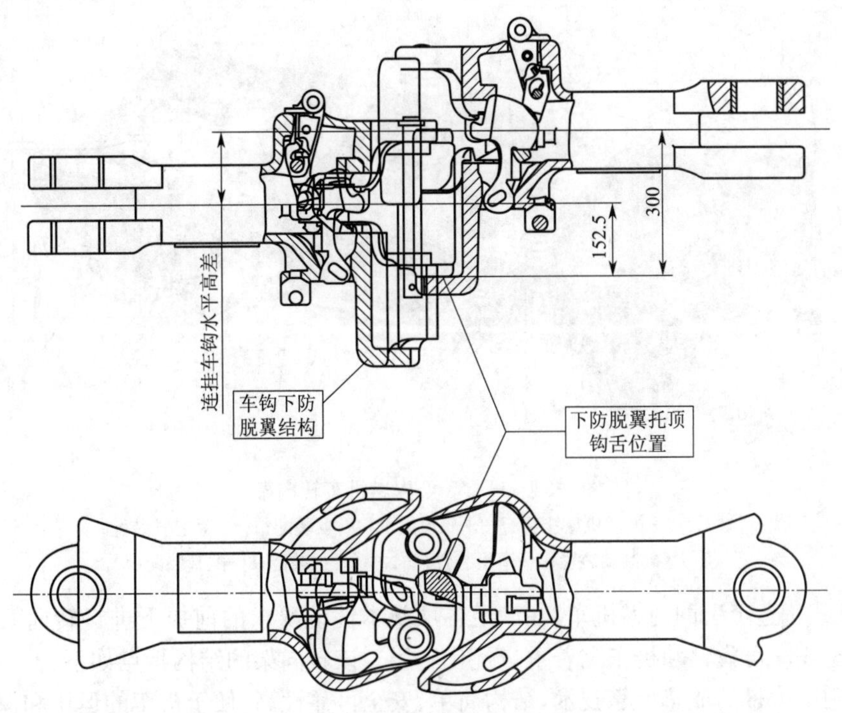


图 5-33 102 型车钩防脱结构及原理(单位:mm)

5. 司机室空调

司机室空调采用车顶单元式,制冷量达 6 kW。在每个机车上装有两台空调机组,用于车厢的降温、除湿和通风。两个空调机组分别安装在两个司机室。同时,在车厢内装有一个逆变电源,用于空调机组的供电和控制。逆变电源在同一时刻只能给一台空调机组供电。空调机组便于拆装和维修,具有良好的互换性和可维护性;具有通风模式和制冷模式,通风模式分为弱通风和强通风,制冷模式分为弱冷和强冷;具有补充新风功能,司机可通过设在操纵台上的开关控制。空调机组与逆变器之间设置有配套识别触点。空调设计有多项控制电路保护功能,主要包括主回路及控制回路设短路保护;通风机、冷凝风机电机设过载、三相不平衡、缺相保护;压缩机设过流、三相不平衡、缺相及低温保护;制冷系统设高、低压力保护,当制冷系统高、低压力保护动作时,微机会接收此信号并使压缩机停机;通风机,冷凝风机和压缩机各电机设联锁保护等功能。当发生故障时,微机能够将具体故障内容及相关信息通过 CAN 总线送至司机室,并在显示屏上显示。

### 5.4.3 转 向 架

1. 概述

$HXN_3$ 型内燃机车装有 2 台 HTSC China 转向架,即高牵引力快速三轴转向架,采用两系悬挂,一系为圆钢弹簧加橡胶减振垫及油压减振器,二系为四点橡胶堆旁承;轴距为 1 925 mm

或1 755 mm;轴箱定位采用单轴箱拉杆及轴箱弹簧定位;电动机采用滚动抱轴式半悬挂。其主要组成包括:构架、轮对电动机悬挂装配、轮缘润滑扫石器装配、二系悬挂(支承)装配、基础制动装置、牵引装置、一系悬挂(轴箱)装配、转向架配管等。总体结构如图 5-34 所示。

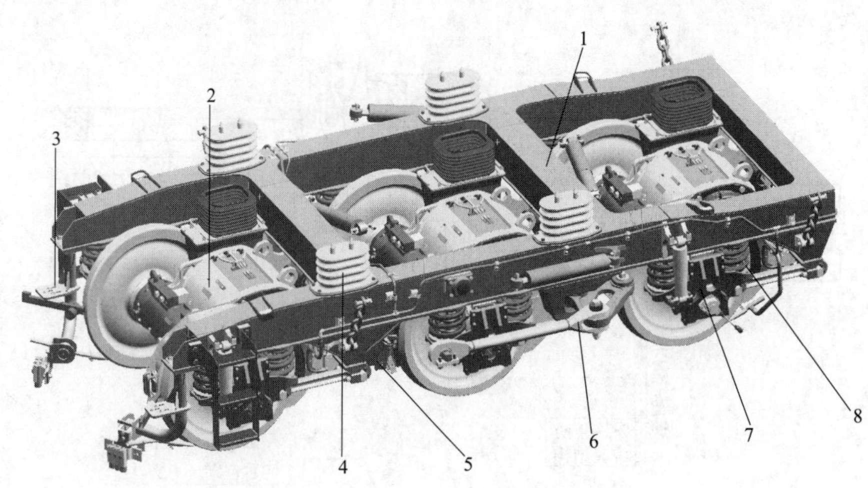


图 5-34　HXN3 型内燃机车转向架

1—构架;2—电动机悬挂装配;3—轮缘润滑扫石器装配;4—二系悬挂装配;
5—基础制动装置;6—牵引装置;7—一系悬挂装配;8—配管装配

作为重载货运牵引的内燃机车,在满足各项基本性能要求的前提下进行转向架结构设计时,着重考虑安全可靠性和机车黏着重量优化利用。该转向架的结构特点如下:

(1)采用了大量的成熟可靠技术,结构简单、安全可靠性高,便于机车的运用和保养。

(2)构架采用了优化设计理论和计算分析,力求最少材料下的刚度和强度要求,实现了构架轻量化设计。

(3)牵引电动机采用内顺置布置,这种布置可使机车在牵引工况下有较小的轴重转移。

(4)牵引装置采用四连杆结构并选择合理的悬挂参数,使机车轴重转移减小,满足机车牵引要求。

(5)一系弹簧采用较软的双圈圆簧,二系悬挂装配由四个橡胶堆组成,使一、二系弹簧参数搭配趋于合理。

(6)基础制动采用单侧闸瓦踏面制动。

2. 转向架主要技术参数

|  |  |
|---|---|
| 总重(t) | 22.317 |
| 轴重(t) | 25 |
| 轴距(mm) | 1 925 或 1 755 |
| 轮径(mm) | 1 050(新造轮)　975(磨耗到限) |
| 轨距(mm) | 1 435 |
| 最大设计速度(km/h) | 120 |
| 构架长、宽(mm) | 长 5 368.5,宽 2 608 |
| 侧架顶面距轨面高度(mm) | 1 230 |
| 通过最小曲线半径(m) | 145 |
| 轮对左右轴箱中心线间距(mm) | 2 100 |

| | |
|---|---|
| 牵引电动机功率(kW) | 690 |
| 电动机悬挂形式 | 滚动抱轴式半悬挂 |
| 传动齿轮模数及传动比 | 模数 $m$=9.48,传动比 $i$=85/16=5.313 |
| 牵引形式 | 四连杆机构 |
| 牵引点距轨面高度(mm) | 725 |
| 一系悬挂形式 | 每组两圈钢圆弹簧加橡胶减振垫加油压减振器 |
| 一系悬挂静挠度(mm) | 124 |
| 二系支承形式 | 四点橡胶堆支承 |
| 二系弹簧静挠度(mm) | 20 |
| 轴箱与构架间自由横动量(mm) | 2—15—2 |
| 车体相对于转向架自由横动量(mm) | ±40 |
| 车体相对于转向架弹性横动量(mm) | ±5 |
| 制动方式 | 单侧制动单元踏面制动 |
| 制动倍率 | 3.98 |

3. 主要部件介绍

(1)构架

构架由左右两个侧梁、一个端梁、两个横梁及转向架上各零部件的安装座组成。构架的前端没有前端梁,是一个开放式的“月”字形结构。左右侧梁是对称的,为了减重,侧梁中部截面高,前、后端截面相对较低;侧梁立板的前后部分也是由不同厚度的两块板对接组焊而成。后端梁和横梁也都是由钢板组焊成的箱形结构,为增加刚度,各梁内均焊有筋板。

构架组焊后施行整体退火、喷丸处理,以清除氧化皮,然后再整体加工。构架的材质为EMS93 钢,强度相当于我国的 Q345E。为了保证构架在机车正常运用中具有足够的强度、刚度和疲劳寿命,设计中对构架进行有限元结构强度分析和模态分析,构架样件也通过了静强度试验和 1 200 万次抗疲劳强度试验验证。

(2)轴箱

$HXN_3$ 型内燃机车轴箱为剖分式的轴箱体,由上下箱体两部分组成,前盖和横向止挡与上箱体集成在一起。轴箱上箱体提供轴承安装界面,传递垂向和纵向载荷;下箱体起到起吊轮对以及加强轴箱装配强度的作用。两体式轴箱装配大大简化了零件更换工作,便于转向架车轮的维修,也有益于提高可靠性。

轴箱与构架通过单侧轴箱拉杆弹性连接,把机车簧上部分的重量传递给轮对,同时将来自轮对的牵引力、制动力、横向力等传递到构架上。轴箱拉杆两端为橡胶球关节,杆身断面为工字形。由于橡胶关节径向刚度大,回转刚度小,因而使轴箱纵向具有较大的定位刚度,并可使轴箱相对于构架能自由沉浮及绕本身轴线回转。轴箱拉杆与轴箱的连接点在车轴中心线的水平面上,这样在传递牵引力时不会使轴箱产生偏转力矩,保证左右两组轴箱弹簧受力均匀。

轮对牵引电动机装配的横动量是通过安装在轴箱体上的一个垫板和用螺栓紧固在构架上的非金属垫板(横向止挡)相互配合来保证在规定的范围内,这种设计保证了横动量易于检查,同时又非常易于调整和更换。

端轴轴箱上的弹性横向止挡能够保证止挡单边间隙为 2~3 mm,以保证良好的稳定性;中间轴轴箱上的刚性横向止挡能够保证止挡间隙为 15 mm,满足曲线通过的需要。

横向止挡是一种硫化橡胶的金属板，它能够提供合适的刚度，以实现良好的横向运行性能，较高的稳定性，并且为横向力从轴箱传递到构架提供接触点。这种定位和安装方式能够确保在不落轮的前提下，为保持合适的横向间隙而进行检查、加垫调整或更换时的易操作性。垂向止挡是由轴箱体的上平面和轴箱横向止挡座下表面配合形成的。在机车的整备状态下，垂向止挡的名义高度间隙为 55 mm。

为保持弹簧所处的位置不变，在每组弹簧内部和轴箱间装有一个自锁装配，如图 5-35 所示。这个自锁装配包含了一个焊在构架上的上自锁支座以及一个安装在轴箱体锥形孔内的下自锁支座。一条自锁链条通过圆柱销和开口销与上下支座连在一起，下支座通过一个压板固定在轴箱体内。轴箱里有链条保护装置，它可以防止自锁链条接触到弹簧。自锁链条的作用有两个，一个是防止转向架起吊过程轮对和构架脱离，另一个作用是在进行轮对解体维修时，保证轴箱弹簧、轴箱体上部等零件与构架仍连为一体，降低拆卸和组装工作量。

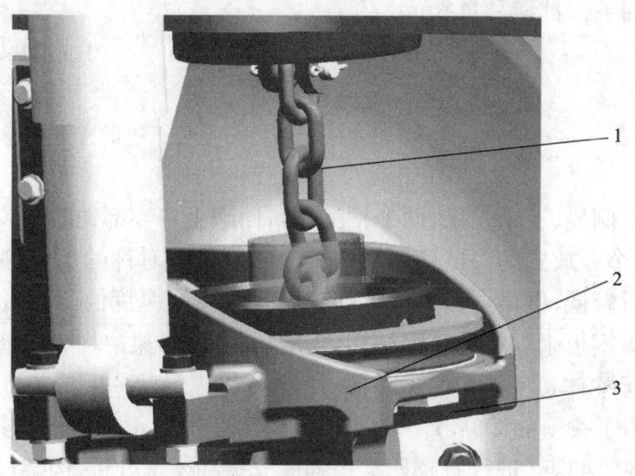

图 5-35 一系自锁装配

1—一系自锁链条；2—轴箱上箱体；3—下支座和压板

轴箱轴承装配(图 5-36)采用双列圆锥滚子全密封式的整体轴承，轴承油脂已提前注入，在组装过程中不需加脂。这种全密封的轴承寿命大大超过车轮的预期使用寿命，轴箱也不需要任何密封设计，在车轮的寿命周期内不需要进行任何的添加润滑和保养。

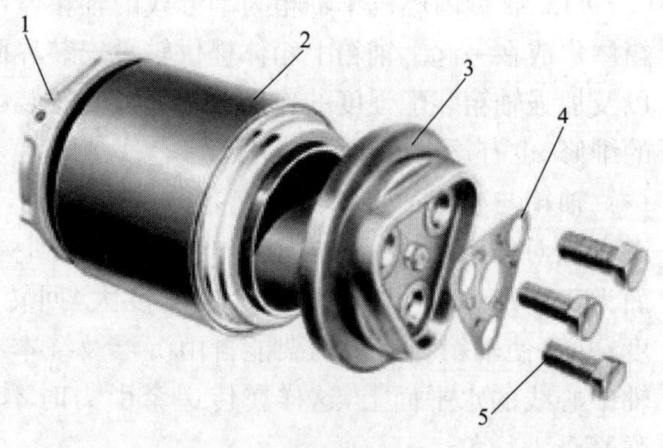

图 5-36 轴箱轴承装配

1—后盖；2—轴承装配；3—端盖；4—锁片；5—高强度螺栓

(3)悬挂装置

$HXN_3$ 型内燃机车的悬挂系统主要是由一系悬挂、二系悬挂及电动机悬挂等组成，如图 5-37所示。

一系悬挂主要由双圈弹簧组成，横向和垂向方向分别由横向止挡和垂向止挡来限制，纵向方向由轴箱拉杆来限制。一、三轴上的横向止挡通过 1 mm 厚的调整垫片来维持与焊接在构架上的横向挡板之间的间隙，使其在 2～3 mm 的范围之内；中间轴的横向止挡则保证与横向挡板之间的间隙在 15 mm 左右。横向挡板是一个尼龙材料的磨耗件，在机车的

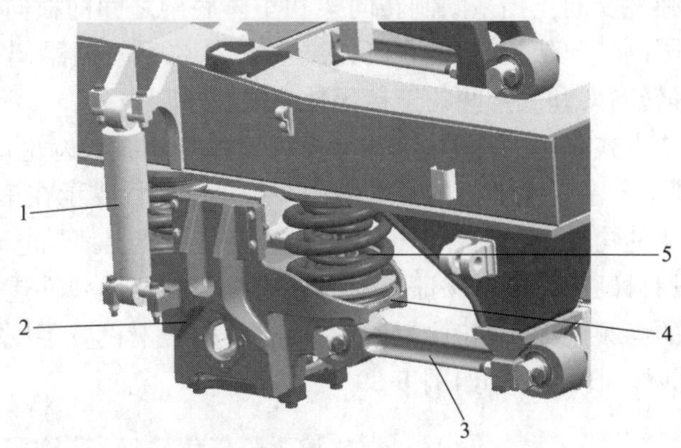


图 5-37 悬挂系统
1—垂向减振器;2—轴箱体;3—轴箱拉杆;4—橡胶减振垫;5—双圈弹簧

正常运用过程中,随着横向挡板的磨耗损失,横向间隙会加大,过大的横向间隙虽然有利于机车的曲线通过,但会加大机车在平直轨道上的蛇行运动,所以,横向间隙需定期检查,使之保证在一定的范围内。横向挡板是通过 4 个安装螺栓紧固在构架的一个焊接支座上,焊接支座的底部是一个加工平面,与轴箱体的上平面组成垂向止挡,垂向止挡间隙为 55 mm,起到了一个在垂向方向上限制构架移动的作用。垂向止挡在完全接触时,弹簧离全压缩挠度仍有 20 mm 的余量。一系弹簧静挠度较大,配合橡胶减振垫和垂向减振器,衰减和吸收轮对的振动和冲击。

二系悬挂(图 5-38)主要由橡胶旁承、横向减振器、抗蛇行减振器等部件组成,这三大部件分别与车体连接在一起,起到进一步衰减和吸收车下所传递来的高频振动的作用,保证了机车的运行平稳性和舒适性。两个二系抗蛇行减振器纵向对称安装在构架和车体底架之间,用来衰减转向架的蛇行运动以实现机车在高速运行时的稳定性。两个二系横向减振器分别朝着左右两个方向安装在构架的两个横梁立板上,另一端与车体底架上的安装座连接在一起,确保机车具有良好的横向运行品质。

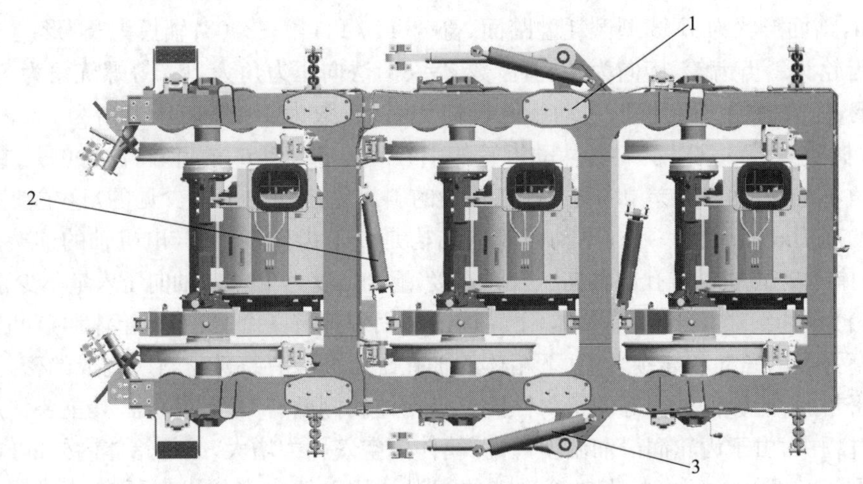


图 5-38 二系悬挂
1—橡胶旁承;2—横向减振器;3—抗蛇行减振器

构架上设有二系弹性横向止挡来限制转向架和车体底架之间的横向移动，在构架上同样设有四个摇头止挡来限制转向架旋转，防止诸如二系弹簧、二系减振器、牵引电动机通风道、电动机大线、空气软管等转向架和底架间的连接部件超限。

牵引电动机的悬挂方式采用的是轴悬式，与轮对、滚动抱轴箱、齿轮箱等一起组装成一个整体，然后座落到构架上。牵引电动机的一端由两个抱轴承刚性支承在车轴的抱轴径上，另一端弹性地悬挂在转向架的构架上。吊杆不论从结构上还是性能上都是电动机悬挂中一个重要的部件，吊杆的两端设有橡胶球关节，保证了牵引电动机与构架的弹性连接，可以有效地吸收从轮对电机传递过来的高频振动。同时，为了安全起见，构架上设置了安全托板，防止在吊杆失效时，牵引电动机脱落到轨道上，如图 5-39 所示。

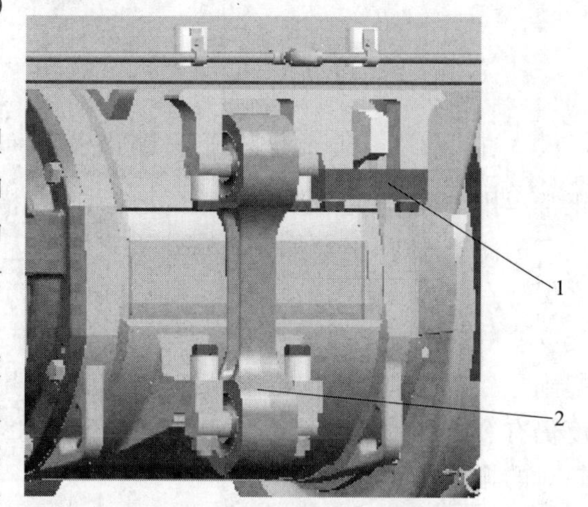

图 5-39　电机吊杆的安装位置

1—安全托；2—电机吊杆

(4)驱动装置

$HXN_3$ 型内燃机车的驱动装置与 $DF_{4B}$ 型内燃机车类似，主要包括车轴、车轮、轴箱轴承、滚动抱轴箱装配、齿轮箱装配和牵引电动机等，其中，牵引电动机型号为 1TB2630，齿轮传动比 85∶16。

车轴材质是按照 AAR M101 标准选定的，材料是 F 级，为 EMS804 车轴钢，但理化及机械性能类似于我国的 LZ50 车轴钢，轴颈的设计与 AAR K 级轴承相匹配。车轴总长为 2 307.14 mm，两端轴箱间的中心距为 2 100 mm，轴身直径为 $\phi$203 mm，轮座直径为 $\phi$234 mm，齿轮座直径 $\phi$235 mm，车轴所有与轴肩相连的圆角都为单半径圆角，齿轮座与轮座间的卸载槽加工后进行滚压。

车轮为整体碾钢车轮，按照 AAR M107/M208 标准选定的，材料是 B 级钢，为 EMS800 钢，车轮设计符合 AAR S-660“车轮设计分析评估程序”。滚动圆直径为 1 050 mm，磨耗限度为 975 mm，踏面形状为 JM3 型磨耗型踏面，符合 TB/T 449—2003；辐板为“S”形。

从动齿轮为斜齿齿轮，旋向为左旋，齿数 $Z=85$，法向压力角为 22.5°，螺旋角为 7°，材质为 EMS157 钢，齿表面经渗碳处理；主动齿轮旋向为右，齿数为 16，法向压力角为 22.5°，螺旋角为 7.058°，材质为 EMS81 钢。主、从动齿轮的中心距为 482.5 mm。值得注意的是主、从动齿轮的螺旋角不相同，两者相差 0.058°，这在一般的斜齿轮传动中是很少见的，这主要是为了使齿向修形的前后表面形状一致。主动齿轮的结构是一个齿轮轴，它与电机轴的连接是通过主动齿轮轴的锥体与电机的锥孔由轴向压入而连接，配合锥度为 1∶20，轴向压入量不少于 4 mm。

齿轮箱为焊接结构，分上、下箱体，下箱体的侧面焊接有一个凸台，下箱体通过凸台与抱轴箱之间用高强度的螺栓相连接。上、下箱体的轴孔配合面装有特殊材料所制成的密封圈，配合以相应的密封胶，能够保证很好的密封性能。上箱体的侧面有一个通气器，其主要作用就是机车在运行过程中，由于齿轮润滑油温度升高，箱体内空气压力增大，维持箱体内外的气压平衡。但由于在 $HXN_3$ 型内燃机车的齿轮箱注入的润滑油比以往生产的机车要多，机车在组装后，在试运过程中，常出现从通气器甩油的现象。经过反复论证和试验，最终，设计了一个焊接在上箱体内侧面的眉形结构的导油板，有效地抑制了齿轮箱甩油的情况。

(5)牵引装置

$HXN_3$ 型内燃机车牵引装置采用了与 $DF_{4B}$ 型内燃机车类似的四连杆机构，由 2 个牵引杆，2 个拐臂和 1 个连接杆等组成，通常称为牵引杆装配。

牵引杆由杆体(钢管)、叉头等组焊而成，两端分别连接到拐臂和车体的牵引座。为保证车体和转向架之间的相对运动，牵引杆两端的连接部位均采用了免维护的关节球轴承和销轴的结构，所以在大修周期内只需简单目测检查是否有损坏或磨损即可。由于牵引杆和连接杆属于转向架的关键部件，因此，对于其材料、加工以及焊接均有非常严格的要求。

拐臂为符合 EMD 公司标准的 EMS26 铸钢材料，其拐臂中心位置通过一个销轴与构架相连接，可以在平面内自由转动。拐臂两端分别与连接杆和牵引杆相连，传递牵引力。牵引杆和连接杆为相同的结构，均是由符合 EMD 公司 EMS53 材料的钢管与材料为 35 钢的叉头焊接而成，只是连接杆的杆身较长，由于应用部位非常重要，因此，对于叉头有特殊的热处理要求，并且叉头和钢管之间的焊接部位需进行严格的焊接工艺。

以往机车的类似结构其牵引杆两端均通过钢衬套和可以加油脂的销轴相连，而 $HXN_3$ 型内燃机车牵引杆两端分别是通过免维护的关节球轴承连接。以往结构需定期添加油脂以减少零部件之间的磨损，而免维护的关节球轴承则可以通过其内部的自润滑材料来达到此目的，同时这种关节球轴承可以保证其在大修期内完全免维护，化繁为简，大大减少了机车正常运行过程中的检修工作。

(6)单元制动

$HXN_3$ 型内燃机车的基础制动装置采用的是克诺尔公司制造的单侧踏面单元制动器，以空气作动力，由制动缸、传动机构和间隙调整器组成，闸瓦采用的是高摩合成闸瓦。转向架的中间轴安装弹簧停车单元制动器，端轴安装常用空气单元制动器。

相对于以往的单元制动器有以下几个特点：

①弹簧停车单元制动器采用了独特的侧向可移动吊臂结构(可以很好地解决中间轴由于横动量大而引起的闸瓦左右偏磨)，其原理是将吊臂上端与两个弹簧钢板制成的柔性平衡连杆通过吊臂销连接，不采用通常的刚性支架。在吊臂下端平衡连杆被螺栓压紧在箱体的支架上，并由导向销定位。制动时产生的圆周力通过连杆传到箱体的支架。在它们的上端，平衡连杆的安装应支撑吊臂销，吊臂销在两端由十字销固定，这种销固定允许该装置适应各种运动。当轮轴侧向移动时，横向力通过轮缘施加到闸瓦上，再通过闸瓦托和吊臂(悬挂连杆)传到平衡连杆上，使平衡连杆在力的方向上发生柔性变形，从而使闸瓦托和悬挂连杆随着车轮侧向移动。为了保证在侧向移动时，闸瓦的摩擦面还能充分与车轮接触，闸瓦托与闸瓦间隙调整器中的制动螺杆设计为球铰连接，而将推动闸瓦间隙调整器运动的传动套设计为万向接头将整个调整机构悬挂在单元制动器机体上。当横向力使平衡连杆产生柔性变形而使闸瓦托和悬挂连杆侧向移动时，其本身也产生了一个弹簧力，它在横向力消失时，可以使悬挂连杆和闸瓦托回复到初始位置，这就从根本上解决了闸瓦左右偏磨的问题。

②$HXN_3$ 型内燃机车的单元制动器设计有弹簧吊臂结构，可以较好地解决闸瓦上下偏磨的问题，以往的单元制动器在缓解状态时，由于长期使用，闸瓦在脱离车轮踏面时不均匀，产生闸瓦上下偏磨，而常用空气单元制动器在缓解时，吊臂弹簧会将闸瓦托拉回，使闸瓦始终保持与车轮踏面平行，有效地解决了闸瓦上下偏磨的问题。

③制动倍率通过对称布置的凸轮盘的结构来实现，区别于以往的楔块结构。

④弹簧停车单元制动器弹簧停车的手动缓解异常灵敏，这种单元制动器可以在没有制动

力的情况下实现手动充分缓解，是其区别于其他制动器的一个显著特点。

⑤由于受到 $HXN_3$ 型内燃机车转向架安装空间的限制，单元制动器设计为卧式安装，区别于以往的立式安装，由 3 个长螺栓将其紧固于构架的制动座上。同时，单元制动器重量轻，安装、拆卸方便。

## 5.5 $HXN_5$ 型内燃机车总体布置及主要技术参数

$HXN_5$ 型内燃机车是中国南车戚墅堰机车有限公司与 GE 公司合作研发生产的大功率交流传动内燃机车，首台干线机车"$HXN_5$ 0003"号于 2008 年 11 月 25 日正式下线。

$HXN_5$ 型内燃机车的最大亮点是在国际同类产品中排放低，节能好，与国际同类产品相比，该机车节省油耗 10%，减少氮氧化物等排放 50%。

$HXN_5$ 型内燃机车装用大功率 IGBT 变流器，额定功率达到 4 400 kW，最大起动牵引力为620 kN，最大运用速度和最大恒功率速度为 120 km/h。机车采用模块化设计、外走廊、底架承载结构，机车轴重为 25 t，大大方便了制造组装及规模化生产。机车具有卓越的防空转、防滑行功能，具有轮周效率高，黏着利用率高，起动加速快，动力学性能和制动性能良好的特性。机车主要技术经济指标均达到国际先进水平。

$HXN_5$ 型内燃机车主要特点是：

(1)装用了世界上功率最大的机车用柴油机，总功率达 4 400 kW。

(2)采用"单轴"控制方式，即每个牵引电动机由单独的一台变流器控制，即如果一台牵引电动机或变流器不能工作，充其量机车性能仅损失 1/6。在大多数情况下，机车的使用可靠性将不受影响。

(3)改进的微机控制系统使用多台微机，具有足够的冗余度，一旦发生故障，系统可对自己进行重新组合，从而获得更高的可靠性。

根据大功率交流传动平台的特点，结合国内机车的运用要求，$HXN_5$ 型内燃机车进行了以下适应性设计：

(1)车架进行减重设计

采用更加合理的结构及强度更高的钢材，对非承载结构(如车架上部各室)、蒙皮等适当减薄等。

(2)牵引电动机换型

在保证牵引力发挥的前提下，选择质量较轻的 5GEB32 牵引电动机。

(3)采用焊接式构架

为减轻机车转向架部分的重量，采用焊接式构架。

(4)改变燃油箱容量

根据机车实际运用情况，将燃油箱可用容积减少为9 000 L。

(5) 装用国产行车安全设备

在机车上专门设计了用于安装国产行车安全设备的第三方设备柜，并将机车信号系统、监控系统、无线列调系统等与机车司机室、操纵台及其他部件有机的设计在一起。同时，为确保行车安全，在监控显示屏故障情况下，机车智能显示器能够将监控数据予以显示。

(6)其他

轮对踏面采用了 $JM_3$ 型磨耗型踏面，车轮直径改为我国标准的 1 050 mm，机车限界同样采用了我国内燃机车标准限界。此外，空压机也由原来的活塞式改为了螺杆式空压机。

### 5.5.1　总体布置及主要技术参数

1. 总体布置

$HXN_5$型内燃机车(图5-40)是大功率交—直—交电传动内燃机车，由额定功率为4 400 kW(海拔2 500 m、环境温度23 ℃)的GEVO16型柴油机、交流电传动和控制系统、车体、转向架、机油润滑系统、冷却系统、燃油系统、空气滤清系统、设备通风系统、CCBⅡ型空气制动系统等零部件及系统所组成，其总体布置如图5-41所示。

图5-40　$HXN_5$型内燃机车外形

机车为外走廊底架承载式结构。机车分上下两部分，上部为车体及安装在其上的设备，下部两端为转向架，中部设有承载式燃油箱。车体上面部分为相对独立的4个室(图5-42)：司机室(OP)、辅助/逆变室(AUX)、动力室和冷却室(RAD)，其中动力室分为两间，即发电机间(ALT)和柴油机间(ENG)。

车体左、右两侧在辅助/逆变室中间部位和冷却室后端部位均设有供司乘人员上、下的扶梯；司机室后端墙左、右两侧设有通往机车外部的门。

车体车架前后两端都装有AAR M201 Grade E型牵引车钩(22)和NC-391型橡胶缓冲器；车钩左、右两侧有列车管，空气重联管及重联电缆等。车架中部为承载式燃油箱(26)，燃油箱右侧设有两个总风缸(34)，两总风缸间装有高压安全阀；总风缸前端依次设有空气干燥器、辅助用风精滤器，后端设有制动用风精滤器；燃油箱左侧设有蓄电池箱(27)。在司机室下部车架前端左右两侧各设有一个蓄电池充电插座。在车架中部设有燃油切断系统燃油切断阀。

(1)司机室

司机室是机车司机、副司机工作的区域。司机室前端壁下部左右两侧设有前转向架的砂箱(32)；上部装有两块具有防霜、加热功能的PVB夹层玻璃的前窗，窗外设有气动刮雨器。前窗下面左右两侧设有标志灯(31)。

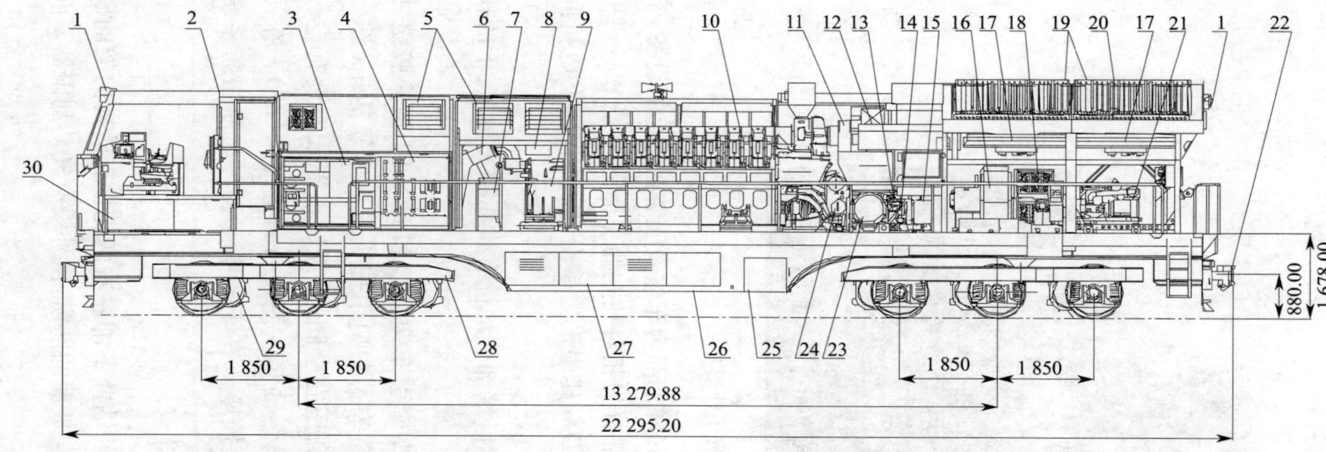


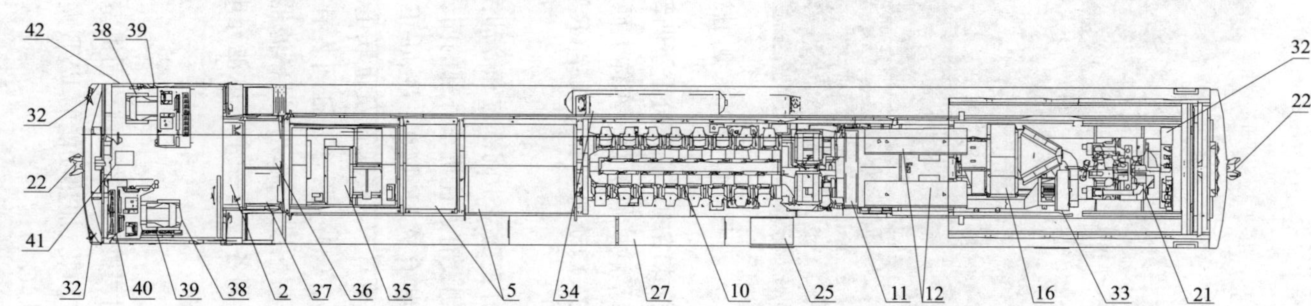

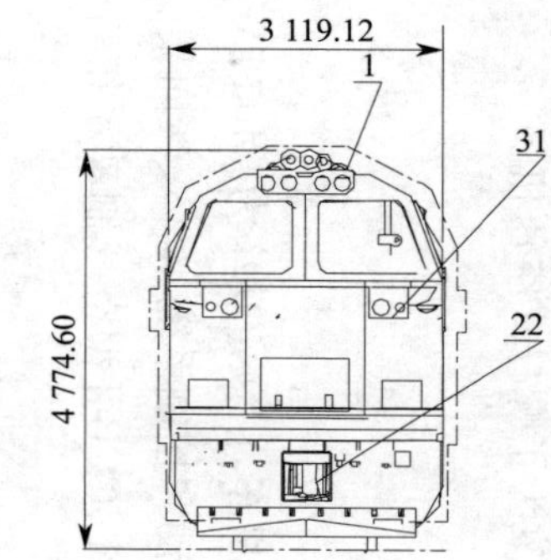


图 5-41　$HXN_5$ 型内燃机车总体布置(单位:mm)

1—头灯;2—控制设备柜;3—牵引逆变器;4—功率装置柜;5—电阻制动装置;6—主发通风道;7—辅助发电机;8—CTS 启机转换开关;9—主发电机;10—柴油机;11—空滤器;12—冷却水箱;13—低压燃油泵;14—启动机油泵;15—机油热交换器;16—牵引电动机通风机;17—冷却风扇;18—电机通风滤清器;19—散热器百叶窗;20—散热器;21—空压机;22—车钩;23—机油滤清器;24—燃油滤清器;25—污油箱;26—燃油箱;27—蓄电池箱;28—转向架;29—牵引电动机;30—空调;31—标志灯;32—砂箱;33—排尘风机;34—总风缸;35—逆变/主发通风机;36—卫生间;37—行车安全设备柜;38—座椅;39—取暖器;40—操纵台;41—冰箱;42—制动柜

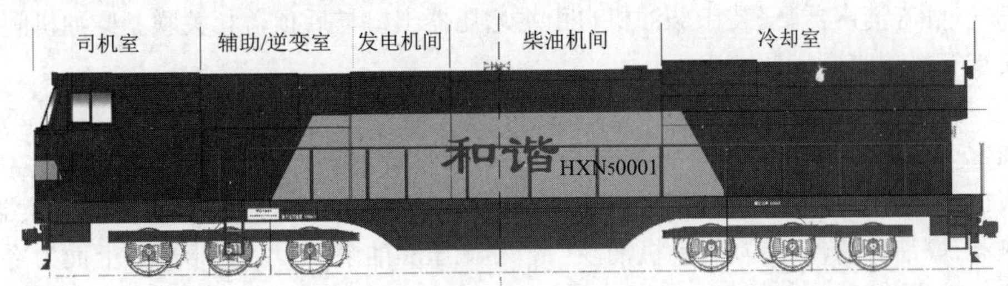


图 5-42 HXN5 型内燃机车工作间(室)示意

两侧侧墙上部设有侧窗,侧窗下部有电热丝式取暖器(39);两侧墙前外端还装有后视镜。顶棚前端中部为头灯(1)。

司机室内部以铺有防滑、吸声特性材料的底板将司机室内部隔为上、下两部分。司机室底板上部前端左侧和后端右侧分别设置有主操纵台和副操纵台,操纵台上安置了全部驾驶和信息控制设备。操纵台上布置有构成人机接口的设备:司机主控制器、电子制动阀、智能显示器(Smart Displays)等;副操纵台左侧设有加热盘和电烤箱;操纵台后端设有司机座椅(38)。司机室前端前窗下部设有监控系统主机、信号系统主机、冰箱(41)、灭火器和工具箱。司机室后端设有控制设备柜(2)(CA1 控制区),控制设备柜门外侧设置了折叠座椅。控制设备柜的后端右侧为卫生间(36),左侧为行车安全设备柜(37)。司机室上部顶上设有天花板;天花板中间后顶部装有照明灯;前顶端右侧设有 1 个风扇,左侧装有 1 个风扇和 1 个司机控制台灯。司机室底板下部为空气制动设备柜(42),其中还安装有空调(30)等其他设备。

(2)辅助/逆变室

逆变室内部以车顶底板将其分隔为上、下两部分。

下部为安装 HXN5 型内燃机车多个辅助、牵引和变流器控制设备的电气柜。电气柜内以中间隔板隔为前、后两室,前室为高压电器柜(牵引变流器)——左为 CA5 控制区、右为 CA3 控制区(3),后室为低压电器柜(功率装置柜)——左为 CA4 控制区、右为 CA2 控制区(4),在这些控制区内布置有 2 个计算机板和 1 个计算机电源。作为可调节的辅助电源,有 3 个 AC/DC 和 3 个 AC/AC 电源板。牵引系统的主要部件有主整流器、驱动牵引电动机的变流器、变流器专用电源等。电气柜内还安装有一些电子控制板、传感器、接触器、继电器。低压电器柜内还设有变流器、主发电机通风机的通风道。

上部前端为辅助通风机、主发电机通风机的进风区间,其车顶两侧设有 V 形滤网和离心式空气滤清器(空滤器栅),车顶前端中间设有排尘出风口;内部设置辅助通风机(35)和排尘风机;后端为机车最前面一组电阻制动装置工作区间,两侧都装有制动电阻进风(下部)和排风(上部)百叶窗,内部安装有一组电阻制动装置(5)。

在辅助/逆变室与发电机间交界区设有变流器冷却用风出风管(6)。

(3)发电机间

发电机间分为上下两部分,上部为机车后面两组电阻制动装置工作区间,两侧都装有制动电阻进风(下部)和排风(上部)百叶窗,内部安装有两组电阻制动装置(5);下部安装有主发电机[牵引发电机(TA)(9)和辅助发电机(AA)(7)串联连接]以及用于启动柴油机的 CTS 启机转换开关(8)。

(4)柴油机间

柴油机间内安装有 GEVO16 型柴油机(10)。柴油机输出端左侧设有盘车机构的接口。

柴油机排气烟囱(消声器)安装于柴油机自由端增压器出口与后顶盖相关联。柴油机间中部顶盖外端安装有风喇叭。

(5)冷却室

冷却室可分为前、后两部分。前半部分上方装有冷却水箱(12)、空滤器(柴油机空气滤清箱组件)(11);下方为集成的柴油机支持系统,其中包括机油滤清器(23)、机油热交换器(15)、燃油加热器、燃油滤清器(24)、起动机油泵(14)和低压燃油泵(13)。后半部分上面为冷却系统冷却装置封闭作业区,冷却装置上方设有由压缩空气驱动的散热器百叶窗(19),百叶窗下方为散热器,散热器下部装有冷却风扇(17),其左右两侧安装有供散热器进风的 V 形滤网。在冷却装置封闭作业区下部空间内,前端为牵引电动机通风机(16)、通风机滤清器(18)及排尘风机(33);后端为空压机(21)及供空压机冷却用的翅片管式冷却器。冷却室后端墙上装有 CA9 控制箱,左右两侧还装有供后转向架用砂的砂箱(32)。

2. 主要技术参数

| | |
|---|---|
| 型号 | $HXN_5$ 型 |
| 用途 | 客、货运 |
| 传动方式 | 交流传动(AC—DC—AC) |
| 操纵方式 | 单司机操纵 |
| 机车具有电气和空气系统重联功能(同型号机车之间) | |
| 轨距(mm) | 1 435 |
| 轴式 | $C_0$—$C_0$ |
| 机车整备质量(t) | 150×(1±3%) |
| 轴重(标称)(t) | 25×(1±3%) |
| 车轮 | 整体碾钢车轮(AAR M107/208),C 级 |
| 轮径(mm) | 1 050 |
| 额定功率(主发输入功率)(kW) | 4 400(AAR 标准) |
| 轮周功率(kW) | 4 003(AAR 标准) |
| 牵引力 | |
| 起动牵引力 | 620 kN(AAR 标准) |
| 持续牵引力 | 565 kN(AAR 标准) |
| 速度 | |
| 最高运行速度(km/h) | 120 |
| 持续速度(km/h) | 25(AAR 标准) |
| 恒功率速度范围(km/h) | 22.3~120(AAR 标准) |
| 最大电阻制动力(kN) | 338 |
| 电阻制动功率(kW) | 4 004(AAR 标准状态) |
| 制动距离(m) | ≤1 100(单机平直道,轨面状态良好,制动初速 120 km/h 条件下,纯空气制动时的距离) |
| 通过最小曲线半径(m) | 145(三台机车重联,以 5 km/h 速度通过) |
| 摘挂最小曲线半径(m) | 250 |
| 轴距(mm) | 1 850 |
| 转向架中心距(mm) | 13 298 |

| 机车尺寸 | |
|---|---|
| 机车总长(mm) | 21 133(车体两端面间距离) |
| 机车宽度(mm) | 3 119(司机室处) |
| 机车高度(mm) | 4 770 |
| 车钩中心距 | 22 295 |
| 燃油箱容量(可用)(L) | 9 000 |
| 砂装载量(L) | 500 |
| 水装载量(L) | 1 100 |
| 机油装载量(L) | 1 300 |

### 5.5.2　车体、车架、司机室及钩缓装置

1. 车体

HXN5 型内燃机车车体由车架、司机室(电气柜、厕所设置在内)、辅助室、主发室、柴油机室、冷却室等组成,两端各设两个扶手梯和侧梯,供司乘人员上下机车。车体结构如图 5-43所示。

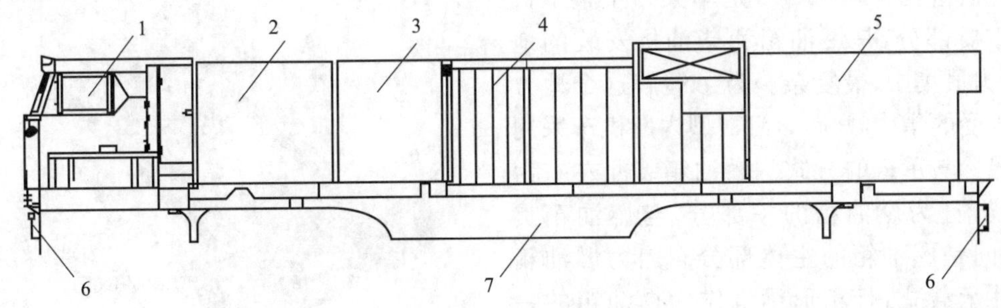


图 5-43　车体结构

1—司机室;2—辅助室;3—主发室;4—柴油机室;5—冷却室;6—排障器;7—车架

2. 车架

HXN5 型内燃机车车架采用双箱形梁结构,由排障器、车架端部一、车架端部二、整体承载式燃油箱、侧脚蹬以及扶手等组成,如图 5-44 所示。

(1)排障器

机车两端设置排障器,排障器下端面距轨面高度在车轮踏面磨耗允许范围内可调整为(110+10)mm,排障器中央底部能承受相当于 140 kN 静压力的冲击力。排障器除了能够排除轨道障碍物外,还具有一定的除雪功能。

(2)车架端部

车架端部一(1 号端)和端部二(2 号端)前后对称,由左右箱形梁、左右起重梁、间壁梁、牵引销装配和端部装配等组装而成,如图 5-45 所示。

箱形梁由 20 mm 厚的上下盖板和 8 mm 后的左右侧板焊接成箱形。起重梁也用20 mm 的钢板焊接而成。为方便线缆管路布置,箱形梁和起重梁设计有管路线缆穿线孔。

间壁梁上下盖板采用 12 mm 的钢板,中间搭配 12 mm 的筋板呈 W 形排列。

牵引销装配上部与间壁梁结构相似,下部是牵引销。端部装配由排障器、车钩缓冲器安装座、防爬装置等组成。排障器为 12 mm 的大平面钢板,上面开有各种线孔。

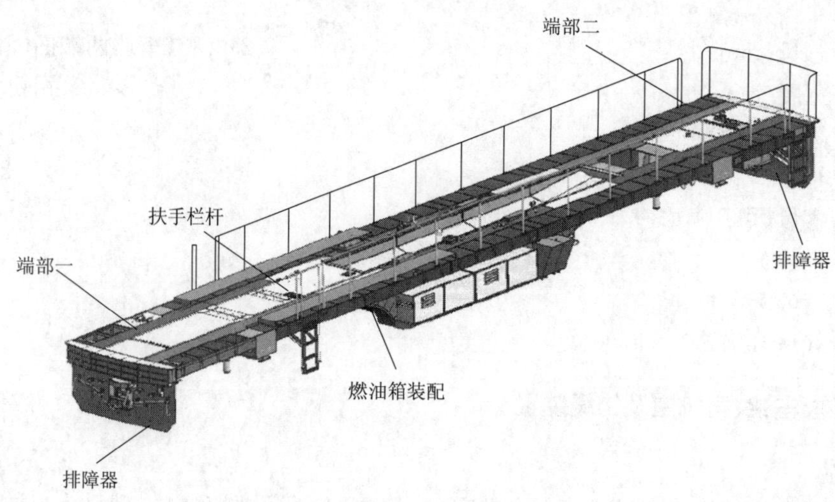


图 5-44　车架

(3)燃油箱装配

燃油箱装配(图 5-46)是车架乃至整个机车的重要部分,是燃油箱和柴油机安装的地方,受力最集中、最复杂。为了缓解这个地方车架承受的集中载荷,$HXN_5$ 型内燃机车采用燃油箱参与承载的方式。燃油箱装配左右为箱形梁,且为燃油箱的一部分,与燃油箱贯通,中间是燃油箱的主体部分。因为燃油箱为整体承载式,且箱形梁也作为燃油箱的一部分,故要求焊接牢固,不漏水。为保证强度,箱形梁和燃油箱主体部分内部均布置有很多隔板(图 5-47)。箱形梁上开有加油口接口,通过加油弯管从车架上部加油口加入燃油,同时设计了一个放气小孔,通过安装的通气装置可以控制燃油箱内部气压。燃油箱主体部分前后均设计有检修盖,需要检修维护时工作人员可以进入燃油箱内部操作。燃油箱下部还设置了一个放油孔。整个燃油箱装配用较厚的钢板焊接而成,同时配备了较多的隔板增加强度,能满足机车承载的需要。车架燃油箱装配左箱形梁外侧安装蓄电池箱和一个集污箱,集污箱主要用来收集柴油机产生的油污,可通过下部的排泄管排出。燃油箱装配右箱形梁安装两风缸,呈上下横向排列。

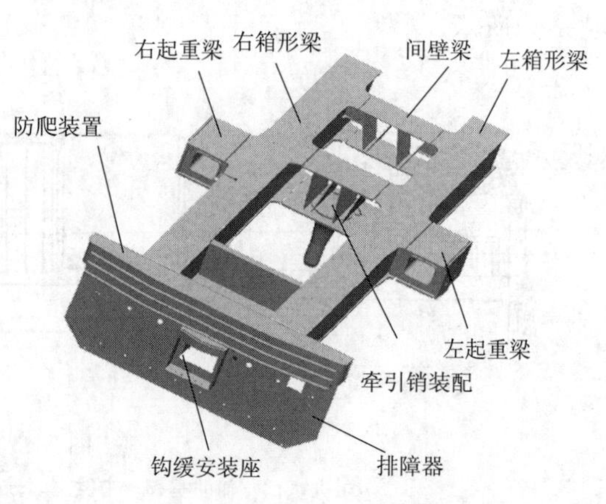


图 5-45　车架端部

(4)侧脚蹬和扶手装配

车架前后端左右侧安装侧脚蹬,便于相关人员上下机车。车架上平面两侧是走廊地板,其周围设置扶手栏杆,用于保障司乘人员行走时的安全。

3. 司机室

机车司机室设计具有很好的密封性,以防止雨雪风沙的侵入,司机室结构和设备布置符合人机工程学的要求,劳动环境良好,便于司机操纵和日常检查维修作业,司机室设有取暖、保温装置,具有隔热、保温功能,在环境温度低达－45 ℃时,司机室内温度保持不低于＋15 ℃;司机室前窗玻璃具有除霜加热功能,采用 PVB 夹层玻璃,可消除射进司机室光线中 99%的紫外

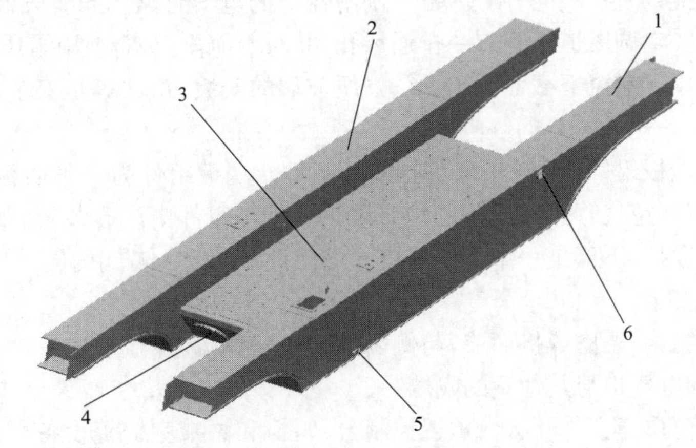


图 5-46 燃油箱装配

1—右箱形梁；2—左箱形梁；3—燃油箱；
4—检修盖；5—通气装置；6—加油口接口

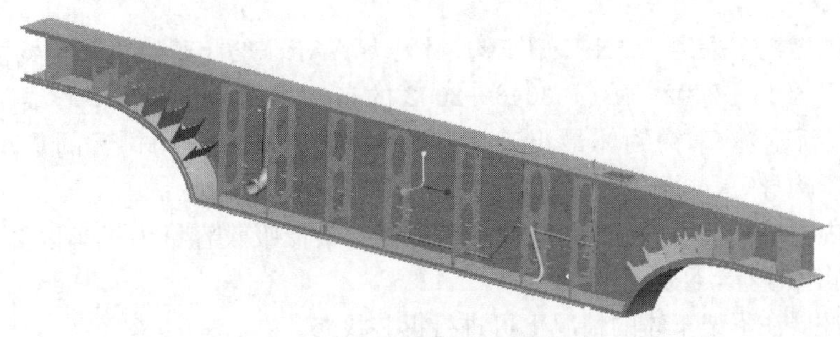

图 5-47 箱形梁内部隔板

线；司机室设有两个座椅，可以全调节，适于长时间运行操纵；机车设有封闭的盥洗室；司机室内非金属材料符合无毒、低卤、阻燃的要求。此外，司机室前部结构为加强设计，具有抗碰撞功能，从而达到确保司乘人员的生命安全及拥有更好的生存环境。

司机室钢结构由顶盖、左右侧壁、前脸、前鼻端、后墙等组成，如图 5-48 所示。

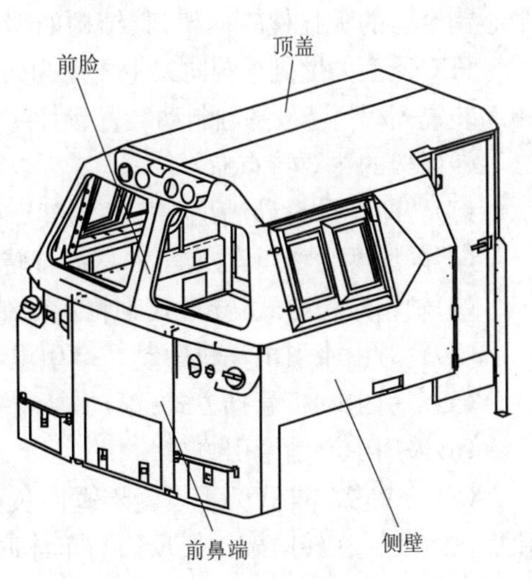


图 5-48 司机室钢结构

顶盖为壳形结构，由各加强板和支撑梁、Z 形支撑板和顶盖蒙皮焊接而成。顶部为平顶结构，各梁上开孔既减轻重量又为布置电线管路提供了方便；顶盖内侧有灯座，顶部前端内侧有 6 个扎线杆。在蒙皮前端和前脸上部安装有头灯座和散热罩，蒙皮左右侧边缘设置雨檐。

左右侧壁由侧立柱、门立柱、侧窗框及蒙皮和各加强梁、支撑梁焊接组成。各加强梁都有开孔，并安装有线槽；凸起的盖板里面填塞隔声、阻燃、隔热材料；侧壁下部有安装取暖器的安装座。

前脸由左右内挡风板、空调风道板、窗框、角铁等组成。内挡风板上部有扎线架，用于头灯、刮雨器等的电气管路的布置安装，并为刮雨器的安装预留有安装孔。空调风道板开有一排通风孔，并对着前窗玻璃，在雨雪风霜天气时对玻璃起到一定的调节作用。前窗框截面为U形，方便玻璃的安装，角铁等是安装司机室其他辅助设备的安装架。

前鼻端中间为端板组件，两侧分布左右砂箱组件。端板组件为一平面板，其上有一检修门，主要用于司机室下空气管路和设备的检修维护。砂箱组件由注砂装置、罩壳等焊接而成，其上部与灯箱组件连接，下部是一个方便检修和安装设备的门。鼻端内侧设计有两根防撞梁，可有效保护司机的安全。

后墙由横梁和纵梁、蒙皮焊接而成，与侧墙、前脸、前鼻端、顶盖形成一个封闭的司机室模块，同时也是厕所和电气柜与其他室的隔墙。

司机室布置有窗户、正副操纵台、顶置控制台、座椅和添乘座椅等设备。正副操纵台分别用于控制机车1号端方向和2号端方向运行。内部装饰板具有隔热保温性能，同时为了给司乘人员提供一个舒适的环境，司机室内还安装有取暖器、空调、通风装置、电炉、热水器、冰箱等设施。

4. 钩缓装置

$HXN_5$ 型内燃机车采用 AAR E 型车钩，材料为 AAR M201 E 级钢。车钩能与我国标准 GB 4952，TB/T 3044—2002、TB/T 3046—2002 的车钩相连挂。车钩中心线距轨面高度为(880±10)mm（新轮）。车钩钩体最小破坏载荷为 4 003 kN；车钩钩舌的最小破坏载荷为 2 891 kN。由于钩身短，截面积大，可以适应重载列车牵引。

$HXN_5$ 型内燃机车选用 NC-391 型橡胶缓冲器。最低吸收容量为机车以 3.6 km/h 速度与一个静止的物体碰撞，不损坏。

车钩及缓冲器在不架车体的情况下可进行拆装检修。

### 5.5.3 转向架

1. 概述

$HXN_5$ 型内燃机车转向架为单独驱动的三根动轴、传统导框式轴箱定位、焊接构架、浮动中心销牵引的无摇枕转向架，其结构如图 5-49、图 5-50 所示。

$HXN_5$ 型内燃机车转向架主要由构架、轴箱及其定位结构、弹簧悬挂及减振器、轮对电动机驱动装置、牵引装置、基础制动装置、附件（轮缘润滑装置、排障器、清扫器、撒砂装置）等组成。

转向架的主要特点有：

(1)转向架的设计满足在环境温度－40～＋45 ℃下的运用要求。

(2)采用两台 25 t 轴重三轴高黏着转向架。

(3)轴箱定位方式：导框式轴箱定位结构。

(4)轮对由牵引电动机驱动。牵引电动机顺置排列。

(5)牵引电动机悬挂方式：滚动轴承抱轴悬挂。

(6)采用中心销牵引方式。

(7)三个橡胶堆式旁承承受着垂向负荷并允许转向架与车体之间可以相对自由横向运动和摇头运动。在转向架构架顶面与车体底部用一个横向液压减振器来衰减两者之间的相对横向振动。

(8)六个空气驱动的单元制动器，制动时通过闸瓦作用在车轮踏面上，分别对转向架六个

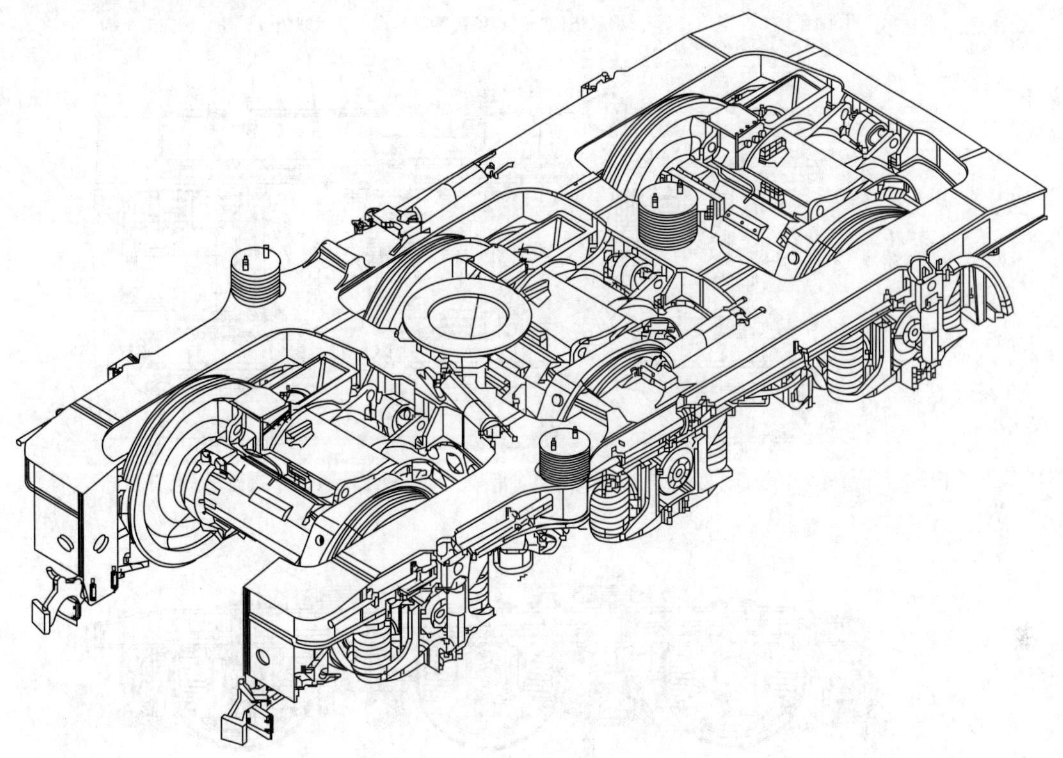

图 5-49 $HXN_5$ 型机车转向架外观

车轮提供制动。单元制动器具有闸瓦间隙自动调整功能，以补偿闸瓦的磨耗。

(9)每台转向架有两个单元制动器具有停放制动功能。

(10)每台转向架的中间轴位有一个轴箱上(非齿侧)装有机车速度传感器。

(11)在转向架构架的两端装有一个高度可调的支架，支架上装有撒砂喷嘴。支架高度可以提升以补偿车轮磨耗。

(12)转向架具备整体起吊功能。

$HXN_5$ 型内燃机车转向架所受各种力的传递路线如下：

(1)垂向力

车体及其上设备的重力传递路线：车体→旁承→构架→轴箱弹簧→轴箱及轴承→车轴轴颈→车轮→钢轨。

钢轨不平顺导致的作用于车轮的垂向冲击力与上述重力的传递方向相反，经弹簧及减振器缓冲后再传递到车体。

(2)横向力

横向轮轨力传递路线：钢轨→轮对→轴箱轴承→导框→构架→牵引销→车体。

(3)纵向力——牵引力和制动力

牵引力或制动力传递路线：钢轨→轮对→轴箱轴承→导框→构架→牵引销→车体。

2. 转向架主要技术参数

| | |
|---|---|
| 轨距(mm) | 1 435 |
| 轴式 | $C_0$—$C_0$ |
| 轮径(新)(mm) | 1 050 |

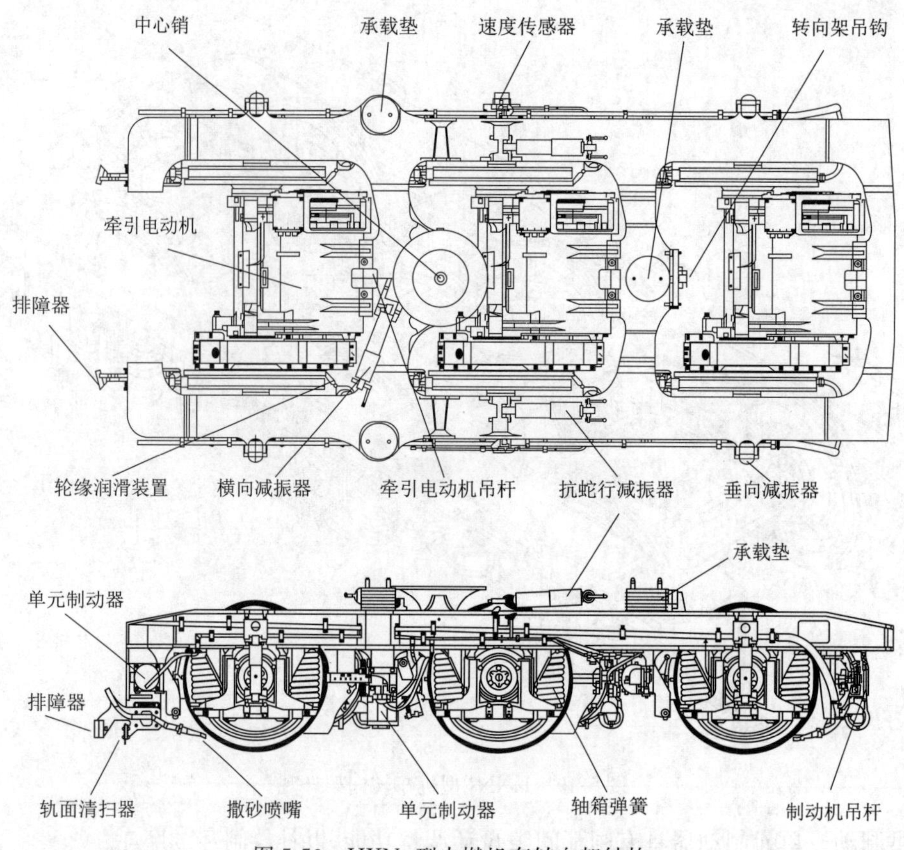


图 5-50 HXN5 型内燃机车转向架结构

| | |
|---|---|
| 轴距(mm) | 2×1 850 |
| 轴重(t) | 25 |
| 两转向架中心距(mm) | 12 879 |
| 转向架自重(t) | 21.8 |
| 每轴簧下质量(t) | 4.35 |
| 牵引齿轮传动比 | 85/16 |
| 一系悬挂垂向刚度(每个弹簧)(N/mm) | 430±20 |
| 二系悬挂垂向刚度 | |
| 侧承载垫(每只)(kN/mm) | 17×(1±30%) |
| 中间承载垫(每只)(kN/mm) | 18×(1±30%) |
| 牵引点距轨面高度(m) | 600 |
| 通过最小曲线半径(m) | 145 |
| 机车最大速度(km/h) | 120(动轮全磨耗) |
| 机车持续速度(km/h) | 25(动轮半磨耗)(AAR 标准) |
| 机车牵引力 | |
| 最大起动牵引力(按计算轮径)(kN) | 620 |
| 持续牵引力(kN) | 565(AAR 标准) |
| 制动缸压力(kPa) | 440~460 |

制动倍率 3.45

制动效率 0.957

3. 主要部件介绍

(1)构架

$HXN_5$ 型内燃机车转向架构架(图 5-51)自重约 3.42 t。采用低温综合性能良好的钢板及铸钢件(仅导框为铸钢件)焊接结构。由左右两根对称布置的侧梁、牵引梁、横梁、后端梁及各支座组成。侧梁底面焊有导框、制动座、轮缘润滑装置安装座;外侧面焊有一系垂向减振器座;顶面焊有抗蛇行减振器座和纵向止挡座。牵引梁、横梁和后端梁上均有电机吊座。牵引梁上有牵引装置安装接口。左、右两侧梁和横梁上各有一个承载垫(也称“旁承”)安装面。另外,构架上还焊有撒砂装置等转向架附件的安装支座。

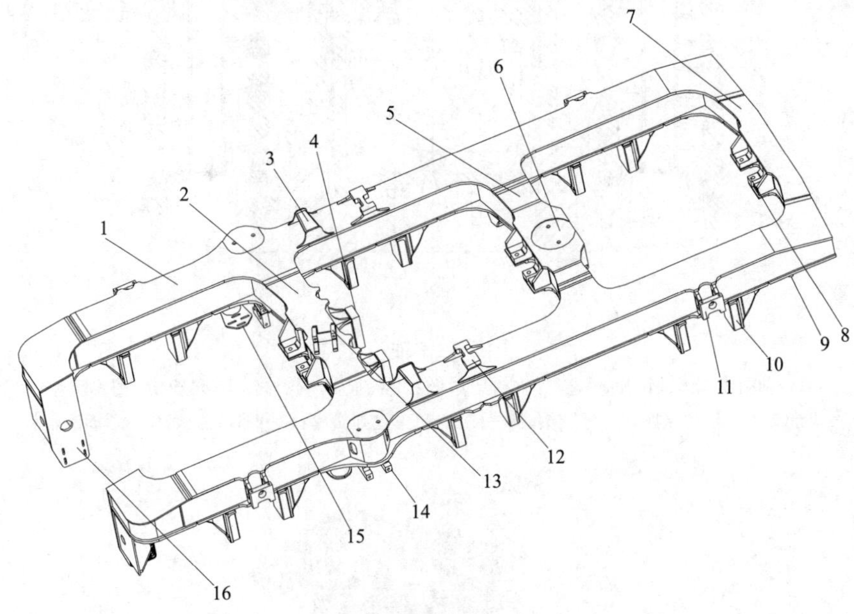


图 5-51 构架

1—侧梁;2—牵引梁;3—纵向止挡;4—牵引装置安装接口;5—横梁;6—承载垫安装面;7—后端梁;8—电动机吊座;9—撒砂管安装座(封闭端);10—导框;11—一系垂向减振器座;12—抗蛇行减振器座;13—横向减振器座;14—制动座;15—轮缘喷油器安装座;16—撒砂管安装座(开口端)

(2)轴箱

$HXN_5$ 型内燃机车转向架采用导框式定位结构,由构架导框和轴箱体相互配合组成导框定位,它与 $NJ_2$ 型及 $ND_5$ 型内燃机车转向架的导框定位结构基本相同。与轴箱拉杆配轴箱弹簧的无导框轴箱定位方式相比,导框式轴箱定位方式由于有摩擦磨损,需定期进行检测并更换摩擦副组件。

轴箱(图 5-52)由轴箱体、轴箱轴承、轴箱弹簧、导框衬垫、磨耗板、轮对托座、轴承保持座、上弹簧座、下弹簧座、调整垫、橡胶垫等组成。端轴轴箱与构架间配置有一系垂向减振器。每台转向架非齿侧的中间轴位轴箱装有机车速度传感器。

①轴箱体

轴箱体为铸钢件,如图 5-53 所示。为了避免构架导框及轴箱体的磨损,并方便维修时更换，在轴箱体与构架导框之间配有主磨耗板和导框衬垫。主磨耗板焊装在轴箱体上。导框衬垫设计为槽形截面，用它将构架导框工作面包裹住，从而实现对构架导框的保护。导框衬垫安放在主磨耗板与构架导框之间，在上下方向，构架导框的止挡面与轮对托座的顶面共同维持导框衬垫在合适的高度位置。轴箱体的顶面还焊有顶面磨耗板。

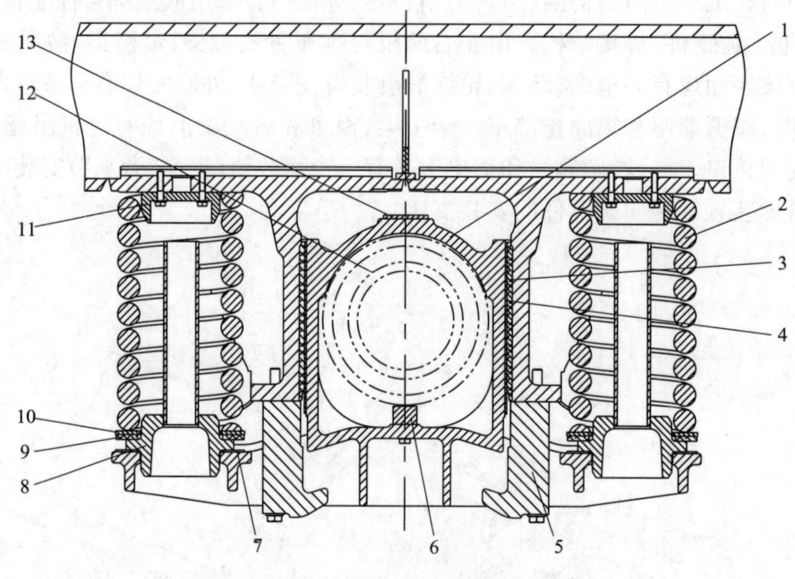


图 5-52　轴箱

1—轴箱体；2—轴箱弹簧；3—导框衬垫；4—主磨耗板；5—轮对托座；6—轴承保持座；7—调整垫；8—下弹簧座；9—橡胶垫；10—隔板；11—上弹簧座；12—轴箱轴承；13—顶面磨耗板

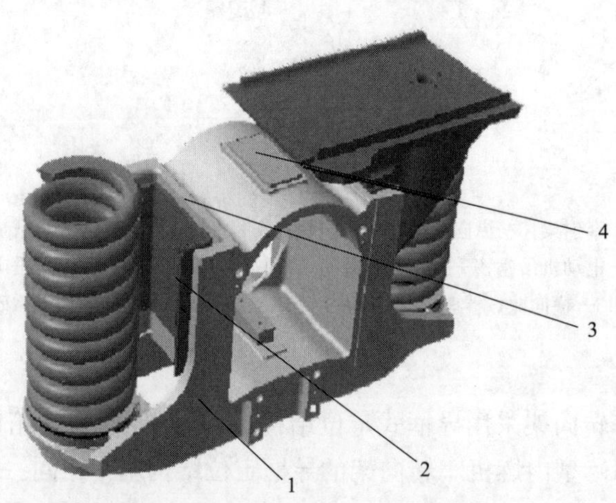


图 5-53　轴箱体与磨耗板装配

1—轴箱体；2—导框衬垫；3—主磨耗板；4—顶面磨耗板

为了给轴箱弹簧的上、下两端定位，轴箱上设置有上、下弹簧座。上弹簧座通过两个定位销和两根螺栓安装在构架上。下弹簧座直接安放在轴箱体两侧的弹簧座面上。下弹簧座与轴箱弹簧之间设置有橡胶垫，用来隔声并衰减线路不平顺产生的高频振动。下弹簧座与轴箱体的弹簧座面之间可根据需要添加调整垫，以调整轴箱弹簧的负荷，使各轴箱的轴箱弹簧负荷相对均匀。但不能通过加减调整垫来校正由于车轮踏面磨损产生的轮径偏差。调整垫为剖分式结构，这样，用两个千斤同时顶起轴箱两侧的下弹簧座即可进行加减调整垫的作业。

轴承保持座安装好后，无论机车运行中轮对相对于构架的上下浮动幅度有多大，都能保持轴箱轴承始终在轴箱体的轴承腔内。

轮对托座有三个方面的作用，一是限制构架相对于轮对最大的上浮量；二是固定导框衬垫在合适的高度位置；三是吊起转向架时可以同时吊起轮对。轮对托座为铸铝件，经热处理后达到"T6"条件。主要受力部位应进行着色探伤检查，不得有裂纹存在。

②轴箱轴承

每根车轴的两端各安装一个 Timken "AP" 型号的圆锥滚子轴箱轴承，主要由轴承、轴箱体、轴端盖、轴承密封件等组成，如图 5-54 所示。轴承必须使用导向套筒以压装方式安装到车轴上，不允许对轴承内圈组件加热，以保持内隔圈与内圈孔对中并将轴承组件引导到车轴上。

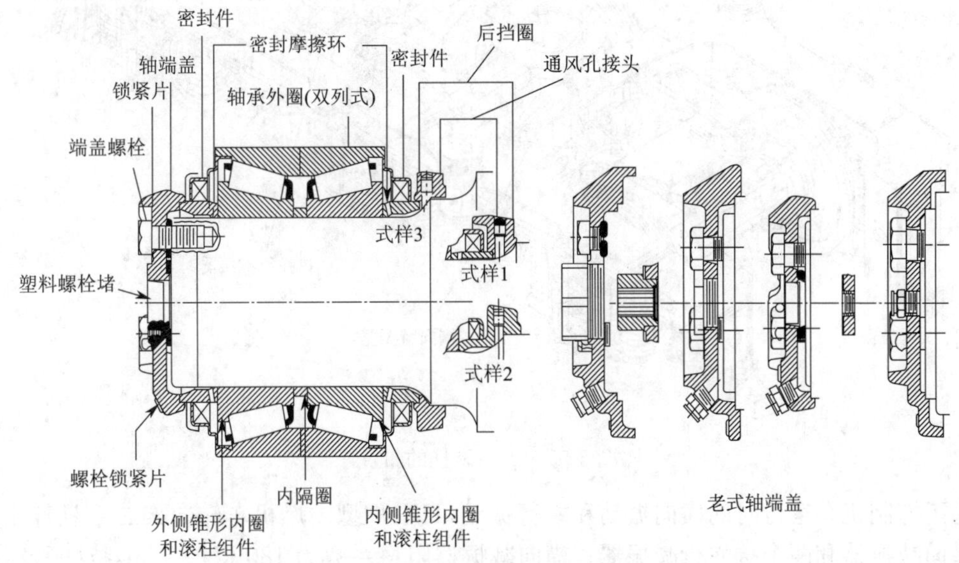


图 5-54 轴箱轴承内部结构

Timken 轴承在工厂已经进行预润滑，当其安装到车轴轴颈上后无须添加额外的润滑剂。如果发现某个轴承过热(除非已明显过热受损)，只可施加 AAR 滚柱轴承润滑脂，不可施加其他任何润滑剂。然后方可使用热轴箱冷却剂或其他合适的冷却剂以维持机车运行至维修点。

(3)弹簧悬挂装置及减振器

$HXN_5$ 型内燃机车转向架采用两系悬挂系统。一系悬挂主要由轴箱弹簧及垂向减振器组成；二系悬挂由两个侧承载垫和一个中间承载垫、一个横向减振器和两个抗蛇行减振器组成。

①一系悬挂

$HXN_5$ 型内燃机车转向架一系悬挂由轴箱弹簧、橡胶垫、垂向减振器组成，中间轴位的轴箱不设垂向减振器。

轴箱弹簧每个轴箱 2 个，每转向架 12 个。弹簧下面串联有橡胶垫，用以吸收和衰减从轨道传至轴箱的高频振动。轴箱弹簧簧条直径 $\phi$36.6 mm，有效圈数 7.8，自由高 512 mm，内径 $\phi$(138±1)mm；在 52.4 kN 负荷下，静态高度(390±1)mm；垂向刚度(430±20)N/mm。

垂向减振器设在端轴轴箱与转向架构架之间，它是一种双向作用液压减振器，用来衰减线路不平顺引起的垂向振动。垂向减振器阻尼系数为 70 kN·s/m。

②二系悬挂

HXN5 型内燃机车转向架二系悬挂由 3 个橡胶钢板复合承载垫、1 个横向减振器、2 个抗蛇行减振器组成，其布置如图 5-55 所示。

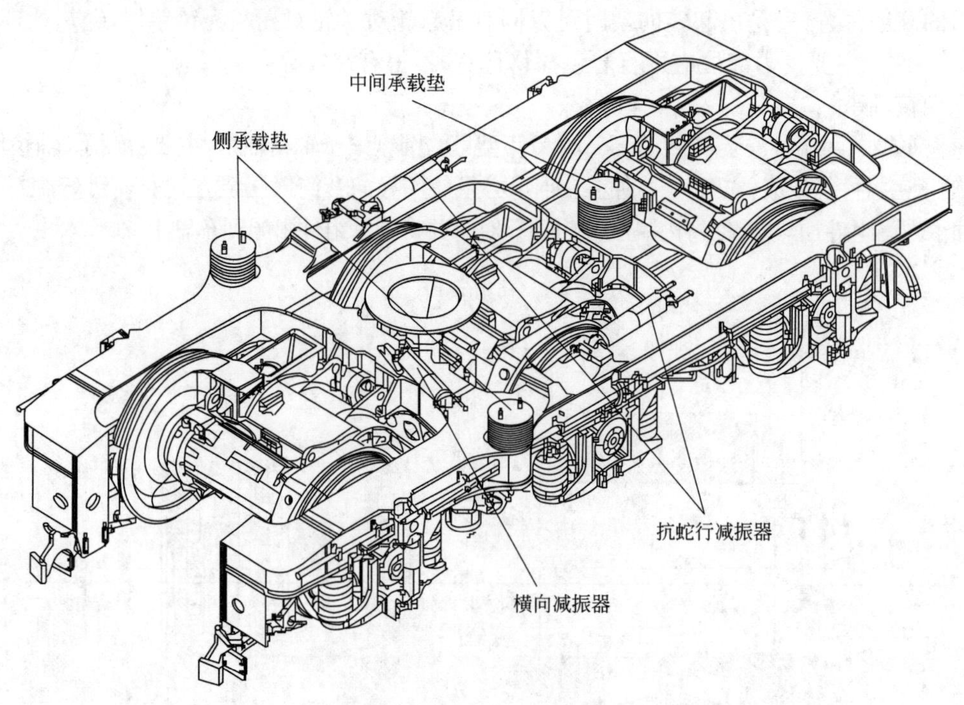


图 5-55　二系悬挂的布置

为了抑制机车运行时的横向振动和蛇行振动，HXN5 型内燃机车转向架二系悬挂设置有一个横向减振器和两个抗蛇行减振器。横向减振器阻尼系数为 180 kN·s/m，抗蛇行减振器阻尼特性要求如图 5-56 所示：低速振动时，阻尼力呈线性增长，振动速度达到 0.012 m/s 时，阻尼力为 15 kN；最大振动速度 0.2 m/s 时，阻尼力为 20 kN。

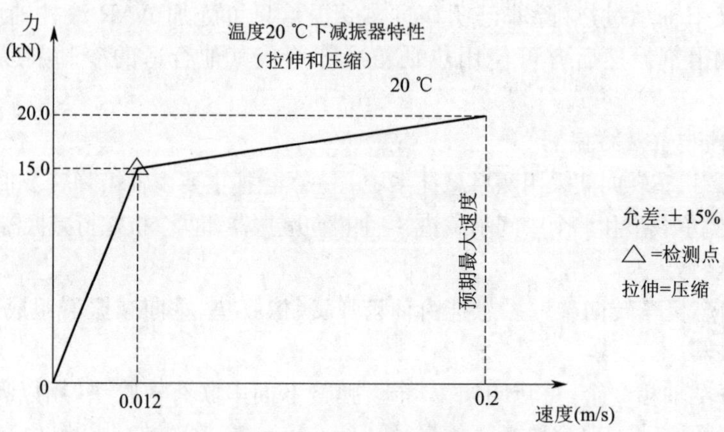


图 5-56　抗蛇行减振器阻尼特性要求

(4)牵引装置

HXN5 型内燃机车转向架与车体间的连接装置采用了中心销形式的牵引装置,以将转向架上产生的纵向力(牵引力或制动力)传递到车体上部,同时,还要能允许转向架相对于车体有适当的横动和转动。

牵引装置(图 5-57、图 5-58)由中心销、尼龙衬套、牵引座、牵引缓冲垫、横向止挡、牵引箱盖、托架、支承架等组成。

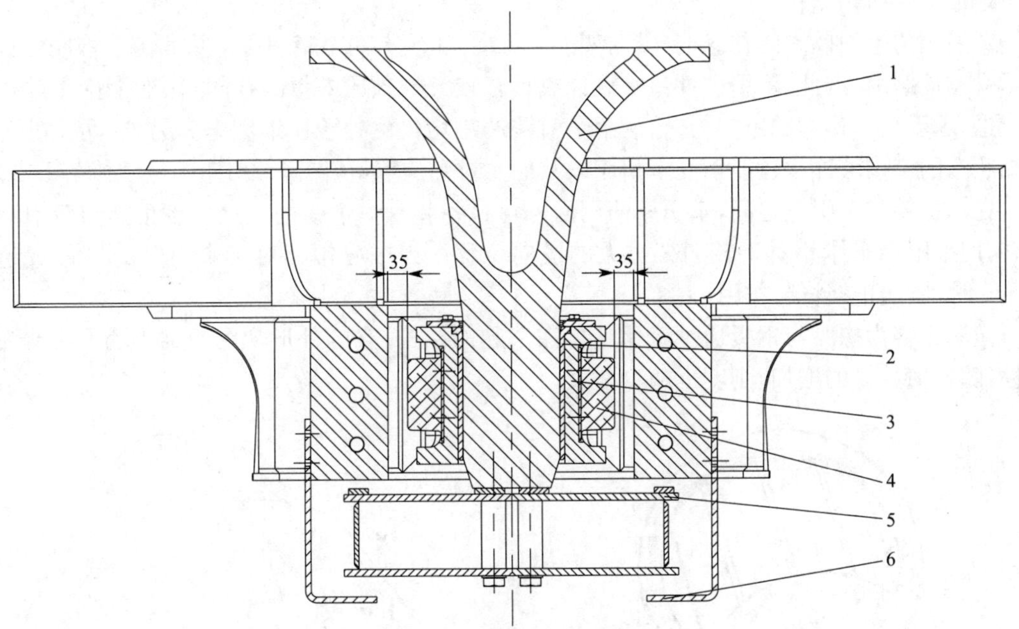


图 5-57 牵引装置结构(单位:mm)

1—中心销;2—尼龙衬套;3—牵引座;4—横向止挡;5—托架;6—支承架

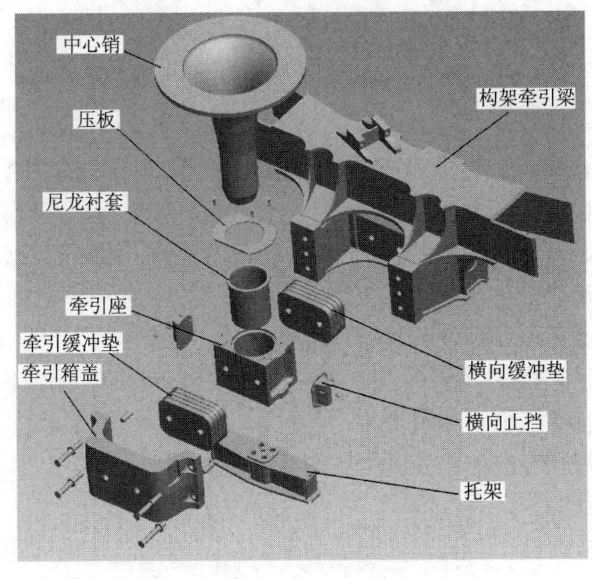


图 5-58 牵引装置外观

中心销为铸钢件，焊装在车体架下部，质量约 246 kg。中心销与牵引座之间配有自润滑尼龙衬套。尼龙衬套的内孔与中心销的装配为间隙配合，最小间隙 0.8 mm；外圆与牵引座内孔为间隙配合，最小间隙 0。尼龙衬套内孔在垂直方向挖有 12 道沟槽，为便于组装，尼龙衬套垂直方向剖开了一条宽 1～2 mm 的豁口，如图 5-59 所示。组装时，事先用 1 块压板通过 4 只螺钉将尼龙衬套(法兰)压装在牵引座顶面上。

牵引箱盖通过定位销和螺栓安装到构架牵引梁上，与构架牵引梁后侧中间区域相配合组成了框形的牵引箱结构。

牵引箱与牵引座之间在纵向(转向架前后方向)压装有两个牵引缓冲垫。由于橡胶元件不易承受拉伸载荷，因此，牵引缓冲垫被设计成具有较大的预压缩量，这样可保证无论是前进还是后退，承受机车最大的纵向力时，两个牵引缓冲垫均仍然处于压缩状态。另外，两个处于预压缩状态的牵引缓冲垫还能承受牵引座以及尼龙衬套的重量，保证牵引座不至于掉落下来。

在牵引箱与牵引座之间，牵引座两侧面(横向)各装有一个横向止挡。该止挡与牵引箱相配合，用来限制车体相对于转向架过大的横向位移。当中心销相对于牵引箱的横移量超过 35 mm时，横向止挡将起作用。

横向止挡为橡胶与钢板通过硫化粘接在一起的结构，它的外形如图 5-60 所示，特性为非线性，随着横移量的增加，刚度也随着增大。

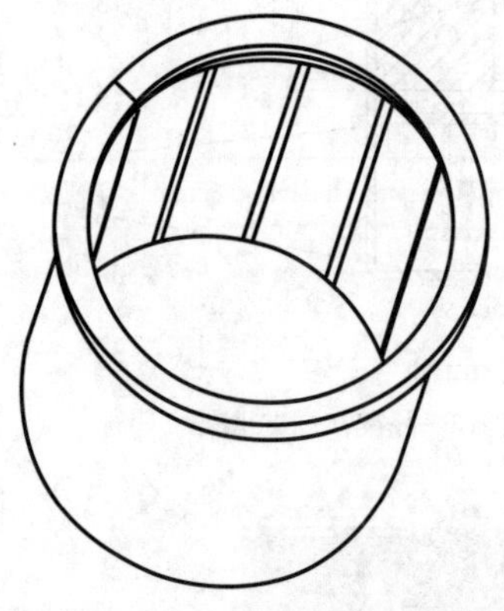

图 5-59　自润滑尼龙衬套

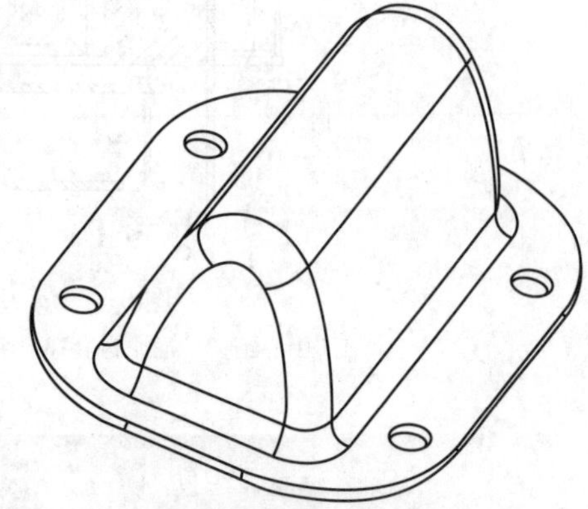

图 5-60　横向止挡

为防止牵引缓冲垫失效引起牵引座脱落到轨道上而扩大损失，在牵引座下方设有托架。托架用螺栓固定在中心销下端面处。该托架同时还是转向架与机车整体起吊的起吊设备之一。当转向架从机车上解体时，需事先将托架从中心销上拆下来。

在托架下方设有支承架。在转向架与机车组装及解体过程中，它可以用作托架的临时支承。支承架用螺栓固定在牵引箱(构架牵引梁)上。

结构设计上，托架与牵引座及支承架互相之间有足够的间隙，保证在正常情况下，机车运行时托架不会与牵引座或支承架相磕碰。

牵引装置(牵引缓冲垫)的中心高度距轨面 600 mm(新车轮时)。

(5)轮对电机驱动装置

$HXN_5$ 型内燃机车电机驱动装置采用滚动轴承抱轴的轴悬结构形式。有三组轮对电机驱动装置，其在转向架上的布置为内顺置布置。轮对电机驱动装置主要包括轴箱轴承、车轮、车轴、牵引齿轮副、抱轴箱、抱轴轴承、牵引电动机、电机吊杆装配、齿轮箱、通风道等。

①车轮

每组轮对电机驱动装置有两个结构相同的车轮过盈压装在车轴两侧轮座处。车轮为整体结构,横截面如图 5-61 所示。车轮踏面采用我国铁路行业标准 TB/T 449—2016 中的 $JM_3$ 外形。

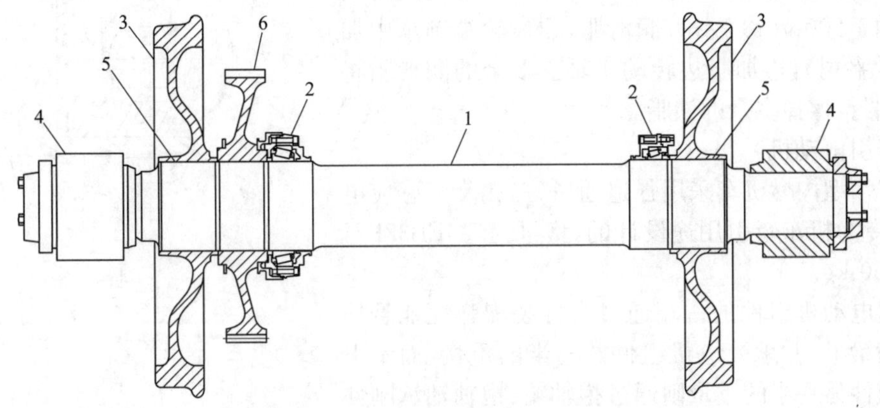


图 5-61 车轴及其上的主要零部件

1—车轴;2—抱轴轴承;3—车轮;4—轴箱轴承;5—注油孔;6—从动齿轮

②车轴

车轴上压装有轴箱轴承、车轮、从动齿轮、抱轴轴承等众多零部件,如图 5-62 所示。车轴材料符合"AAR M-101 F 级"要求,并经超声波探伤检查合格。

③牵引齿轮副

$HXN_5$ 型内燃机车转向架牵引齿轮副由主动齿轮与从动齿轮组成。其主动齿轮直接在牵引电动机的枢轴上加工出来,即为齿轴结构件。从动齿轮过盈压装在车轴上,材料为真空脱气优质轴承钢 ASTM A534,齿面淬硬 58-62 HRC,齿数 85,径向节距 2.7373/英寸,齿宽 131.83～133.85 mm。

牵引齿轮副采用 GE 规范的 D50E32 润滑油润滑。

④抱轴箱与抱轴轴承

抱轴箱(图 5-62)为铸钢件,其两端为圆环形,为抱轴轴承及其密封件提供安装接口。两端因组装工艺的需要,在结构设计上有所不同。另外,靠近齿轮侧的一端伸出一悬臂作为齿轮箱的安装支承面之一。中间部分为半圆形,即"U"形,因此抱轴箱在英文中又被称为"U-Tube"。该部位是与牵引电动机组装的接口,两端各有 4 只 $\phi$34 mm 通孔即为组装用螺栓孔。组装完后,"U"形部分同时也为车轴的轴身部位提供一个防护性壳体。

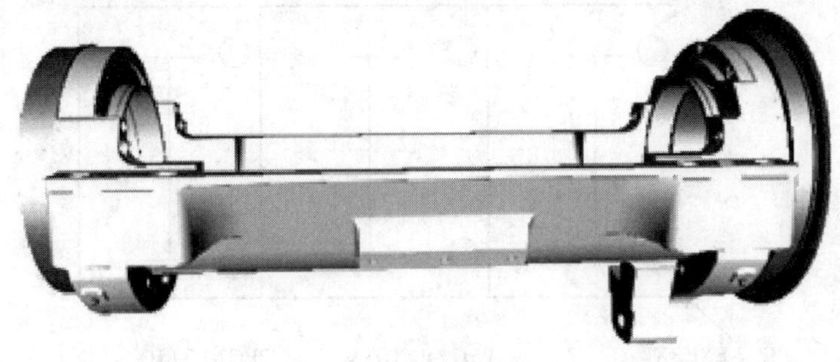

图 5-62 抱轴箱

抱轴箱的每端各装有一套锥形滚子轴承。两套轴承在结构尺寸上有大小之分，大轴承装在靠近齿轮侧，小轴承装在另一侧。抱轴轴承采用符合GE规范的D50E28润滑脂润滑。建议每年对抱轴箱轴承加脂一次。加脂时，先清洁两个加脂嘴，再往齿轮端轴承中加1 200 g(43盎司)润滑脂，非齿轮端轴承中加750 g(26盎司)，边加脂边转动车轴。多余的润滑脂将会流出油封，擦掉多余的油脂。

⑤牵引电动机

$HXN_5$型内燃机车采用强迫通风、三相交流感应电动机，是专为机车牵引用途设计的，型号为5GEB32B2，自重2 450 kg。

牵引电动机组件的一端通过吊杆装配弹性地悬挂在构架横梁上，并承受电机组件约一半的重量，而牵引电动机组件另一半的重量则通过抱轴箱、抱轴轴承刚性地支承在车轴上。吊杆装配如图5-63所示，它由一根看上去像巨大的骨头的吊杆、两个预压在“骨头”两端的橡胶球铰组成。

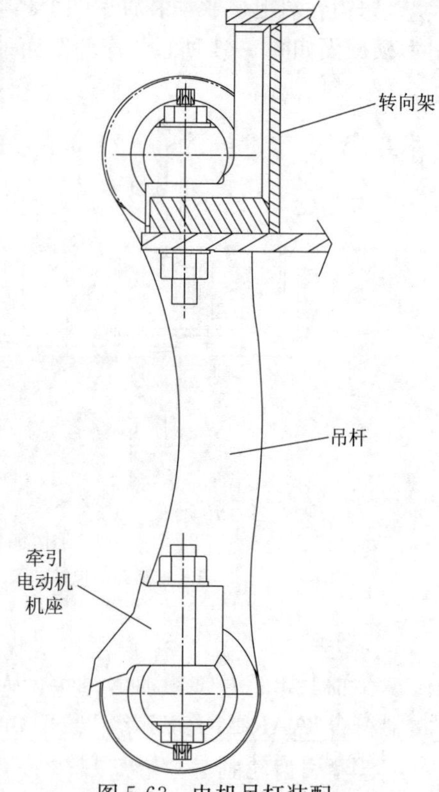

图5-63　电机吊杆装配

运用中应检查电机吊杆装配中的橡胶球铰有无橡胶分离、严重腐蚀的橡胶或有裂纹。检查吊杆是否有裂纹或折断。如果损坏，应及时更换电机吊杆装配。

(6)基础制动装置

$HXN_5$型内燃机车的紧急制动距离要求不大于1 100 m，即机车以120 km/h的速度运行时实施紧急制动，要求机车在1 100 m的距离内能够停下来(此特性能适于轨道干燥或有水、无冰、无锈、无碎石及无油的情况下)。

$HXN_5$型内燃机车的基础制动装置由单元制动器和闸瓦两部分组成。每个转向架装有6个独立作用的单元制动器，即每个车轮上各有一个单元制动器，采用单侧制动，闸瓦采用复合材料。

$HXN_5$型内燃机车采用PEC7模式的单元制动器，主要有制动缸、机械传动机构和闸瓦间隙自动调整器三个部分。其中包括PEC7-EFLBV(右侧)、PEC7-EXLBX(左侧)、PEC7-EXTSXV(左侧)、PEC7-EFTSVV(右侧)和PEC7-EXLBX(右侧)五种类型。PEC7-EFLBV(右侧)、PEC7-EFTSVV(右侧)为具有停放功能的单元制动器。单元制动器在转向架上的安装位置如图5-64所示。

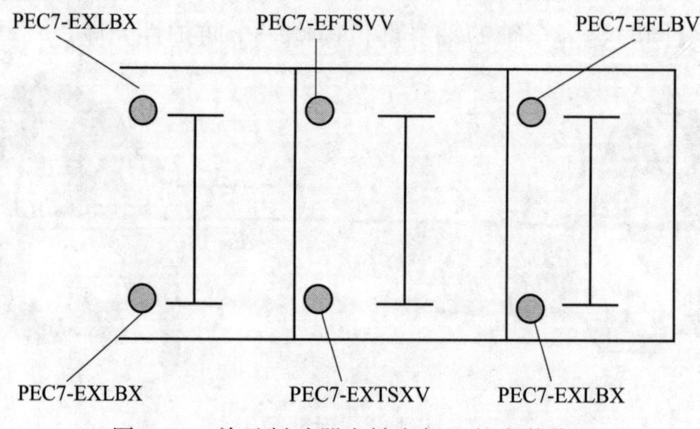

图5-64　单元制动器在转向架上的安装位置

单元制动器可以分为常用单元制动器(图 5-65)和带有停放制动的单元制动器。带停放制动的单元制动器是由常用单元制动器上加上停放制动缸组成的,具体结构如图 5-66 所示。

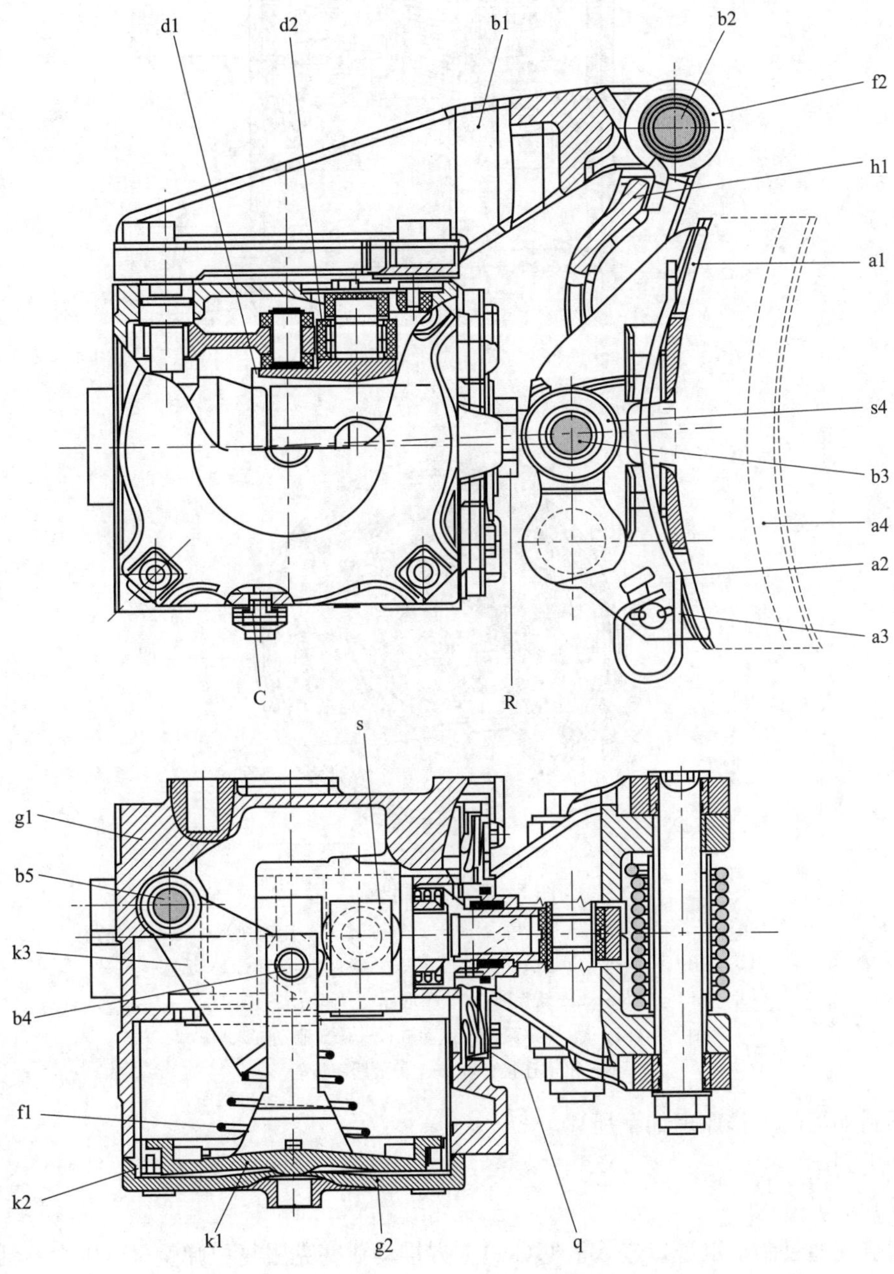


图 5-65 常用单元制动器

a1—闸瓦;a2—弹簧插销;a3—铆钉;a4—闸瓦;b1—托架;b2—挂钩销;b3—螺钉;
b4—活塞;b5—轴承销 d1—止推环;d2—滚轮;f1—复位弹簧;f2—扭力弹簧;
g1—腔体;g2—风缸盖板;h1—吊架;k1—活塞;k2—活塞密封圈;k3—凸轮盘;q—膜盒
压力传感器;s—闸瓦间隙自动调整器;s4—杆头;C—制动入口;R—六角限位头

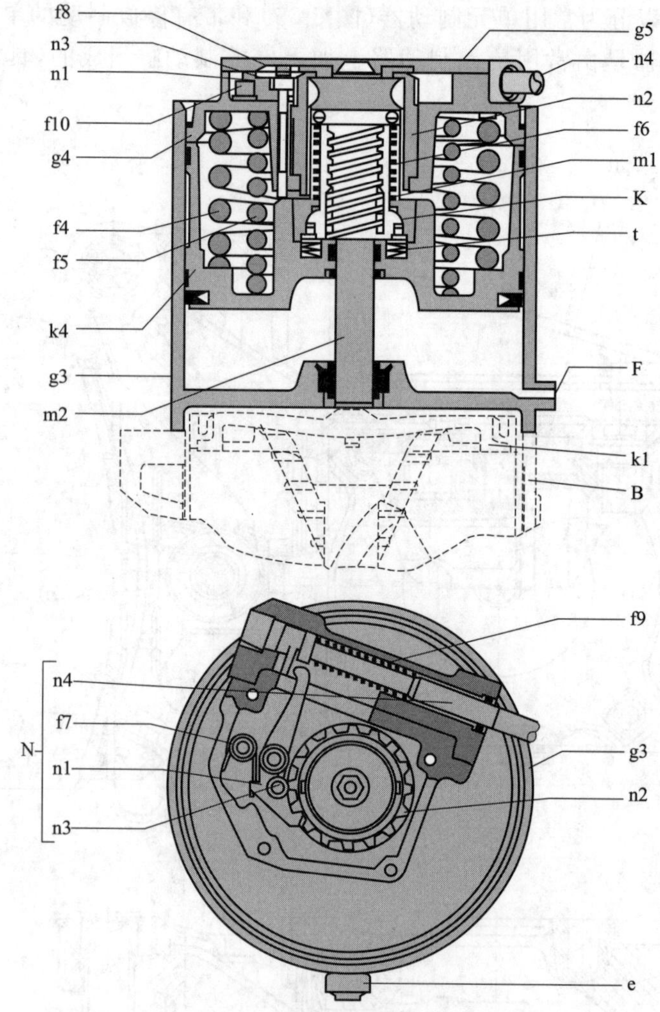


图 5-66 停放制动缸

e—通气塞；f4—驱动弹簧；f5—驱动弹簧；f6—压缩弹簧；f8—压缩弹簧；f9—复位弹簧；
f10—扭力弹簧；g3—风缸；g4—盖板；g5—盖板；k1—活塞；k4—活塞；
m1—螺母；m2—螺旋轴；n1—棘爪；n2—齿轮；n3—锁销；
n4—挺杆；t—盘形弹簧；B—制动缸；F—停放制动缸入口；
K—锥形连接；N—安全停放缓解齿轮

单元制动器的工作原理如下所述。

①常用制动

a. 实施常用制动

压缩空气通过制动缸进口进入活塞(k1)下方推动活塞克服复位弹簧(f1)压力。活塞推动安装在腔体(g1)中的对称凸轮盘(k3)动作。滚轮(d2)根据凸轮盘的移动轨迹来推动闸瓦间隙自动调整器(s)和闸瓦(a4)达到制动位置。通过与轮对摩擦产生制动力。

b. 常用制动缓解

单元制动器通过制动缸排气来缓解。所有部件通过复位弹簧(f1)和闸瓦间隙调整器复位弹簧(f3)返回到原始位置。

带有弹簧的纵向扭合联轴节和六角限位头(R)支撑吊架(h1)上的闸瓦(a1)或与轮对平行

的杆头(s4)。这样可以防止当闸瓦单边作用在轮对缓解时引起闸瓦发生偏移和摩擦。

②闸瓦间隙自动调整器

闸瓦间隙自动调整器缓解位置如图 5-67(a)所示。

联结管(s11)上的止动环(s9)在复位弹簧(f3)的作用下作用在腔体(g1)的止挡(s15)上。腔体的止挡(s16)的间隙 $X$ 等于轮对的间距与由制动力引起的弹性偏移之和。

闸瓦间隙自动调整器制动时无间隙调整位置如图 5-67(b)所示。

当实施制动时,整个闸瓦间隙自动调整器移动 $X$ 的距离后到达制动位置。止动环(s9)与止挡(s16)接触,复位弹簧被压紧。

制动力从调整器腔体(s5)经过齿轮联轴节(s6)传到推力螺母(s7)、调整杆(s8)和杆头(s4),然后再到闸瓦。

闸瓦间隙自动调整器制动时有间隙调整位置如图 5-67(c)所示。

如果间隙过大(如制动过程中造成的轮对磨耗),闸瓦必须移动一个大于 $X$ 的距离才能接触到轮对。

因为止动环(s9)与止挡(s16)固定,联结管(s11)不能弥补这个间隙。打开联结管内的齿轮联轴节(s13),脱开进给螺母(s12)能够在压力作用下在不自锁螺杆上旋转,这个旋转运动使螺杆往前移动,等于磨损量的量。当调整动作完成后齿连接重新啮合住。

在间隙调整过程中,复位弹簧(f3)被多压缩的量等于调整器腔体(s5)继续移动的 $V$ 值。

制动缓解时,闸瓦间隙自动调整器在复位弹簧的作用下复位。联结套、进给螺母和螺杆在止动环(s9)接触到止挡(s15)时完成它们的动作。

调整器腔体(s5)在到达缓解位置前仍然有磨损量 $V$ 的位移。当到达缓解位置时,调整套内的齿轮联轴节(s6)脱开,当调整套继续移动时由于推力螺母与螺杆间为不自锁螺纹连接,推力螺母(s7)绕着螺杆旋转回位。

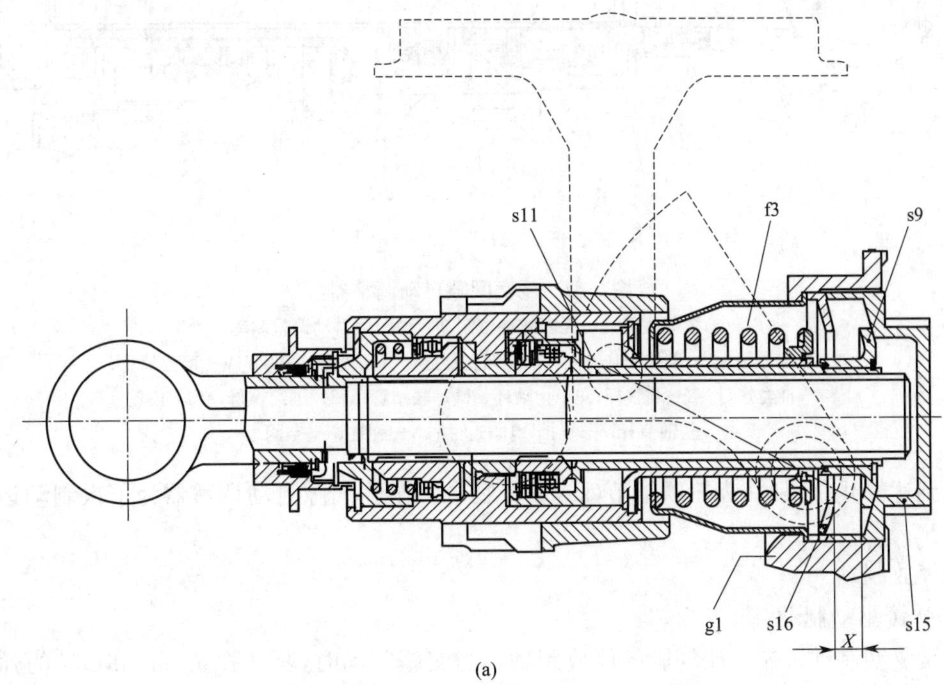


(a)

图　5-67

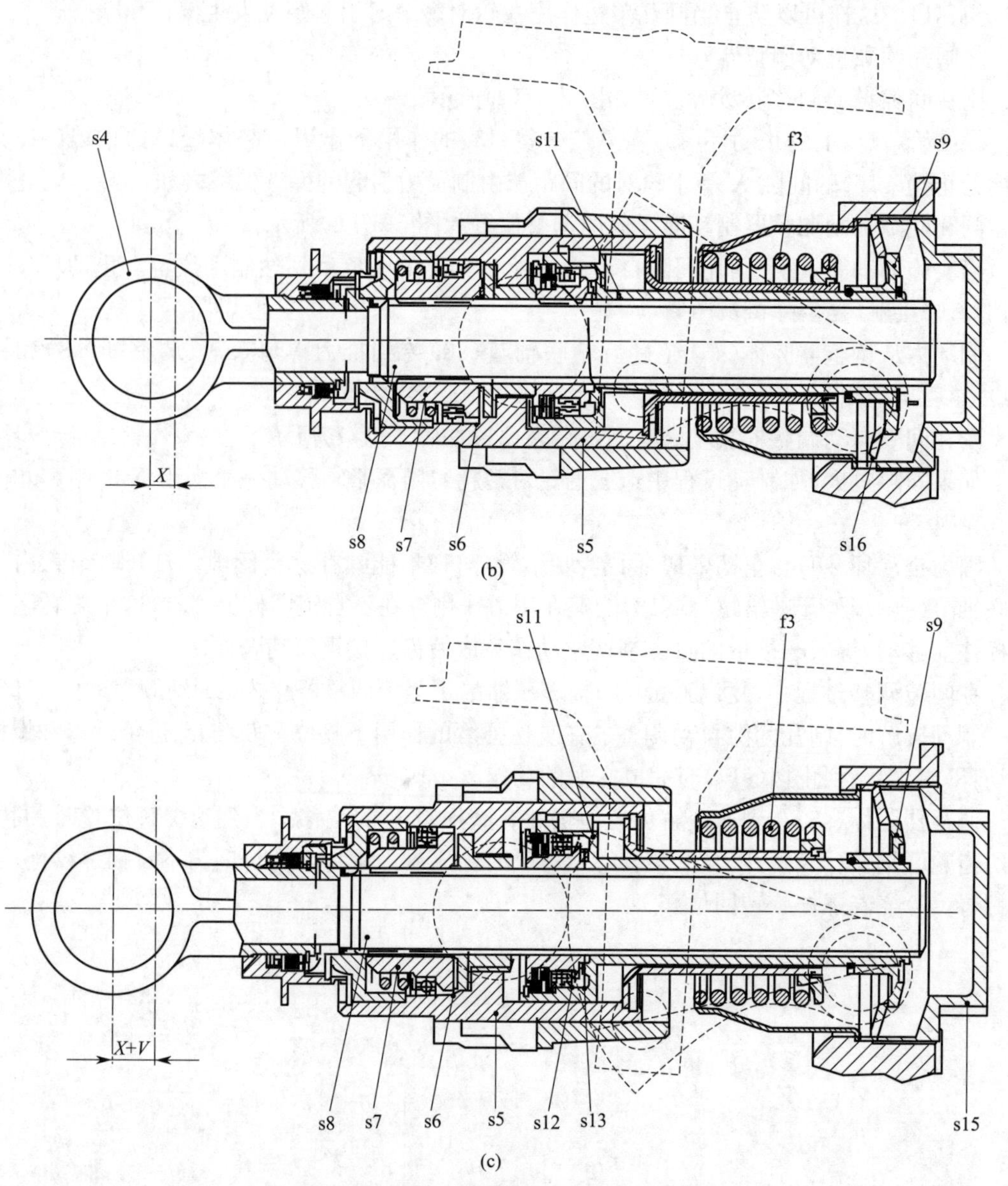


图 5-67　闸瓦间隙自动调整器

(a)缓解位置;(b)无间隙调整制动;(c)间隙自动调整制动

f3—复位弹簧;g1—腔体;s4—杆头;s5—调整器腔体;s6—齿轮联轴节;$V$—磨损尺寸;s7—推力螺母;s8—调整杆;s9—止动环;s11—联结管;s12—进给螺母;s13—齿轮联轴节;s15—止挡;s16—止挡;$X$—弹性调整空间

当到达停止位置时,齿轮联轴节(s6)重新啮合。闸瓦间隙自动调整器为下次制动运用做好准备。

③停放制动

a. 弹簧驱动制动

弹簧驱动制动是靠气压伺服的停放制动。当实施制动时,驱动弹簧(f4)和(f5)的弹力通过锥形连接(K)、螺母(m1)和螺旋轴(m2)作用到单元制动器常用制动缸(B)内的活塞(k1)

上。当不与风源相连时，可以利用弹簧制动器手动紧急缓解传动装置(n4)来缓解停放机车的停放制动。

b. 缓解位

制动缸从 F 口充入缓解压力空气。因此，活塞(k4)受压力空气作用克服驱动弹簧(f4)和(f5)的弹簧力下上移到端部位置。螺母(m1)和螺旋轴(m2)通过螺纹相连接在一起，这样可以使螺旋轴不与常用制动缸(B)的活塞(k1)接触，停放制动处于缓解位。

c. 实施弹簧驱动制动

当制动风缸(g3)通过放风口 F 排风时弹簧制动器就开始实施制动。这样对活塞(k4)上的驱动弹簧(f4)和(f5)的反作用力就会降到 0。

驱动弹簧伸长的弹力通过活塞(k4)、锥形连接(K)、螺母(m1)和螺旋轴(m2)作用到常用制动缸(B)的活塞(k1)上，把活塞推到制动位，从而使闸瓦压在轮上。

d. 带有安全停车缓解齿轮的缓解弹簧制动器

没有压缩空气时，可以用手动实施停放制动的缓解功能。为了实现这个功能，每个单元制动器有一个操纵棘爪(n1)的机构。当棘爪(n1)被驱动时齿轮(n2)被释放，螺旋轴(m2)上的扭矩消失。在驱动弹簧(f4)和(f5)向下的强大弹力产生扭矩作用下，由于棘爪(n1)抑制不住螺旋轴(m2)的不自锁螺纹的作用，从而螺旋轴(m2)和齿轮(n2)都产生高速旋转运动。这个快速旋转运动导致螺旋轴(m2)向上转动，螺母(m1)不动。与此同时，活塞(k4)下移排掉制动风缸(g3)内的空气。驱动弹簧(f4)和(f5)进一步伸长，使活塞(k4)下移到紧贴制动风缸(g3)底部，防止有任何大的力作用在螺旋轴(m2)上。

活塞(k4)下移，压缩弹簧(f8)把锁销(n3)往下压并锁定棘爪(n1)。此时棘爪不再与齿轮(n2)啮合。

常用制动缸活塞(k1)作用在螺旋轴(m2)上的反作用力和压缩弹簧(f6)的弹力共同作用使得螺旋轴(m2)继续旋转上移直到它接触盖板(g5)。

旋转部件的动力作用在螺母(m1)上，使螺母克服盘形弹簧(t)的弹力，脱开锥形连接(K)，绕着螺旋轴(m2)旋转下移。这个动作使螺母(m1)不再和活塞(k4)的锥形环摩擦接触。螺母(m1)立即开始旋转，螺旋轴(m2)和齿轮(n2)一起转动直到摩擦接触重新接触，动力完全消失为止。

此时，停放制动在缓解位置。

e. 弹簧制动器再次动作

紧急齿轮已被释放了，而弹簧制动器还没有为再次制动做好准备。

经进排气端口 F，缓解压力空气进入制动风缸(g3)就可解除安全停车，形成释放制动状态。这个过程为克服驱动弹簧(f4)和(f5)的弹力，压力空气把活塞往上推及克服盘形弹簧(t)的弹力使锥形连接(K)脱开，锥形连接(K)产生的摩擦力消失，因此，螺母(m1)再次转动。由于螺母螺纹为不自锁螺纹，当活塞(k4)继续上移时，螺母沿着螺旋轴螺旋上升。活塞(k4)上移，活塞的端面就把锁销(n3)往上顶。棘爪和齿轮(n2)啮合，再次阻止齿轮和螺旋轴继续转动。一旦活塞结束运动，锥形连接(K)啮合。驱动弹簧被压紧，弹簧制动为再次制动准备就绪。

## 【拓展提高】

### 和谐型大功率电力机车

和谐型货运电力机车是中车集团与国外企业合作，引进消化吸收技术并国产化的新一代交流传动货运机车，分为每轴 1 200 kW 的和谐 1、2、3 型(1、2 型为八轴，3 型为六轴)，以及六轴每轴 1 600 kW 的和谐 1B、2B、3B，以及六轴每轴 1 200 kW 的 1C、2C、3C。

**一、$HXD_1$ 系列电力机车**

1. $HXD_1$ 型电力机车

$HXD_1$ 型电力机车是由株洲电力机车有限公司与西门子公司在 EuroSprinter(欧洲短跑者)机车技术平台上联合研发的新型大功率交流传动八轴货运机车，主要用于重载铁路(大秦线)牵引重载列车(两万吨运煤专列)。

$HXD_1$ 型电力机车具有功率大，恒功率速度范围宽，黏着性能好、效率高、能源消耗低等特点，可满足我国大秦线煤炭运输的需要。该型机车由两节完全相同的四轴电力机车通过内重联环节连接而成，每节机车设有一个司机室，为一个完整系统。

机车采用交—直—交电传动技术，采用水冷 IGBT 元件的主变流器，其中含有 4 个象限变流器供两个单独的中间直流电压环节，2 个牵引变流器，每个牵引变流器供电给同一转向架的两台并联牵引电动机，辅助逆变器集成在主变流器柜中，电制动采用再生制动。采用西门子 SIBAS32 系列的微机控制技术和 TCN 网络通信技术进行机车控制。车体采用整体承载结构，以中央梁为主要传力构件，具有高强度低重量的优点。机车转向架采用低位牵引杆，构件强度高、结构合理。基础制动采用轮盘制动。采用标准化、模块化设计，便于维修。空气制动系统采用 CCBⅡ制动系统，适合重载列车制动。装用 LOCOTROL 远程无线重联控制系统，司机可以在一个司机室对两台重联机车进行控制，具有外重联控制功能，适合于多机分布式重载牵引。采用独立的机械室通风系统，使得机车的内部环境清洁，通风效果好。

主要技术参数如下：

| | |
|---|---|
| 轴式 | $B_0—B_0+B_0—B_0$ |
| 轮径(mm) | 1 250 |
| 机车整备质量(t) | 184(23 t 轴重)　200(25 t 轴重) |
| 轴重(t) | 23/25 |
| 电流制 | 单相交流 25 kV 50 Hz |
| 机车牵引功率(持续)(kW) | 9 600 |
| 起动牵引力(kN) | 700(23 t 轴重)/760(25 t 轴重) |
| 持续牵引力(半磨耗)(kN) | 494(23 t 轴重)/532(25 t 轴重) |
| 电制动力(kN) | 461 |

2. $HXD_{1B}$ 型电力机车

$HXD_{1B}$ 型电力机车是在 $HXD_1$ 型电力机车设计制造技术平台上研制成功的大功率交流传动六轴干线货运电力机车，是中国首三款($HXD_{1B}$、$HXD_{2B}$、$HXD_{3B}$)使用功率 1 600 kW 交流牵引电动机的六轴和谐系列电力机车车型。

$HXD_{1B}$ 型电力机车每轴功率从 1 200 kW 提高到 1 600 kW，整车功率达 9 600 kW，可满足在铁路 4‰正线上牵引 5 000～6 000 t 重载列车，以时速 120 km 运行的要求。

机车采用高功率因数、高效率的牵引系统，采用具有优先再生制动的制动系统、辅机采用变压变频(VVVF)无级闭环控制，可以大大降低整车能耗。

电气控制系统采用 IGBT 的基础水冷变流器，4 个电源侧四象限整流器，2 个电压型直流支撑回路，6 个脉宽 PWM 逆变器，供 6 台三相异步牵引电动机。机车电传动系统采用单轴控制技术，即每个牵引电动机由各自的牵引逆变器供电，从而达到最佳黏着利用，并在牵引设备发生故障时损失的牵引力最小。机车主变压器容量提高到 12 000 kV · A，主变流器采用 6.5 kV/600 A 等级 IGBT 水冷变流模块。机车控制网络系统采用符合 TCN 标准的网络控制系统，机车内部的通信通过 MVB 总线实现，机车间的通信通过 WTB 总线实现，CCU 采用双套热备冗余。微机网络系统符合 IEC 61375，具有当代机车微机网络控制的先进性。制动系统采用基于 AAR 规则的分布式结构机车制动系统，具有识别、重新组合和发生故障时备份关键部件的功能。基础制动采用轮盘制动，适合重载列车制动。

主要技术参数如下：

| | |
|---|---|
| 轴式 | $C_0—C_0$ |
| 轮径(mm) | 1 250(新轮) |
| 轴重(t) | 25 |
| 机车整备质量(t) | 150 |
| 电流制 | 单相交流 25 kV 50 Hz |
| 最高运营速度(km/h) | 120 |
| 牵引功率(持续)(kW) | 9 600 |
| 起动牵引力(kN) | 570 |
| 持续牵引力(kN) | 422 |
| 电制动力(kN) | 346 |

3. $HXD_{1C}$ 型电力机车

$HXD_{1C}$ 型电力机车是株洲电力机车有限公司自行研制的交流传动干线货运电力机车，其设计参照了 $HXD_1$ 型和 $HXD_{1B}$ 型电力机车，但装配了更多国产化元件，国产化率达 90%以上。机车每轴装有一台 1 200 kW 交流牵引电动机，可在坡度 12%以下的路段牵引 5 000～5 500 t货物列车，首台试制车 $HXD_{1C}$0001 于 2009 年 6 月 12 日下线。

为适应青藏铁路的高原环境，株洲电力机车有限公司又开发了 $HXD_{1C}$ 高原型电力机车，车号由 3001 起排序。相对于平原运用的 $HXD_{1C}$ 型电力机车，高原型机车加强了电气绝缘性能、散热性能、耐低温性能和材料抗腐蚀性能等环节。首两台高原型机车(3001、3002)于 2012 年初下线。

$HXD_{1C}$ 型电力机车牵引电路采用由 IGBT 模块(3 300 V/1 200 A)组成的四象限整流器和 PWM 逆变器，采用牵引电动机轴控技术；辅助电路采用独立的辅助逆变器供电，辅助变流器分别由恒频恒压变流器(CVCF)与变频变压变流器(VVVF)两个模块构成；机车采用微机控制系统，实现网络化、模块化，使机车控制系统具有控制、诊断、监测、传输、显示和存储功能，控制网络符合 IEC 61375 的标准要求；机车具有通过 WTB 总线进行多机(最多三台机车)重联控制及显示功能，并预留了远程重联控制系统的软硬件接口及安装平台。

转向架采用两台六轴转向架，一系悬挂采用轴箱拉杆＋螺旋钢弹簧方式，二系悬挂采用高挠螺旋钢弹簧结构，牵引装置采用低位牵引。

机车采用独立通风方式，增加了机械间冬夏季温度调节模式转换设计，更好的改善了机车运用环境。

机车空气制动系统采用克诺尔公司的 CCBⅡ、DK-2、法维莱制动机。

主要技术参数如下：

| | |
|---|---|
| 轴式 | $C_0—C_0$ |

轮径(mm) 1 250(新轮)/1 200(半磨耗)/1 150(全磨耗)
轴重(t) 23/25
机车整备质量(t) 138/150
电流制 单相交流 25 kV 50 Hz
最高运营速度(km/h) 120
牵引功率(持续)(kW) 7 200
起动牵引力(kN) 520(23 t 轴重)/570(25 t 轴重)
持续牵引力(kN) 370(23 t 轴重)/400(25 t 轴重)
最大电制动力(kN) 370(23 t 轴重)/400(25 t 轴重)

**二、$HXD_2$ 系列电力机车**

1. $HXD_2$ 型电力机车

$HXD_2$ 型电力机车是由大同电力机车有限公司与阿尔斯通公司在PRIMA电力机车技术平台上联合开发，根据我国铁路线路的具体情况设计而成的大功率交流传动八轴货运机车。

$HXD_2$ 型电力机车采用微机网络控制，标准化、模块化设计，具有恒功范围宽、轴功率大、黏着特性好、功率因数高、谐波干扰小、维护率和全寿命运营成本低、适用范围广等优点。机车为双节重联的八轴大功率干线货运用电力机车，可单机牵引 7 000 t 重载列车。机车具备多机无线重联远程同步控制功能，三机重联满足 20 000 t 以上(采取“1+1”组合牵引模式，即由两台机车一前一中牵引 210 节车辆、2 万吨煤炭进行长达 10 余小时的一站直达运输。)重载列车的牵引要求。机车按 25 t 轴重设计，去掉车内压铁可实现 23 t 轴重。机车在 −40 ℃环境条件下可正常存放，采取加温和防寒措施后可正常运用。机车采用独立通风方式，从侧墙过滤窗和车顶百叶窗吸入冷风，向发热部件冷却后从车底排出，并维持机械间呈微正压，改善机车防尘效果及防寒性能。

主要技术参数如下：
轴式 $2(B_0—B_0)$
轮径(新轮)(mm) 1 250
机车整备质量(t) 184(23 t 轴重)/200(25 t 轴重)
轴重(t) 25/23
电流制 单相交流 25 kV 50 Hz
最高运营速度(km/h) 120
牵引功率(持续)(kW) 10 000
起动牵引力(kN) 760
持续牵引力(kN) 554
电制动功率(kW) 10 000

2. $HXD_{2B}$ 型电力机车

$HXD_{2B}$ 型电力机车是由大同机车有限公司与阿尔斯通公司联合研发的大功率交流电传动六轴干线货运电力机车，是我国铁路首三款使用最大功率 1 600 kW 交流电牵引电动机的六轴“和谐型”电力机车车型之一。

机车总体采用国际上先进的以功能体系为基础的模块化设计方法，提高了产品形式的可塑性，有利于提高产品的标准化、系列化、可维护性和可使用性程度。机车的控制采用微机网络控制系统,具有完善的控制、监测和检修维护功能。

列车控制和监测系统采用模块化设计,具有较高的扩展性,并能支持系统的不断升级。机车采用完全的单轴控制技术,每台牵引电动机对应一套独立的四象限整流器和逆变器。六根轴的牵引传动装置每个都安装有一个调谐滤波器和一个基于斩波—电阻的过压保护装置,使其在电气控制方面完全独立。

机车变流技术采用了 6.5 kV/600 A 等级的 IGBT 元件和双面水冷功率模块,使机车单轴功率达到 1 600 kW。变流模块采用易拆卸技术,不需排放冷却液,同时带有定位针,防止不同模块的错插。两组相同的辅助变流器为机车提供辅助电源。辅助供电电路由相同的两组电路组成,每组辅助电源由两组辅助变流器和一组充电机电路组成,其中辅助变流器一组为定频输出,另一组为变频输出,能够满足机车各种工况的供电要求。

机车带有微机控制的电空制动柜,接受司机操纵台上制动控制器的控制指令,使列车管的压力控制更加精确,同时缩短制动与缓解时间,提高制动系统的可靠性和安全性;制动机具备状态监测和故障判断功能、具备 WorldFIP 网络接口,制动机状态及故障信息可以通过车辆总线进行传递。

机车配备了世界上最大容量的牵引变压器(12 600 kV·A),采用下悬挂卧式安装;钢制油箱;三套油冷却系统;芯式结构,多分裂绕组以保证高的解耦性。

转向架采用抱轴悬挂驱动结构,一系悬挂为弹簧悬挂,二系悬挂采用橡胶堆连接,采用整体碾钢车轮,采用中间推挽式短牵引杆结构,保证了牵引力和制动力的有效传输。机车使用在−40℃低温下仍具有良好冲击韧性值的特殊原材料,使机车的使用范围更广泛。

主要技术参数如下:

| | |
|---|---|
| 轴式 | $C_0—C_0$ |
| 轮径(mm) | 1 250(新轮)/1 150(全磨耗) |
| 轴重(t) | $25^{+0.25}_{-0.75}$ |
| 机车整备质量(t) | $150^{+1.5}_{-4.5}$ |
| 电流制 | 单相交流 25 kV 50 Hz |
| 最高运营速度(km/h) | 120 |
| 牵引功率(持续)(kW) | 9 600 |
| 起动牵引力(kN) | 584 |
| 持续牵引力(kN) | 455 |
| 电制动力(kN) | 400 |

3. $HXD_{2C}$ 型电力机车

$HXD_{2C}$ 型大功率交流传动电力机车是大同电力机车有限公司自主创新的成果。该型车具有技术先进、适用范围广、兼容性强、工艺性好、性价比高、维护方便快捷等明显优势。机车单轴功率 1 200 kW,可实现单机牵引 5 000～6 000 t 重载货物列车。机车吸收了国内外先进电力机车的成熟技术,技术指标达到了世界一流。2010 年 5 月 23 日,第一台国产 $HXD_{2C}$ 型电力货运机车正式下线。

机车车体采用整体承载的框架式焊接结构,采用可拆卸的活动顶盖和宽 600 mm 的中间走廊,增加了所有设备的易接近性;机车采用整体独立通风系统,防止机械间设备污染,保证了司机室的清洁。

机车控制系统 TCMS 由主控装置和两个微机显示屏构成,列车级网络采用以太网通信,车辆级网络采用 RS-485 通信，微机网络控制系统与 BCU 的通信采用 MVB 总线。主控装置在硬件上主要由电源模块、逻辑运算控制部分、数字量输入/输出部分、模拟量信号采集部分、通信部分等组成。

牵引变流系统采用模块化设计，由 IGBT 元件、触发单元和散热装置等组成四象限变流器模块和逆变器模块。辅助变流系统集成在变流柜中，采用 AC—DC—AC 的变换模式实现电源的变换输出。机车有两组辅助变流器装置，一组为变频变压型(VVVF)，另一组为定频定压型(CVCF)，互为冗余。当其中任意一组发生故障时，另一组会为所有的负载提供电源。

机车带有微机控制的电空制动柜，通过操纵制动控制器将指令传递给制动控制单元 BCU，BCU 根据制动指令作用于司机制动阀，从而控制预控压力 RE，同时通过 RE 传感器反馈给 BCU 形成闭环控制，以实现制动指令的精确控制。

主要技术参数如下：

| | |
|---|---|
| 轴式 | $C_0—C_0$ |
| 轮径(新轮)(mm) | 1 250 |
| 轴重(t) | $23^{+0.23}_{-0.69}/25^{+0.25}_{-0.75}$ |
| 机车整备质量(t) | $138^{+4.14}_{-1.38}/150^{+1.5}_{-4.5}$ |
| 电流制 | 单相交流 25 kV 50 Hz |
| 最高运营速度(km/h) | 120 |
| 牵引功率(持续)(kW) | 7 200 |
| 起动牵引力(kN) | 520(23 t 轴重)/570(25 t 轴重) |
| 持续牵引力(kN) | 370(23 t 轴重)/400(25 t 轴重) |

**三、$HXD_3$ 系列电力机车**

1. $HXD_3$ 型电力机车

$HXD_3$ 型电力机车是由大连机车车辆有限公司与东芝公司联合研发的大功率六轴货运机车，主要用于铁路干线牵引重载列车和快捷货物列车，具有功率大、恒功率速度范围宽、黏着性能好、效率高、能源消耗低等特点，可满足我国铁路重载和快捷货物运输的需要。

$HXD_3$ 型电力机车的电传动系统为交—直—交传动，采用 IGBT 水冷流机组，1 250 kW 大转矩异步电动机，具有起动(持续)牵引力大、恒功率速度范围宽、黏着性能好、功率因数高等特点，并且首次采用轴控技术，而非架控技术。架控方式是当转向架中有一台牵引电动机出现故障时，机车只能关闭整个转向架上的所有牵引电动机，并损失一半牵引力，但采用轴控技术的机车在同样情况下就可以只关闭单个故障电动机，其他未故障的两台电动机仍可继续运转，机车牵引力仅损失六分之一。

机车辅助电气系统采用 2 组辅助变流器，能分别提供 VVVF 和 CVCF 三相辅助电源，对辅助机组进行分类供电。该系统冗余性强，一组辅助变流器故障后可以由另一组辅助变流器对全部辅助机组供电。

机车采用微机网络控制系统，实现了逻辑控制、自诊断功能，而且实现了机车的网络重联功能。

$HXD_3$ 型电力机车总体设计采用高度集成化、模块化的设计思路，电气屏柜和各种辅助机组分功能斜对称布置在中间走廊的两侧；采用了规范化司机室，有利于机车的安全运行。

机车采用下悬式安装方式的一体化多绕组(全去耦)变压器,具有高阻抗、重量轻等特点,并采用强迫导向油循环风冷技术。

机车采用独立通风冷却技术。牵引电动机采用由顶盖百叶窗进风的独立通风冷却方式;主变流器水冷和主变压器油冷采用水、油复合式铝板冷却器,由车顶直接进风冷却;辅助变流器也采用车外进风冷却的方式;另外还考虑了司机室的换气和机械间的微正压。

机车采用了集成化气路的空气制动系统,具有空电制动功能。机械制动采用轮盘制动。同时采用了新模式的空气干燥器,有利于压缩空气的干燥,减少制动系统阀件的故障率。

主要技术参数如下:

| | |
|---|---|
| 轴式 | $C_0—C_0$ |
| 轮径(mm) | 1 250(新轮)/1 200(半磨耗)/1 150(全磨耗) |
| 轴重(t) | 23/25 |
| 机车整备质量(t) | 138/150 |
| 电流制 | 单相交流 25 kV 50 Hz |
| 持续牵引力(kN) | 370(23 t 轴重)/400(25 t 轴重) |
| 电制动力(kN) | 370(23 t 轴重)/400(25 t 轴重) |
| 持续速度(km/h) | 70(23 t 轴重)/65(25 t 轴重) |
| 最高速度(km/h) | 120 |
| 牵引功率(持续)(kW) | 7 200 |
| 起动牵引力(kN) | 520(23 t 轴重)/570(25 t 轴重) |

2. $HXD_{3B}$ 型电力机车

$HXD_{3B}$ 型电力机车是在 $HXD_3$ 型电力机车设计制造技术平台的基础上研发的大功率交流传动干线货运用六轴电力机车。该型机车功率为 9 600 kW,可单机牵引 5 500～6 500 t 货物列车,具有很强的加速能力和牵引通过能力,是我国铁路快捷重载货运的主型机车。

$HXD_{3B}$ 型电力机车由我国自主设计、研发、制造和集成,拥有完全自主知识产权,具有四个特点:一是功率更大,牵引性能更好;二是节能、环保优秀品质更加突出,机车再生制动功率的提高,将有更多的电能反馈回接触网;三是自动化程度更高,功能更强,可靠性更好,简化了乘务人员操作,提高了机车的安全性;四是改变机车传统设计,除受电弓及支持绝缘子之外,全部高压设备由车顶移至车内。

机车电传动系统为交—直—交传动,采用 3 组 IGBT 水冷变流柜,1 632 kW 大转矩异步牵引电动机,具有起动(持续)牵引力大、恒功率速度范围宽、黏着性能好、功率因数高等特点。

每组变流柜内集成一台由中间直流回路供电的辅助变流器。整车提供 2 组 VVVF 和 1 组 CVCF 三相辅助电源,分别对辅助机组进行分类供电,该系统冗余性强,在机车通过分相区时辅助系统可以维持供电。

机械间内设有高压柜,真空主断路器、接地开关、高压隔离开关、避雷器、高压电压互感器、高压电流传感器等集成在高压柜内,极大地降低雾、雪、粉尘等条件下的高压设备的故障率,提高机车的可靠性。

采用预布线、预布管技术,车内中间走廊的下层排列制动管路,中间层和上层排列动力电缆，控制导线及光缆排布在侧墙的线槽内。降低电磁干扰，提高控制系统可靠性。

主要技术参数如下：

| | |
|---|---|
| 轴式 | $C_0$—$C_0$ |
| 轮径(mm) | 1 250(新轮)/1 200(半磨耗)/1 150(全磨耗) |
| 轴重(t) | 25 |
| 机车整备质量(t) | $150^{+1.5}_{-4.5}$ |
| 电流制 | 单相交流 25 kV 50 Hz |
| 持续牵引力(kN) | 506 |
| 起动牵引力(kN) | 570 |
| 电制动力(kN) | 480 |
| 最高速度(km/h) | 120 |
| 牵引功率(持续)(kW) | 9 600 |

3. $HXD_{3C}$ 型电力机车

$HXD_{3C}$ 型电力机车由大连机车车辆有限公司开发研制，这是国内首次采用客、货通用平台并带有列车供电系统的机车。该型机车是在 $HXD_3$ 型电力机车设计制造技术平台的基础上，借鉴了 $HXD_3$ 型和 $HXD_{3B}$ 型电力机车的成熟技术研制而成的大功率交流传动干线客货运通用电力机车。

$HXD_{3C}$ 型电力机车通过更换增加供电绕组的主变压器，增加列车供电柜、供电插座、客货转换开关、双管供风装置等，实现向旅客列车提供风源及稳定的 DC 600 V 电源。

机车采用 PWM 矢量控制等最新技术的同时，尽量考虑对环境的保护，减少维修工作量。另外，以能够在我国全境范围内运行为前提，在满足环境温度在－40～＋40℃，海拔高度在 2 500 m 以下的条件的同时，考虑到最大 3 组机车重联控制运行。

机车电传动系统为交—直—交传动，采用 IGBT 水冷变流机组，1 250 kW 大转矩异步牵引电动机，具有起动牵引力大、恒功率速度范围宽、黏着性能好、功率因数高等特点。辅助电气系统采用 2 组辅助变流器，能分别提供 VVVF 和 CVCF 三相辅助电源，对辅助机组进行分类供电。转向架采用滚动抱轴承半悬挂结构，二系采用高圆螺旋弹簧；采用整体轴箱、推挽式低位牵引杆等技术。

主要技术参数如下：

| | |
|---|---|
| 轴式 | $C_0$—$C_0$ |
| 轮径(mm) | 1 250(新轮)/1 200(半磨耗)/1 150(全磨耗) |
| 轴重(t) | 23/25 |
| 机车整备质量(t) | 138/150 |
| 电流制 | 单相交流 25 kV 50 Hz |
| 持续速度(km/h) | 70(23 t 轴重)/65(25 t 轴重) |
| 起动牵引力(kN) | 520(23 t 轴重)/570(25 t 轴重) |
| 持续牵引力(kN) | 370(23 t 轴重)/400(25 t 轴重) |
| 电制动力(kN) | 370(23 t 轴重)/400(25 t 轴重) |
| 最高速度(km/h) | 120 |
| 牵引功率(持续)(kW) | 7 200 |

1. $DF_{4D}$、$DF_{11}$、$HXN_3$、$HXN_5$ 型内燃机车与 $DF_{4B}$ 型内燃机车相比较各有哪些主要区别？

2. $DF_{4D}$、$DF_{11}$、$HXN_3$、$HXN_5$ 型内燃机车转向架与 $DF_{4B}$ 型内燃机车转向架相比较有何主要区别？

3. $DF_{4D}$ 型内燃机车转向架牵引电动机抱轴箱为何采用圆锥滚子轴承？

4. $DF_{4B}$ 型内燃机车与 $DF_{4D}$、$DF_{11}$、$HXN_3$、$HXN_5$ 型内燃机车车体有何异同？

5. MX-1 型摩擦式橡胶缓冲器主要由哪几部分组成，其工作原理如何？

6. $DF_{4D}$、$DF_{11}$、$HXN_3$、$HXN_5$ 型内燃机车转向架采用了何种新的结构和技术？有何优点？

7. 详述 $DF_{11}$ 型内燃机车转向架垂向力、纵向力和横向力的传递过程。

8. Koni 抗蛇行液压减振器的工作原理如何？与 $SFK_1$ 液压减振器有何不同？

9. Koni 抗蛇行液压减振器有何特点？如何调整减振器阻力？

10. $DF_{4B}$、$DF_{4D}$、$DF_{11}$、$HXN_3$、$HXN_5$ 型内燃机车牵引电动机是如何悬挂在转向架构架上的？牵引电动机产生的驱动力又是如何传递给轮对的？

11. 详述 $DF_{11}$ 型内燃机车驱动系统力的传递过程。

12. 应如何保证 $DF_{11}$ 型内燃机车驱动系统旋转中心与轮对中心基本同心？

13. 试述 $DF_{4B}$、$DF_{4D}$、$DF_{11}$ 型内燃机车机械传动装置、静液压传动系统的异同点。

14. 试比较 $DF_{4B}$、$DF_{4D}$、$DF_{11}$、$HXN_3$、$HXN_5$ 型内燃机车车体与转向架间连接装置的异同点。

15. 试比较分析 $HXN_3$、$HXN_5$ 型内燃机车基础制动装置的异同点。

# 6 机车曲线通过

【知识要点】

1. 机车几何曲线通过的图示法。
2. 机车几何曲线通过的分析法。
3. 机车动力曲线通过的分析。

【学习目标】

1. 了解有利于机车几何曲线通过的措施。
2. 熟悉用图解法研究几何曲线通过的方法。
3. 熟悉用分析法研究几何曲线通过的方法。
4. 熟悉机车动力曲线通过的分析与计算。
5. 掌握机车曲线运行的安全条件与改善曲线通过的措施。

【知识链接】

机车车辆通过曲线一般是依靠轮缘引导的。曲线通过可以分为几何曲线通过和动力曲线通过,两者互相联系。

几何曲线通过是研究机车与线路的几何关系及机车本身有关部分在曲线上的相互几何关系。研究机车的几何曲线通过,同时也为研究动力曲线通过提供有关数据。

动力曲线通过是研究机车以不同速度通过曲线时作用于机车上的力,并着重研究轮缘与钢轨间的横向力,以及机车安全通过曲线的条件与措施,并为机车和线路的强度计算及判断轮缘磨耗速度提供依据。

## 6.1 机车几何曲线通过的图示法

### 6.1.1 有利于几何曲线通过的措施

从几何关系出发,有利于机车几何曲线通过一般有两种主要措施:一是加宽曲线上的轨距,二是给轮对适当横动量。

1. 曲线轨距加宽

为保证机车在直线上顺利行驶,钢轨内侧、轮缘外侧之间应具有一定的间隙 $\sigma$(图6-1):

$$\sigma=A-(B+2t) \tag{6-1}$$

式中 $A$——直线上的轨距，$A=1\,435^{+6}_{-2}$ mm(以线路速度等级 $v\leqslant120$ km/h 为例)；

$B$——轮对的轮缘内侧距离，$B=(1\,353\pm3)$mm；

$t$——(锥形踏面)距踏面基线 11.25 mm 处的轮缘厚度，$t=33^{\ 0}_{-10}$ mm；

$\sigma$——直线上钢轨内侧与轮缘外侧的全间隙(mm)。

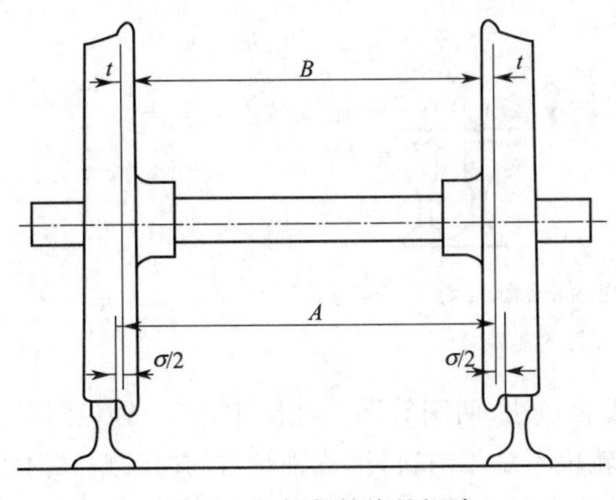


图 6-1 钢轨与轮缘的间隙

$\sigma$ 的名义尺寸是 16 mm，每侧 8 mm。$\sigma$ 过大，将使机车直线上运行时蛇行运动的振幅加大。随着机车运行速度提高，势必加大蛇行运动的频率，恶化机车运行品质，加重轮缘对钢轨的打击作用。

在曲线上，$\sigma$ 能帮助机车顺利通过曲线。为了使机车更好地通过几何曲线，可将内轨适当内移。内轨的内移量 $\Delta$ 称为曲线加宽值。根据《铁路技术管理规程(普速铁路部分)》，加宽值与曲线半径关系见表 6-1。

因此，在不同半径的曲线上轮缘与钢轨的名义全间隙 $\sigma+\Delta$ 见表 6-2。

2. 轮对横动量

除了增大轮缘与钢轨的间隙外，为便于轴距较长的转向架能够纳入曲线，还给轮对以一定的机动横动量，即允许轮对相对于轴箱，轴箱相对于转向架构架有适当横向移动量。轮对的横动量不同，转向架在曲线上的位置也就不同，从而影响轮轨间的作用力。所以，轮对的横动量不仅影响机车的几何曲线通过，而且影响机车的动力曲线通过。

较大的轮对横动量不利于机车高速运行时的横向平稳性，因此在速度等级较高的线路上运行的机车一般轮对横动量都较小。

**表 6-1 曲线加宽度与曲线半径关系**

| 曲线半径 $R$(m) | 加宽值 $\Delta$(mm) |
|---|---|
| $R\geqslant295$ | 0 |
| $295>R\geqslant245$ | 5 |
| $245>R\geqslant195$ | 10 |
| $R<195$ | 15 |

**表 6-2 轮轨全间隙与曲线半径关系**

| 曲线半径 $R$(m) | 全间隙 $\sigma+\Delta$(mm) |
|---|---|
| $R\geqslant295$ | 16 |
| $295>R\geqslant245$ | 21 |
| $245>R\geqslant195$ | 26 |
| $R<195$ | 31 |

### 6.1.2 机车几何曲线通过的图示法

为便于在研究转向架与曲线的几何关系时绘图分析，将图 6-1 中所示的左右两轮缘外侧距离 $B+2t$ 缩为零(图 6-2)，以半径为 $R_{外}=R+\dfrac{\sigma}{2}$ 的圆弧表示外轨的内侧面，以 $R_{内}=R-\left(\dfrac{\sigma}{2}+\Delta\right)$ 的圆弧表示内轨的外侧面，也就是用轮缘与钢轨在曲线上的全间隙 $\sigma+\Delta$ 来表示轨距，而这时的转向架构架就相应的以纵轴线表示，轮对则由其上的点表示。

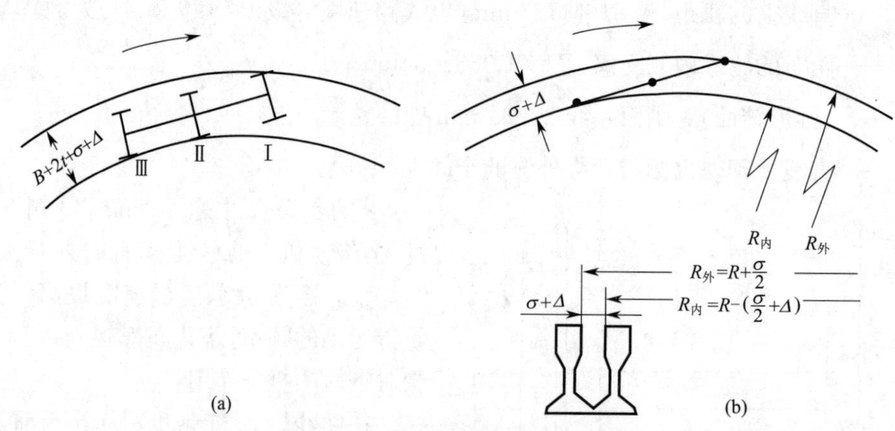


图 6-2 几何曲线通过的图示法

Ⅰ、Ⅱ、Ⅲ—第一、二、三轴轮对

图 6-2 的(a)图是普通表示法,(b)图是轴线表示法,两图等同。在图中,第一轴轮对的外轮贴靠外轨;第二轴轮对的外轮不贴靠外轨,内轮也不贴靠内轨;第三轴轮对的内轮贴靠内轨。同样表达转向架在曲线上轮轨间的相对位置,轴线表示法既简单又明了,是研究机车与曲线的几何关系时常用的方法。

另外,我们还可以从轴线表示法中看出,若表示轮对的点在两圆弧之间,则该点与外圆弧的距离即为外轮轮缘与外轨内侧的距离。该点与内圆弧的距离即为内轮轮缘与内轨外侧的距离。若表示轮对的点不在两圆弧之间,则转向架不能纳入该曲线,或者为使转向架几何通过该曲线,这一轮对所需的横动量应等于该点至邻弧的距离。

### 6.1.3 转向架在曲线上的位置

不论机车以何种速度通过曲线,其转向架第一轴轮对的外轮总是贴靠外轨的,而后轴轮对的位置则视速度大小而异。低速时,后轴轮对的内轮贴靠内轨,此时转向架的位置称为最大偏斜位。速度稍高,因离心力的作用,后轴轮对内轮离开内轨,但外轮也不贴靠外轨,此时转向架的位置称为自由位置。当速度高到一定值,即离心力增加到一定值时,后轴轮对的外轮就贴靠外轨,此时转向架的位置称为最大外移位。此后速度再高,转向架位置也不再变化(图 6-3)。若前后轴轮对均有横动量 $\delta$,则转向架在曲线上的最大偏斜位置和最大外移位置如图 6-4 所示。

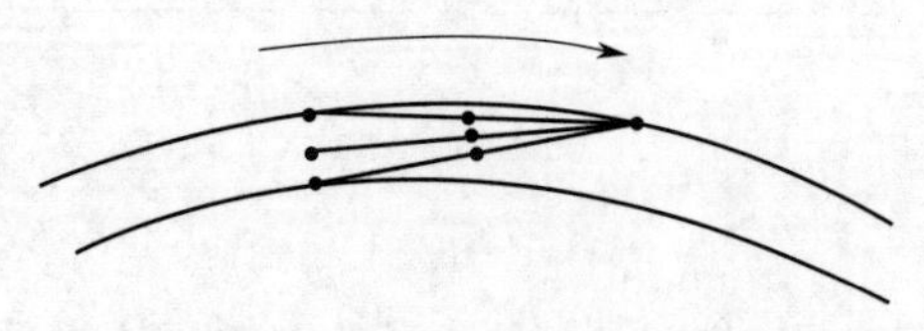

图 6-3 转向架通过曲线时的位置

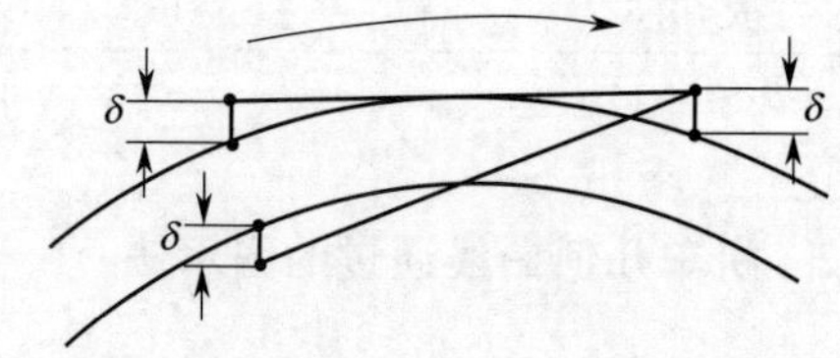


图 6-4 前后轴有横动量的转向架在曲线上的位置

### 6.1.4 转向架在曲线上的转心

设机车转向架在一定半径的曲线上做稳态运动。在某一瞬时 $t$,转向架在曲线上处于 $AB$

位置；在 $\Delta t$ 后处于 $A_2B_2$ 位置（图 6-5）。从曲线中心 $O$ 分别向转向架 $AB$ 位置和 $A_2B_2$ 位置作垂线，分别交 $AB$ 和 $A_2B_2$ 于 $\Omega$ 和 $\Omega_1$。转向架在曲线上由 $AB$ 位置至 $A_2B_2$ 位置的运动过程可以看作是由 $AB$ 和 $A_1B_1$ 的平移以及由 $A_1B_1$ 至 $A_2B_2$ 的围绕 $\Omega_1$ 的转动所合成。平移就是车轮踏面在轨道上的滚动，以 $\Omega_1$ 为中心的转动就是车轮踏面在轨顶面上的滑动。$\Omega_1$ 称为转向架的转心。转心至某轮对的距离称为该轮对的转心距。转心的位置随转向架在曲线上所占位置而异。例如在最大偏斜位置时，转心接近于后轮对，在最大外移位置时，转心基本上在转向架中点的地方。

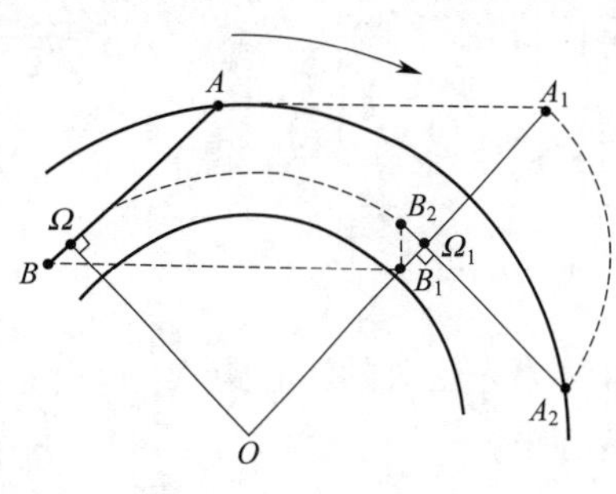

图 6-5　转向架通过曲线时的运动分析

## 6.2　机车几何曲线通过的分析法

研究几何曲线通过的方法有分析法和图解法。分析法比较准确，但易出错；用图解法所得结果一目了然，但有一定的误差。为了准确而又便于核对，往往两法并用。下面研究怎样用分析法求取转向架的转心距、轮对所需的横动量、转向架对于车体的偏转角、机车能纳入的最小曲线半径以及车体与建筑限界的关系等。

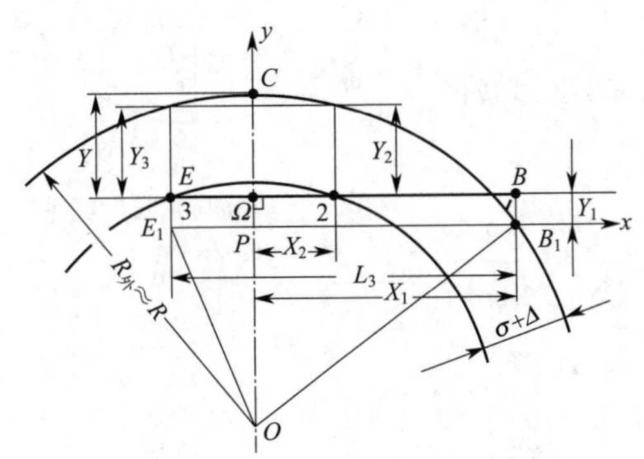

图 6-6　三轴转向架的几何曲线通过（分析法）

### 6.2.1　转向架的转心位置

如图 6-6 所示，第一轴轮对贴靠外轨，并向外横动 $Y_1$，第三轴轮对贴靠内轨。这样转向架在曲线上位置一定，转心位置 $\Omega$ 也就一定。

以转向架纵轴线为横轴，以曲线中心引向转向架纵轴线的垂线为纵轴，两线之交点 $\Omega$（转心）为坐标中心，并取坐标中心之右和上为正值。依照图 6-6 中几何关系，则第一轮对至转心的距离——第一轴轮对的转心距 $X_1$ 为

$$X_1^2=OB_1^2-OP^2 \quad \text{（在直角三角形 } OPB_1 \text{ 中）}$$

$$OP^2=OE_1^2-PE_1^2 \quad \text{（在直角三角形 } OPE_1 \text{ 中）}$$

$$OB_1=R_{外}\approx R$$

$$OE_1\approx R-(Y_3-Y_1)$$

式中　$R$——曲线半径；

$Y_1$——第一轴轮对对于外轨的偏移量，为负值；

$Y_3$——决定转向架位置的另一轴轮对对于外轨的偏移量（图中第三轴轮对贴靠内轨）。

又因为

$$PE_1=BE-B\Omega=L_3-X_1$$

式中　$L_3$——转向架总轴距。

于是

$$X_1^2=R_2-[R-(Y_3-Y_1)]^2+(L_3-X_1)^2$$

从而得
$$X_1=\frac{L_3}{2}+\frac{R(Y_3-Y_1)}{L_3}-\frac{(Y_3-Y_1)^2}{2L_3}$$

略去微值$\frac{(Y_3-Y_1)^2}{2L_3}$，得

$$X_1=\frac{L_3}{2}+\frac{R(Y_3-Y_1)}{L_3} \tag{6-2}$$

求得第一轮对的转心距 $X_1$ 也就是求得了转心在纵轴线上的位置。由此不难求得其他轮对的转心距。

### 6.2.2 轮对对外轨的偏移量

首先求解弦长为 $2x$ 的弦 $AB$ 的矢高 $y$(图 6-7)。依据几何定理,矢高与弦长有如下关系：

$$AC^2=CE \cdot CD$$

即
$$x^2=y(2R-y)=2Ry-y^2$$

若 $y \ll R$,则可略去微值 $y^2$ 得

$$y=\frac{x^2}{2R} \tag{6-3}$$

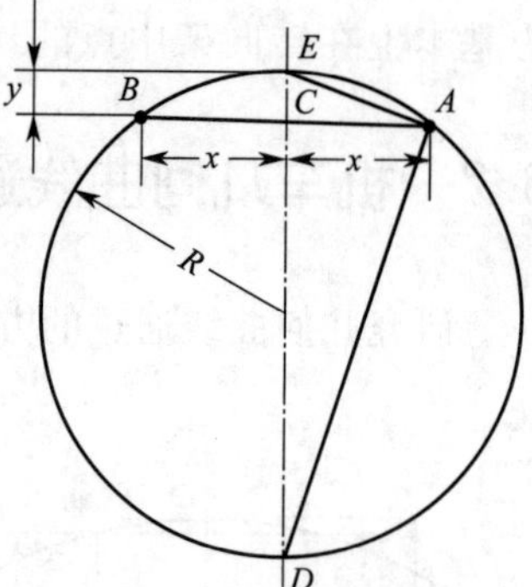

图 6-7 矢高与弦长的关系

这样,在图 6-6 中,同样利用矢高与弦长的关系,求出转向架转心对于外轨的偏移量：

$$Y=PC-P\Omega=\frac{X_1^2}{2R}+Y_1 \tag{6-4}$$

式中 $Y_1$——第一轴轮对的横动量,$Y_1$ 为负值且$(+Y_1)=(-P\Omega)$；

$X_1$——第一轴轮对的转心距；

$R$——曲线半径。

据此可求出任意轮对(即第 $i$ 轴轮对)对于外轨的偏移量：

$$Y_i=Y-\frac{X_i^2}{2R} \tag{6-5}$$

式中 $X_i$——任意轮对的转心距。

将 $R_{\min}$ 代入式(6-5),若计算得出 $Y_i>(\sigma+\Delta)$,则通过半径为 $R_{\min}$ 的曲线时,轮对所需的横动量 $\delta=Y_i-(\delta+\Delta)$。若给定横动量 $\delta$,则可验算每轴横动量在该曲线上是否足够。

### 6.2.3 转向架对车体的偏转角及转向架对外轨的冲角

已知转向架在曲线上的位置以及转向架相对车体回转中心的位置,就不难求得转向架对于车体的偏转角 $\theta$——转向架纵轴线与车体纵轴线的夹角,和转向架与轨道的冲角 $\alpha$——轮缘与钢轨接触点处曲线的切线与车轮平面的夹角。

当前后转向架都处于最大外移位置时,两转向架对车体的偏转角相等(图 6-8)：

$$\theta=\arcsin\frac{L_k}{2R}$$

式中 $L_k$——两转向架中心距离；

$R$——曲线半径。

因为 $\theta$ 角很小，约 2°左右，故

$$\theta\approx\frac{L_k}{2R}\quad(\text{rad}) \tag{6-6}$$

当前后转向架均处于最大偏斜位置时（图 6-9），后转向架对车体的偏转角 $\theta_{后}$ 达最大，前转向架的偏转角 $\theta_{前}$ 为最小。

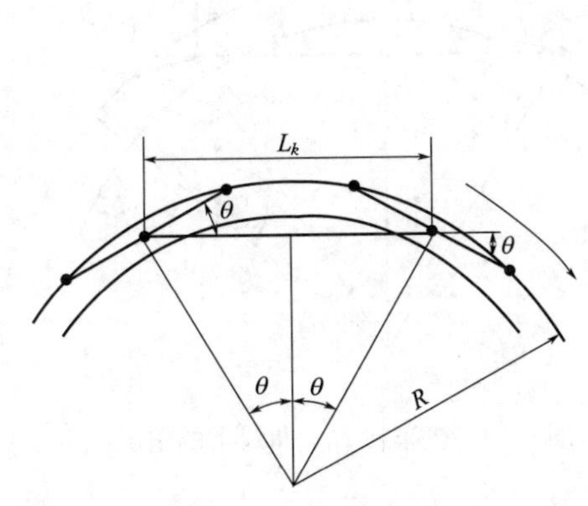


图 6-8　转向架处于最大外移位置时对车体的偏转角

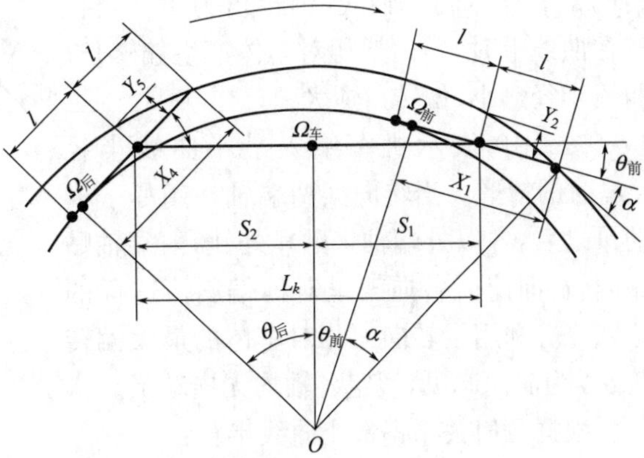

图 6-9　转向架处于最大偏斜位置时对车体的偏转角

设三轴转向架的轴距为 $l$，前后转向架的转心分别为 $\Omega_{前}$ 和 $\Omega_{后}$。由图 6-9 的几何关系近似地求得转向架对车体的偏转角：

$$\theta_{前}\approx\frac{S_1+l-X_1}{R}\quad(\text{rad}) \tag{6-7}$$

后转向架对车体的偏转角：

$$\theta_{后}\approx\frac{S_2-l+X_4}{R}\quad(\text{rad}) \tag{6-8}$$

式中　$l$——轴距；

$X_1$、$X_4$——第一轴、第四轴的转心距；

$S_1$、$S_2$——前后转向架中心至车体转心 $\Omega_{车}$ 的距离，仿照式(6-2)得

$$S_1=\frac{L_k}{2}+\frac{R(Y_5-Y_2)}{L_k}$$

其中　$Y_2$、$Y_5$——前后转向架中心对于外轨的偏移量，可用式(6-5)求得，

$L_k$——两转向架中心距离。

求得 $S_1$ 后，根据 $S_1+S_2=L_k$ 求得 $S_2$。当前后转向架均处于最大偏斜位时，$Y_5=Y_2$，$S_1=S_2=\frac{L_k}{2}$。

转向架对车体的偏转角求出后，可用来校验在 $R_{\min}$ 的曲线上，车体下部是否与转向架相抵触。

转向架与轨道的冲角，也就是第一轴轮对的外轮对外轨的冲角，由图 6-9 得

$$\alpha\approx\frac{X_1}{R}\quad(\text{rad}) \tag{6-9}$$

### 6.2.4 机车能纳入的最小曲线半径

机车能纳入的最小曲线半径是指能够静止地放置机车的曲线最小半径，因而也称几何学最小曲线半径。它受到转向架在构造上允许的最大偏转角的限制。当机车在直线上时，转向架与车体同一轴线，偏转角为零。当机车在曲线上时，转向架相对车体产生偏转角。曲线半径愈小，偏转角愈大。

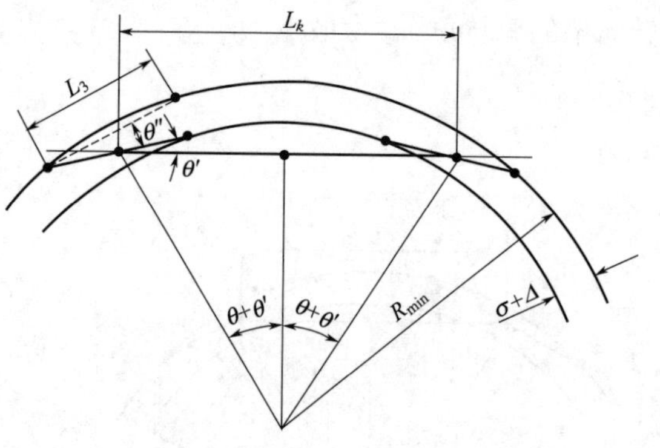

图 6-10　机车在 $R_{\min}$ 曲线上的情况

图 6-10 表示机车纳入最小曲线半径 $R_{\min}$ 时的情形。当转向架两端轴在用尽了横动量之后，各以外端轴来贴靠外轨，内端轴贴靠内轨，即前后转向架呈对称偏斜。这样的位置充分利用了转向架相对车体的最大偏转角 $\theta$。为简便起见，假定各轴均无横动量。

根据几何关系得最小曲线半径：

$$R_{\min}=\frac{L_k}{2\sin(\theta+\theta')} \tag{6-10}$$

式中　$L_k$——两转向架中心距离；

$\theta$——两转向架构造上允许的最大偏转角；

$\theta'$——后转向架最大偏斜位置和最大外移位置之间的夹角，其计算公式为

$$\theta'=\arcsin\frac{\sigma+\Delta}{L_3}$$

其中　$\sigma+\Delta$——轮缘与钢轨的全间隙，

$L_3$——转向架总轴距。

应该指出，实际上是不允许机车经常通过这种半径曲线的。即使机车以很低的速度通过这种曲线，轮缘与钢轨之间也势必引起很大的作用力。而且，机车能通过的最小曲线半径除与转向架中心距离、转向架总轴距、轮对横动量、转向架最大偏转角有关外，还与车体外伸部与建筑限界的抵触、车钩偏转角等有关。所以，我们规定了一个大于几何学最小曲线半径 $R_{\min}$ 的实用最小曲线半径(通常为 145 m)，允许机车以某一较低速度经常通过。

### 6.2.5 机车车体通过曲线的校验

当车体较长的机车在 $R_{\min}$ 的曲线上时，必须校验机车车体的中部在曲线内侧以及机车端部在曲线外侧是否与建筑限界相抵触。检验的方法是：将两转向架皆置于最大偏斜位置，以检验机车中部是否能通过限界(图 6-11)。将两转向架皆置于最大外移位置，以检验机车端部是否能通过限界(图 6-12)。

不论是图 6-11 或图 6-12，车体转心均在车体中部，即转向架中心至车体转心 $\Omega_{车}$ 的距离为 $X_{心}=L_k/2$。当转向架在曲线上的位置一定时，转向架中心对外轨的偏移量 $Y_{心}$ 也一定(当为三轴转向架且相邻轴轴距相等时，$Y_{心}=Y_2=Y_5$)。因此，车体转心 $\Omega_{车}$ 对外轨的偏移量为

$$Y=\frac{X_{心}^2}{2R}+Y_{心} \tag{6-11}$$

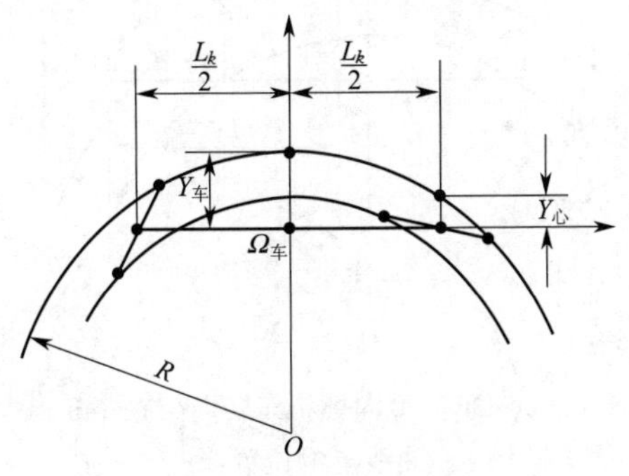

图 6-11 车体中部在曲线内侧的偏移量

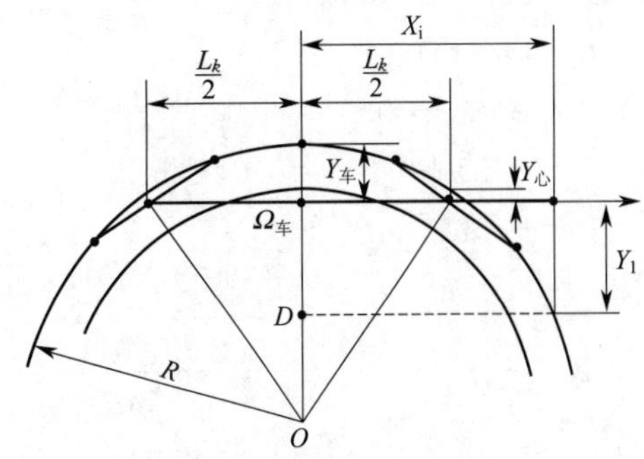

图 6-12 车体端部在曲线外侧的偏移量

用式(6-11)检验车体中部在曲线内侧是否通过限界的方法是检验 $Y-\frac{\sigma}{2}$再加上车体宽度的一半是否小于限界宽度的一半。

按图 6-12 校验机车端部 $i$ 点是否能通过限界。$i$ 点对于外轨的偏移量为

$$Y_i=Y-\frac{X_i^2}{2R} \tag{6-12}$$

式中 $Y$——车体转心 $\Omega_车$ 对外轨的偏移量；

$X_i$——$i$ 点至车体转心 $\Omega_车$ 的距离。

计算所得为 $Y_i$ 负值，表示 $Y_i$ 在车体纵轴线下方，即车体上的 $i$ 点向外轨外侧偏移。$Y_i$ 的大小应满足 $|Y_i|+\frac{\sigma}{2}$再加上车体宽度的一半应小于限界宽度的一半。

### 6.2.6 DF4B 型内燃机车几何曲线通过计算

计算 DF4B 型内燃机车在 $R=145$ m 曲线上的几何曲线通过，并求机车能纳入的最小曲线半径 $R_{min}$。

已知机车有关尺寸如图 6-13 所示，各轴的横动量为±(11—18—11)mm，转向架相对于车体的最大偏转角 $\theta=3°8'$。

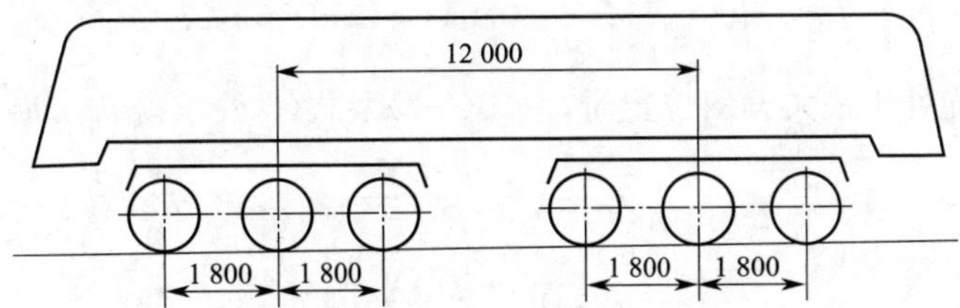

图 6-13 DF4B 型内燃机车通过曲线有关尺寸(单位:mm)

1. 求转向架转心位置

设转向架在最大偏斜位置(图 6-14)，第一轴轮对贴靠外轨，第三轴轮对贴靠内轨。

由式(6-2)求第一轴的转心距：

$$X_1=\frac{L_3}{2}+\frac{R(Y_3-Y_1)}{L_3}$$

已知：$L_3=2\times1.8=3.6(\text{m})$；

$R=145(\text{m})$；

$Y_3=(\sigma+\Delta)+0.011$

$=0.031+0.011=0.042(\text{m})$；

$Y_1=-0.011(\text{m})$。

代入得

$$X_1=\frac{3.6}{2}+\frac{145\times(0.042+0.011)}{3.6}$$

$$=1.8+2.135=3.935(\text{m})$$

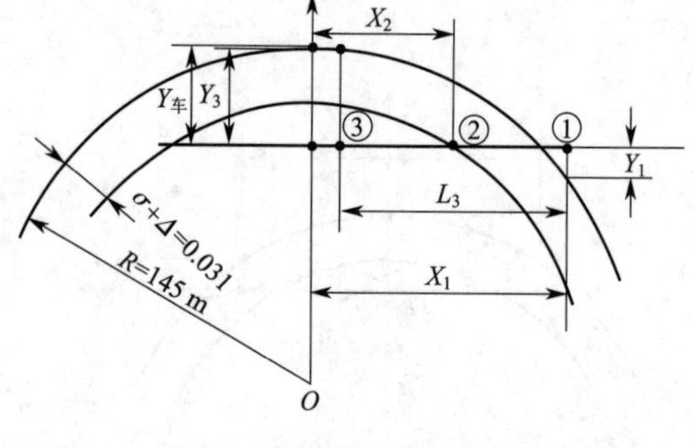


图 6-14　DF4B 型内燃机车转向架在 145 m 曲线上的位置

即 $X_1>L_3$，说明转向架在最大偏斜位时，其转心 $\Omega$ 在第三轴之后。

另外，可求得第二轴的转心距：

$$X_2=X_1-\frac{L_3}{2}=3.935-\frac{3.6}{2}=2.135(\text{m})$$

2. 第二轴对外轨的偏移量

先由式(6-4)求转向架转心 $\Omega$ 对外轨的偏移量：

$$Y=\frac{X_1^2}{2R}+Y_1=\frac{3.935^2}{2\times145}-0.011$$

$$=0.053\,4-0.011=0.042\,4(\text{m})$$

再由式(6-5)求得第二轴对外轨的偏移量：

$$Y_2=Y-\frac{X_2^2}{2R}=0.042\,4-\frac{2.135^2}{2\times145}$$

$$=0.042\,4-0.015\,7=0.026\,7(\text{m})$$

$Y_2<\sigma+\Delta$，说明转向架在最大偏斜位置时，第二轴既不贴靠外轨，也不贴靠内轨，也就是说，转向架第二轴不使用横动量，也能以最在偏斜位置容纳在半径 145 m 曲线上。

3. 转向架对车体的偏转角和转向架对外轨的冲角

当前后转向架均处于最大外移位置时，两转向架对于车体的偏转角相等，由式(6-6)得

$$\theta\approx\frac{L_k}{2R}=\frac{12}{2\times145}=0.041\,4(\text{rad})\approx2°22'$$

当前后转向架均处于最大偏斜位置时，由式(6-7)及式(6-8)求得 $\theta_前$、$\theta_后$：

$$\theta_前=\frac{S_1+l-X_1}{R}$$

$$\theta_后=\frac{S_2-l+X_4}{R}$$

式中，已知 $l=1.8$ m，$X_1=X_4=3.935$ m，$R=145$ m。

下面分析如何确定 $S_1$ 及 $S_2$，以得到车体转心 $\Omega_车$ 的位置。

因前面已经求得两转向架中心(第二、五轴)对外轨的偏移量 $Y_2$ 和 $Y_5$，即 $Y_2=0.026\,7$ m，$Y_5=0.026\,7$ m，得

$$S_1=\frac{L_k}{2}+\frac{R(Y_5-Y_2)}{L_k}$$

$$S_1=\frac{L_k}{2}=\frac{12}{2}=6(\mathrm{m}),S_2=L_k-S_1=12-6=6(\mathrm{m})$$

故
$$\theta_{前}=\frac{6+1.8-3.935}{145}=0.026\ 66(\mathrm{rad})=1°31'$$

$$\theta_{后}=\frac{6-1.8+3.935}{145}=0.056\ 1(\mathrm{rad})=3°13'$$

当转向架处于最大偏斜位置时,第一轴外轮对外轨的冲角为

$$\alpha=\frac{X_1}{R}=\frac{3.935}{145}=0.027\ 14(\mathrm{rad})=1°33'$$

4. 机车能纳入的最小曲线半径

由式(6-10)知:

$$R_{\min}=\frac{L_k}{2\sin(\theta+\theta')}$$

而$\theta=3°8'$

$$\theta'=\arcsin\frac{\sigma+\Delta}{L_3}=\frac{0.031}{3.6}=0.008\ 6(\mathrm{rad})=30'$$

故
$$R_{\min}=\frac{12}{2\sin(3°8'+30')}=\frac{6}{\sin(3°38')}=\frac{6}{0.063\ 37}=94.7(\mathrm{m})$$

这里我们虽然在理论上得出 $\mathrm{DF_{4B}}$ 型内燃机车能纳入半径为 94.7 m 的曲线,但实际运用时规定曲线半径应在 145 m 以上。

## 6.3 机车动力曲线通过

机车动力曲线通过是研究机车以不同速度通过曲线时与线路在水平面内的相互作用。机车通过曲线时,发生的现象是非常复杂的,影响这些现象的因素很多。为便于计算,可在基本反映实际结果的条件下作一些假定:

(1)不考虑轨道横向变形。

(2)所有的水平力都作用在轨顶平面内。

(3)不考虑左右轮荷重的变化。

(4)不计牵引力的影响。

(5)轮箍踏面为圆柱形,即不计踏面斜率的影响。

(6)踏面与轨顶面间的摩擦系数 $\mu$ 各轮相同,取 $\mu=0.25$。

(7)机车稳态通过曲线,即机车与曲线的相对位置不变。

### 6.3.1 机车通过曲线时的受力情况

1. 未平衡的离心力

为了平衡机车通过曲线时的离心力,在曲线上外轨都要高出内轨,称为外轨超高。外轨超高引起机车内倾力 $H$(图 6-15):

$$H=G\cdot\sin\alpha=G\frac{h}{2S}\quad(\mathrm{kN})\tag{6-13}$$

式中 $h$——外轨超高度(mm)；

$G$——机车重量(kN)；

$2S$——左右轮滚动圆间的距离(公称尺寸＝1 499 mm)≈1 500 mm；

$\alpha$——轨面倾斜角(rad)。

机车通过曲线时产生的离心力为

$$C'=\frac{Mv^2}{R}=\frac{\dfrac{G}{g}\left(\dfrac{v'}{3.6}\right)^2}{R}=\frac{Gv'^2}{127R}\quad(\text{kN})\tag{6-14}$$

式中 $M$——机车质量(t)；

$G$——机车重量(kN)；

$v'$——机车速度(m/s)；

$V$——机车速度(km/h)；

$g$——重力加速度(取 9.81 m/s²)；

$R$——曲线半径(m)。

对有两个转向架的机车，作用于一个转向架的未平衡离心力可通过式(6-15)计算：

$$C=\frac{C'-H}{2}=\frac{\dfrac{Gv^2}{127R}-G\dfrac{h}{2S}}{2}=\frac{G}{2}\left(\frac{v^2}{127R}-\frac{h}{2S}\right)\quad(\text{kN})\tag{6-15}$$

未平衡离心力作用于转向架中央。

线路超高度的选取必须兼顾不同车速的列车，否则超高不足，使机车未平衡加速度，即机车未平衡离心力与机车质量之比值

$$\frac{C'-H}{G/g}=\left(\frac{v'^2}{127R}-\frac{h}{2S}\right)g$$

偏大，使列车上人员感觉不适，使轮轨间的横向力显著增加，甚至影响机车车辆的横向安定性。超高过剩，则会在繁忙线路上将内轨压伤。所以多取曲线最大超高度(双线地段)$h_{\max}=150$ mm，即最大轨面倾斜角

$$\alpha_{\max}=\sin\alpha_{\max}=\frac{h_{\max}}{2S}=\frac{150}{1\,500}=0.1(\text{rad})$$

我国铁路规定未平衡加速度不大于 0.047 6$g$，这样可以得出从舒适角度出发，机车通过曲线时最高速度与曲线半径的关系为

$$0.047\,6g=\left(\frac{v_{\max}^2}{127R}-\frac{150}{2\times1\,500}\right)g$$

即

$$v_{\max}=4.33\sqrt{R}\quad(\text{km/h})\tag{6-16}$$

若 $v_{\max}=120$ km/h，则利用式(6-16)求得最小曲线半径为 768 m。若 $v_{\max}=160$ km/h 时，则最小曲线半径为 1 365 m。

2. 车轮踏面与钢轨顶面间的摩擦力

前已述及，转向架通过曲线的运动，可以看作沿转向架纵轴线 $X$ 轴的前进和绕转心 $\Omega$ 的回转。其中沿 $X$ 轴的前进运动是轮对的滚动，回转运动是轮对在轨顶面上的滑动。车轮踏面与轨顶面间产生滑动摩擦力，摩擦力的方向与滑动方向相反，与自转心引向各轮轨接触点的射线相垂直(图 6-16)。摩擦力的大小为 $\mu P$，$\mu$ 为轮轨间的摩擦系数，取 $\mu=0.25$，$P$ 为轮荷重。

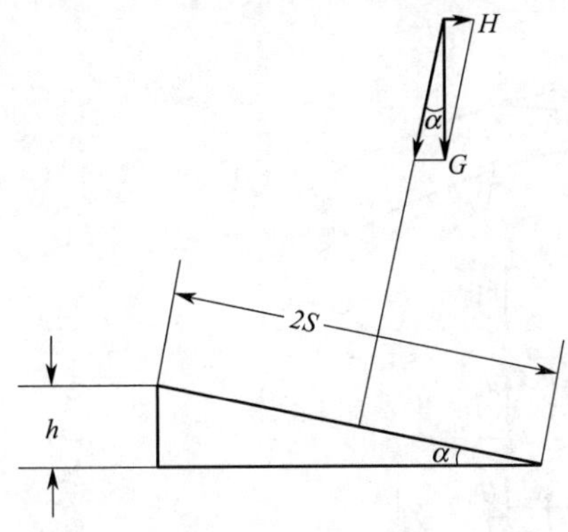


图 6-15 机车通过曲线时产生的离心力及外轨超高引起的内倾力

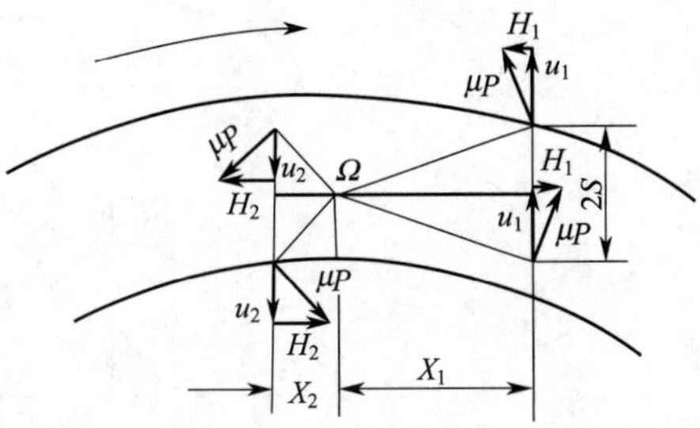

图 6-16 转向架通过曲线时钢轨作用于车轮的摩擦力

各轮摩擦力的横向力和纵向力分别为

$$\left.\begin{aligned} u&=\mu P\frac{X_i}{\sqrt{X_i^2+S^2}}\\ H_i&=\mu P\frac{S}{\sqrt{X_i^2+S^2}}\end{aligned}\right\}\tag{6-17}$$

式中 $2S$——左右轮滚动圆间的距离；

$X_i$——第 $i$ 轴的转心距。

3. 转向架与车体间的复原力矩和摩擦力矩

有些机车在转向架与车体间设有复原装置。在曲线上，转向架由于相对车体回转因而产生了与回转方向相反的复原力矩，对于前转向架，复原力矩 $M_{复}$ 阻碍转向架回转，对于后转向架，复原力矩帮助转向架回转。在计算时，要注意前后转向架复原力矩的方向。

在理论上，只有当转向架进入或走出曲线时，旁承才产生摩擦力矩。但考虑到曲线不是标准圆弧，在曲线上转向架与车体之间实际存在着相对运动，所以在计算时，要考虑摩擦力矩所起的阻碍作用。

4. 轮缘力

轮缘力是轨头侧面作用于轮缘的力，它克服一切阻碍转向架回转的力矩，并且平衡部分离心力，引导转向架沿曲线运行。

### 6.3.2 机车动力曲线通过的计算

动力曲线通过计算的目的在于求出机车以不同速度通过某一半径曲线时，转向架在曲线上的位置和导向力的大小，以判断机车能否安全通过该曲线和预测轮缘的磨耗速度。

1. 转向架平衡方程式

以三轴转向架为例。先设机车以某一速度通过指定半径曲线，转向架占最大偏斜位置(是否占偏斜位置，计算后即可判断)。此时作用在转向架上的力和力矩如图 6-17 所示。其中只有轮缘力 $F_1$ 和 $F_3$ 是未知数。

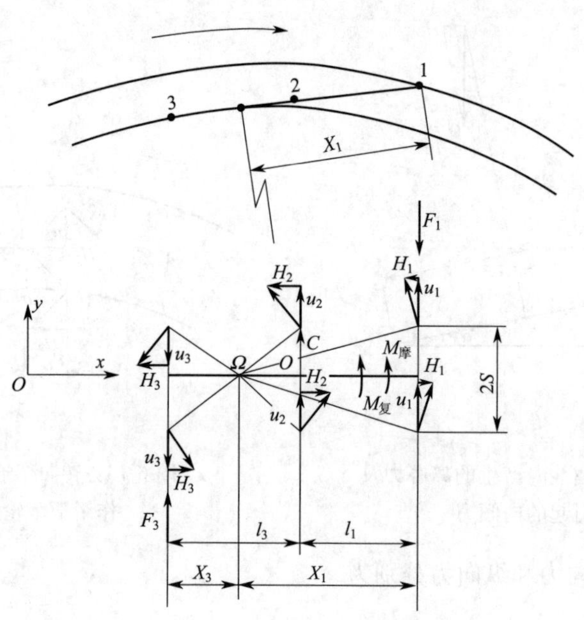


图 6-17　三轴转向架通过曲线时的受力分析

转向架的平衡方程式如下：

$$\sum F_Y = F_3 - F_1 + C + 2\sum u_i = 0$$

$$\sum M_O = F_1 l_1 + F_3 l_3 - M_{复} - M_{摩} - 2S\sum H_i - 2\sum u_i l_i = 0 \qquad (6\text{-}18)$$

式中　$F_1$、$F_3$——分别为第一轴和第三轴的轮缘力；

$l_1$、$l_3$——分别为第一轴和第三轴至转向架中心的距离；

$M_{复}$、$M_{摩}$——分别为转向架的复原力矩和摩擦力矩；

$u_i$、$H_i$——分别为钢轨作用于各轮踏面摩擦力的横向分力和纵向分力，按式(6-17)计算，$i=1$、2、3；

$l_i$——各轴至转向架中心 $O$ 的距离；

$2S$——左右轮滚动圆间的距离；

$C$——作用于一个转向架的未平衡离心力，可按式(6-15)计算，对应某一定速度求得 $C$[$C$ 可能是正值(向外)，也可能是负值(向里)，作用点为转向架中心]。

利用式(6-18)可以求得转向架处于最大偏斜位置时的两个未知数 $F_1$ 和 $F_3$。若在所设机车速度下求得的 $F_3$ 为负值，则说明转向架在该速度下，不可能以最大偏斜位置通过曲线。此时就须假定转向架在该曲线上处自由位置或最大外移位置，要重新列平衡方程进行计算。

在式(6-18)中，随着机车速度 $v$ 增大，未平衡离心力 $C$ 增大，则 $F_1$ 增大，$F_3$ 减小。若令 $F_3=0$，而此时转向架仍取在最大偏斜位置，那么在式(6-18)中，以 $C$ 和 $F_1$ 为未知数求解，再由求得的 $C$ 用式(6-15)算出对应的速度 $v_1$，$v_1$ 为转向架即将离开最大偏斜位置时所对应的速度。当 $v>v_1$ 时，转向架即进入自由位置。

转向架在自由位置时，第三轴不贴靠内轨也不贴靠外轨，$F_3=0$。转向架自由位置有着一系列与速度相对应的转心,因此计算时可先假定转心位置(应处于最大偏斜位和最大外移位时的转心位置之间),再由式(6-18)求得 $F_1$ 和 $C$,由 $C$ 即可求得对应该位置时的速度 $v$。

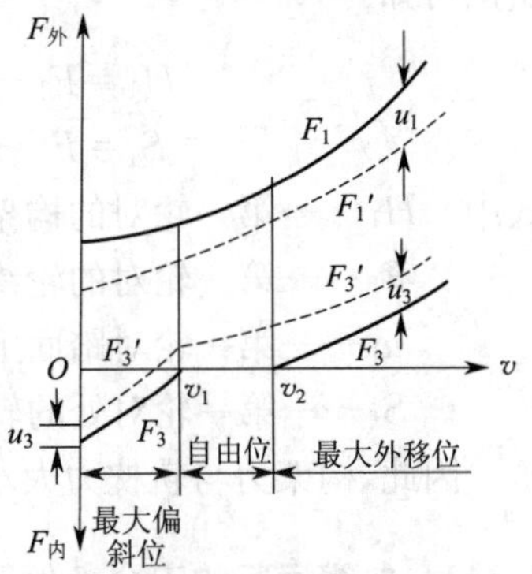

图 6-18　某机车在给定半径曲线的水平动力特性曲线

转向架在最大外移位置时,转心位置一定,这时,$F_3$ 为外轨作用于第三轴外轮轮缘的轮缘力。$F_3=0$ 时,意味着转向架第三轴刚刚贴靠外轨,也就是转向架刚从自由位置进入最大外移位置,可以通过式(6-18)求出 $F_1$ 和 $C$,再由 $C$ 得到 $F_3=0$ 时的机车速度 $v_2$。随着机车速度 $v>v_2$,未平衡离心力 $C$ 增加,$F_1$ 和 $F_3$ 也都逐渐增大。

将以上计算结果,即轮缘力与速度的关系绘成曲线(图 6-18),即得到机车在给定半径曲线的水平动力特性曲线。横轴以上的 $F$ 值为作用于外轮的轮缘力;横轴以下的 $F$ 值为作用于内轮的轮缘力。

由图 6-18 可见,作用于第一轮对外轮的轮缘力 $F_1$ 随着机车速度增加而增大;作用于第三轮对的轮缘力 $F_3$ 分三个阶段变化:

(1)当速度 $v<v_1$ 时,转向架处于最大偏斜位,第三轴贴靠内轨,$F_3$ 与 $F_1$ 方向相反,但随 $v$ 上升而减小。到 $v_1$ 时,$F_3=0$,此时转向架即将离开最大偏斜位置,第三轴轮缘与轨侧处于将离未离之际,并已不传递轮缘力。

(2)当速度 $v>v_2$ 时,转向架处于最大外移位,第三轴外轮贴靠外轨,$F_3$ 与 $F_1$ 同方向,但 $F_3<F_1$,随 $v$ 上升而增大。

(3)当速度在 $v_1\sim v_2$ 之间,转向架处于一系列自由位置,第三轴两轮轮缘与轨侧不接触或不传递轮缘力,$F_3=0$。

2. 侧压力

轮轨之间除有轮缘力作用外,在踏面上还作用有摩擦力,其横向分力为 $u_i$。我们把这轮轨间横向作用的合力称为侧压力(又称导向力)$F'$,其值为

$$F'=F\pm|u| \tag{6-19}$$

式中的正负号取决于轮对相对于转心的位置。侧压力与轮缘力的关系见表 6-3。

**表 6-3　侧压力与轮缘力的关系**

| 轮对贴靠的钢轨 | 轮对在转心前 | 轮对在转心后 |
|---|---|---|
| 外轨 | $F'=F-\|u\|$ | $F'=F+\|u\|$ |
| 内轨 | $F'=F+\|u\|$ | $F'=F-\|u\|$ |

例如第一轴外轮与外轨间的侧压力为 $F_1'=F'-|u|$。

侧压力在水平动力特性曲线图上(图 6-18)以虚线表示。侧压力可能引起钢轨横向变形,使轨距展宽。

3. 构架力、轨枕力

机车通过曲线时,轮对与转向架之间的横向作用力称为构架力,轨枕与道砟之间的横向作用力称为轨枕力。图 6-19 表示第一轮对与钢轨的受力情况,其中上图表示作用于第一轮对的

横向力，下图表示第一轮对处的轨枕所受的横向力。

由图可知：

$$H_1 = F_1 - 2u_1$$
$$S_1 = F_1 - 2u_1$$

式中　$H_1$——第一轮对的构架力；

$F_1$——第一轮对的轮缘力；

$u_1$——第一轮对踏面上摩擦力的横向分力；

$S_1$——第一轮对处的轨枕力。

因此，构架力与轨枕力大小相等、方向相反。

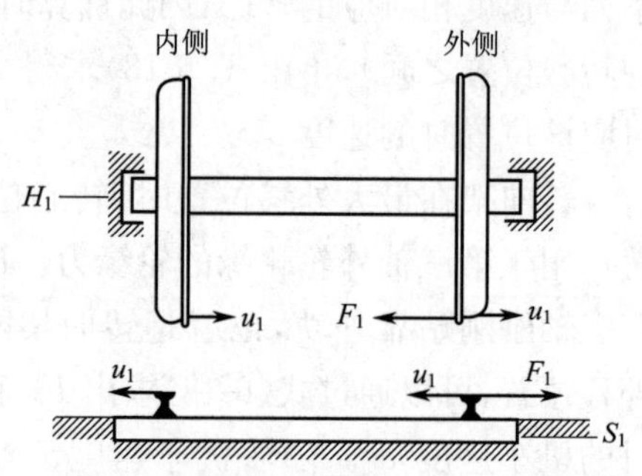


图 6-19　第一轮对与钢轨在横向的受力情况

### 6.3.3　曲线运行的安全条件及轮缘磨耗因素

1. 机车安全通过曲线的条件

为了保证机车安全通过曲线，除了考虑不使未平衡的离心力过大，防止机车向外倾覆外，还要考虑第一轮对作用于外轨的侧压力也不能过大。过大的侧压力不仅引起过大的轨距展宽量，使钢轨产生较大的横向变形，而且有可能使车轮爬越钢轨。这两种情况都会造成机车脱轨事故。

下面着重讨论防止车轮爬越钢轨的安全条件。

机车通过曲线时，转向架第一轴轮对外轮贴靠外轨，冲角为 $\alpha$，轮缘与钢轨的接触点 $A'$ 超前于踏面与钢轨的接触点 $A$。由于超前量 $S$ 的存在，使轮缘面沿轨头圆角向下滑动(图6-20)，因而在侧压力的作用下，钢轨给轮缘的摩擦力 $\mu N$($N$ 是钢轨给车轮的法向反力)将沿轮缘面向上，使车轮上抬从而沿钢轨侧面爬起。当速度低时，侧压力不大，车轮上爬的距离不大，在车轮荷重的作用下，能克服摩擦力的作用而顺利地滑下。这样，车轮无爬轨的可能。当速度提高，侧压力增大到某种程度时，车轮爬上钢轨后就不再滑下，维持在这个位置上，该位置称为临界位置。当侧压力再大时，车轮就会爬越钢轨，造成脱轨。

图 6-21 为第一轮对处于爬轨的临界状态时，其外轮在平衡位置时的稳态状况。由于此时车轮踏面与轨面随着车轮爬越而趋脱离，摩擦力横向分力 $u_i = 0$，因而侧压力 $F_1'$ 可直接视作轮缘力 $F_{1稳}$，这样，处于平衡的条件是：

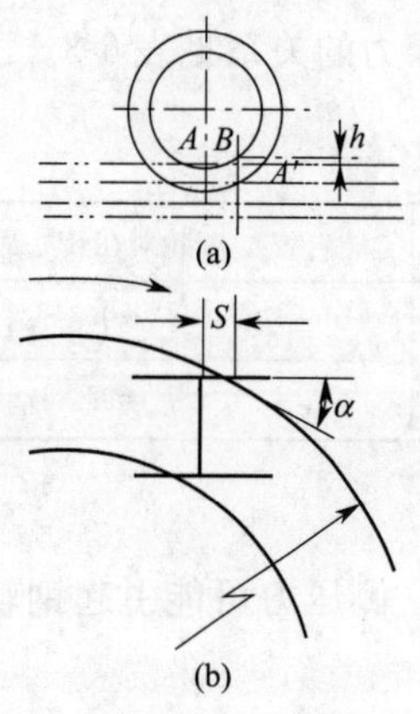


图 6-20　第一轴外轮的冲角和轮缘与钢轨侧面接触点的超前量

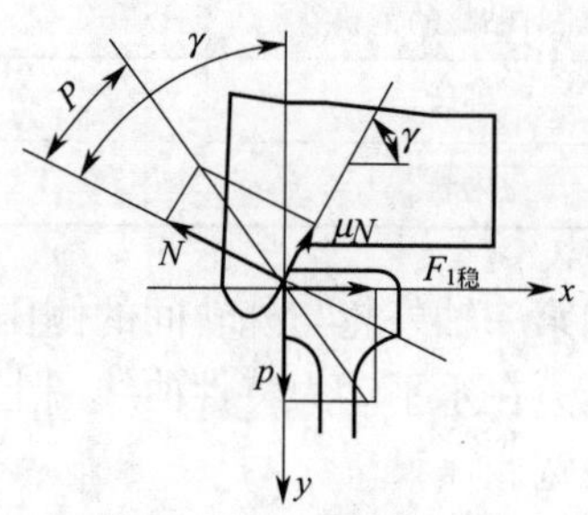


图 6-21　车轮爬越钢轨时的受力分析

$$\begin{cases}\sum F_x = F_{1稳} - N\sin\gamma + \mu N\cos\gamma = 0 \\ \sum F_y = P_{外} - N\cos\gamma - \mu N\sin\gamma = 0\end{cases}$$

由此得

$$F_{1稳} = \frac{\sin\gamma - \mu\cos\gamma}{\cos\gamma + \mu\sin\gamma} \cdot P_{外} = \frac{\tan\gamma - \mu}{1 + \mu\tan\gamma} \cdot P_{外}$$

用摩擦角 $\rho$ 表示摩擦系数 $\mu$，把 $\mu = \tan\rho$ 代入上式，得脱轨系数的稳态值：

$$F_{1稳} / P_{外} = \tan(\gamma - \rho) \tag{6-20}$$

式中 $F_{1稳}$——在第一轴轮对外轮爬轨的临界状态时轮缘力的稳态值；

$P_{外}$——第一轮对外轮荷重；

$\gamma$——轮缘角；

$\rho$——摩擦角。

在式(6-20)中可知，我们把 $F_{1稳}/P_{外}$ 的比值称作实际脱轨系数，$\tan(\gamma-\rho)$ 的计算值称作名义脱轨系数。要使车轮不爬越钢轨必须使实际脱轨系数不大于名义脱轨系数，即影响车轮爬钢轨的因素是轮缘角 $\gamma$ 和摩擦角 $\rho$。$\gamma$ 大或 $\rho$ 小，则允许的 $F_{1稳}$ 大，减少爬轨的可能性。但 $\gamma$ 增大会加速轮缘磨耗(因 $F_1$ 也增大)和增加曲线阻力，特别是机车在非稳态运动的情况下运行于道岔和弯道时，将给钢轨以硬性打击，反而容易引起脱轨。而摩擦角 $\rho$，即摩擦系数 $\mu$ 的降低，可通过对轮缘施以润滑来达到。

我国机车车辆轮箍的轮缘角 $\gamma$ 规定为 65°，取 $\mu = 0.25$(即 $\rho = 14°$)，则车轮不爬轨的条件为

$$\frac{F_{1稳}}{P_{外}} \leqslant 1.23$$

前面的计算因做了很多简化，不完全反映实际情况，而且在侧压力 $F_1'$ 作用下，往往在车轮发生爬轨之前，外轨已经大量展宽造成脱轨。因此，通常取 $\frac{F_{1稳}}{P_{外}} \leqslant 0.8$，对应 $F_{1稳}$ 值的机车速度就是该机车通过指定半径曲线的最高允许速度。

在正常超高的情况下，机车的最大安全运行速度与曲线半径的关系见表 6-4。

**表 6-4 最大安全运行速度与曲线半径的关系**

| 曲线半径(m) | 125 | 350 | 650 |
| --- | --- | --- | --- |
| 最大安全运行速度(km/h) | 35 | 75 | 100 |

表中的数据是从安全角度推算得出的。我们有时也根据运行舒适性指标，即横向运动加速度不大于 $0.047\,6g$，得出机车在曲线上运行的最大速度，再结合表中数据综合考虑机车在某曲线上最大的运行速度。

2. 轮缘磨耗因数

机车通过曲线时，轮缘与钢轨侧面的磨损量与摩擦力成正比，也就是与轮缘力 $F_1$、轮缘与钢轨侧面的摩擦系数 $\mu$ 以及轮缘与钢轨侧面的滑动量 $h$ 三者的乘积成正比，而其中滑动量 $h$ 又与超前量 $s$ 成正比，$s$ 又与车轮冲角 $\alpha$ 成正比，因此，若不考虑摩擦系数 $\mu$ 的变化，就可以用 $F_{1稳} \cdot \alpha$ 值作为轮缘磨耗因数，来判定轮缘在曲线上的磨耗速度。一般要求机车 $F_{1稳} \cdot \alpha$ 值不超过 1 kN，而在弯道多，曲线半径小的线路上，这个值就往往超过 1 kN，轮缘与钢轨磨耗较快，因而就必须采取一定的措施。

### 6.3.4 改善机车动力曲线通过的措施

改善机车动力曲线通过的目的是在车速较高的多弯道线路上，为尽量缩短全线运行时分，在不显著增加轮缘力或恶化运行舒适度的前提下，适当提高机车通过曲线的速度。在曲线半径较小的线路上，为减少轮缘磨耗，要设法降低轮缘磨耗因数。

要达到前一目的，在车速较高的线路上，可尽量放大曲线半径。这样，既能使机车以较小的轮缘力安全通过曲线，又能保证运行舒适度。

要达到后一目的，减小机车在小半径曲线上的轮缘磨耗，可致力于以下几个方面：

1. 减小轮缘与钢轨侧面的摩擦系数

采用机车轮缘润滑器润滑轮缘，曲线道旁润滑器润滑钢轨侧面或二者兼施的方法，可减轻车轮与钢轨的磨损，使磨耗减少 3～5 倍，同时也可降低机车运行阻力，减少车轮爬轨的可能性。目前我国机车一般采用轮缘润滑器给轮缘润滑，效果显著，但若保养不当或使用不善会引起踏面黏着恶化。

2. 提高轮缘的耐磨性

把轮箍硬度值由 250～275 HBS 提高到 320～340 HBS，可使轮缘磨耗降低一半。但轮箍太硬会加快钢轨磨损，因此只有当轮箍与钢轨接触面的硬度比为 1.2 时，耐磨性能才最佳，它们间的磨损和滑动才最小。

3. 减小轮缘力和降低轮缘与轮轨侧面的摩擦速度

这是降低轮缘磨损的基本途径，在这方面可采取下列措施。

(1)适当增大三轴转向架中间轮对的自由横动量可以改善机车的动力曲线通过。中间轮对的横动量增大后，使其在半径较小的曲线上，有可能贴靠外轨而参与导向，并且左右两轮的横向摩擦分力亦直接为中间轮对的轮缘力 $F_2$ 所平衡。这样，第一轴轮对外轮轮缘力可减少 20%～30%，同时也减小了 $F_{1稳}$ 的数值。

(2)在导向轮对(第一、三轴)的轴端，设弹性横动装置或采用轴箱弹性定位，使机车通过曲线时转向架转心易于后移，从而第一轴(导向轴)轮缘力减少 20%～25%，第二轴(中间轴)易于贴靠外轨参与导向。此外，在机车进出曲线和遇到曲线不平顺时，这种弹性装置还可缓和冲击。

(3)车体能相对于转向架弹性横动，不仅可缓和不平顺曲线对机车的冲击，也可在机车走出曲线时帮助转向架复位。若再采用橡胶堆或高圆簧等横向低阻尼的弹性旁承，减小转向架回转阻力，那么 $F_{1稳}$ 和轮缘磨耗也将进一步减小。

(4)采用磨耗型踏面(曲形踏面)能使踏面与轨顶有较好的接触，因而能长时间地保持踏面基本形状。轮对横向偏移较大时，普通的锥形踏面与钢轨呈现两点接触，而两接触点中至少有一点要发生滑动，使磨损加剧。但磨耗型踏面与钢轨间为一点接触，轮缘磨耗可以减少 30%～70%，并且机车运行品质也较为稳定。

(5)两转向架间采用横向弹性联结装置。机车通过曲线时，后转向架的前端点 $A$ 比前转向架的后端点 $A'$ 更偏离轨道中心(图 6-22)。如果将两个端点 $A$ 和 $A'$ 用横向弹性联结装置弹性联结，便产生一对大小相等、方向相反的弹性复原力 $F_t$ 和 $F'_t$，使两个转向架间产生有利于通过曲线的回转力矩。在其作用下前后转向架的转心都前移，从而减小两转向架的导向轮对的轮缘力和冲角，因而减少了轮缘磨耗。

4. 采用径向转向架

普通转向架的几根车轴总是保持平行的(不考虑车轴的弹性定位)，即使进入曲线也是如此，第一轴轮对与曲线间的冲角增大了轮轨间的横向作用力，使车轮易于爬轨，轮缘和轨侧磨耗增加。

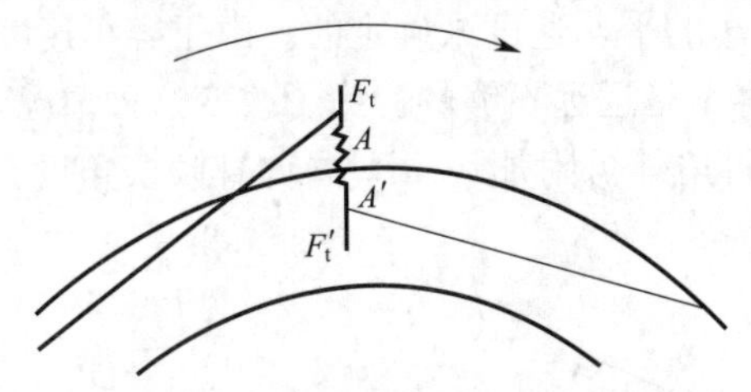


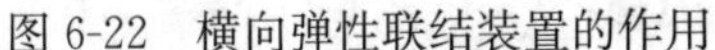

图 6-22 横向弹性联结装置的作用

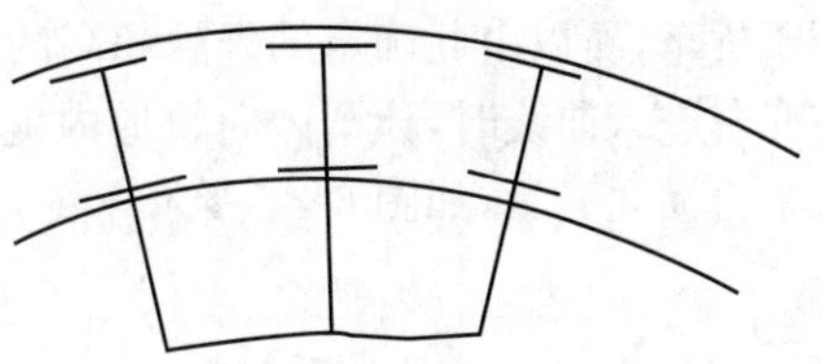

图 6-23 径向三轴转向架通过曲线的情况

图 6-23 为径向三轴转向架通过曲线的情况，前轴和后轴都向曲线半径方向偏斜而占径向位置，使冲角为零，故称之为径向转向架。该转向架有下述优点：

(1)曲线通过性能大大改善，轮缘和轨侧磨耗大大减轻，防止脱轨的安全性明显提高。

(2)直线运行横向稳定性与曲线通过性能达到良好的协调。

(3)曲线上踏面与轨面间的滑动的减少改善了黏着，机车牵引性能明显提高。

机车径向转向架不仅有利于提高山区铁路列车速度和运能，也有利于提高繁忙干线的运能，因此，它有着良好的发展前景。但由于径向转向架机构的复杂性及结构布置上的困难，其开发应用尚属起步阶段。

## 【拓展提高】

### 摆 式 列 车

众所周知，列车在既有铁路线上速度不能提高的一个主要原因是线路曲线限速。这包括两个因素，一是由于随列车在曲线轨道上运行速度的不断提高，车轮与轨道的作用力越来越大，达到一定程度时，就可能造成列车脱轨，无法保证列车运行安全；二是列车通过曲线轨道时，速度越高离心力越大，乘客舒适度越差。而摆式列车技术则成功地解决了这两个问题，达到在既有铁路线上，不做大规模基础设施改造的情况下，大幅度提高列车运行速度。

摆式列车(又称摆式车体客车)的发展已有相当长的历史。20 世纪 50 年代末 60 年代初，许多欧美国家的铁路都采取了摆式车体的设计思想，即通过让车体倾斜使列车以较快的速度通过曲线而不影响旅客的舒适度。意大利的 ETR450 摆式车体列车和瑞典的 X2000 摆式车体列车最为著名，特别是瑞典的 X2000 型摆式车体列车在提高速度的同时，注意了从车辆总体设计上全面满足旅客的需要，在斯德哥尔摩—哥德堡线路的 X2000 摆式列车最高运行时速超过 200 km，在旅客运输市场中占主导地位，承运超过 50%的客流量，使铁路客运量增加了一倍。西班牙境内山地多，铁路曲线半径小，于是研制并生产了自然倾斜的摆式车体客车 Talgo，设计速度为 200 km/h。第一列 Talgo 摆式列车在 1980 年投入商业性运行。

#### 一、摆式列车原理

众所周知，机车车辆在通过曲线时将受到离心力的作用，离心加速度的大小与速度的平方成正比，与曲线半径的大小成反比。为降低离心力对车体的作用，通常采用的办法是设置外轨超高。在有超高的曲线上，车体向内侧倾斜，离心加速度被重力加速度的横向分量抵消一部分。外轨超高的大小是根据曲线半径和列车通过曲线的速度来决定的。考虑到列车运行的安全性，一般在客货混跑的线路上，外轨超高是根据货车的平均速度来确定的。由于客车速度远远高于货车，所以由此确定的外轨超高的大小对于客车是远远不够的。为了改变这种情况，可以在列车进入曲线时，让车体向轨道内侧除超高倾斜角外再附加一个车体自身倾摆角度，以加大重力横向分量，如图 6-24 所示。

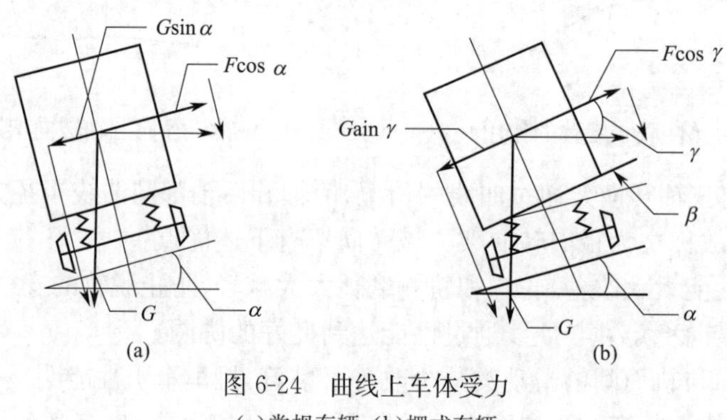


图 6-24　曲线上车体受力

(a)常规车辆；(b)摆式车辆

图 6-24 中，$\alpha$ 角为固定的外轨超高角；$\beta$ 角为摆式车体自身的倾摆角；$\gamma$ 角为 $\alpha$ 角与 $\beta$ 角之和。由图 6-24(b)可见，在摆式列车上，多了一个 $\beta$ 角的作用。这实际上相当于增加外轨有效超高，使抵消离心加速度的横向分量增大，从而提高列车通过曲线时的速度。

**二、摆式列车的组成**

摆式列车由车体、走行部和倾摆系统三大部分组成，如图 6-25、图 6-26 所示。其中倾摆系统又由倾摆执行机构、作动器和控制系统组成。摆式列车运行时，先由控制系统根据轨道的具体情况来控制作动器工作，然后由作动器将输入的动力源转换为列车倾摆力，输出给倾摆执行机构。倾摆执行机构再使列车发生倾摆，最后仍然由控制系统对列车倾摆角进行检测，控制作动器的工作。可以看出倾摆系统是摆式列车所独有的一套装置，也是摆式列车的关键所在。

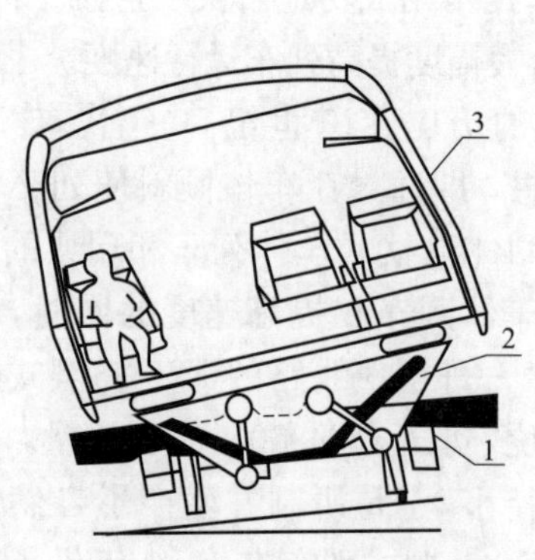


图 6-25　摆式列车组成

1—走行部；2—倾摆机构；3—车体

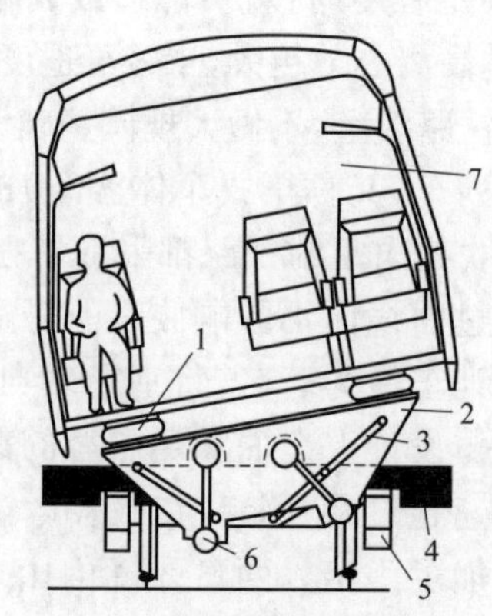


图 6-26　摆式列车结构简图

1—空气弹簧；2—上摇枕；3—液压作动器；4—下摇枕；5—构架；6—吊杆；7—车体

**三、摆式列车的分类**

总的来看，摆式列车按照车体倾斜方式的不同可分为自然倾斜式和强制倾斜式两种。

自然倾斜式又称为无源摆。车体由滚轮装置和高位空气弹簧支承，当车辆通过曲线时产生离心力，使车体绕其摆心转动，自然地向曲线内侧倾斜，而没有外加动力。无源摆式车体倾斜角度可达到3.5°～5°，能提高常规列车曲线运行速度14%～16%。

强制倾斜式又称为有源摆。就是利用曲线检测装置、车载计算机控制装置和倾摆传动装置倾摆，其倾摆角度一般为8°，最高可达到10°。有源摆式车体能提高常规列车曲线运行速度30%～35%。

自然倾斜式摆式车体结构简单，不需要能源供给系统和复杂的控制系统，但是在进入曲线或驶出曲线时，存在车体倾斜滞后现象。西班牙Talgo、日本381系列为自然倾斜式，并且日本381还采用了加装控制风缸的办法来辅助强制车体倾斜。

强制倾斜式摆式车体具有摆动角度大、提速幅度大等优点。自然倾斜式由于倾摆角较小，因此提高速度的范围仅为一般有源摆的40%左右，并且，由于强制倾斜式是主动倾摆，可以解决无源摆的倾斜滞后问题。针对我国线路曲率半径较小的现状，采用主动摆可以减少“滞后”作用，所以，应该选择强制倾斜式摆式车体。

强制倾斜式摆式车体按倾摆动力源可分为气动式、液压式和机电式三种。

(1)气动式。气动式倾摆系统是最早研究的一种强制式倾摆系统。由于其响应速度慢，现在已经很少运用。只有日本381电动车组用其作为辅助倾摆装置。

(2)液压式。液压式倾摆系统是在气动式之后出现的一种强制式倾摆系统，包括电机、油泵、蓄能器、伺服阀、油缸等部件，技术成熟，响应快，动作灵活可靠。倾摆角度较大，可达8°～10°，可以提高曲线通过速度30%～35%。目前，强制倾斜式摆式列车大部分都用的是液压式倾摆系统。瑞典X2000型摆式列车就采用了液压式倾摆系统，如图6-26所示。该摆式列车车体摆动机构设置于转向架上、下摇枕之间，上摇枕通过4根吊杆悬挂在下摇枕上，形同一个对称的四杆机构。两侧各设一个液压伸缩油缸来驱动车体的倾摆。当车辆通过曲线时，一个液压缸伸长，另一个缩短，推动上摇枕和车体发生倾摆。

然而，液压式倾摆系统由于安装专用作动器配管、阀机构等部件件数较多，系统复杂，体积、质量较大，且各部件维修不便，并且由于油的黏度对温度很敏感，在低温环境下工作不可靠，所以不太适合我国的气候情况。

(3)机电式。机电式倾摆系统是最晚出现的倾摆系统，具有以下优点：结构简单，轻量化；电动机及齿轮装置坚固可靠；可大功率输出，反应性能优越，也可作精确的倾摆；比液压式效率高；车体、转向架间的结合只用电线，易于装卸转向架；不受气候变化影响。

**四、摆式列车技术经济分析**

采用摆式列车的优点是能够提高列车通过曲线的速度。从国外开行摆式列车的运营情况来看，采用强制倾斜式的摆式车体，曲线段运行速度能提高40%左右；而采用自然倾斜式摆式车体，曲线段运行速度能提高20%左右。

采用摆式列车的另一优点是节省线路基础设施的投资费用。根据欧洲一些国家铁路既有线的技术条件，只要对少量曲线地段、信号、道口防护和接触网系统等进行技术改造，就能开行摆式列车。

采用摆式列车的缺点是它的造价和维修费用较高，由于车上安装了车体倾斜装置，摆式列车的结构要较普通客车复杂得多。

我国广深线租用一列瑞典的X2000摆式列车(我国名“新时速”列车)于1998年8月28日正式投入运营，租期两年。截至2000年2月20日，共运营541天。开行4 793趟次，走行76万km

(平均每日运行 1 404 km)。每日开行广深间 5 对(其中一对备用),广九间 1 对;或广深、广九各 2 对。广深间运行 55 min;广九间运行 92 min。"新时速"列车在租赁期间,每天都要维持运行,检修时间在 3~5 h 内完成。30 万 km 和 60 万 km 修程也是分散在夜间完成的,不需要扣车。该车组是我国第一列以时速 200 km 运营的高速列车,以较小的投入实现了在既有线开行高速列车的首例。列车车底周转快,每天在广深间完成 6 个往返,是准高速列车的 2 倍左右。2 年内未进行过段修、厂修,其可靠性及使用率均属上乘。列车运行平稳、舒适,设备档次高、整洁、安静、厕所无臭味,加速、制动均无冲动,深受乘客好评。

1. 机车通过曲线时转向架有哪些特征位置? 变化规律如何?
2. 机车通过曲线时的最小曲线半径受机车哪些结构因素的限制?
3. 机车通过曲线时的水平动力特性曲线说明了什么?
4. 什么叫轮缘力,它与哪些因素有关?
5. 机车通过曲线的最高速度是怎样确定的?
6. 什么是轮缘磨耗因数? 减少轮缘磨耗有哪些主要措施?

# 7 轴 重 转 移

**【知识要点】**

1. 黏着重量、轴重转移及黏着重量利用率等概念。
2. 轴重转移、黏着重量利用率的分析方法。
3. 影响黏着重量利用率的因素。

**【学习目标】**

1. 掌握黏着重量、轴重转移及黏着重量利用率等概念。
2. 熟悉轴重转移和黏着重量利用率的定量分析方法。
3. 熟悉黏着重量利用率的影响因素及改善措施。

**【知识链接】**

## 7.1 概　　述

### 7.1.1 黏着重量利用率的概念

机车的轴重是指机车在静止状态时每个轮对作用于钢轨的重量,静止时各轴的轴重比较均衡。各轴轴重的总和称为黏着重量,在数值上即为机车的整备质量(其中燃油及砂按总储量的 2/3 计算)。

当机车产生牵引力(或制动力)时,虽然总的黏着重量未变,但各轴的轴重会发生变化,有的增载,有的减载。因此,机车在牵引工况(或制动工况)时所产生的轴重的变化称为轴重转移。

轴重转移又称轴重再分配。一台机车的黏着重量在动轮和钢轨间黏着不失效的前提下,应与某个最大黏着牵引力相对应。但因为存在这种轴重再分配,机车的黏着牵引力受到限制而不能全部发挥,也就是严重影响了黏着重量的利用。此外,轴重再分配还将影响到机车走行部及驱动机构的强度,如经常严重增载的轴,其轮对踏面很容易发生剥离,而减载的轴又易发生空转,影响机车运行的可靠性与稳定性。

由牵引力引起的轴重转移会随着牵引力的增大而愈加严重。当机车起动及爬坡时,发挥的牵引力最大,此时轴重转移也最严重,甚至达到轴重的 20%或更高。同样功率的机车,黏着牵引力大的机车比黏着牵引力小的机车能牵引更多的吨位。随着机车功率不断增大,机车重量与功率的比值愈来愈小,黏着重量的利用问题就显得越来越突出。

在采用各动轴个别驱动的机车上，若某轴的轴重因轴重转移而成为减载量最多的轴，那么该轮对与钢轨的黏着状态将最先破坏而发生空转。此时机车黏着牵引力的最大值受到这个轮对空转的限制。因此机车黏着重量利用率可用式(7-1)表示：

$$\eta=\frac{U_i-\Delta U_i}{U_i}\times 100\% \tag{7-1}$$

式中 $U_i$——轴重；

$\Delta U_i$——轴重减载量(指减载量最多的那根轴)。

对成组驱动的机车，空转是一组轮对同时发生的，因此黏着重量利用率可用式(7-2)表示：

$$\eta=\frac{\sum U_i-\sum \Delta U_i}{\sum U_i}\times 100\% \tag{7-2}$$

式中 $\sum U_i$——一组动轴轴重之和；

$\sum \Delta U_i$——一组动轴的减载量。

机车走行部的结构形式和传动装置不同，轴重转移的方式也不一样。我们必须根据机车具体结构来分析影响轴重转移的因素，设法提高黏着重量的利用率，以便充分发挥机车的牵引力。

### 7.1.2 牵引电动机的布置与轴重转移

当机车牵引列车时，由于作用在机车上的外力——轮周牵引力和车钩牵引力不是作用在同一高度，所以形成力偶，使前后转向架各轴载荷发生变化，造成转向架间的轴重转移。对于电传动机车，还必须考虑牵引电动机在把力矩传给轮对的过程中，牵引电动机在转向架内是否顺置布置，转向架内力的传递也会使转向架内各轴载荷发生变化而引起轴重的再分配(轴重转移)，造成转向架内的轴重转移。

1. 转向架内力的传递对轴重的影响

我国电传动内燃机车牵引电动机一般都采用轴悬式，即一端经两个抱轴承支承于车轴上，另一端通过弹簧吊杆悬挂于转向架的构架上。当机车牵引列车时，牵引电动机把力矩传给轮对，在轮周上作用着牵引力 $F_{ki}$。设各轴的 $F_{ki}$ 均相等，并设运行时轮对在前导位置(图 7-1)。若将轮周牵引力 $F_{ki}$ “移”至轴箱(或导框)处，则等效于两个力叠加，一个是作用于轴箱(或导框)的水平力 $F_{ki}$，另一个为牵引电动机所平衡的力矩 $F_{ki}\times\frac{D}{2}$。

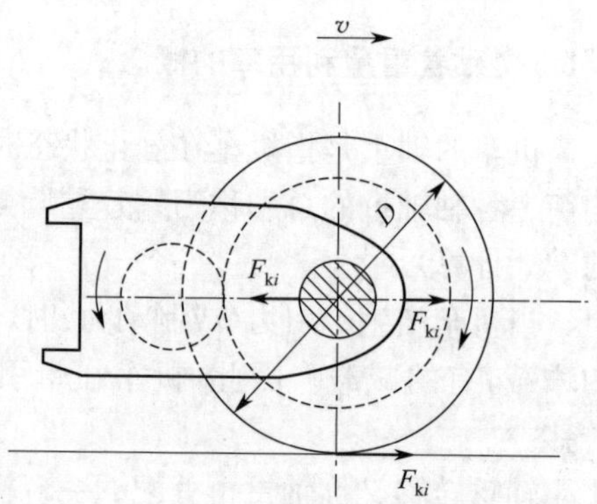

图 7-1 牵引电动机工作时产生的力

作用于各轴箱(或导框)处的水平合力 $\sum F_{ki}$ 与牵引销(或中心销)处的反力组成企图使转向架前后倾斜的力矩，它作用在转向架的簧上部分，大小为

$$M_1=\sum F_{ki}\left(h-\frac{D}{2}\right)$$

式中 $h$——牵引销中心(或中心销)距轨面的高度；

$D$——动轮直径。

为牵引电动机所平衡的力矩 $F_{ki}\times\frac{D}{2}$ 通过电动机吊杆及抱轴承作用在构架及车轴上。

图 7-2 所示为牵引电动机不同布置时对支座的作用力。$Z$ 是电动机作用于构架的力，$Z'$

是电动机作用于车轴的力，$Z=Z'$。

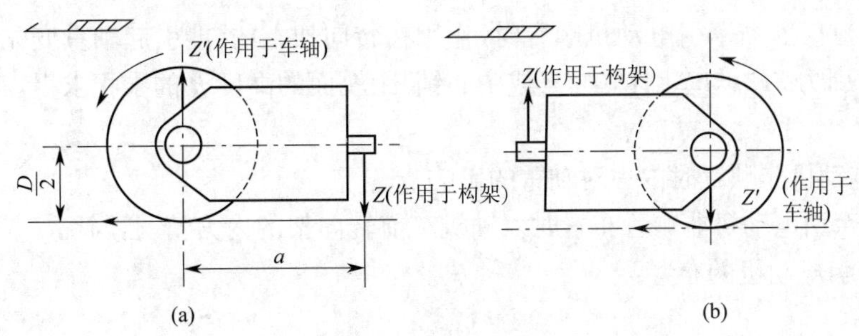


图 7-2　牵引电动机工作时作用于构架及车轴的力

(a)牵引电动机置于车轴后方；(b)牵引电动机置于车轴前方

$$Z \cdot a = F_{ki} \times \frac{D}{2}$$

得

$$Z = Z' = \frac{F_{ki} D}{2a} \tag{7-3}$$

式中　$F_{ki}$——第 $i$ 轴所产生的牵引力；

$D$——动轮直径；

$a$——电动机两悬挂处的纵向距离。

在图 7-2 所示的两种情况中，牵引电动机作用于构架的力方向相反，但形成的力偶方向相同，力偶方向又与车轮回转方向相反。

2. 牵引电动机顺置时内力对轴重的影响

图 7-3 为牵引电动机顺置时，六轴机车前转向架的内力情况。牵引电动机作用在车轴上的力 $Z'$ 直接使该轴减载。作用在构架上的力 $Z$，可在构架上沿各轴轴心上方加一对力 $Z$，它们大小等于 $Z$，方向彼此相反。那么，现在作用在构架上所有的力可看成是三个向下的力 $Z$ 及三个力偶矩 $M_2$ $\left(M_2 = Z \cdot a = F_{ki} \times \frac{D}{2}\right)$。三个向下的力 $Z$ 通过弹簧装置传到各轴，使三个轴增载，正好与使各轴减载的 $Z'$ 抵消。这说明牵引电动机顺置时，内力 $Z$ 不会引起轴重的变化，且其对构架中心 $O$ 的合力矩也为零，而力偶 $M_2$ 则企图使构架前后倾斜，其方向与车轮转向相反。

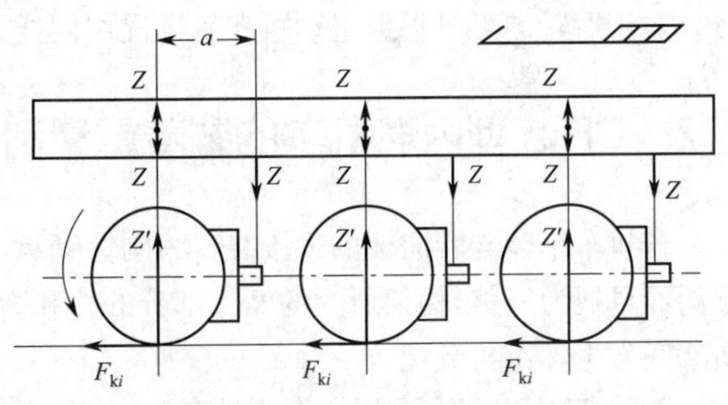


图 7-3　牵引电动机顺置时前转向架内力

这样，当牵引电动机顺置时，作用在构架上的、企图使之前后倾斜的总力偶矩 $M$ 即为 $M_1$ 与 $M_2$ 之和：

$$M = M_1 + 3M_2 = 3F_{ki}\left(h - \frac{D}{2}\right) + 3Z \cdot a \tag{7-4}$$

因为 $Z \cdot a = F_{ki}\left(h - \frac{D}{2}\right)$，代入式(7-4)可得

$$M=3F_{\mathrm{k}i}\left(h-\frac{D}{2}\right)+3F_{\mathrm{k}i}\frac{D}{2}=3F_{\mathrm{k}i}h \tag{7-5}$$

由式(7-5)可见，当牵引电动机顺置时，作用在转向架上的、能引起轴重变化的力偶矩，可直接按轮周牵引力 $3F_{\mathrm{k}i}$ 与牵引销中心(或中心销)距轨面的高度 $h$ 的乘积求得，其转向与车轮转向相反。

3. 牵引电动机非顺置时内力对轴重的影响

图 7-4 为牵引电动机非顺置布置时六轴机车前转向架的内力情况，与图 7-3 相比，其差异在于第三轴牵引电动机的布置：

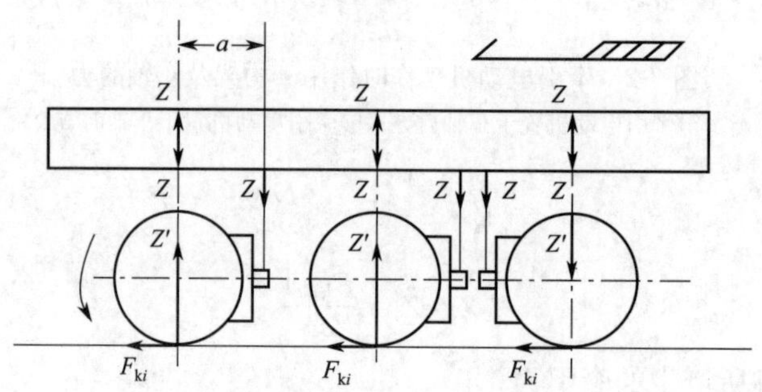


图 7-4　牵引电动机非顺置时前转向架内力

(1)第三轴牵引电动机作用于抱轴颈上的力 $Z'$ 向下，而不是向上，$Z'$ 直接使该轴增载。

(2)第三轴牵引电动机作用于构架上的力 $Z$ 向上，而不是向下。此力通过弹簧装置使转向架内三轴都减载。因为第三轴上有 $Z'$ 向下作用，故第一、二轴减载较多。同时，企图使转向架前后倾斜的总力偶矩也将发生相应变化。

对于后转向架可根据电动机布置情况用同样方法分析。

## 7.2　DF4B 型内燃机车的黏着重量利用率计算

若机车车体与转向架的连接装置为刚性旁承，转向架构架就不会相对车体底架产生前后倾斜而可视为一体，构架所受的簧上部分的力和力偶矩就直接作用给车体，通过车体使前后转向架间发生轴重再分配。

DF4B 型内燃机车采用 4 个弹性旁承、一系弹簧独立悬挂的转向架，其牵引电动机顺置排列且前后转向架牵引电动机布置相对车体中间对称。因此 DF4B 型内燃机车的轴重转移就为转向架在牵引力作用下相对于车体底架产生前后倾斜引起的转向架内的轴重转移和两转向架间的轴重转移。

### 7.2.1　转向架内的轴重转移

牵引力作用时，因为牵引电动机顺置布置的转向架可不考虑由牵引电动机引起的内力 $Z$ 对轴重转移的影响，所以仅受力矩 $3F_{\mathrm{k}i}h$ 的作用(图 7-5)。此力矩使构架前后倾斜角度 $\theta$。为简化计算，我们假设车体仍保持水平位置，转向架弹簧中央对称，则构架前后回转中心 $O$ 在中间轴上方。此时，第一轴减载 $\Delta Q$，第三轴增载 $\Delta Q$，第二轴载荷不变；前旁承增载 $\Delta G$，后旁承减载 $\Delta G$。

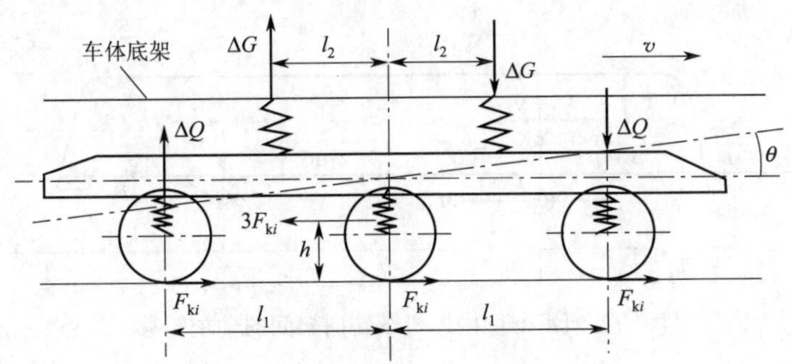


图 7-5 转向架内的轴重转移

设转向架倾斜角为 $\theta$，每轴的轴箱弹簧刚度为 $K_1$，左右一对旁承的刚度为 $K_2$，则可列出转向架构架的力矩平衡方程式：

$$3F_{ki}h=2\Delta Ql_1+2\Delta Gl_2 \tag{7-6}$$

又

$$\Delta Q=K_1l_1\theta \qquad \Delta G=K_2l_2\theta \tag{7-7}$$

式中 $l_1\theta$——轴箱弹簧的附加挠度；

$l_2\theta$——旁承弹簧的附加挠度。

则

$$\theta=\frac{3hF_{ki}}{2(K_1l_1^2+K_2l_2^2)} \tag{7-8}$$

已知 DF4B 型内燃机车的有关数据如下：

转向架轴距 $l_1$=1 800 mm；

转向架前后旁承间距 $2l_2$=1 800 mm；

牵引销中心距轨面高度 $h$=725 mm；

每轴轴箱弹簧刚度 $K_1$=1.54 kN/mm(静挠度 123 mm)；

左右旁承刚度 $K_2$=14.5 kN/mm(静挠度 16 mm)。

代入式(7-8)得

$$\theta=\frac{3\times725\times F_{ki}}{2\times(1.54\times1\,800^2+14.5\times900^2)}=6.5\times10^{-5}F_{ki}(\text{rad})$$

因此

第一轴减载 $-\Delta Q=-Kl_1\theta=-1.54\times1\,800\times6.5\times10^{-5}F_{ki}=-0.18F_{ki}$

第三轴增载 $+\Delta Q=0.18F_{ki}$

### 7.2.2 两转向架间的轴重转移

弹性旁承的力偶矩 $\Delta G\cdot2l_2$ 由转向架传给车体；车钩上的反力 $6F_{ki}$ 作用点位置高于牵引销处的牵引力，也形成力偶(图 7-6)。两者均使车体按逆时针方向回转，使前转向架减载 $\Delta P$，后转向架增载 $\Delta P$。则车体的力矩平衡方程式为

$$6F_{ki}(H-h)+2\Delta G\cdot2l=\Delta P\cdot2l$$

于是

$$\Delta P=\frac{3F_{ki}(H-h)+2\Delta Gl_2}{l}=\frac{3F_{ki}(H-h)+2K_2l_2^2\theta}{l} \tag{7-9}$$

已知：$H$=870 mm；　$h$=725 mm；

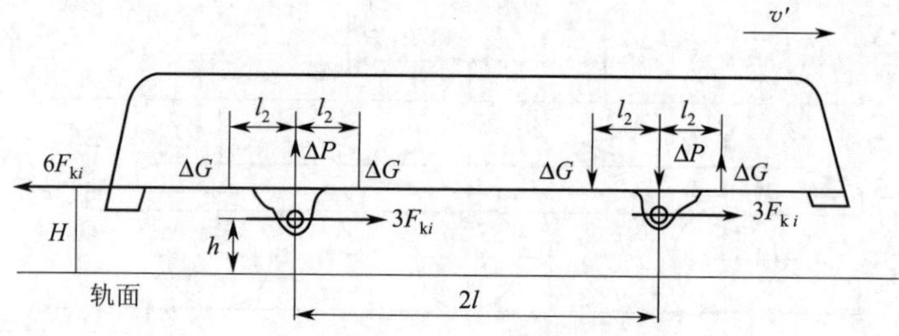


图 7-6　DF4B 型内燃机车转向架间的轴重转移

$l_2 \approx 900$ mm；　$l = 6\ 000$ mm；

$K_2 = 14.5$ kN/mm；　$\theta = 6.5 \times 10^{-5} F_{ki}$ rad。

将数据代入式(7-9)得

$$\Delta P = \frac{3 \times (870-725) + 2 \times 14.5 \times 900^2 \times 6.5 \times 10^{-5}}{6\ 000} F_{ki} = 0.327 F_{ki}$$

前转向架每轴减载　$-\dfrac{\Delta P}{3} = \dfrac{0.327}{3} F_{ki} = -0.109 F_{ki}$

后转向架每轴增载　$\dfrac{\Delta P}{3} = 0.109 F_{ki}$

### 7.2.3　黏着重量利用率

从上述分析可知，DF4B 型内燃机车在牵引力作用下发生轴重转移时，转向架内部的轴重转移和两转向架间的轴重转移均使第一轴减载。因此第一轴的减载量最大，其减载量为

$$\Delta U = \Delta Q + \frac{\Delta P}{3} = 0.18 F_{ki} + 0.109 F_{ki} = 0.289 F_{ki}$$

当机车起动时，每轴最大牵引力 $F_{ki\max} = \dfrac{434.94}{6} = 72.5$(kN)，则

$$\Delta U = 0.289 \times 72.5 = 20.95 \text{(kN)}$$

故 DF4B 型内燃机车黏着重量利用率为

$$\eta = \frac{U_1 - \Delta U_1}{U_1} = \frac{230 - 20.95}{230} = 90.9\%$$

若按精确方法计算，DF4B 型内燃机车黏着重利用率为 92.6%。

国外铁路早期曾把黏着重量利用率高于 90%的机车称为具有高黏着性能转向架的机车。但是随着列车向高速重载方向发展，对机车黏着的利用提出了更高的要求，希望尽量利用机车的黏着重量。

## 7.3　影响机车黏着重量利用率的因素

内燃机车黏着重量利用率的影响因素很多，主要有：弹簧悬挂方式、牵引点高度、转向架轴距、两个转向架中心距(车体纵向跨度)、牵引电动机的布置方式(顺置还是其他布置)，还有车钩高度、最大牵引力、轴数等。

一般来说，采用较软的一系弹簧，配以较硬的二系弹簧，既能保证机车有足够的弹簧装置总静挠度，使机车获得垂直方向良好的动力性能，又可减少轴重转移。

较大的转向架轴距和两个转向架中心距，较低的车钩高度，较多的轴数等都有利于减少轴重转移，但它们是根据设计确定的，没有选择余地，需从其他方面着手。

理论分析指出，机车的低位牵引装置可减少轴重转移，因此对于各种结构的机车都有一个牵引点高度的最佳值。如 $DF_{4B}$ 型内燃机车牵引销在最佳高度 $h_{最佳}=280$ mm 时，黏着重量利用率 $\eta$ 将提高至 95.3%。

理论分析还指出，虽然在减载量多的轴发生打滑时，可通过安装防空转的电气装置、自动撒砂装置等来加以约束，但从根本上提高机车黏着重量利用率只有选择牵引电动机顺置排列，而非顺置排列的机车轴重转移则相对较严重。以进口的 $ND_5$ 型内燃机车为例，其牵引电动机为两顺一逆布置，不但使黏着重量利用率较低，而且使第三、六轴严重过载，容易引起轮箍踏面剥离。此外，为了提高黏着重量利用率 $\eta$，$ND_5$ 型内燃机车不得不使转向架相对机车中心不对称布置，这样使机车正向牵引时，$\eta$ 可从对称布置时的 71.6%提高至 83.8%，但反向牵引时 $\eta$ 却极低，仅为 68.6%，黏着情况恶化，有近 1/3 的黏着重量不能利用。因此，$ND_5$ 型内燃机车提高黏着重量利用率的最根本方法是牵引电动机顺置对称布置，这样，可使 $\eta$ 提高至 92.1%。

## 【拓展提高】

### 我国电力机车发展概述

我国电力机车的研究始于 1958 年，经过多年的不懈努力，已形成了四、六、八轴的交—直流传动 $SS_1$、$SS_3$、$SS_4$（$SS_{4B}$、$SS_{4G}$）、$SS_6$（$SS_{6B}$）、$SS_7$（$SS_{7B}$、$SS_{7C}$、$SS_{7D}$、$SS_{7E}$）、$SS_8$、$SS_9$（$SS_{9G}$）等韶山系列和交流传动 $HXD_1$、$HXD_2$、$HXD_3$ 型等系列机车型谱。

我国电力机车的发展大体经历了四个阶段：

第一阶段是从 20 世纪 50 年代末到 70 年代末。这一阶段是我国电力机车发展的起步期。第一台干线交流电力机车由湘潭电机厂（负责电气和总装）、株洲电力机车工厂（负责机械部分）共同研制。1958 年试制成功韶山型引燃管整流器式电力机车，该车参照苏联 H60 型电力机车设计。1969 年株洲电力机车工厂与株洲电力机车研究所试制了一台 $SS_2$ 型电力机车。从此，我国电力机车从无到有，经过三次大的技术改造，生产出了性能稳定、运行可靠的 $SS_1$ 型电力机车作为客货牵引动力的主型干线机车。到 1988 年止，共生产 $SS_1$ 型机车 828 台。

第二阶段是从 20 世纪 70 年代末到 80 年代末。这是我国电力机车发展的成长期。这一阶段发展的主要目标是研制我国自己的相控机车，提高机车功率和可靠性，充分发挥电力机车的优越性。这时期的代表机型是 $SS_3$ 和 $SS_4$ 型电力机车。

$SS_3$ 型电力机车采用调压开关级间平滑调压方式，是调压开关调压向相控调压过渡的方案。这种调压方式实现了调压开关无弧断开，提高了工作可靠性，既保留了调压开关调压功率因数高，整流电压脉动小，对通信干扰小的优点，又具有平滑无级调压、能充分利用机车黏着重量的优点。但由于该调压方式仍采用调压开关作级间转换，主电路结构较复杂，后来利用引进技术将 $SS_3$ 电力机车改成了全相控方式（即 $SS_{3B}$ 型或 $SS_3$4000 型），改进的项目主要包括：8 级级间平滑调压改为三段不等分桥相控调压、机车特性控制；两级电阻制动改为加馈电阻制动；中心销牵引装置改为低位平拉杆牵引装置等。

$SS_4$ 型电力机车是我国自行研究的第一代重载货运、全相控调压、$B_0$—$B_0$ 转向架机车。该车由相同的两节车组成，每节车上只有一台劈相机，用一台通风机作先导机，当劈相机故障时代替劈相机为辅助机组提供三相电源。1993 年对该型电力机车进行了重大改进，俗称 $SS_4$ 改进型($SS_{4G}$)。改进的主要项目有：不等分经济四段桥相控改为不等分三段桥相控；加装功率因数补偿装置；二级电阻制动改为加馈电阻制动；恒流、恒压控制改为恒流准恒速特性控制；加装空转(滑行)保护装置，轴重转移补偿装置；Z 形低位斜杆牵引装置改为推挽式低位斜杆牵引装置等。

第三阶段从 20 世纪 90 年代中期到 21 世纪初。通过消化吸收和应用 6K、8K 等国外电力机车的先进技术、自主研发交流传动技术，我国电力机车的研发水平有了长足进步。在这一阶段，电力机车的开发年年出新，机型全面换代，是我国电力机车发展的全盛时期。所采用的新技术主要有：8K 机车的电子控制柜、大功率晶闸管及硅机组、受电弓、空气断路器、预布线、预布管工艺、单边刚性齿轮传动及滚动抱轴承结构；6K 机车的 $3B_0$ 转向架；$SS_{6B}$ 型电力机车的 ZD114 型牵引电动机；8G 机车的牵引装置；车载微机控制系统；列车供电技术；轮对空心轴高速传动技术；LCU 逻辑控制单元等。结合我国传统的牵引电动机并联的主电路型式，应用新技术相继研制或改进了 $SS_5$、$SS_8$、$SS_{3B}$、$SS_6$、$SS_{6B}$、$SS_7$、$SS_{4G}$、$SS_{4B}$、$SS_{7C}$、$SS_{7D}$、$SS_{7E}$、$SS_9$ 等交直流传动和 AC4000 原型车、DJ、$DJ_1$、$DJ_2$、$DJJ_2$(“中华之星”)等交—直—交传动电力机车。

我国研制生产的交直传动电力机车简表见表 7-1。

**表 7-1 国产电力机车简表**

| 型号 | 轴式 | 功率(kW) | 速度(km/h) | 调压方式 | 传动方式 | 电机电压(V) | 首台出厂日期 | 备注 |
|---|---|---|---|---|---|---|---|---|
| $SS_1$ | $C_0-C_0$ | 3 900 | 100 | 33 级有级调压 | 抱轴悬挂，双边斜齿 | 1 500 | 1961 | |
| $SS_3$ | $C_0-C_0$ | 4 800(小时制) | 100 | 8 级加级间无级调压 | 抱轴悬挂，双边斜齿 | 1 500 | 1978 | |
| $SS_{3B}$ | $C_0-C_0$ | 4 800 | 100 | 3 段顺控桥 | 抱轴悬挂，双边斜齿 | 1 500 | 1990 | |
| $SS_6$ | $C_0-C_0$ | 4 800 | 100 | 2 段桥 | 抱轴悬挂，单边直齿 | 1 500 | 1990 | 带功补 |
| $SS_{6B}$ | $C_0-C_0$ | 4 800 | 100 | 3 段顺控桥 | 抱轴悬挂，单边直齿 | 1 020 | 1994 | 功补，加馈制动 |
| $SS_7$ | $B_0-B_0-B_0$ | 4 800 | 100 | 2 段桥 | 抱轴悬挂，单边直齿 | 1 020 | 1992 | 功补，再生 |
| $SS_{7D}$ | $B_0-B_0-B_0$ | 4 800 | 170 | 3 段顺控桥 | 轮对空心轴 | 1 030 | 1999 | 复励电机，加馈 |
| $SS_{7E}$ | $C_0-C_0$ | 4 800 | 170 | 3 段顺控桥 | 轮对空心轴 | 1 030 | 2002 | 复励电机，加馈 |
| $SS_4$ | $B_0-B_0+B_0-B_0$ | 6 400 | 100 | 3 段顺控桥 | 抱轴悬挂，双边斜齿 | 1 020 | 1985 | |
| $SS_{4G}$ | $B_0-B_0+B_0-B_0$ | 6 400 | 100 | 3 段顺控桥 | 抱轴悬挂，双边斜齿 | 1 020 | 1993 | 功补，加馈 |
| $SS_{4B}$ | $B_0-B_0+B_0-B_0$ | 6 400 | 100 | 3 段顺控桥 | 抱轴悬挂，单边直齿 | 1 020 | 1995 | 功补，加馈 |
| $SS_8$ | $B_0-B_0$ | 3 600 | 177 | 3 段桥 | 轮对空心轴 | 950 | 1994 | 加馈 |
| $SS_9$ | $C_0-C_0$ | 5 400 | 177 | 3 段桥 | 轮对空心轴 | 990 | 1999 | 加馈 |

第四阶段开始于 2004 年。2004 年，株洲电力机车有限公司、大同电力机车有限公司、大

连机车车辆有限公司通过“引进、消化吸收、再创新”，逐步建立了和谐系列大功率交流传动机车研制平台，并逐步具备了牵引变流器、微机控制系统、制动系统等核心系统和部件自主知识产权。经过发展，$HXD_1$、$HXD_{1B}$、$HXD_{1C}$、$HXD_{1D}$、$HXD_2$、$HXD_{2B}$、$HXD_{2C}$、$HXD_3$、$HXD_{3B}$、$HXD_{3C}$、$HXD_{3D}$ 型等和谐系列大功率交流传动电力机车以及 $FXD_1$、$FXD_3$ 型动力车相继诞生并批量投入运用，实现了我国轨道交通装备的快速发展。

1. 轴重转移有哪些危害？提高黏着重量利用率的意义何在？
2. 造成轴重转移的原因有哪些？
3. 哪些结构措施可以提高黏着重量利用率？
4. 把 $DF_{4B}$ 型内燃机车轴重转移量填入表 7-2 中。

**表 7-2　$DF_{4B}$ 型内燃机车轴重转移量**

| 项　目 | 第一轴 | 第二轴 | 第三轴 | 第四轴 | 第五轴 | 第六轴 |
| --- | --- | --- | --- | --- | --- | --- |
| 转向架内的轴重转移量 | $-0.18F_{ki}$ | 0 | $0.18F_{ki}$ | | | |
| 两个转向架间的轴重转移量 | $-0.109F_{ki}$ | | | | | |
| 总的轴重转移量 | $-0.289F_{ki}$ | | | | | |
| 按轴重转移程度由大到小排列顺序 | | | | | | |

# 参 考 文 献


[1] 张兆康．内燃机车总体[M]．北京：中国铁道出版社，1991.

[2] 刘达德．东风 4B 型内燃机车结构・原理・检修[M]．北京：中国铁道出版社，1998.

[3] 中国铁路总公司．铁路技术管理规程(普速铁路部分)[S]．北京：中国铁道出版社，2014.

[4] 孙竹生，鲍维千．内燃机车总体及走行部[M]．北京：中国铁道出版社，1995.

[5] 戚墅堰机车车辆厂．东风 11 型内燃机车[M]．北京：中国铁道出版社，1997.

[6] 中国国家铁路集团有限公司机辆部．铁路机车概论[M]．北京：中国铁道出版社有限公司，2022.

[7] 《和谐型交流传动机车技术丛书》编委会．$HXN_3$ 型内燃机车[M]．北京：中国铁道出版社有限公司，2022.

[8] 《和谐型交流传动机车技术丛书》编委会．$HXN_5$ 型内燃机车[M]．北京：中国铁道出版社有限公司，2019.

[9] 肖乾．高速动车组构造与原理[M]．北京：中国铁道出版社有限公司，2023.